누가 행복한 소비자인가?

Happy Consumers

“인세의 일부는 지구촌나눔운동(www.gcs.or.kr)과
녹색소비자연대(www.gcn.or.kr)의 초록천사운동에 기부됩니다.”

누가 행복한 소비자인가?

Happy Consumers

박명희 송인숙 손상희 이성림
박미혜 정주원 천경희 이경희

(주)교문사

머리말

소비란 근원적으로 재화와 서비스의 구매, 사용, 처분 행동을 일컫는다. 그런데 최근 행동경제학의 연구성과들은 소비자들이 경제학에서 가정하는 것처럼 이성적이거나 합리적이지 않으며 일관된 욕구 체계를 가지고 있지 않음을 증명하고 있다. 소비자의 궁극의 목적은 만족과 행복에 있지만 물질적 풍요가 소비자의 행복에 지속적으로 기여하지는 않는다는 많은 연구들이 제시되고 있다. 인간의 행복추구에 있어서 물질적 재화의 소비수준은 일정수준까지는 소비자의 행복에 기여를 하지만 물질적인 풍요로움을 추구하다 보면 일과 돈벌이에 더 많은 시간을 보내게 되고, 친구, 가족, 건강 같은 본질적인 가치를 위한 시간은 소홀해지며, 결국 삶에 대한 만족감은 더욱 줄어든다는 이스털린(Esterlin)의 패러독스에 다다르게 되고 만다고 지적한다.

본래 이 책을 쓰고자 한 동기는 "생각하는 소비문화"에서 고민했던 다양한 관점들에서 나아가 이제는 소비자가 스스로 사회적 책임을 가지고 실천하는 소비문화를 추구해야 한다는 데 동의하고 실천 소비문화를 위해 어떤 접근을 해야 할 것인가에 대한 고민에서 출발하였다.

소비자가 직접 행동을 통해 사회적 책임을 다하는 소비행동을 실천하는 데 있어 소비자 스스로 가치전환이 일어나지 않을 경우 실천에 대한 합의를 촉구하기가 어려우므로, 소비자의 욕구와 욕망 추구에 대한 본질적인 논의에 다다르게 되었다.

'누가 행복한 소비자인가?'에 대해 저자들은 여러 번 토론을 하고 다양한 이론과 소비자들의 심층면접을 통해 소비자의 소비와 행복에 대한 연구를 실시하였다. 그 결과 경제적인 이득을 주는 구매, 가격에 상관없이 상품으로부터 높은 효용가치를 경험한 소비, 물건의 소유보다 가족이나 타인과의 관계를 증진시키는 소비, 자신의 성장과 삶의 풍요로움을 느끼게 하는 소비, 타인과의 나눔 등 마음의 풍요를 느끼게 하는 소비, 그리고 창의적인 소비를 통해 자신감을 경험하는 소비에서 행복을 느끼고 있었다. 이러한 소비경험은 타인의 영향으로부터 자유로운, 자율적이고 능동적인 결단과 행위를 바탕으로 이루어지고 있었다.

개인 소비자가 무엇을 위해 구매하고 사용하고 처분할 것인가에 대한 선택은 우리 사회뿐만 아니라 전 지구적 차원에서 행복을 결정짓는 중요한 관건이 된다. 미래의 세대가 그들의 필요를 충족시킬 능력을 저해하지 않으면서 현재 세대의 필요를 충족시킬 수 있으려면 현재의 부족한 자원으로 우리의 욕구를 최대로 만족시킬 수 있는 방법을 찾아야 한다. 즉, 자연의 원래의 질과 상태가 지속가능한 범위 안에서의 소비를 지켜야 한다. 소비자가 행복을 느끼는

'높은 효용가치 '를 위해 어떻게 더 효율성을 높여야 할 것인가? '소유보다 관계', '마음의 풍요', '나만의 자신감' 등을 위해 어떻게 가치를 변화시키고 실천해야 하는지, 더 조화로운 자원사용을 위해 무엇을 바꾸어야 하는지에 대해 생각하고 실천해야 할 때이다.

이 책은 이러한 관점을 가지고 총 3부로 구성하였다.

제1부에서는 소비와 행복에 대한 다양한 이론들과 소비자의 사회적 책임에 대해 기술하였다. 제2부는 행복한 소비문화 만들기로서 입는 소비문화, 음식 소비문화, 주거 소비문화, 여가 소비문화, 몸 소비문화, 디지털 소비문화, 결혼 소비문화 등 일상의 소비생활에서 소비자가 느끼는 문제, 그리고 실천적 측면에서의 구체적 사례 등을 집중적으로 제시하였으며, 각 장마다 실천과제로서 행복한 소비문화를 만들기 위해 어떤 실천을 해야 할 것인가에 대한 실천방향을 제시하였다. 제3부에서는 우리 사회가 행복한 소비사회가 되기 위해 어떤 문제들을 해결해야 할 것인가에 대한 해법으로 행복한 소비사회를 위한 거버넌스에 대한 제안을 제시하였다.

저자들은 이 책을 근 2년에 걸쳐 집필하면서 다양한 주제를 가지고 심도 있는 토론을 거치면서 초기에 의도했던 생각에서 실천으로의 가이드만을 제시하는 것이 아니라 가치 측면에서 누가 행복한 소비자인가에 대해 생각하면서 실천을 시도할 수 있도록 구성하고자 노력하였다. 이 책을 집필하는 기간 중 저자들과의 토론과 논의는 매우 행복한 작업이었고 모두들 기꺼이 즐겁게 보낸 기간이었다.

특히 저자들의 모임을 주관하고 이끌어 주었던 정주원 박사, 그리고 정주원 박사가 외국으로 떠나게 되면서부터 막바지 중요한 기간에 원고를 리뷰하고 각 저자들을 독려하며 이 책의 완성도를 높이기 위해 헌신적으로 기여해 준 박미혜 박사에게 저자들은 고마움을 전하고 싶다.

여러 명의 저자들과의 조율이 번거로움에도 불구하고 흔쾌히 책을 출간하여 주신 (주)교문사의 류제동 사장님과 집필회의에 즐겁게 동참해 준 양계성 상무님께도 감사드린다.

2011년 2월

저자 일동

차 례

Part I 행복한 소비

Part II 행복한 소비문화 만들기

Part III 행복한 소비사회를 위하여

Part I

행복한 소비

Chapter 1. 소비와 행복

Chapter 2. 소비자의 사회적 책임과 행복

Chapter 1

소비와 행복

인생에 주어진 의무는 아무것도 없다네. 그저 행복하라는 한 가지 의무뿐. 우리는 행복하기 위해 세상에 태어났지.

— *헤르만 헤세*

Chapter 1 소비와 행복

소비는 소비자의 욕구와 욕망을 만족시키기 위하여 재화와 서비스를 선택하고, 구매, 사용하는 과정이라고 할 수 있다. 욕구 충족은 소비의 목적이요, 소비가 추구하는 궁극적 가치이다. 신고전주의 경제학의 소비자 선택 이론에서 욕구에 대한 가정은 이성과 관찰을 통해 실제로 자신이 누구인지, 무엇을 필요로 하는지를 인식할 수 있다는 계몽주의 전통에 근거를 두고 있다. 이성이 지배하는 합리적인 개인에 있어서 욕구는 인간의 신체나 심성에 내재하는 '자연적인 것'으로서 모든 사람은 자신이 필요로 하는 것을 알고 있다고 전제한다. 욕구는 인간의 이성에 근거하여 우리가 필요로 하는 것, 혹은 생존하기 위해, 규범적이기 위해, 바라는 사회적 욕망을 성취하기 위해 갖추어야 하는 필수품이라는 점에서 선택을 지시하는 객관적 기준으로 존재한다(이성림, 2006).

따라서 욕구는 자명한 것으로 당연시되었고, 또한 전적으로 개인의 특성과 관련된 자의적이고 주관적인 것으로 이해되었다. 고전경제학에서 욕망은 개인의 자기결정과 사적 권리라는 개인의 자유로운 선택의 영역 안에 있기 때문에 개인의 실질적인 욕구와 욕망에 대한 어떠한 판단도 유보하며, 사적으로 구성되는 개인의 선호에 대해 무엇을 선호하든 문제 삼지 않는다. 개인은 자신의 욕망과 어떻게 이를 충족시킬 것인지 스스로 결정할 뿐 욕망은 규범적으로 판단되지 않는다(Slater, 2000).

그런데 최근에 소비욕망의 절대적 지위에 회의를 품게 만드는 연구결과들이 주목을 받고 있다. 소비자의 경제적 의사결정을 심리학적 접근으로 밝히고 있는 행동경제학의 연구성과들은 소비자들이 경제학에서 가정하는 것처럼 이성적이거나 합리적이지 않으며 일관된 욕구 체계를 가지고 있지 않음을 구체적인 증거를 가지고 설명하고 있으며 이를 이론으로 체계화하여 발전시키고 있다.

이 장에서는 소비자의 욕구와 욕망 충족에 봉사하는 현대의 소비문화가 발달해 온 과정을 살펴보고 소비 중심의 문화에 대한 옹호론자들과 비판론자들의 논의를 고찰하며, 소비사회에서 사람들이 겪고 있는 문제점들을 짚어 보고 이를 극복할 수 있는 실천적 대안으로서 제기되고 있는 논의들을 제시하여 보고자 한다.

1 무엇을 위해 소비하는가?

근대적인 소비양식이 나타난 시기를 19세기 산업혁명 전후로 보는 시각이 우세하다. 오랜 시기 동안 우리의 일상생활 속에 녹아져 보이지 않게 흘러 내려온 소비에 대해 '무엇을 위해 소비하는가' 하는 질문에 합당하고도 많은 것을 담아내는 포괄적인 답을 제시하고자 하는 시도 자체가 과도한 의욕에 그칠 가능성이 크다. 그럼에도 불구하고 오랜 동안의 변화를 관찰해 온 여러 학자들의 예리한 통찰로 얻어진 이 질문에 대한 대답을 간추려 보는 작업은 소위 소비의 시대를 살아가는 우리의 소비생활을 성찰하도록 하는 데 도움이 될 것이다.

소비와 관련하여 지난 200여 년 동안 시대 변화의 흐름을 크게 산업혁명을 전후한 시기로부터 2차세계대전까지의 근대 산업사회, 대량생산과 대량소비로 특징지어지는 현대 산업사회, 산업사회 이후부터 오늘날에 이르는 소비주의 사회의 세 시기로 구분하는 것에 대해 학자들 사이에 이견이 없는 것 같다. '무엇을 위해 소비하는가?'라는 질문을 통해 시대별로 소비가 어떻게 변화되어 왔는지 고찰하여 보고자 한다.

소비가 일반 대중들의 삶 속에 파고든 것은 19세기에 공장에서 대량으로 제품이 생산되기 시작하고, 철도, 전보, 전화 등 근대식 교통통신 인프라가 발달하여 생겨난 전국 규모의 대형 시장을 통해 일반 대중들에게 상품이 보급되면서 가능해졌다(Lipovetsky, 2006).

백화점이 출현한 것도 이 시기이다. 백화점은 온갖 물건이 다 있는 점포라는 뜻으로 모든 분야의 상품을 구비하고 있다. 최초의 백화점은 1865년 프랑스에 들어선 파리의 봉마르셰이다. 이후 1860년에서 1880년경 파리 중심가에 많은 백화점이 세워지고, 미국의 뉴욕, 보스턴, 시카고 등지에서도 백화점이 출현하였다. 밀러(Miller, 1981)는 '봉마르셰, 부르주아 문화와 백화점'이라는 저서에서 당시의 백화점은 휘황찬란한 조명, 대형 유리창 등을 사용한 화려한 인테리어로 소비자를 황홀하게 만들었고, 소비자들은 이국적인 세계와 소비재의 환상적인 표현을 흡수하면서 백화점 안을 마음대로 돌아다닐 수 있었으며, 소비자가 구매의 의무 없이 놀라운 환경에 참여하도록 함으로써 자유롭게 떠도는 욕망을 자극한다고 서술하고 있다. 이 시기에 최초로 백화점에서 정찰제와 할부제를 시행하였는데, 할부제 덕분에 소비자는 수중에 돈이 없어도 물품을 구매할 수 있게 되었다.

또한 밀러(Miller, 1994)는 백화점이 그 당시 소비사회에서 실행했던 중요한 역할들을 다음과 같이 예리하게 지적한다. 백화점은 '체면' '확실함'과 같은 부르주아의 중요한 가치들을 집단의 의복 및 가재도구에 담음으로써 그들의 가치관에 물질적인 표현을 부여하고 구체화시킨다. 그들의 가치관, 태도, 갈망을 재화 속에 담아서 그 형태를 만들고 변형하는 데 성공하였다. 봉마르셰와 카탈로그는 "그들이 어떻게 옷을 입어야 하는지, 집에 어떤 가구를 갖추어야 하는지, 여가시간을 어떻게 써야 하는지"를 보여주는 일종의 문화 입문서이다.

혈통에 따른 세습적 신분구조가 무너지기 시작한 이 시기에 소비의 가장 중요한 기능 중의 하나는 사회적 지위와 정체성을 표현하는 가장 중요한 수단이 되었다는 것이다. 소비의 상징성과 사회(계급) 정체성을 연관시키는 선구적인 작업이 베블런(Veblen)에 의해 이루어졌다. 베블런(1953, 1899)은 상류층의 사치스럽고 낭비적인 소비는 신분을 과시하기 위한 소비로서 상품을 사용하는 데서 효용을 얻는 것이 아니라 사회적 지위의 징표를 보여주는 상품을 소비함으로써 자신의 사회적 지위를 드러내고 인정받고자 하는 동기에 따른 것이라고 간파한 것이다. 소비재를 통해 사회적 신분과 위치를 드러내고자 하는 소비욕망은 오늘날까지 이어지는 중요한 소비동기가 되고 있다.

소비시대의 두 번째 단계는 20세기 초 대량생산, 대량소비 시대를 일컫는다. 고도의 경제성장이 이루어진 이 시대에 물질적으로 풍요로운 생활이 곧 생활수준의 향상을 의미하였다. 더 안락하게 살고, 더 많은 여가를 즐기고, 더 많이 소유하는 것이 삶의 중요한 목표이며 이는 사회적 성공을 드러내는 기호이자 사회계급의 표시가 되었다. 사회계급은 가족의 혈통을 통해 세습된 정체성이 아니라 직업적 성취를 통해 스스로 이룩한 부와 명예를 일컫는다. 소비 수준은 성취한 사회적 지위의 상징이고 명예의 상징이며 사회계층과 사회적 소속감을 드러내는 차이화의 기호로 기능한다. 부르디외(Bourdieu, 1984)는 「차이화」라는 저서에서 다양한 소비재, 음식을 차리고 먹는 방식, 가구와 실내장식, 음악 및 예술적 취향 등이 특정 집단, 특히 직업에 따른 사회 경제적 계급에 따라 어떻게 차이가 나는가를 분석하고, 소비재가 자신들만의 생활방식을 표시하고 타인과 자신을 구별 짓기 위해 어떻게 쓰였는가를 자세히 서술하고 있다.

서구의 소비사회는 풍요로운 시대의 서막이 올라간 1950년대 이래, 좀 더 정확히는 1970년대와 1980년대에 들어 새로운 시대로 접어들었다고 보고 있다(Bocock, 2003; Lipovetsky, 2006). 포스트모던 사회라 일컬어지는 이 시대를 리포베스키(Lipovetsky, 2006)는 고도소비사회(hyper-consumption society)라고 명명한다. 산업시대에는 자신이 하는 일, 즉 직업적인 사회적 역할을 통해 개인의 정체성 의식을 가졌던 것에 비해 고도소비사회에서는 자신이 소비하는 소비재가 내포하는 상징을 통해 내가 누구인가에 관한 정체성 의식을 구성한다는 점이 이전 시기와 구별되는 중요한 특징으로 주목된다(Bocock, 2003).

따라서 소비사회에서 인간의 소비욕망은 차이화에 대한 욕망, 타인과의 차별성을 드러내기 위한 상품의 상징과 기호에 대한 욕망으로 이해되며, 소비는 이러한 상징에의 욕구를 충족시키기 위한 수단으로서 파악된다(Baudrillard, 1991). 소비자가 구매하는 것은 실용적인 용도를 지닌 물질적 대상이 아니라 소비자가 되고 싶고 보여주고 싶은 유형의 인간 이미지를 나타내는 기호와 상징들인 것이다(Baudrillard, 1991). 오늘날에는 자신이 되고 싶고 보여주고 싶은 성향을 드러내는 소비재를 소비함으로써 자아이미지를 표현한다.

두 번째로 오늘날 우리 시대의 소비 목적을 특징 짓는 키워드는 즐겁고 행복한 감정과 체험을 추구하는 쾌락의 욕구이다(Compbell, Colin, 1987). 소비사회 세 번째 시기의 소비는 소비자가 상품 소비를 통해 현재의 쾌락의 경험을 더 넓혀가는 과정이라고 해도 과언이 아니다. 소비자는 구매를 통해 새로움으로 인한 즐거움, 새로운 기쁨과 감각적이고 미학적이며 재미있는 경험을 찾으려고 한다. 소비는 스스로 자신을 보상해 주는 놀이와도 같으며 새로움의 힘이자 자아에 생기를 불어넣는 것으로 소비 자체로서 충분히 매력이 있는 활동이다. 소비자에게 행복한 감정을 제공하는 정신적인 안락함과 편안함, 젊음과 건강 등 소비자가 욕망하는 것들을 소비를 통해 충족하고자 한다(Lipovetsky, 2006).

생활양식의 다양화, 사회제도와 집단의 통제력이 약화된 포스트모던 고도소비사회에서는 사치의 영역에서도 획기적인 변화가 일어났다. 이전 시대에 사치 소비는 사회적 계급과 부, 예술적 교양과 지적 취향을 드러내는 사회적 과시 동기가 작용하였다면 오늘날 사치는 예외적인 소비로부터 생겨난 차이를 즐김으로써 자화자찬 하고픈 욕망, 자기 자신을 즐기고픈 욕망, 엘리트의 이미지를 갖고픈 욕망에 기초한다고 해석된다(Bosshart, 1997). 이에 따라 사치재도 눈에 보이는 표시보다 기능성 화장품, 건강관리와 피로회복 상품, 성형 및 다이어트, 호화 호텔 등 컨디션의 회복, 아름다움, 휴식, 긴장풀기, 다이어트와 관련된 것들로서 즉각적인 경험, 건강, 신체, 주관적인 복지 향상에 역점을 두는 다양한 형태로 확장되었다. 사치는 다른 소비와 마찬가지로 계급의 이미지보다 개인의 이미지 향상을 위해 이용되고, 미적이고 감각적인 감성의 통로이다. 즉, 내면적 감성이 소비의 사회적 성격보다 우위에 있는 시대라는 것이다(Bosshart, 1997).

2 무엇이 문제인가?

1) 궁극적으로 소비자들이 구매하는 것은 행복이다

19세기 낭만주의에 뿌리를 둔 쾌락주의 윤리는 오늘날 소비사회의 철학적 토대가 되는 동시에 고도소비사회를 옹호하는 논리를 제공한다. 초기 낭만주의는 우울, 동정, 자기연민, 박애와 같은 인간이 지닌 감정과 예술적 미나 자연의 숭고함에 반응할 수 있는 능력에 도덕적 가치를 부여함으로써 이전까지 이성을 중시하던 계몽주의 사조하에 빛을 보지 못했던 인간의 감정적, 미학적, 정신적 개념을 재평가하였다. 세속적인 즐거움과 쾌락을 향한 인간의 욕망은 존재 자체이기 때문에 타자에게 규제되지 않으며, 쾌락은 자아의 내적 세계에 존재하는 감정적 경험을 강화시키는 데서 발전한다고 인식된다(Xenos, 1989).

리포베스키(Lipovetsky, 2006)에 따르면 고도소비시대에 소비의 쾌락적 차원은 그 자체로서 중요하며 궁극적으로 소비자들이 구매하는 것은 행복이라는 것이다. 소비자들은 물건 자체를 소유하려고 애쓰기보다는 다양한 경험을 즐기고 새로운 감각과 감정을 취하려고 애쓴다. 인간의 이상은 물건을 구매하고 소유하고 즐기는 것에 국한되지 않을 뿐 아니라, 생활방식이 상업화할수록 인간 감성의 가치는 더욱 두드러지고 자기 자신에 대해 긍정적인 이미지가 되는 무언가에 도전하고 싶어 하기 때문에 소비에 대한 집착은 인간 존재를 파멸로 몰아가지 않는다고 옹호한다. 더 나아가 리포베스키(Lipovetsky, 2006)는 현대의 소비는 인간 자유의 표현으로 보았다. 물건을 지속적으로 바꾸는 주목적은 스스로 물질에서 벗어나고 이미 느끼고 아는 것을 반복하지 않은 데 있다는 것이다. 상품을 통해 만족감을 느끼려는 성향은 새로운 경험을 통해 더 나은 존재가 되고 자아에 생기를 불어넣어 준다. 소비는 생활에 활력을 불어넣어 주는 작은 축제와도 같은 것이다.

2) 소비자는 진정으로 존재에 유익한 것을 원하는가?

인간 욕망의 본질이 이성이건 감정이건 인간 존재의 본질에 관한 것이기에 그 자체로 본질적인 가치가 있는 것으로서 소비자 선택의 전제가 되는 욕망에 대해 규범적인 판단은 오랜 세월 동안 시도되지 않았다. 이러한 암묵적인 금기는 심리학과 결합한 행동경제학자에 의해 서서히 깨지기 시작한다. 행동경제학자들은 인간의 선택과 판단에 대한 인지심리학의 연구성과를 경제학에 융합하여 실제로 인간이 어떻게 선택하고 행동하는가를 연구하는데, 이들은 인간의 욕구가 존재의 내면으로부터 본래적으로 생성되기보다는 상황이나 환경에 따라 체계적으로 반응하며 조작될 수 있고, 자신에게 가장 유익한 것을 원하지도 않고 선택하지 않을 수 있다는 결과들을 내놓고 있다.

합리적인 인간은 동일한 물건에 대해서는 언제나 동일한 선호를 유지할 것으로 기대되지만 실제로 사람들은 상황에 따라 선호가 달라진다. 예를 들면, 갖기가 어렵다거나 물건이 희소할 상황에서는 욕구가 더욱 커진다. 브램과 와인라우트(Brehm & Weinraub, 1977)의 실험에 따르면, 두 개의 장난감 중에서 하나는 높은 유리벽 뒤에 두고, 하나는 바닥에 두면 아이는 손쉽게 가질 수 있는 장남감보다 유리벽 뒤에 있는 장남감에 관심을 가진다. 그러나 벽을 충분히 낮추면 그 장남감에 대한 아이의 선호는 낮아진다. 한 집단에는 과자가 가득 든 단지를, 다른 집단에는 두 개의 과자가 들어 있는 단지를 주고 하나를 꺼내 먹고 맛을 평가하도록 한 실험에서 후자에 속한 집단이 맛을 훨씬 높게 평가한다(Worchel & Adoewole, 1975). 식사량에 관한 완싱크(Wansink, 2006)의 연구에서 테이블에 튜브를 설치하여 스프가 계속 채워지도록 하거나 버팔로윙을 먹을 때 발라먹은 뼈를 곧바로 치울 경우, 스프 그릇의 바닥이 드러나거나 뼈를 쌓아 두었을 경우보다 훨씬 많은 양을 먹는다는 것을 확인하였다. 사람들은 물건이건 사회적 지위건 자신이 소유하게 되면 그것을 갖고 있지 않을 때보다 높게 평가하는 성향을 보이는데 이를 보유효과라고 한다. 예를 들면, 실험 참가자를 두 개의 집단으로 나누고, 첫 번째 집단에는 머그컵, 두 번째 집단에는 초콜릿을 준 다음 자유롭게 자신이 원하는 것과 서로 교환하도록 하더라도 약 90% 정도는 교환하지 않는다(Knetsch & Sinden, 1989). 이러한 연구들은 모두 소비자 선호가 인간의 내면으로부터 생성되는 고유한 욕구가 아니라 상황에 의해 조건 지어진 것으로서 얼마든지 조작이 가능하다는 사실을 보여주고 있다.

3) 소비자는 행복한가?

경제적으로 풍요로워질수록 수면장애, 불안증, 우울증, 허기증, 식욕부진, 자살 등의 개인적인 불행의 징표들은 줄지 않고 오히려 늘어가고 있는 것 같다. 생활이 안락해지고 편안해질수록 이것을 지속하고 싶은 욕망은 커지고 궁핍에 대한 두려움도 함께 커져만 간다. 젊어지고 아름다워지는 데 지출을 더 하면 할수록 나이 들고 늙어가는 자연적인 진행 과정 자체도 근심과 두려움의 대상이 되는 것이다. 가진 것에 대한 집착은 커지고, 소비경쟁에서 뒤처지지나 않을까 하는 조바심에 물질적으로 더 나아지는데도 더 살기 힘들다고 느낀다(Lipovetsky, 2006).

사람들은 물질적으로 풍요로워질수록 더욱 행복할 것이라고 믿지만 놀랍게도 사실은 그렇지 않다는 증거들이 제시되고 있다. 이 분야의 선구적인 연구자로서 이스털린(Easterlin)을 들 수 있다. 이스털린(Easterlin, 1974)이 GDP와 국민의 행복수준 사이의 관계를 분석한 결과에 따르면, 한 국가 내에서는 소득이 높을수록 행복수준도 높지만 어느 정도 기본 욕구를 충족할 수 있는 생활수준에 도달한 국가 간의 비교에서는 개인의 행복수준이 1인당 국민소득에 비례하지 않고 오히려 감소한다는 것이다. 실제로 미국의 1인당 국민소득은 1946년부터 70년 동안 지속적으로 증가했지만 행복수준은 1960~70년 기간 동안 감소하였는데, 이러한 현상을 연구자의 이름에 따라 '이스털린의 패러독스'라고 한다. 이스털린(Easterlin, 2001)은 물질적인 풍요로움을 추구하다 보면 일과 돈벌이에 더 많은 시간을 보내게 되고, 친구, 가족, 건강 같은 본질적인 가치를 위한 시간에 소홀해지며, 결국 삶에 대한 만족감은 더욱 줄어들게 된다고 지적한다.

왜 풍족해질수록 더 행복해지기는커녕 그 반대의 현상이 나타나는가? 이에 대한 행동경제학자들의 설명은 다음과 같다.

첫째는 사람의 타고난 적응능력으로 설명된다. 사람의 신경시스템은 자극의 절대적인 크기에 반응하는 것이 아니라 익숙한 수준에서 벗어나는 편차에 반응한다는 적응수준이론은 물리적 자극에만 국한되지 않고 일상의 다른 생활 경험에도 그대로 적용된다는 것이다. 기분 좋은 것들도 지속되면 쉽게 일상적인 것으로 변할 수 있다. 수입이 늘어나더라도 우리가 지속적으로 행복하지 못하는 이유는 이러한 적응능력 덕분에 높아진 소득수준에 익숙해지고 더 이상 기분 좋은 감정을 느끼지 못하게 된다.

둘째는 이러한 적응과정은 사람들로 하여금 더 높은 기대를 갖게 한다. 사람은 만족하지 못하는 동물로서 무엇인가를 가지면 점점 더 많은 것을 갖고 싶어 하는데, 지속적인 기대수준의 상승으로 사람은 끊임없이 결핍을 느끼게 되고 소비 욕구의 충족이란 불가능하다는 것이다. 소득이 늘면 우리의 욕심도 자동적으로 커지는 것이다. 유쾌하고 새로운 경험을 하게 된 사람이 이후 계속해서 똑같은 기분을 느끼려고 한다면 점점 더 많은 것을 필요로 한다.

세 번째는 소비자의 욕구는 내면적인 욕구보다 오히려 사회에 의해 정해진다는 욕구의 상대성 원리가 불만족의 주된 원인이라는 설명이다. 미국의 심리학자 로베르트 비스바스 디너는 인도의 노숙자와 미국의 노숙자를 비교한 연구에서 인도 캘커타의 노숙자가 미국의 캘리포니아나 오레곤의 노숙자보다 훨씬 더 행복하다는 사실을 발견하였다. 미국의 노숙자들이 인도의 노숙자들보다 훨씬 더 편안하고 안락한 처지에 있는데도 덜 행복한 이유는 노숙자를 둘러싼 사회적 환경과 연관이 있었다는 것이다. 인도의 경우 노숙자라 하더라도 가정이나 그 밖의 사회적 관계가 비교적 온전하게 유지되는 반면 미국의 노숙자들은 부인이나 자녀가 없거나 있어도 관계가 단절되어 있다. 게다가 인도의 캘커타처럼 빈곤율이 높은 환경에서 노숙자라는 상황은 인간적인 실패의 결과라고 느끼는 미국에 비해 덜 모욕적인 상황이다. 사람들은 자신과 비슷한 상황의 사람들과 비교하며 살아가고 주위 환경에 따라 감정의 차이가 발생한다는 것이다.

스위스의 경제학자 프라이와 스퉅처(Frey & Stultzer, 2002)는 스위스 국민들을 대상으로 실시한 조사 연구에서 각자가 원하는 소득수준은 이웃의 소득수준의 영향을 받는다는 사실을 발견하였다. 살고 있는 지역의 평균 소득이 높을수록 각 개인의 기대치도 높아진다. 개인의 기대수준은 사회적 상호작용의 형태로 비교를 통해 정해지게 된다는 것이다.

소비주의 사회에서 소비의 절대적 수준보다는 남과 비교한 상대적 수준이 중요하다. 그러나 지위 사다리에서 자기보다 더 높은 위치에 누군가가 있게 마련인데, 이런 비교를 통해 우리는 사회적으로 어떤 위치에 있든지 위를 바라보고 만족하지 못하게 된다. 오늘날 우리는 우리보다 더 많이 가지고 있는 사람을 찾는 일이 예전보다 쉬워졌다. 가까이 사는 이웃집뿐 아니라 유명 연예인들과 스포츠 스타들의 저택과 옷차림, 여가생활, 드라마 속에 등장하는 인물들이 살아가는 모습을 손쉽게 들여다볼 수 있다. 평균적인 소비수준이 결정되면 그 수준은 그 아래로 내려갈 수 없는 일종의 표준이 되어버린다. 풍요로운 소비사회에서 사람들은 마땅히 누려야 한다고 생각하는 생활수준을 끊임없이 올려다보면서 허덕이게 되고 늘 부족하다고 생각한다.

3 무엇을 실천할 것인가?

물질적 풍요가 행복을 보장하지 못한다면, 정말로 우리에게 중요한 것은 무엇일까? 그런 문제에 대한 올바른 대답을 찾기 위해서는 과연 돈이나 돈을 대체하는 다른 것들이 우리에게 어떤 이익을 가져다줄지 측정할 수 있는 신뢰할 만한 평가기준이 필요하다(Wellenbrock, 2006). 프라이와 스튤처(Frey & Stultzer, 2002)에 따르면, 사람들이 특히 잘못된 결정을 내리는 것은 돈, 명성, 지위 혹은 특권처럼 외형적인 재화를 내면적 욕구들과 비교하여 평가할 때라고 한다. 심리학자들이 꼽는 주요 내면적 욕구로는 가족, 친구, 직장 동료 등과의 멋지고 즐거운 관계, 인정받는 느낌과 자신감을 얻고 싶다는 욕구, 자율성을 향한 노력 등이 있다. 이러한 내면적 욕구의 충족과 외형적 재화의 획득 사이에 결정해야 할 때 사람들은 외형적이 재화에 더 커다란 의미를 부여한다.

지난 수십 년 동안 경제수준은 급속도로 발전하였지만 생활만족은 향상되지 않았고 오히려 우울증, 자살, 불신과 같은 부정적인 증상들은 상당히 증가하였음을 부정하기 어렵다. 개인의 주관적 복지 혹은 행복에 영향을 미치는 여러 가지 요소들을 탐구한 연구들은 사회가 풍요로워질수록 소득보다는 사회적 관계라든가, 일에 대한 만족도 등 내면적 욕구의 충족이 개인의 주관적 복지에 미치는 영향이 크다는 결론을 내리고 있다(Diener & Seligman, 2004; nef, 2009).

보다 행복한 삶을 영위하기 위해서 소비자들은 어떠한 선택을 해야 할 것인가? 다음에서는 소비시대에 역행하는 극단적인 선택을 한 세 가지 소비자 사례를 살펴보고, 행복해지기 위한 삶의 지침으로서 제시된 내용들을 몇 가지 소개하고자 한다.

1) 소비시대의 일탈자

다음에 소개된 소비시대의 일탈자는 소비시대에서 우리 모두가 추구하는 풍요로운 소비뿐 아니라 일상적으로 마땅하게 누려야 한다고 여기는 기본적인 소비조차 거부하는 극단적인 소비 선택을 실행한 사례들이다. 무엇을 얻기 위해 소비를 자발적으로 포기하였을까?

소비시대의 일탈자 1

쇼핑 안 하기 생활의 주인공 미국의 주디스 레빈

생존과 사회생활을 위해 꼭 필요한 것만 소비하고 아이스크림과 음료수 등 기호품을 사는 것은 물론 영화보기, 외식 등을 일체 중단한다면 우리의 삶이 어떻게 변할까?

지난 2003년 평범한 미국인이 그렇듯이 주디스 레빈(53)은 연말 쇼핑 광풍에 휩쓸려 신용카드를 몽땅 긁어서 산 물건을 쇼핑백에 채워 뉴욕 거리를 메고 걷던 중 쇼핑백을 웅덩이에 빠뜨리게 된다.

순간 그에게 '인생이 이런 것만은 아닐 텐데……. 도대체 소비가 내 인생에서 차지하는 역할은 무엇일까.' 라는 생각이 들었다. 그는 '한 주만 쇼핑을 안 해볼까, 아니 한 달, 석 달은 어떨까.' 하고 생각하게 됐다. 그는 파트너인 폴 칠로와 함께 실험 삼아 1년간 쇼핑을 하지 않기로 하고 어떤 것이 진짜로 필요한 것이고, 어떤 것을 사지 않아야 하는가를 얘기했다.

일단 옷을 안 사는 것은 물론 스타벅스 커피를 사 먹지 않고 집에서 만들어 먹기로 했다. 그러나 필요와 욕망의 쌍곡선 사이에서 두 사람이 정하는 쇼핑 안 하기 품목들이 수시로 변했고 어떤 것은 1년 내내 얘기가 계속됐다. 특히 포도주의 경우 이탈리아인 폴은 포도주를 물처럼 마셔 온 반면, 주디스는 이를 사치품으로 여겼기 때문에 논쟁이 계속됐다. 결국 폴은 그의 이탈리아 친구 2명과 함께 포도주를 만들어 먹게 됐으며 이는 매우 즐겁고 유익한 경험이 됐다.

주디스의 친구들은 이 커플의 계획을 지지하면서 때로는 참여자가 되기도 했다. 친구들과 외식을 한다든가, 맥주를 한 잔 하게 되면 벌금을 물도록 규칙이 정해졌다. 그러다 보니 친구들을 위해 집에서 저녁을 대접하게 됐으며, 친구는 물론 가족과의 관계가 창조적으로 변했다. 남을 위해 단지 무엇을 사는 것이 아니라 자기가 가진 것 이상을 남에게 주는 것이기 때문이다.

고통도 적지 않았다. 어떨 때는 바보처럼 느껴지기도 했고, 옷은 누더기로 변했으며, 스스로 거지 같다는 느낌도 들었다. 또 외롭고 때로는 지겨웠다. 그러나 두 사람은 2004년 1년간의 쇼핑 안 하기를 통해 8천 달러를 절약한 것은 물론, 과소비 습관에서 벗어나 환경과 사회를 생각하는 완전히 다른 사람으로 변했으며, 자신들의 경험을 책으로까지 내게 됐다.

주디스는 〈뉴스위크〉와의 인터뷰에서 택시를 안 타기 위해 꼭두새벽에 일어나고 먹고 싶은 것도 못 먹고 보고 싶은 영화도 보지 못했지만, 이제 소비자가 아닌 시민으로 다시 태어났다고 말했다. 주디스는 "당신의 생활에서 소비자로서의 역할을 빼내면, 보다 많은 시간과 열정, 돈을 시민으로서 기여할 수 있게 된다."면서 "공공 도서관과 같은 공중 문화시설에 대해 보다 책임감을 갖게 되고 고마움을 느끼게 된다."고 말했다. 주디스는 현재 뉴욕에서 '단순히 살기 운동'에 참여 중이며 '아무것도 사지 않는 날' 행사에 참여하며 소비와 자원 보존에 대한 자문 역할을 하고 있다.

(워싱턴 연합뉴스, 2006. 4. 2)

소비시대의 일탈자 2

완전 무일푼의 독일의 하이데마리 슈베르머

하이데마리 슈베르머는 현재 55세이며 심리치료사이고 두 아이의 엄마이다. 그녀는 1996년부터 가구와 다른 가진 것과 가진 돈을 모두 이웃, 친구, 친척들에게 나누어 주고 돈 없이 살아가기를 시작했다. 침대, 자동차, 신용카드, 돈, 그 밖의 어떤 보호 장치도 없이 살아가고 있다. 몇 장의 편지, 그녀의 텔레비전 인터뷰가 담긴 몇 개의 비디오, 옷가지 몇 개가 가진 것의 전부이다. 그녀는 자기에게 잠자리를 제공해 주는 사람의 집에서 자거나 그녀가 일하는 회의식 탁자 아래에서 잔다. 옷은 친구들이 준 것이거나 헌 옷 수집함에서 찾아낸 것들이다. 식료품은 식품점이나 식당에서 일을 해 주고 받는다. 그럴 수 없을 때는 굶은 적도 많다. 다행히 아직까지 병에 걸린 적이 없지만 병에 걸린다면 무료로 진료해 줄 의사가 있기를 바라야 한다. 하이데마리 슈베르머는 완전 무일푼이다.

이제 63세가 된 그녀는 더 이상 자신을 왜곡하거나 속이지 않으며 사실상 필요한 모든 것을 다 가지고 있다고 말한다. 그녀는 자유로워진 삶, 예전보다 부자라는 느낌, 삶의 질이 향상되었다고 말하며, 초연함, 자유, 독립, 느긋함, 집착으로부터 해방을 누리며 살고 있다.

(행복경제학, 2006)

소비시대의 일탈자 3

전 재산을 기부한 오스트리아의 카를 라베더

오스트리아의 한 백만장자가 부(富) 때문에 자신이 불행해졌다는 것을 깨닫고 재산 300만 파운드(약 54억 6천 400만 원)를 모두 기부하기로 했다. 영국 일간 텔레그래프에 따르면, 사업가 카를 라베더(47)씨는 알프스 산이 보이는 140만 파운드 상당의 고급 빌라와 프랑스 프로방스에 위치한 61만 3천 파운드 상당의 농장을 매물로 내놨다. 그는 35만 파운드어치의 글라이더 6대와 고급차 아우디 A8을 이미 팔았으며, 자신에게 부를 가져다준 가구 및 인테리어 용품 사업도 매각했다. 라베더는 현재 오스트리아 서부 인스부르크인 지역에 방 두 개의 작은 집에 살고 있다.

재산을 팔면서 자유를 느꼈다는 그는 "하나도 남김없이 모두 털어버리는 게 내 목표다."라고 하며, "돈은 역효과를 낳는다. 행복이 오는 것을 막았다."고 말한다. 가난한 집에서 태어난 그는 "더 많은 부와 사치가 더 많은 행복을 의미한다고 오랫동안 믿어 왔지만 시간이 지나면서 '사치와 소비를 멈추고 진짜 삶을 시작해야 한다'는 생각이 들었다."고 한다. 그는 "내가 원하지도 필요하지도 않은 것을 위해 노예처럼 일하고 있다는 느낌이 들었다."고 말했다.

재산을 매각해 벌어들인 모든 수익은 자신이 중남미에 세운 자선단체에 기부할 예정이며, 자신은 이 단체로부터 어떤 급여도 받지 않을 예정이다. 기금 모금을 위해 알프스 집을 당첨금으로 내걸고 장당 87파운드의 복권 2만 1천999장을 팔기로 했다.

(서울 연합뉴스, 2010. 2. 19)

2) 행복한 삶을 위한 행동 지침들

(1) 영국 신경제재단(nef)의 행복 지침

영국의 신경제재단은 삶의 질을 증진시키기 위한 해결책을 제안하고 실천하는 것을 목적으로 설립된 연구기구인데, 최근 국민행복계정(National Account of Well-being)을 통하여 행복의 관점에서 사회발전 성과를 측정하고자 하는 시도를 하고 있다. 국민행복계정은 국민들의 행복수준에 대한 측정치를 토대로 산출되기 때문에 행복을 어떻게 정의하고 측정하는가 하는 문제가 중요하다. nef는 개인의 행복을 결정짓는 가장 중요한 것은 타인과의 사회적 관계와 심리적 자원(psychological resources) 혹은 정신적 자본(mental capital)의 두 가지 요소로 보고, 지지적 관계, 신뢰 및 소속감, 정서적 안녕, 생활만족, 활력, 탄력성과 자존감 차원에서 행복을 측정하는 한편, 일상생활에서 실천함으로써 행복을 증진시킬 수 있는 다섯 가지 활동을 제안하였다. 다섯 가지 활동은 인간의 행복을 증진시키는 효과가 있다는 실증 및 과학적 연구결과에 근거하여 제안된 활동들인데 그 내용을 보면 다음과 같다.

연결(connect)

주변 사람들과의 관계, 즉 가족, 친구, 동료, 이웃, 집, 학교, 직장, 지역사회 등 주변 사람들과 관계 갖기이다. 관계를 생활의 주춧돌로 여기고 개발하기 위해 시간을 투자한다. 사회적 관계는 행복의 결정적 요인이다. 연구결과에 따르면 행복은 가족, 친구, 사회 및 정치적 생활과 관련된 생활목표에 따라 증가하고 출세, 물질적 이익과 관련된 목표에 따라 감소한다.

움직이기(be active)

산책을 하거나 달리거나, 밖으로 나가기, 자전거타기, 경기하기, 정원가꾸기, 춤추기 등 운동은 기분을 좋게 한다. 자신의 운동능력과 몸에 맞게 즐길 수 있는 신체적 활동을 발견하고 즐긴다. 운동은 우울과 걱정을 낮추고 기분을 증진시킨다는 연구 결과에 근거하여 제안된 활동이다.

인지(take notice)

호기심을 유지하고 풍경의 아름다움을 놓치지 말기, 일상에 대해 이야기하기, 계절의 변화를 관찰하기 등을 포함한다. 출근하면서, 점심식사를 하면서, 친구와 이야기하면서 순간을 음미한다. 주위 세계에 대해 느끼는 것에 대해 자각하는 것, 자신의 경험을 되돌아보는 것은 자신에게 중요한 것이 무엇인지 알도록 도와준다. 미국의 조사결과에 따르면 감각, 생각, 느낌을 자각하는 연습은 자기 자신과 행복에 대한 지식을 증가시켰다.

학습(keeping learning)

뭔가 새로운 것을 시도하기, 오래된 관심사를 재발견하기, 직장에서 다른 책임을 맡기, 자전거를 고치기, 악기 배우기, 좋아하는 음식 요리법 배우기 등 성취를 즐길 수 있는 목표를 세운다. 새로운 것을 배우는 것은 재미뿐 아니라 자신감을 갖게 한다. 학습은 사회적 상호작용과 자존감, 유능감을 증진시킨다. 뭔가 새로운 것을 성취하고자 하는 목표에 의해 방향 지워진 행동은 생활만족을 높이는 것으로 밝혀졌다.

선행(give)

친구나 혹은 전혀 모르는 이에게 뭔가 좋은 것을 하기, 누군가에게 감사하기, 미소 보내기, 시간을 봉사에 사용하기, 안뿐 아니라 밖도 바라보기, 자신과 자신의 행복을 바라보기 등의 활동을 포함한다. 보다 큰 지역사회와의 연결은 보상이 크고 자신을 둘러싼 사람들과의 관계를 창조한다. 뇌활동을 측정해 본 결과 협동적인 행동은 뇌의 보상 영역을 활성화시키는 것을 발견했다. 특히 주고받는 행동은 사람들 사이의 신뢰를 구축하고 긍정적인 사회관계를 창조하며 탄력적인 공동체를 만드는 데 있어서 가장 기본이 되는 방법이다.

(2) BBC 행복위원회의 행복헌장 십계명

일. 운동을 한다. 1주일에 3회, 30분이면 충분하다.

이. 좋았던 일을 떠올려본다. 하루를 마무리할 때 감사할 일 다섯 가지를 생각해 본다.

삼. 대화를 나눈다. 매주 온전히 한 시간은 배우자나 가장 친한 친구들과 대화를 나눈다.

사. 식물을 가꾼다. 아주 작은 화분이라도 좋다. 죽이지만 말자.

오. TV시청 시간을 반으로 줄인다.

육. 미소를 짓는다. 적어도 하루에 한 번은 낯선 사람에게 미소를 짓거나 인사한다.

칠. 친구에게 전화한다. 오랫동안 소원했던 친구나 지인들에게 연락해서 만날 약속을 한다.

팔. 하루에 한 번 유쾌하게 웃는다.

구. 매일 자신에게 작은 선물을 하고 그 선물을 즐기는 시간을 가진다.

십. 매일 누군가에게 친절을 베푼다.

(3) 영국 로스웰과 코헨의 행복 만들기

영국의 심리학자 로스웰과 인생상담사 코헨에 따르면 행복은 P(Personal), E(Existence), H(Higher order)의 세 가지 요소에 의해 결정된다는 사실을 발견하였다. P는 인생관, 적응력, 유연성 등 개인적 특성을, E는 건강, 돈, 관계 등 생존조건을, H는 열망, 자존감, 기대 등 고차원적인 상태를 의미한다. P를 중심으로 E는 P보다 5배, H는 P보다 3배 더 중요하다고 하고 행복지수 공식과 행복해지기 위한 지침을 제시하였는데, 그 내용은 다음과 같다.

$$\text{행복지수} = \text{Personal} + (5 \times \text{Existence}) + (3 \times \text{Higher order})$$

행복해지기 위한 삶의 지침

일. 가족과 친구 그리고 자신을 위한 시간을 갖는다.

이. 흥미와 취미를 추구한다.

삼. 밀접한 대인관계를 맺는다.

사. 새로운 사람들을 만나고 기존의 틀에서 벗어나 본다.

오. 현재에 몰두하고 과거나 미래에 집착하지 않는다.

육. 운동하고 휴식한다.

칠. 항상 최선을 다하되 성취 가능한 목표를 갖는다.

4 행복한 소비

중상층 주부들을 대상으로 일상의 소비생활에서 겪고 있는 행복과 갈등 경험, 그리고 이러한 경험과 관련된 소비자의 내적 자질과 특성이 무엇인지 탐구한 이성림, 손상희, 천경희, 박미혜(2011)의 연구에서 "행복, 자유, 감사, 기쁨, 좋음, 흐뭇함, 만족함, 충분함, 풍요함, 편안함, 안도, 보람, 전율" 등의 단어로 표현된 행복경험을 구성하는 주제묶음으로서 '높은 효용가치', '소유보다 관계', '마음의 풍요', '나만의 자신감'의 네 가지가 발견되었다. 경제적인 이득을 주는 구매나 가격에 상관없이 상품으로부터 높은 효용가치를 경험하는 소비, 물건의 소유보다 가족이나 타인과의 관계를 증진시키는 소비, 자신의 성장과 삶의 풍요로움을 느끼게 하고 타인과의 나눔 등 마음의 풍요를 느끼게 하는 소비, 그리고 창의적인 소비를 통해 자신감을 경험하는 소비에서 행복을 느끼고 있었다. 이러한 소비경험은 타인의 영향으로부터 자유로운, 자율적이고 능동적인 결단과 행위를 바탕으로 이루어지고 있었다.

"불쾌함, 찝찝함, 불안함, 걱정스러움, 후회, 미안함, 불편함, 가슴이 두근두근, 기분이 안 좋음, 아까움, 부담감, 압박감, 혼돈, 창피함, 껄끄러움, 반성이 됨" 등의 단어로 표현되고 있는 갈등경험으로서 '부족함과 낭비', '남들처럼 해야 하나, 남들만큼 못 하나', '가족 간의 소비갈등', '속성 재배하는 소비사회'라는 네 개의 주제가 발견되었다. 즉, 자신도 모르게 과도하게 저지르는 낭비, 동조소비와 비자발적 소비, 혹은 남과 다른 차별적 소비를 하면서, 가족 간의 소비에 대한 의견 불일치와 소비 불균형으로 인한 갈등, 자신의 통제범위를 벗어난 소비 중심적 사회의 생활방식과 평균적인 삶을 벗어나기 어려운 자신의 한계에 대해 갈등하고 있었다. 이러한 소비경험 속에서 소비자들은 공통적으로 '속빈 강정 같은 공허함'을 느낀다.

행복한 삶을 영위하기 위해 우리에게 필요한 것들로 제안된 내용 중에 직접적으로 어떠한 유형의 소비를 지시한 항목은 BBC 행복위원회에서 제안한 내용 중에서 식물 가꾸기와 TV시청 반으로 줄이기 두 가지가 발견된다. 다른 실천 항목들은 좋은 관계 맺기, 세상에 대한 열린 마음, 자신을 위한 운동과 학습, 성취 등을 추구할 것을 골자로 하고 있다.

소비란 근원적으로 재화와 서비스의 구매, 사용, 처분 행동을 일컫는다. 무엇을 위해 구매하고 사용하고 처분할 것인가에 대한 선택이 소비시대의 행복을 결정짓는 중요한 관건이 될 것이다. 사회적 지위의 상징, 편안함과 안락함의 추구, 자아 이미지의 표현, 쾌락과 즐거움의 원천 등 소비자가 추구하는 중요한 가치의 구현 수단으로서 소비의 기능은 행복과 직접적인 연관이 약하다는 사실은 소비시대의 아이러니가 아닐 수 없다. 행복한 삶을 위한 소비자 선택은 무엇일까? 행복을 얻기 위한 행동 지침에 따르면 정말로 중요한 것이 무엇인지 파악하고, 성취와 내적 자아 발전, 타인을 위한 배려, 가족과 친구, 동료 사이의 질 높은 관계를 위해 얼마나 많은 시간과 돈을 사용하고 있는가를 성찰하며, 자신이 대면하고 있는 소비환경과 자신의 소비욕망, 주위 세계에 대한 자신의 생각과 느낌을 자각하는 가운데 일과 여가, 자기 자신과 타인, 세상에 대한 고려가 균형 잡힌 소비생활을 영위하는 소비자 자신의 역량에 달려 있다고 할 수 있지 않을까?

실천해 보기

1. 일주일 동안 계획을 세우고 BBC 행복위원회의 행복십계명을 실천해 보자. 행복십계명을 실천하면서 어떠한 경험을 하였는지 서로 이야기를 나누어 보자.

2. 자기만의 행복소비 목록을 만들어 보자. 행복소비 가계부를 기록하고 일주일 동안 행복을 추구하는 소비를 얼마나 하였는지 평가하고 이야기를 나누어 보자.

소비와 행복 관련 영상물

행복해지는 법
(KBS 1TV, 2011년 1월 16일, 23일 방영)

1편 "대한민국은 행복한가?"

입시를 준비하는 대한민국 청소년들부터 입시 경쟁에서 이긴 의사까지 다양한 사례들을 통해, '성공은 곧 행복'이라고 생각하는 한국 사회의 뿌리 깊은 사고를 해부한다. 세계 최고의 경쟁 속에서 살고 너무나 많은 패배자(루저)들을 양산하는 대한민국. 때로는 경쟁에서 이긴 승리자들조차 행복하지 않다. 왜 그런가? 세계적인 심리학자 에드 디너 교수는 '월드 폴'이란 전 세계 여론조사를 통해 대한민국의 행복도를 조사했는데, 결과는 소득 상위 40개국 중 39위! 왜 대한민국의 행복도는 바닥인가? 이에 대한민국 사람들이 행복하지 못한 이유를 다양한 실험과 학자들과의 인터뷰를 통해 분석한다.

세계 여론 조사에서 언제나 행복도 1위를 차지하는 나라 덴마크. 등수가 없는 시스템의 초등학교, 공부는 여러 가지 재능 중 하나라고 말하는 기술학교. 오로지 자신이 잘 할 수 있는 것을 찾아 인생을 설계하고, 그것을 가능하게 만들어 준 덴마크 사회 시스템을 통해 덴마크 행복의 비밀을 취재한다.

2편 "행복의 비밀코드"

우리는 '무언가'를 가지면 행복할 것이라고 생각한다. 그러나 실제로 그렇게 되지 않는다. 왜 그럴까? 비록 그것이 바라는 것이었다 하더라도 곧 그것에 익숙해지며(쾌락 적응 현상), 우리는 늘 사물의 한 면을 강조해서 보는 경향(초점의 오류)이 있기 때문이다. 그렇다면 행복의 비밀은 무엇일까? 우리가 행복에 대해 가지고 있던 오해와 진실을 다양한 실험과 조사, 인터뷰 등을 통해 알아본다.

행복의 공식 중 하나는 '원하는 것을 얼마나 가졌는가?'이다. 우리는 가진 것을 늘림으로써 또는 원하는 것을 줄이고 이미 가진 것을 즐김으로써 행복할 수 있다. 그러나 이 공식은 행복의 일면만을 설명해 준다. 행복해지는 데는 수많은 우리의 편견, 오해 그리고 우리가 모르는 비밀이 존재한다. 행복의 비밀코드는 무엇일까?

서울지검 검사를 그만두고 귀농을 준비 중인 오원근 변호사, 아버지와의 오랜 갈등 끝에 아프리카에서 삶의 의미를 찾은 박자연 씨, 행복한 환경미화원이자 시인 금동건 씨. 이들은 왜 행복한가? 이들은 어떤 갈등을 겪고 어떤 시행착오 끝에 자신의 행복을 찾았는가? 자신에게 맞지 않은 옷을 과감히 던져 버리고, 다른 방식의 행복을 택한 그들의 이야기를 통해서 새로운 행복 공식을 제시한다.

이성림(2006). 소비자학 분야의 소비자문화 연구에 대한 소고. 소비문화연구, 9(2). 127-149.

이성림 · 손상희 · 천경희 · 박미혜(2010). 소비생활에서의 행복과 갈등경험에 대한 현상학적 연구. 미발간 논문.

Baudrillard, J.(1968). *Le Systeme des Objets: la Consummation des Signes*. Paries: Denoell/Gonthier. 이상율 역(1991). 소비의 사회 그 신화와 구조. 문예출판사.

Bococok, R.(1996). *Consumption*. London: Routledge. 양건열 역(2003). 소비, 나는 소비한다, 고로 존재한다. 시공사.

Bosshart, D.(1997). *Die Zukunft des Konsums*. Dusseldorf & Munchen: ECON Verlag GmbH. 박종대 역(2001). 소비의 미래, 21세기 시장트렌드. 생각의 나무.

Bourdieu, P.(1984). *Distinction: A Social Critique of the Judgement of Taste*. Cambridge, MA: Harvard University Press.

Brehm, S. S., Weinraub, M.(1977). Physical Barriers and Psychological Resistance: Two-Yesr-Old's Responses to Threats of Freedom, *Journal of Personality and Social Psychology*, 35, 830-836

Compbell, Colin(1987). *The Romantic Ethic and the Sprit of Modern Consumerism*. Oxford: Blackwell.

Diener, E., Seligman, M.(2004). Beyond Money, Toward and Economy of Well-Being. *Psycho-logical science in the Public Interest*, 591, 1-31.

Easterlin, R. A.(1974) "Does Economic Growth Improve the Human Lot?" in Paul A. David and Melvin W. Reder, eds., *Nations and Households in Economic Growth: Essays in Honor of Moses Abramovitz*, New York: Academic Press, Inc.

Easterlin, R. A.(2001). Income and Happiness: Towards a Unified Theory. *The Economic Journal*, 111, 465-484.

Frey, B. S, Stulter, A.(2002). *Happiness and Economics*. Princeton University Press. 김민주 · 정나영 역(2008). 경제학 행복을 말하다. 예문.

Knetsch, J. L.(1989). The Endowment Effect and Evidence of Nonreversible Indifference Curves, *American Economic Review*, 79, 1277-1284.

Lipovetsky, G.(2006). *Le Bonheur paradoxal*. Editions Gallimard. 정미애 역(2009). 행복의 역설. 알마.

Miller, M. B.(1981). *The Bon Marche*. Princeton, NJ: Princeton University Press.

nef(2009). *National Accounts of Welling-being*.

Slater, D.(1997). *Consumer Culture and Modernity*. Oxford, UK: Polity Press. 정숙경 역(2000). 소비문화와 현대성.

Veblen, T.(1953, 1899). *The Theory of the Leisure Class: An Economic Study of Instutions*. New York: Mentor.

Wansink(2006). *Mindless eating: Why we Eat More than we Think*. Bantam.

Wellenbrock, H.(2006). *Das Dagobert-Dilemma*. Random House GmbH, Nunchen, Germany. 배인섭 역(2006). 행복경제학. 미래의 창.

Worchel & Adoewole(1975). Effects of Demand and Rationgs of Object Value. *Journal of Personal-ity and Social Psychology* 32, 906-914.

Xenos, N.(1989). *Scarcity and Modernity*. London: Routledge.

Chapter 2

소비자의 사회적 책임과 행복

혼자만 잘살믄 무슨 재민겨.

— *전우익*

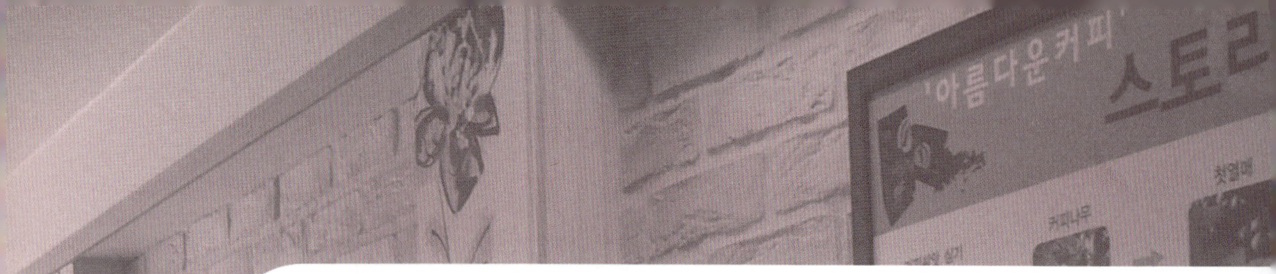

Chapter 2 소비자의 사회적 책임과 행복

1990년대 중반 업계 점유율 1위를 달리던 스포츠 브랜드 나이키는 축구공을 꿰매는 소년의 모습이 담긴 사진 한 장 탓에 큰 곤욕을 치렀다. 축구공 1개는 육각형 가죽 32조각을 1620회 바느질해야 완성된다. 나이키가 아웃소싱한 파키스탄 시알코트 공장에선 어린이들이 하루 13시간 중노동을 하고 있었다. 미국 시사지 라이프의 보도로 이 사실이 알려지면서 나이키 주가는 급락했다(중앙일보, 2010.10.02).

소비자들은 이제 무조건 가격이 싸고 품질이 좋은 것만을 구입하는 것이 아니라 이처럼 물건을 만든 기업의 도덕성, 생산과정과 사회와 환경에 미치는 영향 등을 고려하기 시작했다. 즉, 소비를 사회적인 행위로 인식하고 사회적인 영향을 고려한다. 이 장에서는 소비자가 소비행위에서 사회적인 책임을 고려한다는 것은 무엇인지, 왜 고려해야 하는지, 사회적 책임을 다하는 소비는 구체적으로 어떤 소비를 말하는 것인지, 이러한 소비생활은 소비자의 행복감과는 어떤 관련이 있는지 등을 실제 사례와 함께 살펴보고자 한다.

1 사회적 책임을 다하는 소비를 하면 행복한가?

1) 소비의 사회적 책임이란?

소비자 개개인은 과거 소비생활에서 자신의 만족만을 추구하는 선택을 해왔다. 그러나 이제 자신의 소비생활에서 결정한 선택이 자신이 속한 지역과 나아가 전 지구적으로 사회, 경제, 문화, 정치, 자연생태 등에 어떠한 결과를 야기하는가를 인식하여 책임 있는 행동을 하도록 요구되고 있다. 이는 오늘날 소비자의 선택이 경제적 선택과 동시에 사회적 선택의 조화 속에 이루어져야 하는 패러다임으로 변화하고 그 선택에 수반된 사회적 책임이 요구되고 있음을 의미한다(심영, 2009).

과거에는 소비가 개인적 · 사적 행위였으며 개인의 선택의 자유를 강조해 왔으나 점차 소비가 사회적 · 공적 행위로 인식되고 있다. 즉, 소비행동이 개인적인 행위지만 결국 사회 전체에 다양한 방식으로 영향을 미치기 때문에 이를 인식하고 고려한 소비행위를 해야 한다는 주장이 늘고 있다. 즉, 오늘날의 소비자는 가격 대비 가치 있는 제품을 구매하는 개인의 경제적 이익 추구에만 관심이 있는 것이 아니라 모두를 위한 경제적 · 사회적 정의를 고려하여 자신의 권리를 행사하거나 선택을 해야 하는 것이다.

저먼(Garman)은 소비자와 시민의 역할을 구분하여 경제적 효율성을 추구하는 것이 보다 본질적인 소비자의 역할을 수행하는 것이고, 사회와 공동사회의 개선을 위해 상호 호환성이나 신뢰, 공정한 거래 등 보다 광범위한 사회적 이익과 공정성을 추구하는 것은 시민소비자로서의 역할을 수행하는 것이라 하였다(나종연, 2003). 또 김정은, 이기춘(2008)은 소비자의 사회적 역할과 책임을 강조한 소비자시민성(consumer citizenship)이라는 개념을 통해 개인 소비자의 사적인 소비행동이 사회적 영향을 미치는 공적 역할을 하는 행동임을 포괄하여 제시하였다. 이는 코엔(Cohen, 2004)이 소비자의 공적 · 사회적 역할을 강조하여 제시한 '시민소비자(consumer citizen)' 개념에 토대를 둔 것이기도 하다. 과거 일상적인 소비생활이 개인의 만족을 얻는 행위였다면 소비자시민성은 동시에 사회의 공공선을 배려하고 이를 조화롭게 고려하는 것이며, 사적인 개인의 소비를 자발적인 성찰을 통해 사회적 책임과 참여의 영역으로 확장해 나가는 것을 의미하고자 하였다. 이러한 개념에 기초하여 소비자시민성을 측정할 수 있는 척도를 소비자 개인과 공동체, 환경 및 세계라는 소비영역과 소비 윤리의식, 소비자 참여행동이라는 구성요소를 조합하여 구성, 제시하고 있다. 즉, 소비자가 개인의 소비생활에서 실천해야 할 책임과 윤리를 소비자시민성에 담으면서 거시적인 관점으로 확장한 것이다.

그러나 이제 시민소비자 또는 소비자시민성이라는 개념을 굳이 빌리지 않고도 모든 소비자는 일상 소비생활에서 사회적인 책임을 고려하는 소비를 해야만 하는 시기가 되었다. 소비 중심 사회의 다양한 문제들을 소비자의 소비행위에서 이루어지는 선택으로 해결해 나가고자 하는 흐름이 전 세계적으로 확산되고 있는 것이다. 그러면 소비자에게는 어떠한 사회적 책임이 있는가? 심영(2009)은 소비자의 역할을 경제적, 사회문화적, 시민적, 생태환경적 역할로 나누고 각각에 대해 개인적 · 사적 차원의 미시적인 책임과 집단적 · 공적 차원의 거시적인 책임을 제시하였다. 즉, 소비자가 경제적 역할에서는 개인적으로 자신의 생애주기 전체에 걸쳐 효율적인 배분을 통해 합리적 소비를 해야 하며 나아가 자신의 이익만이 아닌 사회 구성원 간의 상호 이익에 의한 사회적 후생을 중시하는 의사결정을 해야 한다. 소비의 사회문화적 의미가 커지면서 사회문화적 역할이 중요해졌다. 소비자는 소비사회의 소비풍조에 휩쓸리지 않고 스스로 자신을 통제하고 예산범위 내에서 균형 잡힌 소비를 할 책임이 개인적으로 있으며, 자신의 소비행위가 사회 전체의 소비문화에 미칠 것을 고려하여 바람직한 소비가치를 기반으로 소비결정을 내려야 한다. 소비자시민의 역할에서는 자신의 권리와 책임을 다하며 법과 상거래질서 또는 상거래윤리를 알고 지킬 책임이 있다. 거시적인 차원에서는 상대적으로 빈곤한 국가나 빈곤한 소비자들이 소비생활에서 욕구충족과 권리실현을 할 수 있도록 물질적인 나눔이나 기부를 할 책임이 있다. 공정무역제품 구매는 이 영역의 소비자책임을 다하는 데 도움이 될 것이다. 생태환경적 역할에서는 적정 수준의 소비를 하고 환경친화적인 생활을 해야 하며 나아가 생태계에 존재하는 모든 생명체를 존중할 책임이 있다는 것이다.

〈표 2-1〉을 보면 이상의 각 책임을 다하는 소비자를 효율적 소비자, 호혜적 소비자, 균형적 소비자, 건전한 소비자, 깨어 있는 소비자, 정의적 소비자, 녹색 소비자, 생태적 소비자로 분류하여 이름 붙이고 책임의 핵심내용을 요약하여 제시했다. 심영의 이러한 논의는 소비자가 경제적 효율성을 달성해야 하는 기존의 역할 책임도 지키면서 사회문화적, 시민적, 생태환경적 책임의 범위까지 고려해야 한다는 것을 포괄적으로 잘 보여주고 있다.

표 2-1 심영(2009)에 의한 소비자의 사회적 책임 분류

수 준 / 역 할	사회적 책임	
	미시적 사회적 책임–개인적 · 사적 차원	거시적 사회적 책임–집단적 · 공적 차원
경제적: 도구적 기능	효율적 소비자(Efficient Consumer) 생애주기 전체에 걸쳐 합리적 선택에 의한 경제적 효용 극대화로 최소비용으로 최대효과를 얻는 효율적인 자원배분을 이룰 책임	호혜적 소비자(Reciprocal Consumer) 사회 구성원들 간의 효과적 자원분배를 통한 사회 전체의 경제적 후생을 증진할 책임
사회문화적: 의미적 기능	균형적 소비자(Balanced Consumer) 예산범위 내에서 자신의 필요에 의한 분수를 지키는 소비, 상품의 사용가치에 의한 소비로 스스로 자신을 통제하는 조화로운 균형적 소비를 할 책임	건전한 소비자(Sound Consumer) 자신의 소비행위가 사회 전체의 소비문화에 미칠 사회문화적 의미를 고려하여 바람직한 소비가치를 기반으로 건전한 소비결정을 할 책임
시민적: 정치적 기능	깨어 있는 소비자(Enlightened Consumer) 소비자 권리 및 책임을 수행하고 소비자 관련 법과 상거래질서 또는 상거래윤리 등을 알고 준수할 책임	정의적 소비자(Rightful Consumer) 자신이 속한 소비사회공동체 내의 모든 소비자들이 평등하고 공정하게 대우받고 권리와 책임 행사가 가능하도록 물질적 나눔, 후원, 기부 또는 공정무역상품 선택을 할 책임
생태환경적: 존재적 기능	녹색 소비자(Green Consumer) 적정 수준의 소비, 녹색상품 구매와 사용, 에너지 절약 등 환경친화적 생활을 할 책임	생태적 소비자(Ecological Consumer) 생태계에 존재하는 모든 생명체에 대한 존엄성을 인정하여 지속적으로 다양한 생태계를 조성할 책임

자료: 심영(2009) 자료를 기초로 내용을 보완함.

한편, 소비자가 사회적 책임을 다하는 소비생활을 실천하는 것은 결국 소비윤리를 실천하는 것이라 볼 수 있다. 소비윤리는 급속한 경제발전과 대중소비사회로 인해 나타나는 환경적, 사회적 문제들을 해결하기 위한 책임을 기업과 더불어 소비자에게도 요구하는 가치이자 개념적 기준이다. 즉, 소비윤리란 개개인의 행동에 대한 잘잘못을 그 사회의 도덕적인 원칙이나 가치체계에 기초를 두고 판단하는 사회윤리로서 소비행동의 잘잘못을 판단할 수 있는 기준이다. 이러한 소비윤리의 기준을 충족시키는 윤리적 소비를 일상생활에서 실천함으로써 소비자는 사회적 책임을 다하게 되는 것이다.

다시 말하면, 소비의 사회적 책임에 대한 관심이 증대되면서 나타난 새로운 가치기준을 실천하는 소비들이 지속가능한 소비, 환경친화적 소비, 사회적으로 의식 있는 소비 등의 개념으로 연구되어 오다 최근에는 윤리적 소비의 개념으로 일컬어지고 있다. 윤리적 소비는 소비자의 개별적, 도덕적 신념에 따라 사회적 책임을 실천하는 소비행동이다. 여기서의 사회적 책임이란 경제적 책임, 법적 책임, 지속가능한 소비의 책임, 동시

대 인류를 위한 책임으로 구분할 수 있으며 소비행동의 범위는 자원의 배분, 구매, 사용, 처분을 포함한다(홍연금, 2009).

앞서의 심영(2009)에 의한 소비자의 사회적 책임에 대한 〈표 2-1〉의 설명은 보다 관념적인 틀을 제시했다고 볼 수 있는 데 비해, 〈표 2-2〉에서 볼 사회적 책임별 윤리적 소비의 활동 분류는 구체적인 실천의 방향을 보여준다. 이러한 사회적 책임을 다하는 소비 또는 윤리적인 소비를 소비자가 의식하고 실천할 때 기업이 상품생산이나 가격 및 유통 과정에서 비윤리적인 활동을 하는 것을 견제할 수 있다. 또 소비자는 사회적 책임(CSR, Corporate Social Responsibility)을 다하는 기업 또는 사회적 기업(social enterprise)이 생산한 제품을 구입하거나 이들 기업에 투자함으로써 윤리적인 기업 활동도 유도하게 된다.

2) 사회적 책임을 다하는 소비와 행복

우리는 앞의 1장에서 소비는 궁극적으로 행복에 기여해야 한다고 전제하고 행복의 조건, 기준이 무엇인지 살펴보았다. 그러면 사회적 책임을 다하는 소비를 할 때 과연 소비자는 행복한가? 우리는 단지 당위적인 의무감에서만 이러한 소비를 해야 하는 것인가, 아니면 거래 상대방과 동시대 인류나 다음 세대 등을 배려하는 소비를 하면 행복감을 느끼게 되므로 행복해지기 위해서도 역시 사회적 책임을 다하는 소비를 해야 하는가?

이러한 질문에 답하기 위해 하버드대에서 행복학 강의를 한 샤하르의 주장을 참고할 수 있다. 탈 벤 샤하르(2007)는 '어떻게 하면 우리 자신을 포함해서 공동체나 사회의 모든 사람들이 좀 더 행복한 삶을 살 수 있을까? 왜 우리는 물질적으로 풍족해졌지만 행복하지 못한가?'라는 질문에서 출발하여 강의를 진행하였다. 이 강의에서 샤하르는 기본적으로 행복은 즐거움과 의미라는 두 가지가 충족되어야 한다고 보았다.

18세기 칸트는 '어떤 행동이 도덕적 가치를 가지기 위해서는 그 행동이 의무감에서 비롯되어야 한다.'고 자기희생을 도덕의 기초로 삼았다. 그러나 샤하르는 다른 사람을 돕는 것과 우리 자신을 돕는 것 사이에서 선택할 필요가 없다고 본다. 이 두 가지는 서로 배타적이 아니라는 것이다. 이를 확인하기 위해 그는 제안한다, '당신이 누군가에게 도움을 주었던 일을 돌이켜보라. 그때 느꼈던 감정을 되살려 보라'고. 그러면 다른 사람을 행복하게 해주는 일은 우리에게 의미와 즐거움을 준다는 것을 확인할 수 있고 따라서 그들을 돕는 것은 우리 자신의 행복한 삶을 위해 필요하다는 것이다. 즉, 다른 사람을 더 많이 도울수록 우리는 더 행복해지고 우리가 행복해질수록 다른 사람을 더 돕고 싶어진다는 것이다. 그는 우리가 행복할 때 편협하고 내향적이고 자기중심적인 사고를 넘어서서 다른 사람이 필요로 하는 것에 초점을 맞추게 되며, 기분이 좋을 때 다른 사람들을 도와주고 싶어 한다고 한다. 따라서 어떤 일을 선택할 때 그 일을 하면 우리 자신이 행복해질 수 있는가를 가장 먼저 생각해 보아야 한다는 것이다. 칸트식의 의무감에서 나오는 도덕적 삶은 의미와 즐거움을 분리하는 데 비해, 진정한 행복은 현재와 미래의 이익, 의미와 즐거움, 자기 자신을 돕는 것과 다른 사람을 돕는 것이 조화를 이루는 삶에서 얻어진다고 보았다.

이러한 그의 주장에 동의하고 이를 소비생활에 적용해 본다면, 사회적 책임을 다하는 윤리적 소비가 현 세대나 다음 세대의 인류를 고려하는 소비로서 다른 사람을 돕는 소비라는 점에서 이러한 소비를 할 때 우리도 더 행복감을 느끼게 되므로 윤리적 소비는 도덕적 의무감에서뿐만 아니라 우리 자신의 행복을 위한 이기심에서도 정당화될 수 있다. 즉, 즐거움을 추구하면서도 의미를 추구하는 활동이 이루어져야 행복하므로 소비생활에서도 자신의 즐거움을 찾으면서도 의미 있는 소비활동이 되어야 한다. 단지 자기 자신만의 즐거움을 찾는다면 공허해지고, 의미를 찾는 소비를 함으로써 행복에 접근하게 되는데 사회적인 책임을 다하는 소비가 바로 이러한 의미를 찾는 삶에 기여할 수 있을 것이다.

영국 BBC에서 행복을 증진하기 위한 프로젝트를 기획하고 행복위원회를 구성하여 슬라우 지역주민을 대상으로 실험한 다큐멘터리 보고서에서는 행복에 관한 이론적, 실천적 근거를 폭넓게 제시하고 있다. 이 위원회에서는 행복 10계명을 마련하였다(리즈 호가드, 2006). 그 내용은 우리 책 1장에서도 제시되어 있는데, 이 중 가장 마지막 계명은 '매일 누군가에게 선행을 베풀어라.'이다. 즉, 타인에게 선행을 할 때 우리는 행복에 한걸음 다가간다는 것이다.

이 보고서에서는 심리학자 리처드 스티븐스가 제시한 행복의 세 가지 요소를 제시하고 있다. 첫째, 좋은 느낌과 긍정적인 마음, 둘째, 활기 넘치는 생활, 셋째, 의미 부여, 즉 인생에서 가치 있는 선택을 하는 것이다. 즉, 앞서 샤하르의 견해와 마찬가지로 BBC 프로젝트 역시 의미 있는 일을 하는 것이 행복의 조건이라고 지적하고 있으며, 소비자의 경우는 결국 소비생활에서 윤리적 소비를 통해 의미 있는 선택을 실천하는, 사회적 책임을 다하는 데서 실현될 수 있다고 본다.

남을 돕는 것은 곧 자신을 돕는 셈이다. 행복한 사람은 남을 더 많이 도와준다. 남에게 친절을 베풀면 기분이 좋아진다(리즈 호가드, 2006). 즉, 행복하기 때문에 남을 돕기도 하지만 남을 돕기 때문에 행복하기도 하다는 것이다. 실제 매스컴의 보도를 보면 남을 돕거나 친환경 소비를 하기 때문에 행복하다는 사례를 많이 볼 수 있다. 다음에 제시되는 사회적 책임을 다하는 소비 사례들에서도 이를 확인할 수 있다.

2 사회적 책임을 다하는 소비의 영역과 실천사례

사회적 책임을 몇 가지 영역으로 나누어 이에 대응하는 소비활동을 제시한 〈표 2-2〉에서 우리는 사회적 책임을 다하는 소비가 구체적으로 어떤 소비활동이 되는가를 살펴볼 수 있다.

표에서 경제적 책임, 법적 책임, 지속가능한 소비에 대한 책임, 동시대 인류를 위한 책임으로 소비자의 사회적 책임을 나누었다. 이 표는 원래 윤리적 소비활동을 사회적 책임 범위에 따라 분류한 것으로 소비윤리의 차원을 시장경제의 기초적 윤리, 사업자와의 거래 차원, 세대 간 분배의 종적 차원과 세대 내 분배의 횡적 차원으로 구분하여 설명한 것(송인숙, 2005)과 대응되며, 결국 소비자가 이러한 사회적 책임을 다하는 소비를 하려면 각각의 윤리적인 소비활동을 해야 함을 알 수 있다.

〈표 2-2〉를 보면 첫째, 경제적 책임 범위는 시장경제의 경제 주체로서 기초적 경제 윤리의식인 절제된 이기심과 정직성, 책임감 등을 갖고 개인의 욕구 충족을 위해 합리적 소비행동을 하는 것이다. 소극적이면서도 가장 기초적인 소비행동이라 할 수 있다.

둘째, 법적 책임에서의 소비실천은 상거래 관계에서의 계약 이행의 의무를 포함하여 법적으로 명시되어 있는 소비자 의무를 다하는 것으로 궁극적으로는 이해관계자인 생산자와 판매자에게 해를 입히는 행동을 하지 않는 것이라 할 수 있다.

셋째, 지속가능한 소비에 대한 책임으로는 환경과 다음 세대를 위한 사회적 책임과 관

표 2-2 사회적 책임 범위에 따른 윤리적 소비 실천 영역

<table>
<tr><th>사회적 책임 범위</th><th>윤리적 소비 실천 영역</th></tr>
<tr><td>경제적 책임</td><td>합리적 소비행동</td></tr>
<tr><td>법적 책임</td><td>상거래상 소비자윤리
(계약 이행의 의무, 법적 소비자책임, 불법적 소비행동 금지 등)</td></tr>
<tr><td rowspan="2">지속가능한 소비에 대한 책임</td><td>녹색소비(환경친화적 소비), 소비 절제, 자발적 간소화</td></tr>
<tr><td>보이콧(불매운동), 바이콧(구매운동), 로컬소비, 윤리적 투자</td></tr>
<tr><td>동시대 인류를 위한 책임</td><td>공정무역, 공정여행, 공동체 화폐운동, 나눔 · 기부</td></tr>
</table>

자료: 홍연금(2009)에 기초하여 수정함.

련된 소비행동으로 환경친화적 소비와 소비 절제, 자발적 간소화 행동을 들 수 있다.

넷째, 동시대 인류를 위한 책임은 세계화로 인해 가속화되고 있는 빈곤과 빈익빈 부익부 문제, 노동자들의 인권과 노동환경, 아동 노동착취 등과 같은 동시대 인류와 사회적 문제 해결을 위한 소비행동으로 공정무역, 로컬구매, 공동체 화폐운동, 공정여행, 나눔 · 기부 등을 들 수 있다.

그리고 이들 사회적 책임 범위 중 지속가능한 소비와 동시대 인류를 위한 책임 범위에 같이 연결하여 실천되는 소비행동으로 불매운동과 윤리적 투자행동을 들 수 있다. 예를 들어, 소비자가 환경오염을 야기하는 맥도날드에 대한 불매운동을 할 경우 이는 지속가능한 소비에 대한 책임 영역에 속하는 윤리적 소비실천이지만, 맥도날드의 노동착취 행동에 대한 소비자의 의사표현으로 불매운동을 하는 경우는 동시대 인류를 위한 책임 범위에 속하는 행동이기 때문이다.

위 〈표 2-2〉를 보면 합리적인 소비생활부터 윤리적 상거래, 녹색소비, 로컬소비, 공정무역제품 소비, 절제와 간소한 삶, 기부와 나눔에 이르기까지 사회적 책임을 다하는 소비의 영역은 광범위하다. 이들 소비영역의 개념과 필요성, 실천방법을 간단히 살펴보면 다음과 같다.

1) 윤리적 상거래

윤리적 상거래란 소비자가 기본적인 경제 윤리의식을 토대로 상거래상 사업자와의 거래에 있어 소비자가 지켜야 하는 계약관계 이행 의무, 사용상의 주의 의무와 더불어 법적으로 정해져 있는 소비자책임 등을 지키는 거래를 말한다. 즉, 소비자가 사업자와 거래를 할 때 판매자에게 손해를 입히지 말고 다른 소비자에게도 역시 피해를 입히지 않아야 한다.

그동안 사업자들이 행하는 불법, 부당한 계약이나 허위 과장 광고와 같은 비윤리적인 마케팅 전략이 주로 문제시되었다. 최근에는 소비자보호제도의 활성화로 소비자 권익이 증진되었으며 인터넷의 발달로 소비자가 이용할 수 있는 정보도 크게 늘어났다. 상품 평가나 후기는 기업의 생산과 판매율에 큰 영향을 미치고 있고 소비자가 자신의 의견과 요구사항을 적극적으로 표현하게 되었다. 그러나 정당한 주장을 넘어서 무리하게 부당한 요구를 하는 소위 블랙 컨슈머가 늘어 사업자에게 부담을 주는 동시에 불필요한 비용이 증가되고 있다. 이는 결국 다른 소비자들에게도 비용이 전가되어 피해를 줄 뿐 아니라 사회적으로도 불신을 초래하게 된다.

따라서 소비자는 경제인으로서 개인의 이기심에서 벗어나 절제된 이기심이나 정직성, 신뢰성, 공정성, 책임의식과 같은 기초적인 경제 윤리의식을 갖추고 경제활동을 하면서 일상 소비생활에서 사업자와 계약을 체결하거나 구매한 제품을 사용하는 과정에서 상거래상 소비윤리를 실천해야 한다.

구체적인 윤리적 상거래 실천방법을 보면 기본적으로 소비자기본법에서 열거하고 있는 소비자책임을 지키는 것이다. 첫째, 물품 등을 올바르게 선택하고 경제 주체로서 자신의 권리를 정당하게 행사하며, 둘째, 소비자 스스로 권익 증진을 위해 필요한 지식과 정보 습득에 노력해야 하고, 셋째, 자주적이고 합리적인 행동과 자원을 절약하고 환경친화적인 소비생활을 할 것을 명시하고 있다. 특히 사업자와의 계약내용에서 소비자도 성실히 이행해야 하며 피해를 입었을 경우 법이나 규정에 근거하여 합리적으로 보상을 요구하여야 할 것이다. 또 식당, 공연, 항공 등에서 구매 전 예약 서비스를 이용할 때 예약 내용이 바뀔 경우에는 반드시 사전 통보를 하고 제품을 사용할 때는 사용설명서를 잘 읽고 올바르게 사용해야 한다.

소비문화 더 들여다보기 2-1

대학생들, '저작권 지킴이'로 거리 나선다

문화체육관광부(장관 유인촌)와 한국저작권위원회(위원장 이보경)에서 선발한 저작권 대학생 챌린저들은 6월 19일부터 22일까지 서울 명동, 인사동, 대학로, 홍대 등에서 저작권 보호 가두 캠페인을 진행한다.

저작권 대학생 챌린저들은 그동안 드라마, 라디오, 뮤지컬, 콘서트, 전시회 등 콘텐츠 제작 현장을 탐방해 기획자, 연기자, 가수, 예술가들과 직접 인터뷰를 진행하며 저작권 보호의 필요성에 대한 체험 후기를 카페(http://cafe.naver.com/copychallenger.cafe)나 블로그에 올려 네티즌들에게 홍보했다.

이번 대학생 챌린저들의 가두 캠페인은 그동안 온라인에서 적극적으로 펼쳐온 저작권 지킴이 활동을 시민들에게 알리기 위해서 마련했다. 캠페인은 저작권 보호를 위한 페이스 페인팅, 저작권 OX 인식 조사, 저작권 노래 홍보 등 다양한 프로그램으로 펼칠 예정이다.

한국저작권위원회 이보경 위원장은 "이번 제1기 저작권 대학생 챌린저들의 가두 캠페인이 매달 26일 '저작권 보호의 날'과 함께 일반인들의 올바른 저작물 이용문화 실천운동으로 정착될 수 있도록 유도하겠다."고 밝혔다.

(한국일보, 2010. 6. 18)

2009년 4월 저작권법이 통과되어 저작권에 대해 엄격한 기준이 적용되고 있다. 음악이나 영화 또는 컴퓨터 게임 등은 정당한 대가를 지불하고 정품을 구입하여 이용하고 온라인상의 저작물 콘텐츠 이용에도 주의해야 한다. 또 대학생의 경우 과제를 작성할 때 다른 사람의 글이나 자료를 활용할 경우에는 출처를 정확히 밝혀야 하고 인터넷에서 과제물 판매나 대행 사이트를 통해 구매한 과제물을 자신이 작성한 것처럼 제출해서는 안 된다.

2) 녹색소비

녹색소비는 쾌적한 환경을 누릴 소비자의 권리를 실현하기 위해 소비자 자신들이 실천해야 하는 의무라고도 할 수 있다. 녹색소비의 핵심은 자연과 조화롭게 살아가는 것으로 이때의 자연은 자연환경과 그 속에서 살아가는 동식물 등의 모든 생명체, 나아가 바위와 같은 무생물까지 포함하는 폭넓은 개념이다. 이를 위해 친환경 상품은 구매하고 반환경적 상품이나 기업을 도태시키는 소비행동, 재활용이나 재사용, 소비 절제 등을 통해 자원과 에너지 사용을 줄이고 환경에 나쁜 영향을 미치는 것을 최소화하는 것이다.

각종 보고서들은 현재의 생산과 소비패턴을 바꾸지 않는다면 인류의 앞날은 환경오염과 자원고갈로 인해 지속 불가능하다고 계속 경고하고 있다. 환경을 고려하는 녹색소비는 이 같은 문제를 감소시키기 위한 소비행동이다. 녹색소비를 구매, 사용, 처분의 세 소비 단계별로 생각해 보면, 먼저 녹색구매는 가능한 한 소비의 양을 줄이고, 필요한 제품을 구매할 때는 재활용 제품을 포함한 친환경 제품을 구매하는 것이다. 그리고 육식보다는 가능한 한 채식을 하는 것도 녹색소비에서 중요하다. 쇠고기 1kg을 만드는 과정에서 이산화탄소 36.4kg이 발생하고 이는 승용차를 250km 주행할 때 나오는 양이므로 고기 소비를 반으로 줄이는 것이 자동차 사용을 절반으로 줄이는 것보다 지구 온난화를 더 효과적으로 막을 수 있다(한겨레, 2008. 11. 4). 또한 자신이 가지고 있는 물품을 잘 관리하여야 소비를 줄일 수 있다. 즉, 사용설명서에 맞게 물품을 사용하고 아껴 쓰고, 고쳐 쓰도록 한다. 생활 속의 작은 실천이 필요하다. 처분단계에서는 쓰레기를 줄이고 재활용을 늘려야 한다.

〈소비문화 더 들여다보기 2-2〉는 친환경 소비를 하면서 행복을 느끼는 사례이다.

소비문화 더 들여다보기 2-2

환경과 마음 이어가는 '행복한 바느질' 박영란 주부

한 땀 한 땀 바느질을 통해 만나는 환경과 가족, 그리고 나. 바느질과 에코 라이프, 어떤 관계가 있을까? 박영란 주부는 생태 교육을 통해 바느질을 만났다. "환경연대에서 생태안내자로 활동했어요. '옛이야기 속 생태미술'이라는 프로그램을 맡았는데 그걸 준비하면서 바느질에 관심을 갖게 됐죠." 조금은 독특한 바느질과의 만남, 하지만 바느질은 곧 그녀의 생활이 되었다. 지루할 거라 생각했던 바느질로 생각보다 쉽고 다양하게 실용적인 물건들을 만들 수 있었고 천 재활용을 통해 환경 절약도 실천할 수 있었다.

그녀가 최근 만든 바느질 제품은 버리는 청바지 천으로 만든 선캡. 여름이라 플라스틱 선캡을 많이 쓰고 다녔는데 땀이 나니 자꾸 미끄러지고 관자놀이를 눌러 불편했다. 천으로 만들면 더 부드럽고 시원하겠다는 생각에 만들게 된 것이다. 가방 속 얼음물이 종이나 다른 물건을 적시는 것을 막기 위해 만든 물병집, 컵이 깨지는 것을 막아주고 보온 기능도 하는 컵 씌우개 등 일상생활의 작은 아이디어에서 시작된 것들이 많다.

"주로 안 입는 옷이나 자투리 천으로 많이 만들다 보니 집에 버려지는 천이 없어요. 가끔 직접 만든 바느질 제품을 지인들에게 선물하곤 하는데 다들 신기해하고 반가워해요. 요즘엔 뭐든지 자판기에서 커피를 뽑아내는 것처럼 쉽게 쉽게 만들어지잖아요. 직접 만든 물건이라는 게 생소한 느낌이죠. 생산자와 소비자가 분리되는 게 아니라 바느질을 통해 누구나 생산자가 될 수 있어요." 환경적으로는 버려진 물건이 다시 탄생하게 된다는 것, 그리고 그렇게 탄생한 물건이 나와 내 가족에게 잘 맞는 물건이라는 게 바느질에서 찾을 수 있는 친환경적 의미다.

"직접 만들면 내 취향에 100% 맞출 수 있어요. 내 몸과 우리 아이들에게 맞게, 또 우리 집에 어울리게 만들다 보니 편안하고 친근한 느낌이 들지요. 아이들 물건을 만들 땐 아이들과 함께 디자인을 하거든요. 천은 어떤 것으로 할지, 색과 모양은 어떤 것이 좋은지 머리를 맞대고 고민하다 보면 서로에 대해 더 많이 알게 되죠."

한 땀 한 땀 바느질을 하며 스스로의 내면을 더 깊이 볼 수 있다는 것도 바느질의 장점이다. 바느질은 언제나 환경과 나, 그리고 아이들을 건강하게 만드는 작업이었고 그런 작업을 통해 그녀는 늘 행복하다고 한다.

"우리 아이가 어떻게 만들었는지도 모르는 가방이나 필통이 아닌 엄마가 직접 만든 걸 쓰면 얼마나 따뜻하고 친근하겠어요. 누구나 할 수 있어요. 어렵게 생각하지 마시고 쉬운 것부터 시작해 보세요."

(레이디경향, 2010. 9)

3) 로컬소비

로컬소비란 그 지역에서 생산된 제품을 그 지역의 주민이 소비하는 것이다. 이는 세계화에 의해 나타나는 다양한 문제를 극복하고자 하는 운동이다. 로컬소비를 하면 지역의 재화와 서비스를 구입함으로써 지역에 도움을 줄 수 있으며, 농업이나 의류생산과 같

소비문화 더 들여다보기 2-3

원주시의 로컬푸드 운동

71년 밝음신협을 만들며 협동조합 운동을 시작한 지 40년. 원주는 이제 협동조합의 도시, 윤리적 소비의 메카로 이름을 알리기 시작했다. 원주시는 친환경 유기농산물 매장, 주민의 이익을 우선시하는 금융기관, 예방의학에 관심이 많은 의료기관, 수익을 공익적인 활동에 쓰는 떡집과 기름가게까지 조금만 눈을 돌리면 윤리적 소비에 동참할 곳이 널려 있다. 협동조합, 신용협동조합, 복지기관 등 15개 단체가 제공하는 '윤리적' 재화와 서비스를 이용하는 조합원과 회원의 수만 3만 명이 넘는다.

여러 단체에 중복 가입한 이들이 꽤 많지만 로컬푸드로 지역 농산물을 소비하는 어린이집과 초 · 중학생의 수가 1만 명이 훨씬 넘기 때문에 원주에서 윤리적 소비를 경험한 이들은 3만 명이 훨씬 넘는 것으로 추정된다. 31만 원주시 인구의 10%가 넘는 셈이다. 최혁진 원주의료생협 전무는 "원주에서는 윤리적 소비라는 개념을 굳이 알릴 필요가 없을 정도가 됐다."고 말했다.

원주시에서 이처럼 윤리적 소비가 활발한 것은 농민과 도시 서민들이 중심이 되어 만든 협동조합을 비롯하여 다양한 형태의 생활운동 기관들이 있기 때문이다. 대표적인 단체가 친환경급식지원센터다. 2008년 발족한 이 단체의 주요 활동은 로컬푸드 운동, 즉 우리 지역 농산물을 소비하자는 운동이다.

원주의 로컬푸드 운동은 친환경급식을 중심으로 진행되고 있다. 읍면 지역 22개 초등학교, 7개 중학교, 36개 어린이집이 참여하고 있다. 친환경급식지원센터는 로컬푸드로 조리한 도시락을 결식아동 766명에게 배달해 주는 사업도 함께 벌이고 있으며 '행복한 달팽이'라는 로컬푸드 식당도 운영 중이다. 로컬푸드 운동의 중심에는 친환경 유기농산물을 공급하는 생협과 농민 조직이 함께 참여하고 있다. 1985년 만들어진 원주한살림생협은 5337명의 조합원에 한해 32억 원, 89년 세워진 원주생협은 1500여 명의 조합원에 21억여 원 규모의 농산물과 가공식품을 공급한다.

(한겨레, 2010. 9. 14)

은 다양한 지역의 생산을 활성화시키고, 지역공동체의 연대를 강화시켜 줄 수 있다. 「오래된 미래」의 저자 헬레나 노르베르 호지(Helena Norberg Hodge)는 전 세계적으로 나타나는 획일화된 경제나 소비문화는 빈곤을 창출할 수밖에 없다고 전제하고 지역화, 즉 지역경제 발전만이 지구를 구할 수 있고 행복을 추구할 수 있게 해준다고 주장하고 있다.

식품의 경우 로컬소비는 지역에서 난 농산물을 지역에서 소비하는 로컬푸드(local food) 운동이 된다. 로컬푸드는 로컬의 범위를 어떻게 규정하느냐에 따라 내용이 달라질 수 있는데 보통 반경 50km(30mile) 이내에서 생산된 먹을거리로 규정한다. 로컬소비 중 가장 중요시되며 활발하게 운동이 이루어지는 분야가 바로 이 로컬푸드다. 지역에서 난 음식은 지역에서 소비한다는 일본의 지산지소(地産地消), 뉴욕의 로컬푸드 운동, 우리나라 한살림의 '가까운 먹을거리 운동' 등이 그 예이다. 로컬소비를 실천하면 운송 연료를 소모하는 과정에서 발생하는 이산화탄소 배출을 줄일 수 있어 지구 온난화를 감소시킬 수 있다. 식품의 경우 우리가 매일 소비하는 식자재가 얼마나 멀리서 오는지를 나타내는 푸드 마일리지에 운송수단에 따른 이산화탄소 배출계수를 곱하면 그 식품이 우리에게 오기까지 배출된 온실가스 양을 계산할 수 있다.

또한 로컬소비는 농촌지역사회 유지와 지역경제 활성화에 도움을 주며 생산자와 소비자 사이의 관계를 확대하거나 신뢰를 확산시킬 수 있다. 특히 로컬푸드 운동을 실천한다면 복잡한 유통망을 거치면서 자신이 먹는 식품이 어디에서 생산됐으며 어떻게 생산되었는지에 대한 불안감을 해소하고, 유통마진의 거품을 뺄 수 있고, 근거리 운송으로 이산화탄소 배출을 줄여 지속가능한 소비를 할 수 있다. 또 비만이나 아토피와 같은 식원성 질병을 예방하여 청소년과 아동의 건강을 돕게 되므로 사회적 비용을 줄일 수 있다. 이밖에도 로컬푸드는 농업생물 다양성을 증진시키는 등 다양한 긍정적 효과를 얻을 수 있다(허남혁, 2006).

4) 공정무역제품 소비

세계화로 인해 제3세계는 자원을 헐값으로 착취당하고 가난이 더 심각하게 되었으며 환경까지 파괴되고 있는 실정이다. 이러한 문제를 극복하기 위해 다양한 대안적 실천들이 대두되었으며 그중 하나인 공정무역(fair trade)은 거래에 있어 불평등을 해소하고 생산과정에서 환경을 파괴하지 않는 새로운 형태의 대안무역이다.

공정무역은 간단히 말하면 생산자에게 '가장 싼 값'이 아닌 '공정한 값(fair price)'을 지불한다는 것을 의미한다. 국제공정무역협회(IFAT)에 따르면 공정무역은 대화, 투명성, 존경의 토대하에 국제무역에서 좀 더 큰 공평함을 찾고자 하는 무역 파트너십이다. 특히 남반구에 사는 주변부 생산자, 노동자들에게 더 좋은 무역조건을 제시하고 이들의 권리를 보호하는 것을 통해 지속가능한 발전에 기여한다는 것이다(마일즈 리트비노프 외, 2007). 즉, 제3세계의 빈곤과 사회문제를 해결하기 위해 기부나 원조가 아닌 정당한 무역이라는 경제활동을 통한 지원방법으로 자립을 도와주는 것이다.

공정무역은 1940년대 말부터 미국에서 난민이나 제3세계 극빈층이 만든 수공예품을 팔아주는 것으로 시작되었다. 이후 본격적인 운동은 유럽에서 시작되었는데 1964년 옥스팜 트레이딩(Oxfam Trading)이 최초의 공정무역기구로 설립되고 1989년에는 국제공정무역협회(IFAT)가 결성되었다. 우리나라의 경우 공정무역운동이 본격화하기 시작한 것은 2000년부터다. 두레생협이나 iCOOP생협에서 국제적인 수준으로 활동을 넓히기 위해 공정무역에 참여하고 참여연대의 '아름다운가게'나 YMCA에서 국제연대활동의 일환으로 참여하고 있다.

공정무역제품으로는 커피, 초콜릿, 축구공, 바스코바도(설탕), 올리브유, 의류 및 패션소품 등 200여 개인데 이 중 커피와 초콜릿이 많이 알려져 있다. 커피는 아름다운커피(www.beautifulcoffee.com), YMCA의 동티모르지역 개발지원사업의 일환으로 시작된 '피스커피' 등이 있고 매년 매출액이 크게 늘어나고 있다.

그러나 공정무역에 대한 비판도 있다. 원거리에서 생산된 것(주로 먹을거리)을 이동하는 국제무역이기 때문에 지역의 자급구조를 위반하며 로컬소비에 반한다는 것이다. 또 수입국 농민이나 생산자들의 이익과는 배치된다는 주장이다. 이러한 비판에 대해 공정무역 지지자들은 공정무역제품들이 자국에서 생산되지 않는 물품들이 주로 거래되기 때문에 지역 자급구조나 수입국의 생산자들 이해와 크게 부딪히지 않는다고 보고 있다(천규석, 2010; 매일경제, 2009. 6. 3).

공정무역의 정신은 여행과 금융기관에도 확대되고 있다. 보통의 관광여행이 항공사와 다국적 호텔체인, 여행사, 외지자본으로 운영되는 대규모 식당에 여행비를 지불하게 되고 관광지를 둘러만 보고 대형쇼핑몰과 면세점을 오가게 되는 것에 비해, 공정여행은 관광객들이 쓴 돈이 현지인들의 삶과 그 지역에 돌아가도록 하며 현지인들의 삶과 문화를 존중하고 배우며 자연을 훼손하지 않는 여행을 말한다. 최근 개발된 제주의 올레길, 지리산의 둘레길 같은 걷기 여행이나 배낭, 자전거 여행 등을 예로 들 수 있다. 또 공정무역업체를 지원하는 공정무역 금융기관도 개발되고 있다. 즉, 공정무역기금을 조달하는 기업에 투자함으로써 공정무역기업의 주주가 될 수 있다.

공정무역제품

소비문화 더 들여다보기 2-4

공정무역 커피 찾는 소비자 늘어나고 있어

도심 거리를 가득 채우고 있는 수많은 커피 전문점.

하지만 이주희 씨는 이 많은 커피 전문점 중에 유독 한 곳만을 고집한다.

사회복지공동모금회와 한 통신 기업의 후원으로 만들어진 커피 전문점. 이곳은 자체 커피 공급팀을 통해 동티모르에서 커피 생두를 공정한 가격에 구매, 유통하고 있는데, 커피 판매의 수익금은 다시 생산지인 동티모르의 구호사업에 쓰이고 있다.

이주희(24)/대학원생: 동티모르 커피농가에 지원이 된다고 해서 커피 한 잔을 마실 때도 기분 좋게 내가 뭔가 도움이 되는 일을 하고 있구나 하는 생각도 하게 되고 해서 이곳을 자주 오게 돼요.

이경수/공정무역 커피 전문점 매니저: (고객들께서) 소비하는 것 자체가 좋은 일을 한다는 것을 알고 나서 굉장히 만족하시고 일부러 저희 카페를 재방문해 주시는 분들도 많습니다.

(SBS 뉴스, 2010. 1. 8)

5) 절제와 간소한 삶

더 많이 갖고 더 많이 소비하도록 하는 현대 소비사회에서 소비 절제와 이를 넘어서 생활 자체를 스스로 간소하게 하는 삶이란 무엇일까? 소비를 절제한다는 것은 인색하거나 절약하는 것이 아니라 자연과 함께 공동체의식을 가지고 소비생활의 편리함이나 개인적, 이기적 욕구를 조절하여 자신에게 진정으로 필요한 것과 필요하지 않은 것을 구분하여 검소하게 소비하는 것을 말한다. 그리고 소비를 절제하는 것은 단순히 상품 구매여부 문제를 넘어서서 생활 전체에 영향을 미치게 되어 간소한 삶을 이끌게 되는 초석이 된다.

간소한 삶은 일상생활을 최대한 조절하고 소비에 대한 의존성을 최소화하는 것으로 필요 없는 곳에 주의를 분산시키는 것을 최소한으로 줄이고 목적 있는 삶을 사는 것이라 할 수 있다. 여러 연구들을 살펴보면 간소한 삶을 사는 사람들은 자기 스스로의 선택에 의해 자발적으로 간소한 삶을 살며, 내적 생활을 탐색하고 개발하고자 하는 자기계발에 대한 의지가 있고, 인도주의와 환경, 그리고 공동체 등을 중시하여 책임의식을 느끼고, 소비를 줄여 물질적으로 간소한 소비를 한다는 특징이 있다. 결국 소비자가 겉으로는 소박하지만 내적으로는 더 풍요롭고 평화로운 삶을 영위하면서 진정한 자아와 삶에 대해 깨달아 행복하고 만족스러운 삶을 살아가고자 하는 것이다.

이같이 소비 절제와 간소한 삶은 단지 소비생활의 변화만이 아니고 삶에 대한 근본적인 가치관의 변화에서 이루어지는 것이기 때문에 윤리적 소비의 실천 영역 중 가장 차원이 높다고 볼 수 있다. 또한 절제하고 간소화시킨 삶의 궁극적인 목적은 단지 자신의 삶의 번잡함을 단순하고 소박하게 변화시키는 데 머무르지 않고 절제와 간소함으로 얻어진 시간과 돈을 진실한 인간관계를 맺고 지역공동체에 관심을 가지고 참여하며 나눔과 기부 행동으로 이어지는 삶으로 이어질 때 완성된다.

소비 절제와 간소한 삶은 개인적 선택이지만 또 우리 사회에서 반드시 필요한 변화이기도 하다. 왜냐하면 첫째는 지속가능한 발전을 위해서이다. 지속가능한 개발과 소비의 필요성 면에서 녹색소비가 중요하며 윤리적 소비실천의 한 하위영역이라는 점을 앞서 설명하였다. 녹색소비에서는 녹색구매, 녹색사용, 녹색처분 등의 행동을 취할 수 있으며 이 중에서 기업의 친환경적 경영과 생산을 촉진하기 위해 녹색구매 행동을 강조하고 있

소비문화 더 들여다보기 2-5

파괴적 소비 비판하던 젊은이, 돈 없이 1년 살다

영국 브리스톨에 사는 아일랜드 청년 마크 보일(31)은 2008년 11월 29일부터 1년간 돈 없이 사는 실험을 시작했다. 적은 돈으로 사는 게 아니라, 아예 한 푼도 받지도 쓰지도 않고 살기를 실천하고 그 이야기를 책으로 냈다. (마크 보일 저, 정명진 역, 돈 한 푼 안 쓰고 1년 살기, 부글북스, 2010)

그가 이처럼 무모한 실험을 감행한 것은 자신의 주장을 몸으로 실천하기 위해서였다. 무분별한 과소비가 파괴와 착취, 불평등의 원인이라는 결론을 내리고 돈 없이 살아보기로 했다.

결과는 성공이었다. 남들의 예상과 달리 그는 건강하고 행복하게 돈 없이 1년을 보냈다. 그리고 많은 것을 배우고 깨달았다. 실험을 시작하기 전, 그는 몇 가지 원칙을 세우고 여섯 달 동안 준비를 했다. '어떠한 돈도 받지 않고 지출하지도 않는다. 생활은 평소대로 한다, 친구도 만나고 오락도 즐기면서. 조건 없이 베푼다. 내 고집을 강요하지 않고 남을 존중한다. 화석 연료를 쓰지 않는다, 환경을 파괴하므로.'

은행 계좌부터 없앴다. 소비생활 목록을 꼼꼼히 작성한 다음 각 항목을 돈 없이 어떻게 해결할지 궁리했다. 필요한 것을 얻는 법, 직접 만드는 법을 조사하고 배웠다. 쉽지는 않았다. 전원은 태양열 전지로 해결했다. 물은 강물을 썼다. 음식은 들판에서 구한 버섯과 열매 등 야생식물과 슈퍼마켓 등이 버리는 멀쩡한 식품, 유기농 농장에서 일하고 받은 채소로 해결했다. 자신에게 필요 없는 물건을 남들에게 나눠주는 모임에서 공짜로 얻은 이동주택에서 살았다. 걷거나 자전거로 이동했다.

이 과정에서 야영의 즐거움, 누군가의 노동으로 생산된 물건들의 소중함, 나누고 베푸는 삶의 기쁨 등이 그가 얻은 수확이다. 무엇보다 그는 이 실험을 통해 사람에 대한 믿음을 배웠다고 말한다. 사람들은 돈이 없으면 불안해하지만, 그는 돈보다 더 안전한 게 사람들 사이의 믿음이고 공동체라고 말한다.

실험을 끝낸 지금도 그는 돈 없이 살고 있다. 돈을 버리고 오직 상호 존중과 배려, 호의로 돌아가는 공동체를 꿈꾸면서. 돈 없이 살기 운동을 하는 프리코노미(www.freeconomy.org)라는 사이트를 운영하는데 현재 회원이 1만 7,000명이라고 한다. 이 책의 인세는 프리코노미 공동체의 땅을 마련하는 기금으로 쓸 계획이다. 쓰레기를 전혀 만들지 않고, 구성원들이 아무 조건 없이 서로 도우며, 지구를 아끼고 돌보는 마을이다. 백일몽처럼 보이지만, 그는 자신이 믿고 꿈꾸는 이상을 향해 착실하게 발을 내딛고 있다.

(한국일보, 2010. 9. 3)

다. 그러나 어떤 제품이라도 구매하면 자원과 에너지가 소비되고 쓰레기가 발생된다. 녹색제품을 구매하는 것보다 더 좋은 녹색소비는 제품을 구매하지 않는 것이다. 따라서 소비를 줄이는 절제와 간소한 삶은 가장 궁극적인 녹색소비 행동이라 할 수 있다.

둘째, 소비자는 마음이 충만하고 영혼이 충만한 삶을 원하는데 물질적 소비로는 정신적 만족을 얻지 못하기 때문이다. 간소한 삶을 통해 자연과의 조화로운 삶으로 자신의 인생을 통제하는 법을 배우고, 스스로 결정하고 행동하며, 자신의 능력과 가치에 대한 자신감이 생기고 귀중한 존재임을 느끼게 된다.

소비를 절제하고 간소하게 사는 삶에 대해 사람들은 어렵고 불편할 것이라든가 도시에서는 불가능하고 시골에 들어가 생활해야 한다는 등의 고정관념이 있다. 그러나 삶에서 우선순위를 정해 단순화시키는 데서 출발하고 그 과정에서 생활의 편리를 위해 소비했던 품목이 제외될 수는 있으나 그 제품들을 소유하는 데서 오는 여러 가지 부담을 줄일 수 있다. 또 꼭 시골이나 산속에 들어가 살 필요는 없다. 많은 사람들이 내적 평화로움을 얻기 위해 자연과 함께 살려는 선택을 하게 되는 것이며 도시에서도 충분히 간소한 삶을 살아갈 수 있다. 이들의 공통적인 삶의 방식을 보면 간소한 삶을 통해 여유가 생긴 시간이나 에너지를 가족이나 친구와 나누거나 자원봉사활동에 참여한다. 자연에 대한 경외심이 있으며 육체적, 영적 잠재력을 개발하기 위해 노력하고, 소비의 양을 줄이고 물건을 오래 사용하려 하며, 가공식품과 육류를 피하여 채식을 한다. 자신에게 필요하지 않은 물건을 남에게 주거나 팔아 삶의 복잡함을 줄이고, 육체적 노동을 즐기며, 소규모의 인간적인 모임을 선호한다(Elgin, 1999).

6) 기부와 나눔

기부와 나눔이란 다른 사람을 돕기 위해 내가 가진 바를 대가 없이 기꺼이 주거나 함께 공유하는 것을 의미한다. 기부나 나눔의 대상은 돈과 같이 유형의 물질적인 것이 가장 비중이 크지만 내가 가진 시간이나 생각 또는 재능과 같은 무형의 것도 포함한다. 이는 소비자 자신만을 생각하는 개인차원에서의 소비활동이 아니라 동시대의 인류를 생각하며 자신의 자원을 나누는 것으로 윤리적 소비에서 가장 높은 수준의 실천이라 할 수 있다.

현대사회는 과거 어느 때보다 물질적인 풍요를 누리고 있지만 다른 한편으로는 빈곤한 나라뿐 아니라 부유한 나라에서도 여전히 빈곤한 사람들은 기본적인 욕구가 충족되지 못한 생활로 어려움을 겪고 있다. 이를 해결하기 위한 여러 노력 중 하나가 기부와 나

눔이다. 기부와 나눔으로 전 세계적인 불평등을 해소하여 행복하게 공동의 선을 추구하여 지속가능한 사회를 실현하고자 하는 것이다. 기독교나 유교, 불교와 같은 전통 종교의 물질에 대한 가르침을 살펴보아도 열심히 일해서 물질적 부를 축적하되 나누는 삶을 살기를 모두 권고하고 있다(송인숙, 2005).

사람들은 왜 기부를 하는 것일까? '아름다운 재단'의 기부문화연구소에서 조사한 바에 따르면, 우리나라 기부자들은 '사회적 책임감' 때문에 기부한다는 경우가 26.8%로 가장 높았고, 그 다음으로 '나눔을 실천하는 가족문화' 24.7%, '동정심' 20.8%, '개인적 행복감' 15.9%, '종교적 신념' 10.7% 순이었다. 이전 조사와 비교하면 사회적 책임 비율은 높아지고 동정심은 낮아졌다. 높은 신분과 명예에 따르는 도덕적 의무를 뜻하는 '노블레스 오블리주'가 강조되고 있지만 우리 사회의 기부현황을 보면 부자들의 고액기부는 적고 어려운 형편에서 소액을 모아 나누는 사람들이 더 많다. 또 정기적으로, 지속적으로 이루어지는 기부보다는 대중매체를 통해 알게 된 기부처에 비정기적으로 기부하는 경우가 많다.

어떤 이유에서든 자신의 돈과 재능, 시간을 기부하는 것은 아름답다. 보통 처음에는 이타주의에서 출발하지만 기부행위에서 느끼는 만족감과 즐거움을 얻게 되기 때문에 결국 자신을 위한 것이 된다. 〈소비문화 더 들여다보기 2-6〉은 나눔으로 행복한 사례를 보여준다.

소비문화 더 들여다보기 2-6

'30년 장례봉사' 행복한 장의사 한우기 씨

광주에서 시내버스를 운전하는 한우기 씨(48)가 최근까지 염습(殮襲)한 망자는 대충 100여 명에 달한다. 장례절차가 현대화, 전문화된 탓에 한 씨의 따뜻한 손을 거친 망자들은 대부분 농촌 지역의 소외된 계층이다. 평생 외로웠을 망자들을 위해 한 씨는 자신의 도움을 필요로 하는 곳에는 열 일을 제쳐두고 달려가 인생의 마지막을 함께한다. 한 씨가 염을 배운 것도 춥고 배고픈 어린 시절을 이겨내기 위해서였다. 학용품을 준다기에 성당에 들렀다가 우연히 신부님이 망자를 염하는 모습을 봤다. 그 시절 염을 배우면 성당에서 오래 지낼 수 있을 것 같았다. 한 씨와 장례일은 그렇게 인연이 돼 30년 동안 이어졌다.

버스운전기사 월급으로는 가정생활도 빠듯하기에 한 씨는 퇴근 후 깡통이나 소주병 등의 재활용품을 모아 봉사활동비로 충당하고 있다. 자신의 봉사활동이 외부에 알려지는 것을 극구 사양하던 한 씨는 거듭되는 요청에 인터뷰에는 응했지만 사진촬영만은 사양했다. "배운 것도 가진 것도 넉넉하진 않지만 어려운 이웃을 돕는다는 것 하나만으로도 마음이 커지는 것을 느낄 수 있습니다. 인생의 마지막을 함께 해주는 것도 큰 보람이죠."

한우기 씨. 그는 세상에서 가장 행복한 장의사다.

(뉴시스, 2010. 9. 19)

이상에서 사회적 책임을 고려하는 소비란 무엇인지 그리고 사회적 책임을 다하는 소비를 할 때 소비자가 더 행복해지는지를 살펴보았다. 소비자가 개인적인 경제적 이득과 만족만을 고려하던 과거 소비선택으로부터 사회나 환경에 미칠 영향을 고려하는 선택으로 나아감으로써 타인을 배려하면서 자신도 더욱 행복해진다.

소비자들은 지금까지 합리적 소비, 즉 개인의 단기적인 경제적 효율성에 근거해 소비를 해왔기 때문에 장기적이고 전 지구적인 고려를 해서 소비생활을 하는, 즉 사회적 책임을 다하는 윤리적 소비를 실천하는 것은 쉽지 않다. 세계 여러 나라의 소비자 잡지나 온라인 사이트에서 기업이 얼마나 윤리적인 행위를 하는지, 즉 제품이 어느 곳에서 어떤 과정을 거쳐 생산되고 유통되고 있는지, 그 과정에서 윤리적인 문제는 없는지, 혹은 개별 기업별로 사회적 책임을 어떻게 실천하고 있는지 등을 알려주고 있다. 이런 정보에 기초하여 나의 작은 소비행동 하나하나가 다른 사람이나 환경에 미치는 영향을 고려하여 선택하고 나아가 절제와 나눔의 생활을 실천한다면 소비생활에서 즐거움만이 아닌 의미도 추구하게 되어 행복의 조건을 갖추게 될 것이다.

알고 계십니까 2-1

매출액 기부 제품에 행복나눔 N마크 부착

매출액의 일정부분(1%)을 기부하는 기업 제품에 행복나눔 N(Nanum)마크가 부착된다.

보건복지부와 한국사회복지협의회는 28일 서울역 롯데마트에서 기업 판매활동과 소비자의 구매활동을 기부와 연계하는 '행복나눔 N캠페인' 런칭 기념행사를 개최했다. 행복나눔 N캠페인이란 제품 매출액의 일정부분을 사회복지에 기부한 기업 제품에 N마크를 부착해 소비자가 구매 시 선택할 수 있도록 하는 캠페인이다.

이번 행사에서는 롯데마트, LG생활건강, LG생활과학 대상 등 10개 기업이 N마크를 붙인 제품을 판매, 전시하는 행복나눔 N존도 공식 오픈됐다. 전재희 복지부 장관은 그룹 원투 송호범, 백승혜 부부 등 행복나눔 N홍보대사와 함께 일일 판매에 나서기도 했다.

한국사회복지협의회는 사회국을 두고 사업 참여기업을 확대하는 한편, 참여기업과 해당분야 전문가 등으로 제품 선정 가이드라인을 마련하는 브랜드위원회와 기금관리를 담당하는 기금운용위원회를 운영할 예정이다.

복지부는, 국내 기업 사회공헌비용 총 지출 규모는 2조 2,000억 원으로 전체 기부에서 큰 비중을 차지하고 있고 소외계층 지원의 사각지대를 보완하는 역할을 한다고 설명했다. 복지부 관계자는 "참여기업은 기업 본연의 생산, 판매 활동과 사회공헌을 연결해 기업의 사회적 책임을 이행하는 동시에 기업가치를 높일 수 있다."며 "소비자는 행복나눔 N마크가 붙은 제품을 구매해 일상생활 속에서 나눔활동을 보다 손쉽게 실천할 수 있다."고 설명했다.

(머니투데이, 2010. 4. 28)

실천해 보기

1. 오늘날 소비생활에서 소비자들의 개인적 만족을 고려한 선택의 자유가 더 존중되어야 하는가? 아니면 공동체를 고려한 선택이 더 강조되어야 하는가? 개인적 만족을 고려한 선택과 공동체를 고려한 선택이 개인과 사회에 미치는 단기적, 장기적 영향을 근거로 논의해 보자.

2. 사회적 책임을 다하는 소비를 할 때 과연 소비자는 행복감을 느끼는가? 사회적 책임을 다하는 소비를 한 가지 실천해 보고, 자신의 체험을 바탕으로 서로 이야기를 나누어 보자.

지름신을 부탁해
(SBS 스페셜, 2010년 8월 1일 방영)

소비로 행복을 추구하며 지나친 쇼핑에 빠졌던 소비자들이 한 달간 쇼핑을 줄이고 살아보기 실험을 한다. 과연 가능했을까? 쇼핑을 줄여 그들은 불행해졌을까? 아니면 더 행복해졌을까?

'지름신 - 사고 싶은 게 있으면 앞뒤 가리지 않고 사게 한다는 가상의 신.' 본 방송에서는 쇼핑을 위한 쇼핑을 모두 없애고 4주간 꼭 필요한 물건 외에는 쇼핑을 금하는 지름신 퇴치 프로젝트를 시작한다. '잘살다(부유하게 살다)'와 '잘 살다(만족스럽게 살다)'는 사전적 의미가 다르다. 이 프로젝트를 통해 '잘사는' 것보다 '잘 사는' 방법이 무엇인지를 전달하려고 하고 있다.

소비의 굴레에 갇힌 사람들이 "Good bye Shopping"에 도전하는 모습과 쇼핑에 관한 공통적인 인간의 심리를 파헤치는 첨단 마케팅 기법도 보여준다.

또 '행복하기 위해 소비 하라!'는 메시지도 전한다. 소비하면 할수록 스트레스를 받는다면? 소비는 바닷물과 같아서 마시면 마실수록 더 갈증을 불러일으킨다. 가질수록 더 가지고 싶어지는 소비의 굴레 속에 갇힌 우리는 더 이상 물건을 사도 기쁘지 않다. 하지만 자본주의 경제 속에 사는 우리는 돈을 떼 놓고 행복한 삶을 이야기하기 어렵다. 돈 앞에서 자유로운 방법은 스스로 합리적인 소비의 주체가 되는 것이다. 그리고 돈 앞에서 행복할 수 있는 방법은 타인에게 보여주기 위해서가 아닌 내 행복을 위해 소비를 하는 것이다. 그것은 필요와 욕망을 구분하는 것에서부터 시작된다.

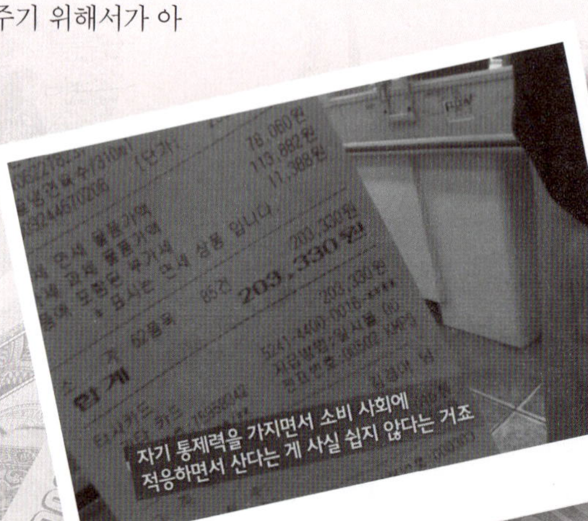

김정은 · 이기춘(2008). 소비자시민성의 개념화 및 척도개발. 소비자학연구 19권 1호, 47-72.

나종연(2003). 소비자학적 관점에서 본 사회적 책임. 한국소비자학회 2003년 추계학술대회 발표논문집, 9-20.

리즈 호가드 저, 이경아 역(2006). 영국 BBC 다큐멘터리 행복-행복전문가 6인이 밝히는 행복의 심리학. 예담.

마이클 샌델(2010). Justice: 정의란 무엇인가?. 김영사.

박명희 · 송인숙 · 손상희 · 이성림 · 박미혜 · 정주원(2006). 생각하는 소비문화. (주)교문사.

송인숙(2005). 소비윤리의 내용과 차원에 관한 연구. 소비자학연구 16권 2호, 37-55.

심영(2009). 소비의 사회적 책임에 관한 연구. 소비자학연구 20권 2호, 81-120.

천경희 · 홍연금 · 윤명애 · 송인숙(2010). 착한소비 윤리적 소비. 시그마프레스.

천규석(2010). 천규석의 윤리적 소비를 말한다. 실천문학사.

탈 벤 샤하르 저, 노혜숙 역(2007). 하버드대 행복학 강의. 위즈덤하우스.

홍연금(2009). 우리나라 윤리적 소비자의 사례연구. 가톨릭대학교 대학원 박사학위논문.

홍연금 · 송인숙(2008). 친환경농산물 소비자의 구매동기 분석을 통한 윤리적 소비행동 사례 연구. 소비문화연구 11권 3호, 23-42.

황은애 · 송순영(2008). 사업자의 소비자 관련 사회적 책임 활동 현황분석: 국내지속가능보고서를 중심으로. 소비자학연구 19권 4호, 109-134.

iCOOP생활협동조합 · 한겨레경제연구소(2009). 세상을 바꾸는 소비자의 힘(2009).

Harrison R., Newholm T. and Deirdre Shaw(2005). *The Ethical Consumer*. Sage Publications.

기사

뉴시스(2010). '30년 장례봉사' 행복한 장의사 한기우 씨, 9월 19일자.

머니투데이(2010). 매출액 기부 제품에 행복나눔 N마크 부착, 4월 28일자.

레이디경향(2010). 환경과 마음 이어가는 '행복한 바느질' 박영란 주부, 9월 13일자.

중앙일보(2010). 착한 소비, 나쁜 소비, 10월 2일자.

한겨레(2010). 40년 조합운동 '환경 · 나눔 특구' 원주시, 9월 14일자.

한국일보(2010). 대학생들, '저작권 지킴이'로 거리 나선다, 6월 18일자.

한국일보(2010). 파괴적 소비 비판하던 젊은이, 돈 없이 1년 살아보니, 9월 3일자.

SBS뉴스(2010). 좋은 가격에 기부까지 '착한 소비,' 1월 8일자.

사진

돈 한푼 안 쓰고 1년 살기 http://www.kpec.or.kr/renew/web.asp?state=view&menuKMCD=KP0063&subKMCD=KP0080&selYM=2011-1&BKNO=1176

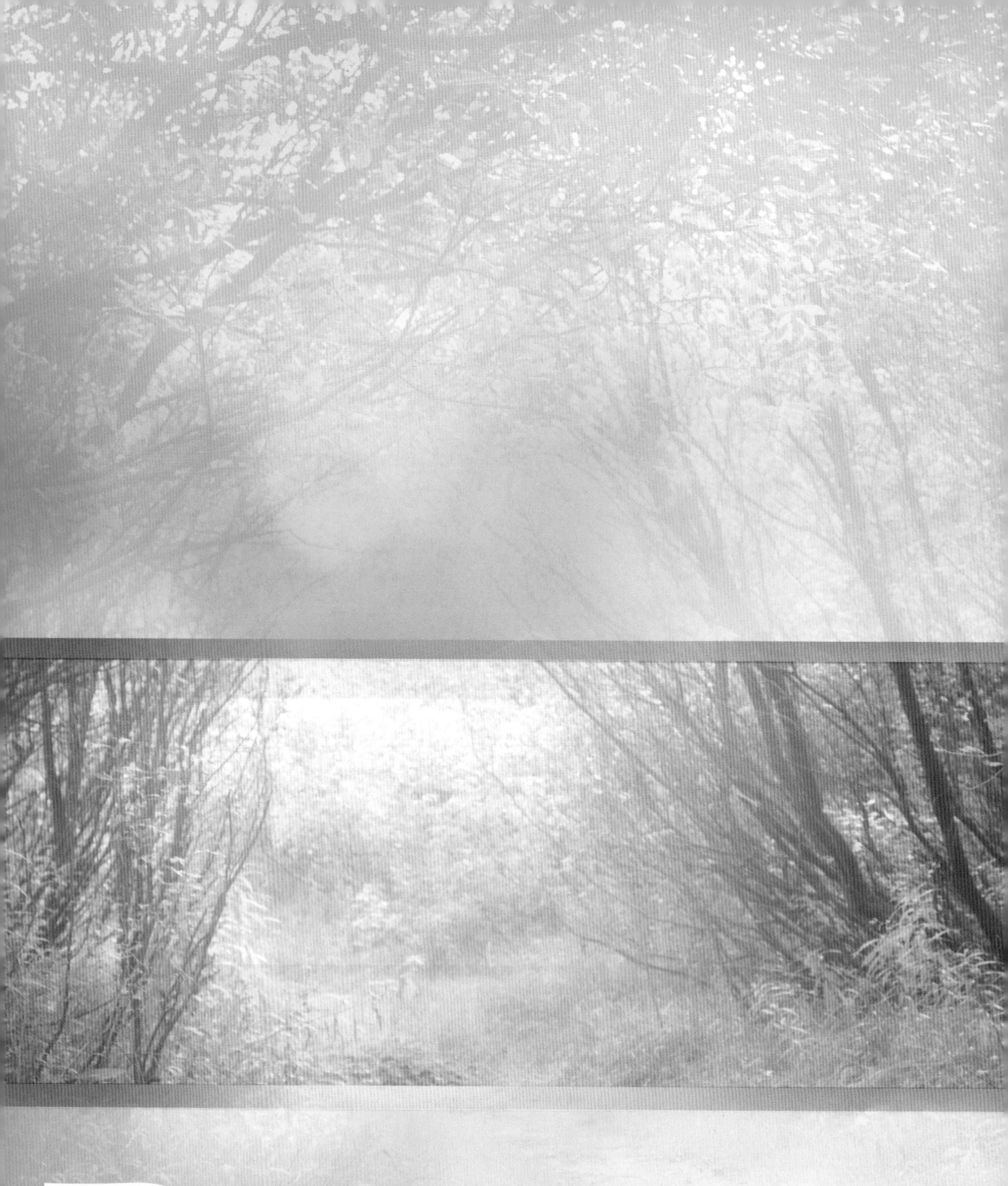

Part II

행복한
소비문화 만들기

Chapter 3

입는 소비문화

행복이란 원하는 것을 손에 넣는 것이 아니라, 이미 가지고 있는 것을 진정으로 원하는 것이었다고 생각하는 것이다.

— 데이비스 마이어스

Chapter 3 입는 소비문화

옷장 속에 걸린 청바지는 대개 몇 개의 대륙을 거쳐 탄생한 자유무역의 상징으로 젊음, 아름다움, 유행이라는 용어와 연결되지만 그 이면에는 염색 과정에서 나온 오염된 물을 마시는 사람들의 생활과 점차 파괴되어 가는 환경오염이라는 어두운 그림자도 담겨 있다. 사람들이 즐기고 있는 패스트패션은 유행을 빠르게 회전시키고 더 싸게 공급함으로써 사람들에게 즐거움을 주기도 하지만, 한 시즌만 입고 버려지는 티셔츠에는 수많은 농약과 화학물질이 수반되어 한 벌당 보통 100리터가량의 물이 소비되고 있다. 사람들은 겉으로 드러나는 옷의 단편적인 아름다움에 열광하지만 옷은 수많은 삶의 모습들을 가지며 소비되는 과정에서 다양한 모습과 감정을 표출하고 있다고 해도 과언이 아니다. 사람들은 옷을 통해 행복하기도 하고 때때로 행복하지 않은 감정을 느끼기도 한다. 행복이라는 다분히 주관적인 감정은 측정하기 어렵고 나타내기 힘들지만 옷이라는 매개체를 통해 숨어 있는 다양한 행복의 의미들을 들추어 보고자 한다.

1 무엇이 문제인가?

1) 잃어버린 자아: 넘쳐나는 상징과 기호

옷은 현대사회에서 자신을 표현해 주는 가장 가시적이고 뚜렷한 소비 형태로 입는 사람의 정체성을 나타내주는 커뮤니케이션의 역할을 수행한다(조안 핑겔슈타인, 2005). 옷을 소비자 내부에서 발생하는 대화의 일부로 받아들일 수 있는 것은 의복이 개인의 영역과 공공의 영역 양자에 모두 걸쳐 있기 때문이다. 그래서 우리는 의복을 통해 남성다움과 여성다움, 젊음과 늙음, 가난과 부, 용기와 수줍음 등을 나타내며, 더러는 암묵적이고 치밀한 규칙에 따라 타인을 배제하기도 하고 사회적인 차이를 과시하는 역할을 하기도 한다. 베블렌(Veblen)은 의복은 모든 보는 이들로 하여금 첫눈에 인간의 재정사정을 보여주는 명확한 징표로 작용하기 때문에 부를 드러내기 위해서는 자신의 옷에 대해 비용지출을 하는 것이 다른 어떤 방법보다 좋다고 언급하였다(피터 코리건, 2002).

옷은 개인의 정체성을 상징적으로 나타내기도 하지만, 제안, 설득, 거짓말을 하며 진실을 은폐하는 도구가 되기도 한다. 사람들은 의복에 의해서 보다 유복하고, 보다 고귀하고, 보다 젊게 현실 속의 자기가 아닌 다른 인간으로 표현되기도 한다. 끊임없는 유행의 변화, 겉치레, 과시, 유혹, 새로운 것에 대한 열망은 소비자를 더욱 치장하게 하고 가려진 모습으로 살아가게 한다.

이러한 의복의 외형적인 상징과 기호에 대한 지나친 치중은 서서히 의복 본연의 기능을 약화시키고 심지어 인간의 자아를 상실하게 하고 있다. 비슷한 상징과 기호를 좇아가는 사람들의 모습은 비슷하며, 그들의 생각과 자아까지도 흡사하게 닮아가고 있다. 자신을 표현하는 수단이었던 옷은 궁극적인 목적으로 바뀌어 가고, 자신을 옷에 끼워 맞추게 되었다. 이제 우리가 옷을 입고 있는 것이 아니라 옷이 우리를 입고 있는 것이다(박명희 외, 2006). 이렇게 자아를 잃어버리며 외형에 치우치는 것은 우리를 행복으로부터 점점 더 멀어지게 한다. 옷의 외부에서 얻는 위선적인 행복과 인간에게 진정한 만족을 주지 못하는 일치감은 더 많은 좌절과 결핍, 절망감을 안겨준다. 끊임없는 상징과 기호의 세계는 인간을 피할 수 없는 불만족의 상태로 몰아감으로써 행복보다는 불행을 증폭시키는 것이다. 카사와 라이언의 연구에 의하면, 부나 명성, 육체적

매력과 같은 물질적이고 외재적인 목표를 추구하는 이는 자기 자신의 인간적 성장, 친밀한 인간관계, 공동체에 대한 공헌과 같은 내재적 목표를 추구하는 이에 비해 보다 삶의 질이 떨어지고 불행한 것으로 드러나고 있다(쓰지 신이치, 2009).

그러므로 옷을 입는 주체인 인간의 성장과 옷이 하나가 될 때, 가려지고 분리되는 상징이 아닌 인간과 함께 어우러져 그것이 옷으로 자연스럽게 표현될 때 가치로운 것이 된다. 옷을 입는 주체는 바로 우리 자신이다. 왜 우린 옷을 입는가? 무엇을 보여주려 하고 무엇을 얻으려고 하는가? 그 대답의 중심에는 개인과 사회를 적절히 조화시키며 인간적인 성장을 통해 행복한 옷 입기를 실천하는 현대인이 서 있어야 한다. 온갖 명품으로 전신을 장식하여 그 화려함에 사람들의 이목이 집중된다 하더라도 옷이 그것을 감싸고 있는 자아와 함께하지 않을 때 그 의미는 지속되지 않을 것이며 행복은 그리 오래 가지 않을 것이다. 자아와 옷은 거울처럼 서로를 비추며 정화되어 투영될 때 진정한 행복이 살아 움직이는 것이다.

2) 수동적인 따라쟁이: 유행과 모방

현대 사회에서의 의복은 대체로 소비자들에게 일종의 의무로서 변화해야 하고 수용해야 하는 부담으로 여겨지고 있다고 해도 과언이 아니다.

고급 패션과 산업 패션은 모두 대중문화와 밀접하게 연결되어 있으며, 대중문화의 아이콘과 모티브, 테마를 한데 섞는다. 대중문화(영화, 텔레비전, 대중음악)와 의류산업은 비슷한 활동, 즉 다른 부문의 문화적 과거와 현재에서 가져온 의미들을 전용하고 재순환시킴으로써 새로운 의미를 만들어내는 데 몰두하였다. 의류산업은 개성, 감성 중시의 상품 다양화를 중심축으로 하는 기업 마케팅 전략에 의해 의복의 이미지 소구나 욕구 유발에 초점을 맞추며 소비자들에게 보이지 않는 유혹을 보내어 왔다. 시장세분화와 고급화 감성 가치 창출 등을 목표로 한 마케팅에 소비자도 보조를 맞추기라도 하듯이 타인들과의 차별화를 위한 기호들을 사들이는 일에 열중하면서 자신의 욕구를 상승시켜 왔다. 또한 최신 트렌드를 즉각 반영해 빠르게 제작하고 비교적 저렴한 가격으로 빠르게 유통시키는 패스트패션의 붐에도 열광하며 각종 인터넷 쇼핑몰의 저가소비에서부터 고급 · 합리적 소비를 내세운 패스트패션 브랜드까지 이어지는 소비가 나타나고 있다(경향신문, 2010).

SALE

소비자가 마케터 주도의 이미 만들어진 문화에 이끌려가며 수동적인 추종자의 역할을 하고 있는 것이다. 보드리야르는 "소비사회에는 '반성'과 자신에 대한 관점이 부재한다. 오로지 진열장만 있어, 개인은 더 이상 사고하지 않고 수많은 상품, 기호를 바라보는 일에 흠뻑 빠져 있을 뿐이다."라고 언급하였다(질 리포베츠키, 2009). 이러한 수동적인 태도는 사람들이 자신의 의지에 의해 옷을 선택할 수 있는 기회를 잃게 하며, 옷이 건강과 환경을 해할 수 있다는 사실을 망각한 채 스타일만 쫓게 되는 폐해를 가져온다. 현대에 유행하는 다양한 의류 관련 제품은 점점 더 극단을 치닫고 있다. 점점 짧아지는 치마길이, 점점 높아지는 하이힐, 점점 커지는 핸드백 등등. 도덕적 관념이나 사회적인 윤리 등은 개성과 젊음, 자유라는 구호 아래 묻히고, 경제적인 상술에 의해 건강과 환경을 생각하지 않는 제품들이 쏟아지고 있는 것이다(이윤정, 2010).

이제 소비자는 이러한 점을 인식하며 변화하여야 한다. 감각적인 소비에서 지성적인 소비로, 무조건적인 수동적 추종자에서 능동적인 창조자로서의 자기성찰이 이루어져야 한다. 상품에 적절한 거리를 두고 경계의 눈으로 바라보는 신소비자는 구매를 결정할 때 과학과 미디어를 통해 얻은 다량의 정보와 지식을 바탕으로 깊이 고민한다. 의문을 던지고 평가하고 더 많은 정보를 구하고 경계심을 가지고 살피며 현명하게 판단한다(질 리포베츠키, 2009). 따라서 그간의 외부지향적인 소비패턴으로부터 탈감성, 탈트렌드 경향과 함께 자기성찰적인 내부지향의 소비패턴을 선호하는 흐름이 행해져야 한다. 패션이나 소비 트렌드에 기민한 반응을 보이지 않고 상품구입에 있어서도 신중하고도 견실하며 성숙한 자세가 보편화되어야 한다(정준, 1997). 또한 저가생산으로 빠른 회전율을 보이는 패스트패션에는 각종 사회적 · 환경적 비용이 포함될 수밖에 없다는 판단과 함께 그 뒤에 숨겨진 저임금의 열악한 제3세계 노동자 문제, 의류 폐기물로 인한 환경문제 등도 고민할 필요가 있다.

소비자는 시장을 움직이는 주도적인 주체로서 소비문화를 창조하고 이끄는 자주적 역할로 변화되어야 한다. 의복의 의미들이 누구에 의해 어떤 환경에서 어떻게 생산되는지 특정 유형에 구현되어 있는 일련의 의미들이 얼마나 널리 유포되고 있는지 그리고 그러한 의미들이 확산되는 특성에 대해 좀 더 관심을 기울일 필요가 있다(박명희 외, 2006). 따라쟁이로서의 행복이 아닌 옷에 내재되어 있는 이야기와 의미를 발견하여 스스로 행복을 만들어가는 이가 되어야 할 것이다.

알고 계십니까 3-1

1kg의 옷을 만드는 데 드는 탄소 원료

- 화학물질: 0.6kg
- 석유: 1.3L
- 가스: 0.2kg
- 전기 에너지: 4.5kw
- 물: 187L

미국 환경단체 가이아 무브먼트는 1kg의 옷을 만드는 데 화학물질 0.6kg, 석유 1.3L, 가스 0.2kg, 에너지 4.5kw, 물 187L가 든다고 발표하였다. 옷을 만드는 과정에서도 온실가스가 배출되지만 버려진 옷을 소각할 때도 엄청난 양의 이산화탄소가 발생한다. 합성섬유가 주소재이기 때문이다.

(서울신문, 2009. 8. 31)

3) 더 높은 곳을 향하여: 명품과 과시

명품 매장

유행과 아울러 타인과의 차별화를 위한 의복의 또 다른 방법은 과시적으로 자신을 드러내는 것이다. 의복은 모든 사람들에게 특정인이 얼마나 부자인가를 과시하는 가장 적합한 수단이 된다. 그 사람이 어딜 가건 의복은 따라다니고 전혀 낯선 사람들조차도 한눈에 그가 얼마나 부자인지를 알아볼 수 있게 하였다. 화려하고 과시적인 의복이 타인과 구별 짓는 방법이 된다. 베블렌(Veblen)은 의복을 금전 위주 문화의 한 표현양식으로 이해하였다. 그는 의복이 모든 사람들에게 첫눈에 금전적인 지위를 나타내주며 과시적인 소비를 위해서 가장 손쉬운 품목이고 지불능력의 증거가 된다고 하였다. 사회적 지위를 드러내고 인정받기 위한 의복의 과시적 소비스타일을 의미하는 것이다(피터 코리건, 2002).

과시적인 구별 짓기는 다양한 방법으로 이루어지고 있다. 브랜드명 이외에도 계층 간 혹은 특정한 집단 간의 구별 짓기를 유지시키는 다양한 전략들이 의복의 소재와 색상, 디자인 등을 통해 강구되어 왔다. 예를 들면, 처음 상층계급을 겨냥해 디자인된 의복은 중간계급이나 하층계급으로 전파되면서 보다 질이 낮은 섬유를 재료로 사용하거나 보다 숙련되지 않은 재봉사에 의해 만들어진다. 또한 의복 유통체계도 대상 고객에 따라 분리되어 다가감으로써 구별 짓기를 형성하고 있다. 대중들을 겨냥한 저렴하고 실용적인 의류가 재래시장이나 보세매장, 대규모의 의류할인매장을 통해서 소비되는 반면, 소수의 고객들을 겨냥한 브랜드 의복은 저명한 디자이너의 브띠끄나 백화점의 전문매장을 통해서 소비되고 있다(이동원 외, 2001). 디자이너 의상은 일반적으로 화랑과 마찬가지로 고급문화의 이미지를 전달하기 위해 내부 장식이 세심하게 만들어진 매장에서 판매된다. 디자이너의 미적인 메시지를 강조하는 환경을 만들어내기 위해 고급 건축가와 실내 장식가들이 투입되고 이러한 상점들은 대중을 '걸러내는' 효과를 갖고 있는 것으로 설명되어 왔다. 이러한 종류의 상점은 그 의상을 편하게 느끼지 못하는 사람은 도저히 상점에 들어갈 엄두가 나지 않을 정도로 고객에게 어떠한 자신감을 요구한다. 화랑에서처럼 판매자가 식견을 갖춘 고객에게 옷에 대해 설명해 주고 해석해 주는 개인적 관계를 통해 의복이 매매되는 것이다. 그러므로 갤러리아 백화점의 명품관과 유명 디자이너의 브띠끄 매장이 부의 상징으로 여겨지는 것은 유통체계에도 계급의 차이가 있음을 보여주는 것이라 하겠다(박명희 외, 2006).

그리고 차별화된 의복의 가격체계는 경제적인 능력이 제한되어 있는 중간계급과 하층계급의 접근을 배제시킬 수 있는 중요한 기제가 된다. 상층계급을 겨냥한 의복의 높은 가격은 그들이 다른 계층과 구별되는 객관적인 상징성을 극명하게 나타내는 것이다. 이와 같이 다른 이와 구별 지으며 자신을 인정받고자 하는 욕구는 우리를 고급 브랜드와 고급 유통 장소, 높은 가격이라는 명품의 세계로 이끈다.

그러나 명품 소비가 확산되고 대량 소비되면서 명품을 통해 추구하고자 하는 전시적인 가치와 기능이 조금씩 약화되어 가고 있다. 사람들은 타인과의 구별을 위해 명품을 소비하지만, 명품 소비의 유행은 결국 획일적이고 몰개성적인 소비로 전락하게 하였다.

또한 물신화된 명품 소비는 맹목적이고 허위적인 욕구와 잘못된 소비행동을 부추기고 있다. 시장에는 진품을 모방한 복제품이 나타나기도 하며, 소비자는 자신의 경제력을 넘어서는 무리한 구매를 강행하여 신용불량자로 전락하기도 한다. 가짜 명품을 통한 대리만족, 명품을 위한 과소비 현상은 옳지 못한 소비의식이 반영된 대표적인 모습이라 볼 수 있다. 명품에 대한 잘못된 끊임없는 욕구는 그 이미지로서만 경험되고, 그것으로 충족되는 만족은 허상일 수밖에 없으며 그 결과는 행복으로 귀결되지 않는다. 정신적인 가치와 물질적인 가치의 균형감각을 잃지 않으며 자신의 신분과 능력에 맞는 소비행위야말로 진정한 행복을 가져다주는 명품 소비가 아닐지 고민과 변화가 절실한 때이다.

4) 새로운 것만이 아름다운 세상

급격한 경제개발 속에 우리들은 보다 높은 가격과 좋은 품질의 물건들을 사는 기쁨에 젖어 있었다. 빠르게 변하는 유행과 계속 쏟아지는 새로운 제품의 출시 속에서 소비자는 늘 새로운 제품을 동경해 왔다. 그것은 사회분위기였고 구조였으며 우리의 내면의식이었다. 헌 물건을 산다는 것은 창피한 일이었다. 특히 헌 옷을 산다는 것은 더욱 생각하기 힘든 일이었다. 나를 표현해 주는 가장 가시적인 수단인 옷에 타인의 흔적이 남아 있다는 것은 참기 힘든 것이었다. 그러나 외국의 경우 유럽의 어느 도시를 가더라도 토요일과 일요일은 시장 한가운데에서 벌어지는 벼룩시장을 만날 수 있다. 자신의 집에서 쓰던 물건들을 꺼내 와서 판매하는 사람들도 있고 아예 직업적으로 헌 물건을 판매하는 사람도 있다. 옛날 귀부인들이 썼던 깃털로 장식된 모자도 있고, 신세계를 향해 출항한 모험가들을 위해 만들어졌을 법한 멋진 외투도 있다. 벼룩시장은 역사와 삶이 살아 숨 쉬는 공간으로 나타나고 있으며, 함께 세상을 공유하는 또 다른 행복 경험을 선사하기도 한다(그린삼성, 2003).

헌 물건을 팔고 헌 물건을 사가는 행위의 근저에는 친환경적이며 실용적인, 그리고 공동체적인 소비문화가 배여 있으며, 행복을 공유하고자 하는 마음이 담겨 있다. 단순히 물건과 물건의 순환을 넘어 남을 위해 기꺼이 물건을 내 놓는 마음과 헌 물건을 아껴 쓰기 위하여 기꺼이 사가는 것은 개인과 타인, 개인과 사회, 개인과 환경의 순환을 의미한다. 함께 공유하고 나누는 순환은 새것 이상의 가치를 부여하며 세상을 더욱 행복하고 빛나게 하는 것이다.

의복의 순환은 다양한 형태로 나타나는데, 기존의 의복을 새로운 형태의 것으로 만드는 리폼(reform), 폐재료를 재가공해 제품의 가치를 살리는 재활용(recycle), 제품을 변형하지 않은 상태에서 사용을 연장하는 재사용(reuse) 등이 있다. 낡고 가치가 떨어진 의복들을 리디자인(re-design)해 새로운 상품성을 창출하고 필요한 이에게 가치 있게 재사용된다면 자원절약은 물론이고 친환경적이며 행복한 소비문화로 이끌어 낼 수 있을 것이다.

2 입는 소비문화 들여다보기

옷은 인간의 다양한 상황과 감정을 표출하게도 하고 느끼게도 하는 또 다른 자신의 모습이다. 그 속에는 긍정과 부정, 조화와 갈등, 개인과 공존, 공허와 행복 등 인간의 무수한 의미들이 담겨 있다. 옷의 무엇이 인간을 행복하게 할까? 사람들은 어떤 경우 행복함을 느끼게 되는가? 옷을 통한 행복감은 어떻게 찾아오는가? 여기에 몇 가지 서로 상반된 소비행동을 하고 있는 비교 사례를 통해 행복한 옷 입기가 어떻게 진행되는지 살펴보기로 하자.

1) 억제할 수 없는 소유욕, 공허함 vs 사라진 소유욕, 넘치는 행복

계속 사고 싶다… 그러나 늘 부족하다

학원에서 피아노를 가르치는 김모 씨는 고등학교를 졸업하고 대학에 들어가면서 자유롭게 옷을 입을 수 있음에 너무 기뻤다. 눌려 있던 욕구가 터지듯 대학 4년 내내 참 많이 옷을 사는 일에 열중하여 왔다. 엄마에게서 받는 용돈의 80%는 옷을 사거나 신발, 액세서리를 사는 데 썼고, 마음에 드는 옷이 있으면 꼭 사야만 기분이 좋아졌다. 그래서 늘 용돈은 부족했고 늘 사고 싶은 옷은 넘쳐났다.

현재는 학원에서 피아노를 지도하며 제법 소득이 있는 편이지만 여전히 갈증을 느끼고 있다. 이제는 카드까지 사용하다 보니 어떤 달은 소득보다 더 많은 지출을 하는 경우가 있다. 거의 대부분이 옷을 구매하기 때문에 생긴 것이다. 김 씨의 방에는 옷으로 가득하다. 관리조차

되지 않아 손길 한 번 닿지 않는 옷들도 많다. 정리도 할 수 없는 상황에 쌓여만 가는데도 계속 옷에 대한 탐닉은 줄어들지 않는다. 마음에 드는 디자인이 있으면 색깔별로 사고, 비슷한 디자인에 비슷한 색깔의 옷이 충분히 여러 벌 있음에도 끊임없이 하나 둘씩 사게 된다. 더러는 상표조차 떼지 않고 쌓여 있는가 하면 한 번도 입지 않은 옷들도 제법 있다. 이렇게 많은 옷을 가졌지만 김 씨는 늘 갈증이 나고 부족함을 느낀다. 옷을 사는 순간은 너무 행복했지만 그 순간은 그리 오래 가지 않았다. 불과 얼마 가지 않아 행복은 사라지고 공허함이 그 자리를 채우고 있었다.

사라진 소유욕… 편안하게 행복이 넘치다

조모 씨는 얼마 전까지 시간이 나면 집 앞 아는 옷가게에 가서 커피도 마시며 수다도 떨다 별로 필요하지 않음에도 옷 몇 가지를 사가지고 오는 것이 낙이었다. 마땅히 할 것이 없다는 생각에 자주 들르게 된 곳인데 옷을 사다 보니 조금씩 욕심도 생기며 그 횟수가 늘어만 갔다. 그러던 어느 날 옷에 조금씩 집착을 하고 있는 자신의 모습이 불안하게 느껴지기 시작하였다. "그냥 하나 둘 샀는데 자꾸 사다 보니 조절이 안 되더라고요. 처음 살 때 100 정도 좋았으면 그 다음에는 자꾸 그 정도가 줄어드는 거예요. 하나에 뭔가를 더 사야지 예전처럼 좋다는 생각이 들고, 점점 행복감이 줄어드는 것 같았어요."

그런 자신에게 실망감을 느낀 조 씨는 친구의 권유로 도서관에서 사서 봉사를 하고 복지센터에서 여러 가지를 배우기 시작하였다. 봉사와 공부를 하며 시간을 보내게 된 조 씨는 서서히 쇼핑시간이 줄어들었고 조금씩 옷에 대한 욕심이 사라져 감을 알게 되었다. 옷가게만 지나가면 기웃거리며 이것저것 살펴보던 습관도 사라지고, 무슨 옷을 입을지 고민하던 시간도 없어졌다. "점점 물건에 대한 소유욕이 떨어지더라고요. 꼭 필요한 것만 사게 되고 욕심을 내지 않게 되요. 사는 입장이 덜 되니까 간편하고 굉장히 소박하게 살게 되는 것 같아요."

넘쳐나던 옷장은 소비가 줄어들며 조금씩 정리가 되어 빈 공간이 생겨나기 시작했다. 빈 공간이 오히려 조 씨의 마음을 편하게 만들었다. "무언가를 가지고 싶어 사고 싶다는 마음을 놓고 나니까 얼마나 행복한지 몰라요. 지금 있는 옷만으로도 충분히 좋아요. 적당히 나를 관리할 수 있어서 좋죠. 무엇을 입을까 고민할 필요도 없고 옷 하나하나가 나와 함께할 수 있는 좋은 친구같이 느껴지네요. 친구는 오래될수록 좋잖아요." 현재 조 씨는 옷 구매를 하지 않음에도 마음은 너무나 편안하고 행복하다. 가질수록 부족함을 느꼈던 과거와 달리 덜 가졌음에도 행복한 지금에 미소를 짓는다.

2) 쇼핑 속에 사라져가는 시간들 vs 충만감으로 돌아오는 시간들

쇼핑, 쇼핑, 쇼핑… 쌓여가는 짐

명절 연휴, 시집 안 가느냐는 융단폭격에 초토화된 채 가까스로 대피했다. 골드미스의 방공호는 신라호텔. 고향집 기름 냄새며 노처녀 들볶는 잔소리를 떠나 호텔방의 묵직한 여백에 몸을 묻으니 천국이다. 혼자 사는 내 집도 이렇게 단정하면 얼마나 좋을까? 방에는 최소한의 세간만 두고, 테이블 위엔 메모지와 볼펜만 놓고 살면 글이 퐁퐁 샘솟을 것 같다.

꿈꾸던 싱글의 삶은 단출한 여행가방 속에 쏙 들어가는 것이었다. 그런데 내 인생은 어째 보따리를 이고 진 방물장수. 10년째 자취방을 전전하며 살림만 늘려온 쇼핑중독 싱글의 최후는 무시무시한 과적 화물차를 모는 유목민 신세다. "아가씨는 직업이 배우요?" 옷이 너무 많다고 이삿짐센터 직원에게 이런 얘기도 들었다. 물건지옥에 빠진 내 생활을 구원해 줄 수 있는 건 무엇일까? 아아 누가 나 좀 말려 주세요!

(한겨레, 2010)

문화센터 끝나고 쇼핑 어때?

주부 장모 씨는 같은 동네 친구들과 함께 월요일부터 금요일까지 백화점 문화센터 강좌를 듣는다. 다른 어떤 곳보다 깨끗하고 분위기 좋은 백화점에서 하는 강좌이기 때문에 배우기가 더 즐겁다. 강좌가 끝나고 난 후, 주부 장 씨는 친구들과 함께 자연스럽게 백화점 에스컬레이터를 타고 이것저것 쇼핑을 하기 시작한다. 세일을 해서, 너무 예뻐서, 새로운 상품이 출시되어서, 옆 친구가 사는 것을 보니 좋아 보여서……. 다양한 동기들이 물건을 사도록 유혹한다. 친구들과 수다를 떨며 백화점을 한 바퀴 돌고 나면 어느새 장 씨 손에는 쇼핑백이 하나 둘 늘어가고 있다. "하루의 일상이 된 것 같아요. 문화센터 끝나면 함께 백화점을 돌고 옷 사기도 하고, 백화점 식당가에서 식사하고 이야기하고 그러면서 시간을 참 많이 보냈어요."

그러나 그런 생활이 지속될수록 장 씨는 즐겁기보다 오히려 마음이 공허해짐을 느꼈다. "아이들 학교 보내 놓고 딱히 시간을 보내기가 그래서 문화센터를 찾은 건데 더 시간을 낭비하며 사는 것 같아요. 자꾸 소비하며 시간을 보내니까 오히려 시간을 죽이며 사는구나 하는 생각이 들어요."

충만감으로 돌아오는 시간들

앞서 백화점에서 많은 시간을 보내던 장모 씨는 하루하루가 지날수록 공허한 마음을 지울 수 없었다. 그리 필요하지 않은데도 습관처럼 소비를 하고 의미 없이 지나가는 시간들에 허전함을 느끼게 되었다. 그러던 어느 날 지금과는 다른 시간을 보내 보고자 지역신문지에 공고가

된 재활용 매장 봉사활동에 참여하게 되었다. 화려한 백화점과는 달리 너무나 소박한 매장의 모습에 처음에는 실망스러웠지만 그 속에서 봉사하고 있는 사람들의 모습은 모두 밝고 행복하게 보였다.

교육의 일환으로 되살림터라는 장소를 방문하게 된 장 씨는 그 현장을 보고 적지 않은 충격을 받았다. 너무나 많은 옷가지들이 널려 있는 모습, 소비한 옷들이 쓰레기가 되어 일부는 폐기되고 일부는 재순환되는 과정을 보고 자신의 소비가 얼마나 무의미하였는지 깨닫게 되었다. 그리고 지나친 소비가 환경을 파괴할 수 있는 재앙이 될 수도 있다는 생각이 들었다. 교육 후 재활용 매장에서 봉사를 하며 장 씨의 생활은 이전과 많이 달라져 가고 있다. 백화점에서 쇼핑하는 시간이 급격히 줄어들었고 별 의미 없이 시간을 흘려보내는 일이 사라졌으며 재활용 매장에서 알뜰 구매를 즐기고 있다. 의류 소비비용은 이전과 비교했을 때 절반 이하로 줄어들었고, 예산을 세우고 계획을 세우는 소비습관으로 바뀌어가고 있다.

화려했지만 지나간 시간들이 허무하게 느껴진 과거와는 달리 지금은 소박하지만 하루하루의 시간들이 너무나 소중하게 다가오고 있다. 단순히 즐거움만이 아닌 의미를 두는 소비가 행복한 시간으로 다가온다는 것을 깨닫게 되었다.

3) 유행의 색깔 덧칠하기 vs 자신만의 생각 심기

패스트패션 따라하기

회사원 김재희 씨는 18일 옷장을 정리하면서 저절로 한숨이 나왔다. 동대문, 명동에서 4,900원을 주고 산 티셔츠부터 인터넷 쇼핑몰에서 산 9,900원짜리 반바지까지, 한두 번 입고 서랍에 넣어둔 옷이 이렇게 많은 줄 몰랐다.

이 옷들을 어찌할꼬. '싼 맛'에 샀는데 한 번 세탁했더니 후줄근해진 옷도 있고, 3년 동안 꺼내 입지 않아 작아진 옷도 있다. 비싼 옷이면 고쳐 입겠지만 수선비가 더 들 것 같아 그나마 괜찮은 옷만 골라 헌 옷 수거함에 넣고, 나머지는 쓰레기 종량제 봉투에 넣어 버렸다.

(연합뉴스, 2007. 10. 18)

기온이 내려가면서 이제는 긴팔 옷도 필요하고 가벼운 카디건과 재킷 그리고 스카프, 머플러가 필요한 시기가 되었다. 그래서인가 요즘은 멍하게 옷장 속을 보면서 뭘 입을지 한참을 고민한다. 옷장 속은 여름옷이 많으며 정리도 안 된 상태다. 찾아도 잘 보이지 않아 쌓여가는 옷들로 뭘 입어야 할지 복잡하고 아침 출근이 더 바빠지게 되었다.

갑자기 기온이 내려간 날, 카디건을 찾았는데 분명 옷장 속에 수납한 기억이 나는데 정리

못 한 여름옷들이 너무 많아 찾을 수가 없었다. 이리저리 찾다 보니 옷들이 무더기로 쏟아지고 엉망이 되었다. 내 옷장은 이미 블랙홀이 시작되고 있었다. 그동안 옷장 정리를 못 한 이유도 있지만 정리를 못한 사이에 사들인 옷들이 쌓여가고 있는데 그중에는 사지 않아도 되는 옷들이 상당히 많았다.

대부분 작년에 구입한 여름옷들이 많았다. 그 당시만 해도 저렴하고 유행 아이템이라 구입한 옷들이고 올 여름에 입을 거라 생각해 즐겨 입는 옷들만 정리한 옷장에 수납했건만 지금 생각해보니 작년에 싸다고 구입한 옷들을 여름 내내 거의 입지 않았다는 것이다. 특히 패스트패션이 유행하면서 저가의 옷들을 많이 구입했는데 말 그대로 패스트패션이라 올여름에는 어울리지 않는 스타일로 입지 못했다.

패스트패션에 잠시 열광해 작년에 참 많이 구입을 했다. 하지만 올해 거의 입지 못한 이유가 뭘까? 패스트패션은 대부분 시즌 트렌드를 반영한 디자인이라 유행이 지나면 촌스러워진다는 이유와 저가 제품이라 소재나 질이 다소 떨어져 오래 입을 수 없다는 것이다. 싸다고 무심코 산 옷들 그리고 여름옷과 가을옷이 뒤섞여 내 옷장은 마치 블랙홀처럼 옷들을 찾기도 구별하기도 힘들며 폭식과 소화불량으로 불룩 나온 난감한 옷장이 되었다. 저렴하다고 소비를 부추기는 유행 아이템으로 허접한 옷들을 모으는 습관이 외출준비를 더디게 하며 입을 옷이 없다고 푸념만 생기게 하는 것 같다.

(버섯돌이 세상, 2010. 9. 28)

20년은 써야 명품이죠!

15년 된 빈폴 카디건, 21년 입은 버버리 코트와 머플러, 24년 전 큰마음 먹고 샀던 루이비통 핸드백. 박모 씨는 이제 30세 딸과 함께 이 물건들을 쓴다. 이 모녀에겐 산 지 10년 이하 된 제품은 '신상' 이다. 모녀가 패션에 쓰는 비용은 두 사람 합해 연 150만 원 미만. 서로 선물로 주고받는 물건까지 합해도 그 정도다. 그래도 모녀는 어디 가면 '부잣집 마나님' '패션리더' 소리를 듣는다. 비결은 하나를 사도 좋은 것을 사고, 여럿이 함께 쓰고, 잘 관리하는 데에 있었다.

"코트나 점퍼는 최근 5년간 새로 산 게 없어요. 유행하는 새 옷을 사고 싶을 땐 한 번만 꾹 참아요. 그러다 보니 충동구매가 줄더군요." 박 씨는 "꼭 필요한 건 아이템별로 딱 하나씩만 산다."고 말했다. 특히 기본에 충실한 디자인을 선호한다. 이런 제품은 유행을 타지 않아 관리만 잘하면 얼마든지 오래 입을 수 있기 때문이다. 유행은 브로치나 스카프, 일부 리폼으로 따라잡는다. 그렇다고 소위 '명품 디자인'만 선호하지도 않는다. 모녀는 대신 하나를 사도 내게 어울리고 오래 쓸 수 있는 제품을 고른다. 가격을 떠나 이 모녀에겐 '한 20년 쓸 수 있는 게 명품'이다. 카디건은 보풀이 많이 일어 오래 못 입는 패션 아이템 중 하나다. 하지만 박 씨 모녀는 15년 전 18만 원에 산 빈폴 카디건을 지금도 온 가족이 돌려가며 입는다. 그동안 딱 두 번 매장에 들고 가 보풀을 제거했다.

옷가지 수가 많지 않은데도 이들 모녀가 '패션리더'로 불리는 데엔 또 다른 비결이 있다. 비슷한 체형의 가족, 친지끼리 옷을 돌려 입는 것이다. "딸과 체형이 비슷해서 청바지 빼고는 거의 같이 입어요. 어느 땐 전날 미리 옷을 찜해 놔야 해요. 안 그러면 딸이 먼저 입고 가버리거든요. 딸과 옷도 가방도 같이 쓰면서 대화가 늘었어요. 이젠 자매지간 같아요."

박 씨는 딸뿐 아니라 자신의 언니, 동생과도 1~2년에 한 번씩 서로 옷을 바꿔가며 입는다. "코트 같은 건 하나로 몇 년씩 입으면 싫증이 나거든요. 그렇다고 해마다 새로 살 수도 없고요. 다섯 자매가 옷을 돌려 입으니 새 옷 입는 기분이에요. 입다가 다른 사람을 줄 생각을 하니, 옷 관리도 더욱 신경 쓰고요."

(머니투데이, 2009. 10. 29)

유행은 내가 만드는 거죠!!

정모 씨는 나름 자신의 스타일을 가지고 있는 자신감 있는 주부이다. 유행하는 트렌드에는 별 관심이 없고 평소 자신이 좋아하거나 자기에게 잘 어울린다고 생각하는 스타일의 옷을 주로 구매한다. 무난한 컬러인 흰색, 회색, 검은색, 베이지색을 주로 좋아하고, 디자인도 기본 스타일을 선호한다. 튀는 색감과 디자인은 선택하지 않는다. 유행하는 스타일은 때가 지나면 잘 입지 않게 되어 사지 않는 편이다. 그리고 무엇보다 옷의 재질을 중요하게 생각한다. 합성섬유보다는 가능하면 천연섬유 소재로 구매를 한다. 몸에 닿는 느낌도 좋을 뿐 아니라 환경적으로도 합성섬유가 가지는 폐해를 들어왔기 때문이다.

정모 씨는 옷을 구매할 때 아울렛 매장이나 보세점 또는 벼룩시장 등을 잘 활용한다. 특히 벼룩시장에서는 조금만 주의 깊게 잘 고르면 마음에 드는 제품을 아주 좋은 가격에 살 수 있기 때문이다. 지난번 아이 학교에서 개최된 벼룩시장에서는 흰색 티셔츠와 검정색 남방을 각각 1000원에 구매하여 너무 잘 입고 있다. 또한 여름용 구두도 500원에 구매하여 편하게 잘 활용하고 있다. 그리고 지난겨울에는 '아름다운가게'에서 베이지색 코트를 구매했는데 기본 스타일이라 유행과는 상관없이 오래도록 입을 수 있고, 재질도 좋아 손질을 하고 나니 근사해 보였다. 가끔은 스스로 만들어 입기도 한다. 몇 년 전 여성복지회관에서 무료로 봉제기술을 배운 후로는 아주 쓰임새 있게 잘 활용하고 있다.

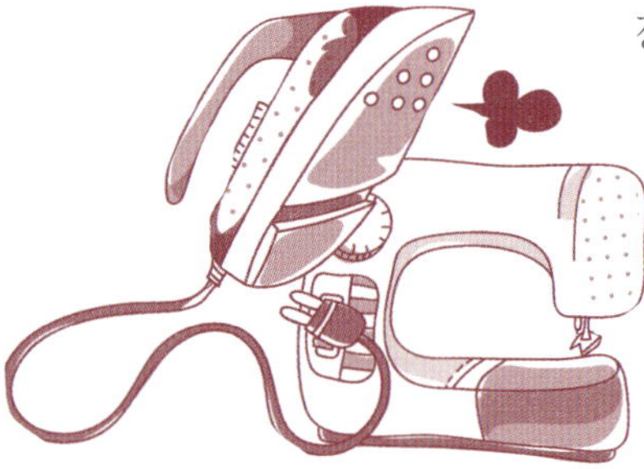

정모 씨는 옷 손질에 있어서도 정성을 기울인다. 세탁소는 잘 활용하지 않고 본인이 직접 시간을 투자하여 보풀도 자주 제거해 주고, 단정하게 정리하고 다림질하며, 울샴푸를 이용하여 손질한다. 손질만 잘 해도 옷의 스타일이 살아나고 예뻐 보이며, 무엇보다 오래 입을 수 있어 필요 없는 구매는 하지 않게 된다고 한다. 그렇다 보니 구매한 옷을 보통 5년 이상 입으며, 코트류는 20년 이상이 된 경우도 있다. 실용을 추구하는 정 씨의 옷장은 화려하지 않지만 깔끔하게 정리가 되어 있어 쉽게 옷을 찾을 수 있고 그만의 자신감이 느껴지는 공간이다.

4) 생각 없는 버리기 vs 의미 있는 되살리기

익숙해진, 생각 없는 버리기 (귀찮은데… 그냥 버려요)

계절이 바뀔 때마다 주부 오모 씨는 늘 하는 일이 있다. 아이들의 옷장을 열어 이미 작아져 버린 옷을 정리하고, 자신과 남편의 옷장에서는 바래거나 유행이 지나 볼품없어진 옷가지들을 찾아 꺼내는 작업을 한다. 요즘 부쩍 커 버린 아이들은 한 철도 입지 못하는 경우가 늘어가고, 자신도 자꾸만 늘어가는 체중에 옷들이 점점 작아지고 있는 상황이다. 이래저래 옷을 정리하다 보면 어느새 방 안 가득 옷으로 차게 되고, 이 많은 옷들이 어떻게 옷장 안에 다 들어가 있었나 싶은 생각이 들 정도이다.

작년에 꽤 비싸게 주고 산 아이들 바지와 스웨터를 만지며 오 씨는 잠시 주위의 아는 조카, 친구의 아이들을 떠올려 보기도 했지만 이내 고개를 흔들며 익숙한 동작으로 옷더미 속에 던

버려지는 많은 옷들

져 버린다. 주는 것을 좋아할지도 모르는 일이고, 그걸 일일이 전화해서 물어 보려고 하니 그것도 여간 귀찮은 일이 아니기 때문이다. 가져다주거나 가지러 와야 하고, 주기 전에 또 깨끗이 손질해야 하고……. 늘 그러하듯 버리는 것이 가장 최선이다 생각을 하며 여러 옷가지들을 모아 폐기하는 봉투에 집어넣는다.

오 씨는 주위 친구들이 올린 블로그 속 리폼 이야기를 보며, TV 속에서 보이는 넉넉지 못한 사람들의 모습들을 보며, 그리고 아이들의 동화책 속에 나오는 환경을 사랑하는 방법을 함께 읽으며 더러는 폐기가 아닌 다른 방법을 생각해 보면 어떨까 싶기도 하지만 그 순간은 그리 오래 가지 못한다. 필요하지 않아 버리는 일은 너무나 편리하고 익숙해진 행동이 되었기 때문에 이제는 잘못되었다는 생각조차 들지 않게 한다.

오 씨의 모습이 지금 우리의 자화상은 아닐까?

의미 있는 되살리기: 기증하며 행복한 삶

궂은 날씨에도 몇 개의 상자 꾸러미를 가지고 '아름다운가게' 를 찾은 최유남 주부.

"일 년에 몇 번씩 이곳에 기증을 해요. 물론 물건을 사기도 하고요. 오늘은 집안 정리하면서 나온 액세서리, 의류, 콩나물 재배기를 가지고 왔어요. 지인들의 물품도 같이 모아서 가지고 오기도 해요. 사실 일반인들은 기부를 따로 하기가 힘들잖아요. 아이 손잡고 와서 기부하는 모습 보여주면 그게 교육이라고 생각해요. 또 택배로 기증을 하면 스티커를 받는데, 냉장고에 붙여 놓으니 볼 때마다 뿌듯한 마음이 들고, 기부한다는 생각을 하는 것 자체가 기분을 좋게 하죠. 주부의 입장에서 이런 곳들이 더욱 많아졌으면 좋겠어요."

(내일신문, 2010. 3. 15)

'아름다운가게' 에서 활동천사로 봉사하고 있는 송모 씨는 기증하는 천사님으로도 불린다. 정기적으로 집 안을 정리하며 필요하다 싶은 물건과 옷가지들은 깨끗이 손질하여 '아름다운가게' 에 기증을 하기 때문이다. 심지어 아파트 주위에 다른 사람들이 버리려고 내어 놓은 물건과 옷들도 가지고 와 다시 손질을 하여 기증을 한다. 그에게 있어 못 입게 된 옷들은 버려야 할 대상이 아니라 다시 사용 가능한 주인을 찾아 가는 새로운 옷으로 인식된다. "한 가지 물건이 얼마나 많은 기쁨을 주고 다양한 쓰임새를 주는지 몰라요. 모든 물건들도 맞는 주인을 만나면 다 쓰임새가 있기 마련이거든요."라며 자꾸만 짧아지고 버려지는 물건에 안타까움을 나타낸다.

송 씨는 아이들 옷부터 주위 분들의 옷, 여러 가지 다양한 물건들까지 하나하나 챙겨 일일가게를 개최하기도 하였다. 처음 기증을 할 때

는 과연 누가 필요로 할까? 누가 사가지고 갈까? 하는 의문이 들었지만 경험을 직접 하고 나서는 그런 우려들이 깨끗이 사라졌다고 한다. 신기하게도 기증된 옷가지들은 새로운 주인을 찾게 되고 자신이 기증하여 진열된 옷이 주인을 만나게 될 때 더 없이 행복하고 기분이 좋아진다. 그래서 자신감 있게 일일가게를 개최하였고 그 행복은 현장에서 바로 느낄 수 있었다.

송 씨의 바람은 더 많은 사람들이 쉽게 버리지 말고 수고스럽지만 조금만 정성을 들여서 기증의 기쁨을 느낄 수 있기를 바라고 있다. "사람들이 옷을 살 때는 많이 고민하고 생각하잖아요. 그것처럼 처리할 때도 어떻게 하면 좋을지 한 번만 더 고민하고 생각을 했으면 좋겠어요."

지금까지의 서로 상반된 소비행동을 하고 있는 비교 사례들을 통해 행복한 옷 입기가 어떻게 이루어지는지를 생각해 볼 수 있다. 많은 옷을 소유하고 있으며 계속적으로 소비를 하고 있지만 늘 부족함과 공허함 속에서 행복을 찾기 힘든 사례와 물질적으로 풍요하지 않지만 소박한 소비를 하며 옷장의 빈 공간 속에서 편안함과 행복을 발견한 사례. 쇼핑의 몰입이 즐겁지만은 않은 사례와 화려한 백화점에서의 쇼핑시간보다 재활용매장에서의 구매가 더 행복한 사례들. 패스트패션에 열광하면서도 비실용적인 피로감을 호소하는 사례와 자신만의 스타일에 맞는 구매를 하며 자신감과 행복감이 넘치는 사례들. 마지막으로 귀찮아서 옷을 버리는 사례와 손질하고 기증하고 리폼하며 새로운 행복에 눈을 뜨면서 만족감을 드러내는 사례.

사례들이 전하는 공통적인 메시지는 '물질적인 풍요'가 '마음의 풍요'로 연결되는 것은 아니며, 그것이 곧 행복은 아니라는 것이다. 오히려 물질적이고 금전적인 추종과 풍요는 물질에 대한 결핍을 재촉하고 더한 소유욕을 자극함으로써 공허함과 불행을 느끼게 하고 있음을 알 수 있다. 이와는 달리 절제와 소박함, 봉사와 배려, 창의로운 변화는 인간의 관계성을 회복하게 하고 정신적인 건강함과 함께 물질의 소중함을 일깨워 줌으로써 행복을 느끼게 한다. 옷장의 빈 공간, 재활용매장, 오래된 정든 옷, 리폼 된 옷, 기증하는 손길에서 행복은 발견되었다.

억제할 수 없는 소유욕을 마음에서 놓는 순간, 물질에 얽매이지 않는 진정한 마음의 풍요를 느끼며 행복이 시작되는 것이다. 그리고 단지 소비하며 보내는 시간이 아닌 보다 가치 있고 의미 있는 시간을 보내는 행복의 과정을 통해 자신과 타인, 자신과 사회, 자신과 환경을 고려하는 행복한 이로 성장한다. 이러한 행복은 또 다시 인간이 행하는 기증

소비문화
더 들여다보기 3-1

리사이클링 디자이너, 윤진선이 말하는 슬로패션의 진정한 의미 –패스트패션은 지갑을 열고, 슬로패션은 마음을 연다

리블랭크(REBLANK)의 디자이너 윤진선 씨는 얼마 전까지지도 패스트패션의 한가운데에 있었다. 그러던 중 그는 리사이클 관련 프로젝트를 진행하면서 전환점을 맞아 리사이클링 패션으로 전환해 지금은 슬로패션의 대표주자가 되었다. 에코파티메아리의 런칭 멤버인 윤진선 씨는 "시간이 지날수록 패스트패션의 의미 없는 속도 경쟁에 허탈감을 느꼈다. 다양성을 찾기 힘든 한국의 패션계에 대한 깊은 회의감마저 들어 지쳐갔다."고 지난날을 회고한다. 너무 낡거나 못 쓰게 된 물건에 다시 생명을 불어넣는 리사이클링 패션을 하면서 다시 활기를 찾았다는 디자이너 윤진선 씨에게 진정한 슬로패션의 의미에 대해 알아보자.

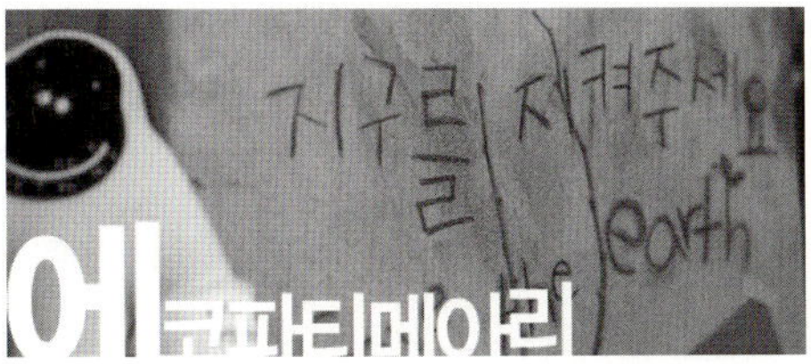

Q. 슬로패션을 하는 데 있어서 먼저 고려하는 점은?

패스트패션은 지갑을 여는 것이 목적이라고 한다면 슬로패션은 마음을 여는 패션이다. 환경을 존중하는 재료를 사용했는가, 진정한 개성을 표현했는가, 작업과정과 제작물에 의미를 담았는가를 고려한 패션이다. 더불어 환경을 고려하는 사명감 있는 자세와 거쳐야 할 과정을 다 밟아나가는 것, 즉 적당한 속도로 작업이 이루어졌는가가 디자인 과정에서 중요하다.

Q. 리사이클링 패션은 무엇인가?

의류, 소파가죽, 현수막, 신문, 잡지 등 이미 사용했던 사물을 재료화, 원단화해서 의류, 가방, 액세서리 등 새로운 패션 아이템을 만들어 내는 것이다. 리사이클링 패션은 환경을 존중한 재료를 사용한다는 점에서 그동안은 에코디자인으로 불렸다. 디자이너의 책임 있는 태도가 요구되는데 디자인을 할 때도 작업과정에서 제2의 쓰레기가 생기지 않을까를 우려할 정도다. 그리고 핸드메이드에 가까운 제작과정과 사용자의 정신적인 면까지 고려하기 때문에 슬로패션의 의미를 가질 수 있다. 현재 우리나라에는 '아름다운가게', '에코파티메아리', 쌈지의 '고맙습니다' 등이 있다.

Q. 우리나라에서 리사이클링 패션에 대한 이미지와 어려운 점은 무엇인가?

두 가지 상반된 반응이 있다. 하나는 누가 입었던 재료를 사용하는 것에 대한 거부감이고, 또 하나는 유일함에 대한 만족감이다. 어려운 점은 모든 디자인을 일일이 해야 하기 때문에 작업시간이 매우 오래 걸린다는 것이다. 하지만 그것이 곧 리사이클 작업의 가치를 높이는 결과로 이어지기 때문에 즐겁기도 하다.

Q. 추구하고 있는 리사이클링 패션은?

리사이클 작업을 하면서 개념으로만 알고 있던 '순환'을 매일 체험하고 있다. 순환은 일상의 자연스러운 흐름 속에 있다는 것을 알았고 그 속에는 의외로 나름의 일정함이 존재하고 있다. 재료를 얻는 과정에서부터 옷을 만들고 사람들에게 입히기까지 그 흐름을 방해하고 싶지 않다. 옷을 통해 시간의 흐름이 이루어낸 아름다움을 표현하는 것이 추구하는 바다.

(레이디경향, 2009. 11)

과 기부라는 아름다운 행동을 통해 보다 가치 있는 것으로 승화된다. 어느 한 지점에서 머무르지 않는 흐르는 물처럼 우리의 옷 소비 또한 인간에서 인간으로, 인간에서 자연으로 순환될 때 행복의 풍요는 더욱 커지기 때문이다.

3 행복한 소비문화 만들기

앞서 현대인의 입는 소비문화의 문제점을 알아보고, 여러 사례들을 살펴봄으로써 행복한 옷 입기에 대한 요구와 필요성을 알 수 있게 되었다. 이 절에서는 소비자의 실천적인 행복 만들기를 위해 요구되는 인식의 변화와 함께 행복을 찾아가는 다양한 방법과 활동들을 제안해 보고자 한다. 자신과 타인 그리고 우리 모두를 위해, 현재뿐 아니라 미래를 위해 행복한 첫걸음을 내딛어 보도록 하자.

1) 나를 찾아가는 옷과의 새로운 관계 만들기

급변하는 유행을 따라 끊임없이 소비를 추구하는 현대인들은 물질적인 소유의 기쁨을 느끼기도 하지만 때로는 지나친 물질적 소비행태에 피로감을 느끼기도 한다. 옷과의 관계에서 주체적인 자아를 상실하고 방황할 때 소비자들은 공허함과 허전함을 느끼고 있음을 사례를 통해서도 알 수 있었다. 사례 속 소비자들은 많은 옷을 가지고 빠른 유행의 변화를 받아들이고 있지만 올바른 자아관을 상실한 채 늘 갈증이 나고 부족함을 느끼며 공허함을 호소하였다. 이와 달리 옷에 대한 자신의 생각과 의지를 가지고 적정의 소비를 하며 옷과의 새로운 관계를 구축하면서 새로운 행복을 느끼고 있는 사례들도 나타나고 있다. 화려한 옷에 자신을 맞추고자 하면 할수록 물질인 옷이 중심이 되고 자아는 서서히 관계성에서 이탈되어 소비자들은 보이지 않는 방황을 하게 되는 것이다. 온전히 자아와 옷이 합치되지 못할 때 옷은 자아를 반영하지 못하는 하나의 물질에 불과하며, 분리된 자아는 의미를 잃어버리며 또 다른 물질을 끊임없이 찾아 헤매게 된다.

이러한 관계성 회복을 위해 탈물질주의라는 측면이 제시되고 있는데, 탈물질주의란 단순히 '물질'에서 벗어나는 것만을 의미하지 않는다. 그것은 물질주의라는 '물질, 물건'에 홀린 듯한 비정상적인 관계를 대신할 수 있는 인간과 물질 사이의 새로운 정상적인 관계를 의미한다. 이러한 상태를 '진(眞)물질주의'라고 언급하는데 진물질주의적인 태도는 다음과 같은 특징을 지닌다.

우선 물건의 질을 고집하고 물건을 재활용한다. 그리고 물건의 전체 상태를 고려하여 그 조합과 배치에 신경을 쓰며, 물건이 사회적인 관계를 깨뜨리지 않도록 신경을 쓴다. 또한 물건과 자연과의 관계를 중요시한다. 진물질주의는 '물건과 자연, 타자와 자기 자신이 양호한 관계를 유지하고 있을 때야말로 행복이 실현된다.'고 보는 입장이다. 말하자면 나와 물건과의 관계 속에는 사실은 나와 자연(soil), 나와 사회(society), 그리고 나와 나 자신(soul)과의 관계가 얽혀 있는 것이다. 이제까지는 내가 그 물건이 마음에 들어 그것을 자신의 것으로 만들기만 하면 행복하다고 생각했지만, 사실은 나와 물건과의 관계 속에 포함되어 있는 세 가지가 모두 잘 연결되어 있어야만 진정으로 행복하다는 것이다(쓰지 신이치, 2009).

즉, 자신의 행복과 사회적 책임이 일치될 때 소비의 행복은 극대화된다고 볼 수 있다. 이를 위해서는 무엇보다 개인적인 자율 통제력이 수반되어야 하며 소비에 대한 내적인 철학을 가지고 있어야 할 것이다. 옷을 소비하더라도 자기만의 소신과 철학을 바탕으로 사회와의 조화를 이루어 간다면 사람들은 옷과 자신과의 관계에서, 옷과 사회와의 관계에서 행복을 느낄 수 있기 때문이다.

"무엇을 입을까 고민할 필요도 없고 옷 하나하나가 나와 함께할 수 있는 좋은 친구같이 느껴지네요. 친구는 오래될수록 좋잖아요."라는 사례 속의 말에서 옷과의 관계를 엿

이렇게 해보세요 3-1

옷 사기 전 이것만은 꼭 체크해 보세요

☑ 사려는 옷이 꼭 필요한지 고민하기
☑ 비슷한 옷을 갖고 있지 않은지 생각해 보기
☑ 이 옷을 사면 안 입게 되는 옷이 생기지 않는지 살펴보기
☑ 가능한 한 물세탁 할 수 있는 옷 고르기

(연합뉴스, 2007. 10. 18)

볼 수 있다. 탐닉과 소유의 대상이었던 옷이 이제는 함께하고자 하는 좋은 친구 관계를 형성하게 된 것이다. 친구는 자연스러우며, 소중하여 오래도록 간직하는 대상으로 우리는 친구인 옷을 통해 진정한 삶의 행복과 기쁨을 공유하기도 한다. 새로운 관계를 찾아간 사례에서 현대인의 새로운 해답을 찾을 수 있지 않을까?

2) 따라쟁이가 아닌 창조자로

〈소비문화 더 들여다보기 3-1〉에서의 리사이클링 디자이너 윤진선 씨는 "패스트패션은 지갑을 열고, 슬로패션은 마음을 연다."라고 언급하였다. 남들처럼 동조하지 않고 자기만의 패션을 만들어가는 소비자들은 비록 빨리 유행을 따라가지는 못하지만 천천히 느린 걸음으로 자연과 친화하며 새로운 옷 문화를 창조해가는 행복을 느낄 수 있다.

슬로패션의 '느리게 사는 삶'은 '의미 있는 일들을 하기 위한 시간을 남겨 놓으려는 움직임'이면서 '가족과 사회관계에서 대안적 행위들을 만들어내는 것'으로 풀이할 수 있다. 다시 말해, 물질이나 기술이 아닌 한 사람 한 사람이 주체로 서서 일상을 기획하는 시도인 것이다. 가장 대표적인 슬로라이프는 자동차나 기계에 의존하지 않고 몸을 움직여 자기 나름의 리듬을 찾는 것을 꼽을 수 있다. 그중에서도 으뜸이 되는 것이 걷기이다. 쓰지 신이치는 '산책을 회복하는 일'이야말로 슬로라이프의 첫걸음이라고 말한다. 산책을 하면서 사람들을 만나는 일, 때로는 길을 헤매거나 샛길을 따라가는 와중에 합리성으로 이름 붙여진 것들을 되묻고, 자유와 해방을 경험할 수 있게 된다는 것이다. 이처럼 입는 소비에서도 유행에 맞추어 구매하고 버리고 다시 구매하는 패턴에 의존하지 않고 직접 몸을 움직여 자신만의 옷을 만들며 천의 촉감을 느껴 보고, 대상을 생각하고 환경을 고려하며 외부에 얽매이지 않는 진정한 자유로움을 느껴 보는 슬로패션이 떠오른다.

리폼 의류

슬로패션은 조금 유행에 뒤쳐진 옷

이렇게 해보세요 3-2

구제 쇼핑 노트

온라인

구제가게닷컴(www.9zegage.com)
2002년 오픈한 구제 쇼핑몰의 대표격. 감각적인 가방과 흔치 않은 디자인의 소품, 옷이 많아 눈요기만 해도 즐겁다. 사이즈는 55가 많지만 더러 큰 사이즈도 눈에 띈다. 사진과 상세 정보까지 꼼꼼히 살펴본 후 구입하는 것이 좋다.

라온힐즈(www.laonhills.co.kr)
라온힐즈는 '이른 아침'이란 뜻의 우리말이다. 세상에 단 하나밖에 없는 옷을 찾는 이들에게 추천한다. 구제를 그대로 판매하는 '빈티지'와 감각적으로 리폼한 독특한 의상이 멋쟁이들의 시선을 끈다.

트윈즈스토리(www.twinsstory.com)
쌍둥이 자매가 운영하는 쇼핑몰. 구제와 함께 신상품도 취급한다. 가격이 저렴하고 구제의 경우 정장 아이템과 세트로 판매하는 옷들이 많아 커리어우먼이나 코디에 자신이 없는 이들에게 추천할 만하다.

오프라인

신흥 · 오성상가
종로5가 광장시장 내에 있는 구제 전문 상가. 찾기가 만만치 않으므로 시장에서 '구제 옷 파는 곳'이 어디인지 물어 보면 된다. 도매, 소매를 동시에 취급한다. 2층은 세련되고 정리된 느낌이 나지만 상대적으로 가격이 더 비싸다. 3층은 켜켜이 쌓인 물품들을 찾아보는 재미가 쏠쏠하다. 흥정이 가능하니 상태를 잘 살펴보고 깎을 수 있다.

아름다운가게(beautifulstore.org)
전국 곳곳에 매장이 있어 접근이 쉽고 물품의 회전도 빠른 편이다. 주로 중가 브랜드나 보세가 많고, 새 상품도 더러 눈에 띈다. 압구정점에서는 저렴한 가격에 명품까지 쇼핑할 수 있다. 수익은 저소득층에 지원한다.

이라도 옷장에 넣어두기보다는 멋지게 수선해서 자기만의 패션을 창조하며 행복을 찾아가는 것이다. 만들어진 유행의 패턴을 따라가기보다는 느리지만 직접 하나하나 창조하며 만들어가는 행동은 개인적인 만족뿐 아니라 환경적, 공동체적, 미래지향적인 희망을 주는 기쁨이자 아름다움이다.

슬로패션의 대표적인 리폼은 여러 계층에서 다양하게 이루어지고 있다. 블로그나 카

이렇게 해보세요 3-3

재활용 패션 구매해 볼까요?

버려진 것에 새 생명을 불어넣는 패션 아이템을 구매하면 어떨까? 환경까지 고려하는 개성만점 소비자가 되어 보자.

에코파티메아리: 버려지는 쓰레기는 없다

에코파티메아리(www.mearry.com)는 국내 1호 재활용 패션기업답게 재활용 재료를 이용한 다양한 제품을 만날 수 있다. 현수막 가방은 물론 헌 옷으로 만든 인형과 가방, 천갈이 소파가죽으로 만든 지갑·휴대전화걸이·열쇠고리, 안전벨트로 만든 필통, 신문용지로 만든 연필, 쪼가리 종이로 만든 노트, 지퍼와 넥타이로 만든 머리띠 등 종류가 다양하다.

리블뱅크: 헌 옷을 새로운 디자인으로 탈바꿈

지난 2008년 설립 이후 헌 옷, 버려진 소파가죽 등을 이용해 '신제품 의류'를 만들고 있다. 헌 옷을 단순히 리폼한 것이 아니라 헌 옷을 재료로 해서 완전히 새로운 디자인의 제품을 만들어 패션 중심지인 명동과 압구정동, 신사동의 셀렉트숍에서 리블뱅크 브랜드를 달고 판매된다. 제품의 재료인 헌 옷은 주로 '아름다운가게'를 통해 공급받고, 가죽은 천갈이 소파업체를 통해 입수한다.

터치포굿: 버려진 현수막의 재탄생

터치포굿(www.touch4good.com)은 길거리에 널린 현수막과 지하철역사 벽에 걸린 광고판을 이용해 가방, 지갑 등을 만드는 소셜 벤처다. 터치포굿에서는 리사이클링이 아니라 원래보다 더 가치 있는 쓰임으로 거듭나게 하는 업사이클링(UP-cycling)을 하고 있다고 강조한다. 보통 현수막 한 장이면 보조가방 6개를 만들 수 있다.

페를 통해 리폼 정보를 공유하며 구체적인 활동과정을 제시함으로써 상호 간에 긍정적인 영향을 끼치고 있다. 또한 직접적인 리폼이 부담스러운 소비자는 리폼 및 재활용 전문 사이트나 상점을 방문하여 리디자인(re-design)된 제품을 구매함으로써 기쁨을 느끼기도 한다. 소비자 스스로 옷을 리폼하는 경우는 개인적인 옷뿐 아니라 가족, 특히 아동복에서 많이 나타나고 있는데, 아동의 옷은 성인의 옷으로 충분히 리폼 가능하고, 디자인과 변형이 상대적으로 쉽기 때문이다. 또한 부모가 아동의 옷을 리폼해 줄 때 옷을 매개로 한 부모와 자녀 간의 유대관계는 그 이상으로 친근해지며 보다 교육적인 효과도 충분히 가능하다.

이렇게 해보세요 3-4

헌 옷의 화려한 변신, 리폼 공유 노트!

봉틀이홈(http://cafe.naver.com/singer79)
2007년 9월 29일 개설, 회원 34,061명. 옷을 만들 수 있는 여러 가지 방법들을 기본메뉴로 하고, 옷을 만드는 방법을 통해 리폼 또한 스스로 할 수 있는 정보들을 게재하고 있다. 또한 무료나눔과 물물교환이라는 메뉴를 통해 카페회원들이 가지고 있는 옷을 포함한 여러 물품들을 자유롭게 나누고 교환할 수 있도록 하고 있다.

동건짱봉틀세상(http://cafe.naver.com/lovejungcy)
2007년 3월 2일 개설, 회원 38,462명. 옷을 만드는 방법 메뉴가 기본이며 이러한 기술을 통해 옷을 리폼할 수 있도록 정보를 공유하고 나누는 카페이다.

미싱으로 옷 만들기(http://cafe.naver.com/ggong2)
2005년 12월 11일 개설, 회원 89,920명. 회원들이 옷 제작과 리폼에 대해 스스로 질문하고 답을 얻도록 되어 있다.

@오꼬매까(http://cafe447.daum.net/Reformworld)
2006년 5월 28일에 개설, 회원수 952명. 리폼을 전문적으로 다루는 카페로 리폼에 대한 정보만으로 이루어져 있다. 리폼을 할 수 있도록 재봉기술에 대한 기초적인 설명이 있는 메뉴를 기본으로 하여 회원들에게 여러 가지 실제 자료와 기사들을 제공하고 있다.

3) 환경을 생각하는 윤리적 소비로

100% 유기농 면으로 만든 티셔츠, 누에고치의 단백질로 만든 골프바지, 쐐기풀로 만든 앞치마, 콩섬유로 만든 실크에 옥수수로 만든 속옷. 여기에 제시된 것은 음식 이름이 아니라 피부 자극이 없는 천연소재를 사용한 일명 '에코패션(Eco Fashion)'이다.

에코패션은 에콜로지 패션(Ecology Fashion)의 줄임말. 말 그대로 '생태계를 배려한 패션'이다. 2007년 영국 디자이너 아냐 힌드마치가 천 가방에 'I'm Not A Plastic Bag(나는 플라스틱 가방이 아닙니다).'이라는 문구를 새겨 한정 판매한 게 도화선이 됐다. 환경오염의 주범인 비닐봉지가 아닌 면 소재 가방을 들고 다녀 환경보호에 앞장선다는 의미다. 이에 발맞추어 이탈리아 브랜드 베네통도 '녹색은 나의 신앙(Green is my religion)'이라는 문구가 새긴 천으로 만든 가방을 출시하고 수익금을 환경재단의 지구온난화센터에 기부했다. 에코백에 이어 많은 브랜드는 유기농 면을 사용한 티셔츠와 속옷 등을 만들어 냈는데, 유기농 면은 재배과정에서 화학비료나 농약을 사용하지 않는 친환경 소재이다(사이언스 리뷰, 2009).

천연섬유는 인류 문명과 함께 우리의 몸을 보호하는 피부막과 같은 역할을 해왔다. 그런데 1935년 미국의 화학자 월러스 캐러더스가 최초의 합섬섬유인 나일론을 발명하고, 그 후 폴리에스테르와 아크릴 등 10여 종류의 새로운 합성섬유가 개발되면서 생산량 자리를 추월당했다. 하지만 2000년 이후 '로하스' 웰빙 운동으로 합성섬유에 밀렸던 천연섬유가 다시 도약의 길에 올랐다. 웰빙이 개인이 잘 먹고 잘 사는 개념이라면 자신만의 웰빙 한계를 넘어 동시대를 살고 있는 이웃, 사회, 더 나아가 후손까지 더불어 잘 먹고 잘 살자는 방식이 로하스 운동이다.

그렇다면 천연섬유를 패션 아이템으로 선택한 이유가 로하스 웰빙 때문일까. 그것도 하나의 이유지만, 패션의 유행주기가 짧아져 빨리 입고 빨리 버리는 패스트패션(fast fashion)이 폭발적 인기를 얻으면서 환경문제의 심각성이 나타났기 때문이다. 한 철이면 생명이 끝나 소각장으로 수거되는 합성섬유 옷은 땅속에 묻을 경우 자연 분해되지 않아 태울 수밖에 없다. 이때 뿜어나오는 엄청난 양의 이산화탄소는 온난화를 가속시킨다. 하지만 천연섬유는 땅속에 묻혔을 때 자연적으로 분해될 뿐 아니라 재배과정에서도 대기에 존재하는 이산화탄소를 흡수하고 산소를 배출하므로 지구 온난화를 막는 데 일조한다. 예를 들어, 옥수수로 만든 새로운 섬유 '인지오'는 땅에 묻으면 90일 후 썩어 자연으로 돌아간다.

2000년 이후 지금까지 천연섬유 생산량은 매년 3.5%씩 높아지고 있다. 이러한 천연섬유의 붐이 단발성 캠페인에 그치지 않기 위해서는 단순히 예쁜 것에만 치중하며 유행을 따라가는 대신 천연섬유를 이용한 실용적 에코패션을 소비하는 행동의 전환이 필요하다. 유엔 또한 합성섬유 대신 콩, 대나무, 면, 마 등과 같은 천연섬유의 사용을 적극 권장하고 있다. 먹을거리의 고민에서 출발해 패션계로 폭을 넓힌 환경운동. 이제 단순한 패션이 아닌 사회적 책임감이 결부된 지구를 살리는 패션, 얼마나 더 팔 것인가가 아닌 어떤 원료로 어떻게 생산할지를 고민해야 할 때이다(사이언스 리뷰, 2009).

또 다른 윤리적 소비의 하나인, 1990년대에 시작된 '깨끗한 옷 입기(Clean Clothes)'

캠페인은 범유럽 차원의 착취 공장 반대 운동이다. 의류, 특히 스포츠웨어를 생산하는 다국적 기업들의 노동자 처우를 감시하며, 착취 공장을 운영하는 기업이나 브랜드, 대형 유통매장에 대한 불매운동을 펼쳐 오고 있다. 가장 주력하는 것은 소비자들 스스로 자신의 옷이 '어디에서 와서 어디로 가는지'를 분명하게 인식하도록 교육하고 홍보하는 일이다. 저임금 장시간 노동, 노조권리 억압, 성차별 등을 행한 기업에 의한 것은 아닌지를 면밀히 따진 뒤 관련 정보를 제공하여 윤리적 소비를 돕는 것이다(박지희 외, 2008).

윤리적 소비의 대표적인 실천운동으로 일컬어지는 공정무역(fair trade)이란 다양한 상품의 생산에 관련하여, 여러 지역에서 사회와 환경 표준뿐만 아니라 공정한 가격을 지불하도록 촉진하기 위하여 국제무역의 시장모델에 기초를 두고 조직된 사회 운동이다. 현재 우리나라에는 공정무역에 대해서 많은 관심과 실천적 활동이 이루어지고 있으며, 대표적인 단체로서 (주)페어트레이드코리아, 아름다운가게, 한국공정무역연합, 에코생협, iCOOP 생협연합회, 두레생협, 한국 YMCA연맹, 오르그닷 등이 있다(박미혜 외, 2009).

윤리적 소비는 동물복지와 관련한 의류문제에 대한 고려에까지 관심을 둔다. 이에 대해 가장 빈번하고 큰 문제로서 지적되는 것은 동물의 털, 즉 모피를 이용해 만드는 옷에 대한 거부감과 반대이다. 모피를 생산하기 위해서는 털의 질을 좋게 하기 위하여 잔인한 도살방식을 이용하고, 열악한 사육 장소에서 약물 등을 투약하여 비정상적으로 사육하고 있기 때문이다. 외국에서는 이미 오래 전부터 환경과 동물에 대한 보호차원에서 모피반대 운동이 전 사회적으로 일어나고 있지만, 우리나라는 아직까지는 범사회적인 차원의 운동이라고 보기 어렵다. 하지만 포털사이트 다음에는 모피반대(http://cafe.daum.net/nomopy/) 카페가 운영되고 있으며 많은 동물보호단체들이 협력하여 모피반대 캠페인을 벌이고 있다. 한국동물보호연합은 1999년에 이미 환경운동연합과 연계하여, 세계 최대의 모피 생산과 소비국으로 전락한 우리나라의 현실과 모피산업이 가져오는 생명억압과 생명착취의 현실을 고발하는 퍼포먼스와 대형 백화점 등에서의 가두 캠페인을 전개하였다. 2009년 12월에는 한국동물보호연합과 동물사랑실천연합 등 동물보호단체들이 모여 '모피반대 캠페인 및 퍼포먼스'를 펼치고 모피는 동물들을 위한 옷이며, '잔인한 사치품 모피는 현대인에겐 최악의 의상'임을 알렸다. 동물복지를 고려하는 윤리적 소비는 동물착취를 유발하는 모든 종류의 생산품 소비를 줄여나가는 실천의 한 방식으로서 의미가 있다.

이렇게 해보세요 3-5

공정무역 옷 어때요?

(주)페어트레이드코리아(http://www.fairtradegru.com/)

2007년에 설립된 희망무역 전문 주식회사로, 2008년 3월 페어트레이드 패션 전문 브랜드인 그루[g:ru]를 만들어 면, 울, 마, 실크 등의 자연소재를 사용하여 의류를 제작하고 인터넷을 통해 판매하고 있다. 이러한 친환경적 소재들은 인도 국경에 인접한 아름다운 마을 자나카푸르에서 그곳 주민들에 의해 제작되어 우리나라에 소개 · 판매되는 것이다.

(주)오르그닷(http://orgdot.co.kr/)

2009년 3월에 설립된 오르그닷은 자연과 사람의 아름다운 순환을 디자인하는 사회혁신 기업이라는 모토를 가지고 있다. 친환경적인 소재를 이용하여 의류를 제작하는 것뿐만이 아닌 의류의 기획부터 디자인, 생산, 유통에 이르기까지 모든 과정에 윤리적 가치를 더해 생산자의 가치를 인정하고 소비자의 다양한 선택권을 보장하려는 기업이기 때문이다. 즉, 봉제공장 노동자들에게 공정한 임금을 지급하며, 의류 소재와 기법이 친환경적이고, 이렇게 제작된 친환경적 의류를 소비자가 적절한 가격에 구매할 수 있는 기회를 주게 된다. 2009년 4월에는 Eco 콘셉트 숍인 오르그닷 숍을 오픈하여 소비자들이 직접 물건을 구매할 수 있게 하고, 오르그닷 갤러리도 함께 운영하며 친환경적인 제품을 전시하고 있다.

이렇게 해보세요 3-6

공정무역 패션이 지루하다는 편견을 버리세요

공정무역 패션 브랜드 '그루' 홍보대사로 활동하는 변정수 씨가 직접 그루의 옷을 입고 촬영에 나섰다. 변정수 씨는 "공정무역 옷을 입는 것만으로도 빈곤국가의 여성들과 아동들에게 희망을 주는 '착한 소비'에 동참하는 것"이라고 말하며, "의식 있는 소비자는 절대 경제적으로 여유 있다고 되는 게 아니에요. 한 달에 꼭 한 번, 열 벌 살 때 꼭 한 벌은 착한 패션으로 소비하겠다는 의지가 필요한 거죠. 기부도 처음 하긴 어렵지만, 두 번째는 쉬운 것처럼 윤리적인 패션 소비도 처음이 어렵지 두 번째부터는 가슴이 쭉 펴지고 스스로 당당해지는 즐거움을 누릴 수 있답니다."며 활짝 웃는다.

(한국일보, 2010. 6. 10)

4) 조금 더 행복해지는 방법 알기

인간의 행복에 대한 연구들에서 가장 중요하다고 언급되는 것은 바로 '커뮤니티'이다. 지역 커뮤니티에 자기 자신이 소속되어 있다는 인식이 바로 행복의 열쇠라는 것이다. 반대로 현대인들이 가진 마음의 병과 그에 따른 불행(그 속에는 알코올 의존증, 마약 의존증, 우울증 등이 포함되어 있다.)은 지역 커뮤니티의 붕괴가 한 가지 원인이 된다. 이러한 병을 치유하는 데 가장 효과적인 것이 바로 communal, 즉 사람들이 서로 도우며 살아가는 프로세스에 있다는 사실이 입증되고 있다(쓰지 신이치, 2009).

선행과 행복의 함수관계를 살펴본 연구를 보면, 남을 위해 헌신하는 사람은 그렇지 않은 사람들보다 더 건강하며, 또 그 건강을 유지하는 것으로 나타났다. 원인은 그들이 더 행복하기 때문이다. 버클리의 공공건강대학 더그 오만 교수는 9년 간격으로 캘리포니아주 마린카운티의 노인 2천 명을 대상으로 건강상태와 명예봉사에 관한 설문조사를 실시했다. 그 자신도 골수 자원봉사자인 오만은 통계자료의 첫 분석 결과가 너무나 명백하자 깜짝 놀랐다. 두 가지 이상의 조직에서 자원봉사를 하는 노인 그룹이 봉사를 전혀 하지 않는 그룹보다 63%나 적은 사망률을 보였기 때문이다.

자선단체에서 일하는 자원봉사자들은 남을 돕는 것이 자신들의 삶을 풍요롭게 만들며, 그래서 삶에 더 만족하게 된다고 이야기한다. 베풂이 긍정적인 부수적 효과들을 많이 가져오며, 이것들이 합쳐지면서 개인적 행복감도 더 커진다는 것이다. 조직적으로든 개인적으로든 봉사활동을 하게 되면 타인들과 더 많은 접촉을 해야 하므로 종전보다 사회와의 연결망이 더 밀접해진다. 봉사과정에서 타인들의 어려운 문제에 몰두하다 보면 자신들의 사소한 문제에는 신경 쓸 시간도 별로 없으려니와, 자신을 그토록 짜증나게 만

이렇게 해보세요 3-7

'세상을 바꾸는 아름다운 이름, 활동천사' 모집해요!

☑ **자원봉사 활동분야:** 물품 진열, 청소, 안내 등 시민들의 공익적 구매를 돕는 일
☑ **모집기간:** 연중 수시
☑ **자원봉사 자격:** 지역주민, 학생, 단체(봉사를 원하시는 분이면 누구나 환영)
☑ **봉사 활동시간:** 오전팀: 9:30~14:00, 오후팀: 14:00~18:00

드는 일상의 사소한 사건들이 타인의 진정한 곤경에 비하면 별것 아님을 보게 된다. 또 무언가 의미 있는 일을 하고 있다는 생각과 함께 시간을 전보다 효과적으로 쓰고 있다는 주관적 느낌을 갖게 된다. 사회적으로 헌신하는 자들에게 무료함이란 있을 수 없으며, 자신들의 잠재력을 활용하게 될 뿐만 아니라 새로운 능력도 얻을 수 있다. 더불어 자신을 더 존중하게 되고 자신감도 높아진다. 이 같은 사실에 대해 이미 오래 전에 아리스토텔레스는 행복이 선행 속에 있으며, 행복한 사람은 도덕적인 사람이라고 언급하였다(토마스 람게, 2007).

봉사하며 사는 삶은 그 어떠한 소비보다 더 큰 행복을 가져다줄 것이다. 봉사는 멀리 있는 것이 아니다. 지역의 가까운 의류 관련 봉사기관을 찾아 기증된 옷을 정리, 분류, 진열, 판매하는 작업을 할 수도 있으며, 재활용이나 리폼 봉사를 통해 필요한 이에게 전달하는 것도 가능하다.

봉사하는 삶 외에 옷을 소비하는 과정에서 보다 더 행복해지는 Tip에 대해 살펴보면 다음과 같다.

이렇게 해보세요 3-8

피팅모델 임민희 씨의 '옷 오래 입는 Tip'

"옷을 살 때 한꺼번에 풀 코디로 사지 마세요. 한두 가지 새로운 아이템을 사서 기존의 옷이랑 코디하는 것이 세련되고 경제적이죠." 블랙레깅스와 박스티셔츠에 16년 된 엄마의 부츠를 코디하는 센스만점 임민희 씨. 의류쇼핑몰 켈리코튼을 운영하는 그는 드럼세탁기 대신 일반세탁기를 쓰고 일주일에 한 번 손빨래를 한다.

☑ 세탁설명서를 반드시 따른다. 특히 뉘여서 말리라는 건 꼭 뉘여 말린다. 부득이하게 옷이 늘어났다면 세탁소에서 원상 복구할 수는 있다.
☑ 세제 과다사용은 금물! 세제를 권장량 이상 쓰면 때가 더 빠지는 게 아니라 옷감이 상한다.
☑ 세탁기엔 반드시 세탁망을 사용한다. 옷감이 엉키지 않고 보풀이 생기는 것을 줄일 수 있다.
☑ 세탁기 내부는 정기적으로 청소한다. 분명히 흰 옷만 넣고 세탁했는데도 이물질이 묻어나올 때가 있다. 세탁기 내부의 구멍 사이사이에 이전에 세탁한 옷감의 섬유질이 남아 있기 때문이다.
☑ 모든 샴푸는 울샴푸 대용으로 쓸 수 있다. 갑자기 울샴푸가 떨어졌을 땐 헤어샴푸, 바디샴푸를 이용하자. 린스로 손빨래를 하면 사이즈가 줄어들었던 니트류도 원상 복구할 수 있다.

(머니투데이, 2009. 10. 29)

이렇게 해보세요 3-9

에코 케어 라벨 따라 세탁!

리바이스는 환경보호를 실천하기 위해 2010년 7월부터 환경친화적 케어 라벨이 부착된 제품을 판매한다.

'찬 물로 세탁', '자연건조', '필요 없는 청바지는 기부하세요' 등 제품을 친환경적으로 사후 관리할 수 있는 새로운 방법을 제시한다.

환경을 위한 올바른 세탁습관 방법을 제시하는 환경친화 케어 라벨 부착을 통해 제품의 생명주기를 연장하고 환경오염 방지에 도움이 되는 환경보호 실천방법을 알리고 있다.

이와 함께 버려질 헌 청바지를 모아 쓰레기 소비를 줄이는 포에버 블루 캠페인을 연중 실시하고 있다.

5) 버리기 전 3초만 생각해요

많은 사람들이 가장 손쉽게 취하는 정리의 형태가 바로 버리기이다. 이러한 폐기 행동은 생활 깊숙이 익숙하게 자리 잡고 있어 자원순환의 걸림돌이 되고 있다. 옷을 폐기하는 행동은 일시적인 편리함을 제공할지 모르지만 공동체적이고 거시적인 측면에서 개인적인 손실뿐만 아니라 사회적, 환경적으로 부정적인 결과를 초래하는 경우가 많다. 순환을 통한 물질의 재분배 효과를 축소시켜 옷 소비의 불평등이 가속화되게 하며, 순환의 기회를 박탈당한 옷들은 환경오염의 제공자로 역할이 바뀌게 된다. 이와 같이 소비자에게 일시적이고 단편적인 행복을 주고 쉽게 버려지는 옷은 장기적이고 전체적인 측면에서 아픔이 되어 우리에게 돌아온다. 행복은 순환되지 않고 정체되어 사라지고 그 대가로 환경파괴와 같은 고통과 아픔이 드러난다. 이에 근시안적인 개인의 행복보다 원시안적인 사고로 타인, 사회와 환경을 고려하는 소비행동이 지속적으로 요구되고 있는데 그것이 바로 나눔과 기증이다.

자신의 옷을 정성껏 손질한 후 대안적인 사용처를 찾아 나누고 기증하여 계속적으로 옷의 수명을 늘려가며 서로의 행복을 증가시켜 나가는 것이 타인과 환경을 생각하는 아름다운 행동이다. 사라지는 행복이 아닌 옷과 사람이 만들어 내는 또 다른 행복의 전달과 생성은 보다 가치로운 것이 된다.

나눔과 기증의 국가 및 지역중심 활동 시스템으로는 각 지역 관할구에서 이루어지고 있는 나눔장터가 있으며, 사회적 기업 시스템으로는 대표적으로 활동하고 있는 '아름다운가게'와 의류관련 기업들의 참여활동들이 있다. 그리고 개인 및 조직적으로 재활용하고 있는 소비자들의 모임과 종교 및 학교 차원에서의 '벼룩시장과 교복 물려주기' 활동이 이루어지고 있다.

서울시의 아름다운 나눔장터(http://www.flea1004.com/)는 2004년부터 뚝섬에서 정기 상설 벼룩시장으로 개최되고 있다. 시민들이 직접 참여하여 재사용과 나눔을 실천하는 장으로, 청소년 · 어린이들의 경제 · 환경 · 나눔 교육의 장으로, 시민들의 건전한 주말 놀이문화 형성의 장으로 자리 잡는 것을 목표로 하고 있다. 나눔장터에서 판매를 한 후 수익금의 20% 이상은 기부하도록 되어 있으며, 남은 물품을 기증할 수도 있다. 기부된 수익금과 물품은 불우한 이웃을 위해 사용하고 있다. 서울시내에 나눔장터 및 벼룩시장이 열리고 있는 장소와 운영주기는 〈표 3-1〉과 같다(http://kin.naver.com/open100).

표 3-1 서울시내 나눔장터 · 벼룩시장 현황

자치구	명칭	장소	운영주기	연락처
서울시	아름다운 나눔장터	뚝섬유원지역(7호선)	1, 3주 토요일	6321-4095
종로구	구민나눔장터	종묘공원	매월 1주 목요일	731-0491
중 구	새마을알뜰장	동대문운동장역	매월 27일	2260-1294
성동구	무지개나눔장터	성동구청 앞 광장	매월 마지막 금요일	2286-5436
광진구	광진구나눔장터	구의3동 구의공원 앞	분기	450-1355
동대문구	전농SK(아)나눔장터	단지 내 중앙도로	매주 화요일	2127-4731
	휘경주공1단지나눔장터	단지 내 배드민턴장	매주 토요일	
	이문대림(아)나눔장터	단지 내	매주	
중랑구	주민나눔장터	구청광장	분기(5, 6, 9, 10월)	490-3491
	상설나눔장터	중화역사 내 전시실	매월 1, 3주 월요일	
성북구	성북나눔장터	성북구청 광장	연 1회(4월)	920-3492
	아름다운 하루	아름다운가게	연 2회(5, 10월)	
강북구	나눔장터	강북구청 앞 광장	연 3회	901-2267

(계속)

자치구	명칭	장소	운영주기	연락처
도봉구	도봉알뜰매장	창동역사 동측하부	상설	2289-1492
	나눔장터	창동문화마당	분기(4주 금요일)	
노원구	노원구민알뜰장터	중계근린공원 내	매월 10일 (1, 7, 8, 12월 제외)	950-3492
은평구	사랑의 나눔장터	은평문화예술회관 앞	매월 3주 목요일	350-1617
서대문구	나눔장터	신촌기차역 앞	매월(마지막주 금요일)	330-1490
마포구	마포희망시장	마포문화체육센터 앞	매주 토요일	330-2373
양천구	양천알뜰벼룩시장	양천공원	매월 3주 금요일 (1, 2, 7, 8, 12월 제외)	2650-3325
강서구	벼룩시장	등촌3동	매주 토요일	2600-6762
	알뜰장	구청 앞	연 4회	
구로구	벼룩시장	구로5동 거리공원	매월 3주 토요일	860-2843
금천구	시민알뜰장	산기슭공원	연 4회 (5, 6, 9, 10월 4주 금요일)	890-2355
영등포구	시민알뜰장	당산공원	매월 3주 금요일	2670-3409
동작구	행복한 나눔장터	서울여성플라자	매월 4주 금요일	820-1491
관악구	푸른관악 나눔장터	봉천동 156-1	분기 (4, 6, 9, 11월 1주 금요일)	880-3642
서초구	토요벼룩시장	서초구청 광장	매주 토요일	570-6490
	서리풀나눔터	구립서초여성회관	상설	
강남구	나눔장터	구청2별관 앞	월 마지막주 수요일	2104-1649
송파구	재활용알뜰장	문정동 2-5	상설	410-3490
	송파 플리마켓	신천이벤트거리	월 2회(2, 4주 토요일)	
강동구	새마을알뜰장	강동구민회관 앞	매월 4일	480-1313
용산구	전자제품 벼룩시장	용산전자상가	주말 오전 11시~오후 6시	711-2375

대표적인 사회적 기업인 '아름다운가게'는 우리 사회의 친환경적 변화에 기여하고 국내외 소외계층 및 공익활동을 지원하는 비영리 공익법인이다. 운동철학으로 그물코정신과 되살림정신, 참여와 변화를 가지고, 모두가 함께하는 나눔과 순환의 아름다운 세상

만들기라는 미션 아래 공익성과 전문성을 갖춘 NGO를 지향하고 있다. 2002년 10월 서울 종로구에 재활용품 판매점인 '아름다운가게' 1호 안국점이 개설되어 현재까지 전국 107개 가게가 운영되고 있다. 2002년부터 2009년까지 7년 동안의 활동을 통한 수익 나눔 규모는 현금 약 88억 원, 현물 14만 점으로 이를 통해 벌어들인 수익금은 모두 소외된 이웃과 풀뿌리단체에 지원되었다.

아름다운가게가 나눔과 순환 사업을 행하며 나타나는 공익적인 효과로는 우선 재사용에 대한 대중인식의 전환이라는 것이다. 재사용품 사용에 대한 거부감을 희석시킴으로써 중고품을 사용하는 것이 자연스러운 문화현상이 될 수 있도록 하였으며, 이를 '남을 위한 기부'라는 개념으로 확대하였다. 현재 아름다운가게 재사용 문화운동 참여자 수는 14,352,166명을 넘어서는 것으로 나타난다. 그리고 592억 원의 사회적 비용 절감 효과가 나타나는데, 폐기에 따른 매립, 소각 비용을 절감하고 가치가 없어진 물건에 새로운 경제가치를 부여하여 신상품을 대체함으로써 신상품 제조, 판매 시 있을 수 있는 에너지와 원료수입을 억제하는 사회경제적 편익을 창출하는 것이다. 또한 폐기물품의 재사용을 통해 쓰레기 감량 및 환경피해를 감소시키는 효과가 나타나며, 신상품에 대한 대체 사용 효과(사용기한 연장)로 인해 상품의 생산과 판매, 사용, 폐기에 이르는 전 과정에서 발생

이렇게 해보세요 3-10

기증해 볼까요?

☑ **기증 신청 및 접수:** 기증품을 정리한 후 아름다운가게 전화 1577-1113 혹은 아름다운가게 홈페이지에서 기증 신청(http://www.beautifulstore.org)

☑ **기증품 수거:** 아름다운가게 직접 방문수거, 무료택배를 이용한 택배수거, 아름다운가게 매장 및 기증함 이용한 직접 기증

☑ **분류, 수선 및 가격 책정:** 기증된 물품은 수선 및 손질 후 적정한 가격을 책정하여 아름다운가게 매장으로 배송

☑ **매장 / 행사장 판매:** 아름다운가게 매장에서의 상설판매, 대형 벼룩시장 등 행사장에서 필요한 시민들에게 판매

☑ **수익 나눔:** 정기배분, 특별배분, 긴급배분, 테마배분 등 다양한 배분사업을 통해 어려운 이웃에게 전달

하는 온실가스를 저감하고, 각종 유해물질 등으로 인한 환경파괴를 막는 효과가 드러나고 있다.

이제 버리기 전 3초만 생각하여 나눌 수 있고 기증할 수 있는 곳을 생각하여 보자. 주위의 지인들을 떠올려 보고 가능한 사용자를 찾아보자. 그리고 주위에 가까이 존재하는 사회적인 시스템을 활용하여 행복을 나누어 보도록 하자.

실천해 보기

1 자신의 옷장을 정리하며 행복을 체험해 보자.

1) 정리 전 무엇을 목적으로 정리할 것인지, 어떻게 정리할 것인지의 계획을 세워 행동으로 옮겨 보자(예를 들어, 크게 즐겨 입을 옷, 수선해서 입을 옷, 기증할 옷으로 분류할 수 있을 것이다).
2) 즐겨 입을 옷은 품목별로 구분하여 색상별, 용도별로 정리하여 자신의 옷에 대한 정확한 정보를 가지도록 하자.
3) 수선해서 입을 옷은 가능한 리폼 방법을 찾아보거나 스스로 창의적인 방법을 구상하여 작업하여 보자.
4) 마지막으로 기증할 옷은 잘 손질하여 직접 재활용매장을 방문하고 기증해 보도록 하자. 또한 다양한 재활용 장소를 기록하여 언제든 활용할 수 있도록 하자.

2 보다 행복해질 수 있는 옷 소비방법에 대해 토론해 보자.

입는 소비문화 관련 영상물

지구를 부탁해, 에코패션

(KBS 30분 다큐, 2009년 8월 18일 방영)

버리는 것을 최소화하고 입는 사람을 만족하는 옷은 없을까?
떠오르는 화두 친환경 에코패션
환경과 건강, 그리고 생산자까지 배려하는 착한 소비에 대해 알아본다.

현수막, 버려진 소파의 가죽커버가 이색적인 디자인 가방으로 재탄생.
여러 옷감으로 만든 재활용 드레스.
땅 속에서 썩는 옥수수전분과 쐐기풀, 유기농 면으로 만든 웨딩드레스와 아기용품.
노동자의 생산 환경과 공정한 거래 환경의 고려.

그리고 생활 속에서 에코패션을 실천하는 다양한 모습들.
3살 아이에게 헌 옷을 리폼해 인형과 옷을 만들어 주는 하울이 엄마.
독특한 디자인의 각기 다른 생산자의 이름표가 달린 청담동 헌 옷 리폼 판매 가게.
중금속 염색이 아닌 자연의 색을 담는 천연염색 옷.

우리도 착하게 입기를 시도해 보자.

그린삼성(2003). 함께하는 사람들. 삼성지구환경연구소.
김인호(2006). 백화점의 문화사 근대의 탄생과 욕망의 시공간. 살림.
박명희 · 송인숙 · 손상희 · 이성림 · 박미혜 · 정주원(2006). 생각하는 소비문화. (주)교문사.
박미혜 · 강이주(2009). 윤리적 소비의 개념 및 실태에 대한 고찰. 한국생활과학회지 제18권 5호, 1047-1062.
박지희 · 김유진(2008). 윤리적 소비. 메디치미디어.
레이첼 루이즈 스나이더 저, 최지향 역(2009). 블루진 세계 경제를 입다. 도서출판 부키.
쓰지 신이치 저, 김향 역(2005). 슬로라이프. 디자인하우스.
쓰지 신이치 저, 장석진 역(2009). 행복의 경제학. 서해문집.
이동원 · 함인희 · 박선웅 · 장미혜(2001). 의복의 소비문화와 계급 정체성. 가족과 문화 13(1), 133-155.
이윤정(2010). 옷이 우리를 죽인다. 기린원.
정준(1997). 소비사회의 실상과 바람직한 소비문화의 모색. 한국소비자보호원.
조안 핑겔슈타인 저, 김대웅 · 김여경 역(2005). 패션의 유혹. 청년사.
질 리포베츠키 저, 정미애 역(2009). 행복의 역설. (주)알마.
토마스 람게 저, 이구호 역(2007). 행복한 기부. 풀빛.
피터 코리건 저, 이성룡 외 역(2001). 소비의 사회학. 도서출판 그린.

기사

경향신문(2010). 환경 · 노동착취 고민하는 '슬로패션', 3월 10일자.
내일신문(2010). 버리면 쓰레기고 기증하면 자원이죠, 3월 15일자.
레이디경향(2009). 세상에 하나밖에 없는 데다 환경운동에도 일조하는 게 구제의 매력이죠, 11월호.
머니투데이(2009). 오래 쓰기의 달인들이 전하는 제품 살리는 법. 10월 29일자.
버섯돌이 세상(2010). 입을 옷이 없다고 생각한다면 내 옷장 속은 블랙홀?, 9월 28일자.
사이언스 리뷰(2009). '에코패션' 선택 아닌 필수, 올해는 '세계 천연섬유의 해', 4월.
서울신문(2009). 패스트패션 신드롬의 두 얼굴, 8월 31일자.
연합뉴스(2007). 싼 맛에 입고 버리는 '옷 한 벌'에 환경은 신음, 10월 18일자.
한겨레(2010). 쇼핑중독의 최후를 부탁해, 10월 7일자.
한국일보(2010). 변정수 "공정무역 패션이 지루하다? 아니거든요.", 6월 10일자.

사진

벼룩시장 http://www.flea1004.com/Community/Gallery/w_ga_010.aspx
명품 사진 http://blog.naver.com/clickmj1004?Redirect=Log&logNo=130080044350
쇼핑 모습 http://blog.naver.com/wharan2?Redirect=Log&logNo=60025995654
http://cafe.naver.com/designprince.cafe?iframe_url=/ArticleRead.nhn%3Farticleid=797&topReferer=http://cafeblog.search.naver.com%26imgsrc=20100720_247/3ddosa_1279553479719lNUpu_jpg/%BC%EE%C7%CE%B0%C9_3ddosa.jpg

패스트패션 자라 로드숍 http://www.zara.com/#/ko_KR/shops/Our Stores/

버려진 옷 http://blog.naver.com/kensin626?Redirect=Log&logNo=30086329056

에코파티메아리 http://www.mearry.com

지구를 부탁해 에코패션 사진 http://news.naver.com/main/read.nhn?mode=LSD&mid=sec&sid1=103&oid=038&aid=0001956667

리폼 사진 http://blog.naver.com/netee608?Redirect=Log&logNo=101729488

변정수 그루 사진 http://news.hankooki.com/lpage/health/201006/h2010061021134984530.htm

Chapter 4

음식 소비문화

자연이 차려 놓은 향연을 맛보라.

— 새뮤얼 존슨

Chapter 4 음식 소비문화

음식은 인류의 건강과 생존을 위한 절대적인 요소이다. 먹는다는 것은 인간의 욕구 중에서도 가장 기본적이고 본능적인 욕구이며, 이것이 충족될 때 인간은 안정과 즐거움을 느끼게 된다. 무엇을 먹느냐에 따라 사람들의 신체적 상태가 결정될 뿐만 아니라, 정신적 상태도 달라진다. 음식만큼 사람들을 즐겁고 행복하게 만들어 주는 것도 없지만, 우울증, 공격성, 반사회적 행동에도 큰 영향을 미친다는 보고가 잇따르고 있다.

인간의 음식소비가 중요한 것은 그것이 타인과 자연, 그리고 생태환경과 유기적 관계를 맺고 있기 때문이기도 하다. 인간이 무엇을 어떻게 먹느냐에 따라 자연과 생태환경은 큰 영향을 받게 되는 것이다. 그런데 현대에 와서 식생활에 필요한 대부분의 음식들이 상품으로 생산되고 시장을 통해 구매됨에 따라, 음식소비는 시장논리와 상업주의의 지대한 영향을 받게 되었다. 이에 따라 인간에게 가장 좋은 음식이 아니라 소비사회 구조에 가장 잘 적응한 음식이 유행하고 소비됨으로써, 소비자들의 건강과 생태계 전반에 부정적인 영향을 미치게 되었다. 먹을 것이 풍부해지고 질도 높아진 것 같은데 사람들은 비만과 갖가지 질병에 시달릴 뿐 아니라, 지나친 육식 등으로 갖가지 환경문제의 원인을 제공하였다.

이런 시점에 '어떤 음식소비가 우리를 행복하게 하는가?'라는 화두는 인간과 사회, 생태계에 이르기까지 중요한 주제이다. 이 장에서는 현대사회의 음식 소비현상과 그에 따른 소비문제에 대한 논의를 시작으로, 음식 소비문화 사례 속에서 행복과 불행을 찾아보고, 행복해지는 음식 소비문화의 실천방안을 탐구해 본다.

1 무엇이 문제인가?

1) 음식천국 한국, 길들어진 입맛

한국만큼 각종 음식으로 넘쳐나는 나라도 없다. 전화 한 통화면 산에서도 들에서도 바다에서도, 배달되는 온갖 음식을 먹을 수 있는 나라는 이곳밖에 없을 것이다. TV를 켜 보면 각 지역의 맛집 소개, 음식 여행, 요리의 달인 등 음식에 관한 방송이 넘쳐난다. 음식산업은 발전을 거듭하고, 소비자들은 갈수록 외식에 의존하는 듯하다.

실제로 1980년대 경제성장 이후 여가문화의 대중화, 다양화 시대가 열리면서 외식산업은 급성장해 왔다. 한국의 외식산업은 지속적으로 성장하고 있으며, 2003년 현재 60여만 개의 점포가 연 3조 8천억 원의 매출을 내고 있다. 이러한 외식산업의 성장은 소득 증가 및 여성의 사회진출 등의 요인과 함께 외식문화의 보편화에 큰 영향을 주었다. 통계청 가계조사 자료에 의하면, 가계의 외식비 비중은 2009년 현재 총 소비지출액의 12.8%, 식료품비의 48.2%로, 가내식비 비중에 거의 근접할 정도를 차지한다. 이는 외식비 비중이 1985년 총 소비지출액의 2.8%, 식료품비의 7.5%를 차지했던 것에 비해 4~6배 이상 증가한 것으로, 식생활의 외식 의존도가 크게 높아졌음을 나타낸다.

외식문화에서는 음식소비를 통한 소비자의 차별화가 가시화된다. 저렴한 가격으로 온 식구가 배불리 먹을 수 있는 음식점이 있는가 하면, 상대적으로 고급스러운 분위기의 음식점이 있다. 이전에 음식은 신분에 따라 결정되어 상류층만이 고급음식을 먹을 수 있었지만 이제는 돈이 있으면 누구나 원하는 음식을 먹을 수 있게 되었다. 그럼에도 불구하고 상류층은 자신들을 다른 계층과 구별하기 위한 수단의 하나로 늘 음식을 사용하였다. 음식은 여전히 사회적 지위를 나타내는 지표로서 그 힘을 발휘하고 있으며, 이는 문화적 평등주의를 구현하는 가장 쉬운 방법으로 많은 소비자에게 영향을 주고 있다. 이에 따라 외식비가 가계 소비지출에서 차지하는 비중은 소득계층에 상관없이 점점 커지고 있으며 가계에 큰 부담을 주는 요인이 되었다.

외식산업의 발달은 다양한 문화의 음식을 접할 수 있는 환경을 초래하였다. 이태리식, 프랑스식 등 각종 서구음식과 베트남, 태국, 인도, 터키 등 각 나라의 음식을 맛볼 수 있게 되었다. 이와 함께 우리나라 소비자들에게 맛집과 이국적 음식을 찾아다니는 것은 일종의 여가활동이 되었다. 이러한 트렌드는 다양한 채널에서 방영하는 맛집 및 색다른 음식 소개 프로그램 등의 영향이기도 할 것이다. 이러한 프로그램들은 소비자에게 유용한 정보와 대리만족을 제공하기도 하지만, 간접광고나 맛집 선정 공정성의 논란, 외식 유도 및 끊임없이 식욕을 돋움으로써 과식을 유도하는 점, TV화면에 맛있게 보이는 입과 눈만을 즐겁게 하는 음식이 많다는 점 등의 문제를 동반하고 있다(박명희 외, 2006).

특히 외식과 관련된 식품안전 문제는 심각하게 생각될 만큼 자주 제기된다. 외식업체들은 소비자고발 프로그램 등에서 종종 등장하는 식품안전이나 위생문제의 대상인데, 실제로 KBS 2TV의 '소비자고발'에서는 지난 2008년 말부터 거의 2주에 한 번 꼴로 외식업소 문제를 다루었다(송경숙, 2009). 이는 상품으로서의 음식을 통한 경제적 이익을 우선시하는 시장논리 속에서 소비자의 건강이나 안전은 간과되기 쉽다는 것을 여실히 보여주는 것이다. 또한 외식에 있어서 '맛'집 열풍은 지난 10년 동안에 사회가 만들어낸 '맛이 최고' 즉 음식은 반드시 맛있어야 한다는 논리를 부추기는 마케팅 열풍이라 하겠다. 그러나 그 맛있는 음식의 실체는 혀의 판단력을 무력화시키는 자극적인 조미료의 남용, 동물성 지방과 단백질이 과도하게 들어 있는 기름진 음식 맛에의 탐닉에 의한 결과라는 사실을 간과할 수 없다. 이로 인해 소비자들은 외식에 길들 뿐 아니라, 맛을 좋게 하는 식품첨가물이 가미된 가공식품을 자연식을 대체해서 대량 소비하게 되는 것이다(박재환 · 일상성 · 일상생활연구회, 2009; 박정훈, 2002; 우석훈, 2005). 외식으로 누릴 수 있는 특별한 즐거움이 건강을 해치지 않도록, 외식을 할 때에도 소비자들의 사려 깊은 선택이 필요한 현실이다.

2) 패스트푸드와 가공식품: 편리함에 잃어버린 것들

음식은 생활의 편리를 위해 다양한 형태로 상품화되고 소비되고 있다. 빠르고 간편한 음식의 대표격인 패스트푸드와 가공식품은 효율과 이윤의 극대화를 우선으로 삼는 산업화의 산물이다. 현대사회의 동적인 라이프스타일이 요구하는 바를 완벽하게 충족시킬 뿐 아니라 값이 싸고 가까이 있어서, 평범한 소비자들에게 일상적인 음식처럼 여겨지게 되었다. 패스트푸드는 1984년 KFC를 선두로 하여 1988년에는 맥도날드 등이 진입함으로써, 현지에서의 값싸고 질이 낮은 음식이라는 이미지보다는 서구의 세련되고 영양가 있는 음식으로 받아들여져 왔다. 한편, 가공식품이 식품산업에서 차지하는 비중도 급속히 증가하였다. 2008년 현재 식품산업 규모는 120조 원이며, 이 중 식품제조가공업은 47조 원으로 약 39.5%를 차지한다. 이는 1999년 29.3%의 비중에서 10% 포인트 이상 증가한 것이다(FIS 식품산업통계정보).

그런데 패스트푸드나 가공식품은 안전과 관련된 많은 논란을 야기하고 있으며, 특히 어린이나 청소년의 건강에 해악을 미치는 것으로 우려의 대상이 되어 왔다. 2006년 한국소비자원의 조사에 의하면, 청소년들은 가공식품 과다섭취로 인해 일일허용섭취량이 설정된 식품첨가물 중에서 초과하는 경우가 많으며, 열 명 중 한 명은 식품첨가물을 매우 과다하게 섭취하고 있는 것으로 나타났다.

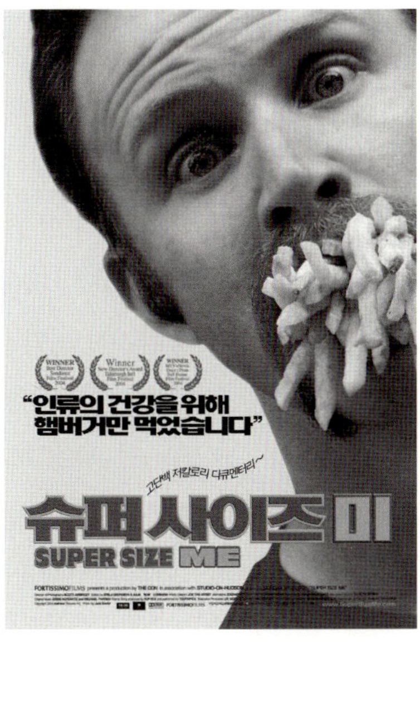

패스트푸드의 경우, 그 유해성에 대한 의구심이 증가함에 따라 일종의 신체 실험을 통해 이를 밝혀 내려는 시도들이 이루어졌다. 미국의 모건 스펄록 감독은 패스트푸드에 대한 소비자의 경각심을 불러일으키기 위해 2004년 다큐멘터리 영화인 '슈퍼사이즈 미(Supersize Me)'를 제작하였다. 이 영화는 신체 실험을 통해 패스트푸드가 과도한 설탕과 나트륨, 높은 지방과 칼로리로 인해 체중 증가는 물론이고 무기력증, 우울증과 신경을 자극함으로써 먹기만 하면 기분이 좋아지는 중독 증세까지 야기함을 밝혔다. 또한 우리 삶에 깊게 파고 든 패스트푸드 문화의 이면에는 거대한 식품 산업의 손이 있음을 보여주었다.

한국에서도 환경정의 윤광용 간사가 하루 세 끼를 패스트푸드로 해결하는 실험을 4주간 계획했다가 건강 악화를 이유로 24일 만에 실험을 중단하였다. 그는 24일 만에 체중 3kg 증가, 체지방률 5.3% 증가, 간수치 3배 이상 증가 등의 변화와 함께 신체적, 정신적 스트레스가 높아지는 등, 세 끼의 패스트푸드 식사가 건강을 해치는 결과를 낳았다고 보고하였다. 또한 그는 패스트푸드의 문제가 단지 비만의 문제만이 아니고 더 큰 문제는 공개되지 않는 식품첨가물이라고 하였다. 패스트푸드 업체는 식품의 영양성분과 칼로리 자료를 홈페이지와 매장 곳곳에 게시하고 있다고 항변했지만, 영양성분이나 칼로리 게시도 찾기 어려운 곳에 게시하거나 소스를 뺀 열량 계산, 몸에 안 좋은 지방량 제외 등의 문제를 갖고 있을 뿐 아니라 더 큰 문제는 공장에서 만들어져서 나오는 재료에 대한 성분공개를 하지 않는 점이라는 것이다. 이러한 확신을 가지고 환경정의는 어린이들의 건강을 위해 안티패스트푸드운동을 계속해 나가겠다고 다짐하였다(오마이뉴스, 2004. 10. 29).

속도와 물량을 강조하는 패스트푸드 및 현대문명에 반대하기 위해 유럽에서는 1986년에 슬로푸드운동이 시작되었다. 슬로푸드운동은 현재 50여 개국 7만 회원을 가지고 있고 우리나라에서도 지부가 운영되고 있는 등 세계적인 운동으로 자리매김해 나가고 있다. 한국에서는 어머니들의 모임인 '다음을 지키는 사람들'이 다음 세대를 책임질 부모로서 아이들과 생태계를 지키자는 취지로 안티패스트푸드운동을 벌이고 패스트푸드에 사용되는 근원을 알 수 없는 식재료와 식품첨가물의 위험성을 경고하고 있다.

생활의 편리를 위해 개발된 가공식품과 패스트푸드에 대한 수요가 증가할수록 어린이들은 건강뿐 아니라 어머니의 손맛도 잃어버리고 있다. 편리함을 위해서 갓 태어난 아기들이 어머니의 젖이 아니라 가공된 분유에 만족하도록 강요되기도 한다. 학교에 들어가면 급식이 제공되어 편리하기는 하나, 빠르고 간편한 조리여야 하는 급식의 성격상 가공식품이나 저렴한 식재료로 인한 부작용을 감수해야만 한다. 이런 문제에 맞서서 학교급식 문제 및 안전한 식탁을 지키고자 하는 소비자들의 모임은 아이들과 청소년들이 안전한 음식을 섭취하는 것이 인간의 기본적인 권리임을 알리고 실현하고자 한다. 2002년 조직된 '학교급식네트워크'와 '안전한 학교급식을 위한 국민운동본부' 등은 학교급식 및 음식문화를 변화, 개선시키는 활동들을 해왔으며, 그 결과 식조례법과 지역조례 등이 제정되었고, 지역단위의 급식지원센터가 확대, 설치되어 제도적으로 급식 개선을 이루어냈다.

3) 지나친 풍요와 굶는 사람들

수많은 음식들이 넘쳐난다고 해서 우리의 일상이 넉넉하고 행복한 것 같지는 않다. 2006년 세계보건기구는 영양실조보다 과체중으로 고통받는 사람들이 더 많다고 발표했다. 그 발표에 따르면, 기아 희생자는 8억 명 남짓이지만, 잘못된 식습관으로 고통받는 사람은 10억 명, 그리고 그중 3억 명이 비만이라는 것이다. 특히 아이들이 비만의 위협에 시달리는데, 지난 30년간 6~11세 미국 어린이 중 비만 어린이는 3배나 증가했고, 중국의 7~18세 아동, 청소년 중 비만아는 2006년 1,000만 명을 넘겼다. 태국은 5~12세 아동의 비만율이 2년 만에 12.2%에서 15.6%가 되었고, 잠비아에서는 4세 아동의 20%가 비만이다. 페루, 칠레, 멕시코는 비만인 아동이 25%나 된다(이데일리, 2006. 2. 20; Reymond, 2007).

비만은 몸무게가 많이 나가는 단순한 현상이 아니라 당뇨병이나 심장질환 등 성인병의 주요 원인이며 전 세계적인 유행병이 됨으로써 인류 생존을 위협하는 요인으로까지 여겨지고 있다. 비만이 세계적인 유행병이 된 원인은 무엇일까? 첫째로 꼽히는 원인은 식탐이다. 그런데 이 식탐은 끊임없이 식욕을 돋움으로써 과식을 유도하는 광고와 마케팅 전략의 산물이라는 것이다. 미국의 경우, 텔레비전 광고의 3대 고객은 자동차회사, 주류회사, 식품업계인데, 2006년 65세 성인은 평생 동안 평균 200만 개가 넘는 광고를 보게 되며, 어린이들은 1년에 40만 개에 가까운 광고를 본다(Reymond, 2007).

미국 등 서구 선진국에서는 어린이 비만에 대한 경각심이 커지는 가운데 비만을 불러오는 음료 및 식품 마케팅 중단을 요구하는 소비자 단체의 소송 경고가 잇따랐다. 소비자 단체들이 음료나 패스트푸드 식품업체의 판매방식에 대해 목소리를 높이는 것은 어린이 비만이 늘어나면서 당뇨 등 건강문제가 심각해지고 있다는 판단에 따른 것이다. 미국의 비영리 감시단체인 공익과학센터(CSPI)는 켈로그와 통신업체 바이아컴이 특정 시간에 어린이 TV채널에서 관련 제품 광고를 중단하지 않을 경우 두 회사에 대해 소송을 제기할 것이라고 경고하였고, 학교의 소프트드링크 자판기 설치의 금지를 위해 힘썼다

(이데일리, 2006. 2. 20). 스웨덴, 영국, 오스트리아, 그리스에서는 어린이 시간대에 패스트푸드 광고 방송이 금지돼 있다. 특히 스웨덴에서는 '라디오와 텔레비전 관련법'에 따라 어린이 대상 텔레비전 광고를 전면 금지하고 있는 상황이다(오마이뉴스, 2004. 10. 29). 우리나라는 2010년 9월부터 고열량 저영양 어린이 기호식품에 대한 TV광고를 어린이 주 시청시간인 오후 5시부터 오후 7시까지 금지하고 있다. 그러나 마케팅의 영향력은 어린이에게만 국한되는 것은 아니다. 어른들도 곳곳에서 노출되는 식품광고로 인해 식탐의 유혹에서 벗어나기 어렵다. 조금만 돈을 더 내면 큰 사이즈를 살 수 있다는 것도 큰 유혹으로 작용한다.

그런데 비만은 더 이상 부유함과 상관관계가 높지 않다. 오히려 저소득층의 비만지수가 더 높음으로써 비만이 사회 불평등과 관련이 있다는 정황이 보고되고 있다. 2009년 발표된 한국청소년정책연구원의 '아동 · 청소년 비만실태 조사(임희진 외, 2009)'에 따르면, 소득이 높을수록 비만지수가 낮고 소득이 낮을수록 비만지수가 높아지는 경향이 뚜렷했다. 소득이 낮을수록 비만지수가 높게 나타난 이유는 기본적인 먹을거리가 해결되면서 어떤 음식을 섭취하느냐가 중요해졌기 때문이다. 소득이 낮을수록 식사를 규칙적으로 먹지 못하고, 과일섭취나 운동량이 낮으며, TV 시청이나 게임을 오래 하는 경향을 보였다.

어떤 음식을 먹는가도 중요하지만, 음식의 홍수 속에서도 밥을 먹지 못하는 사람들이

알고 계십니까 4-1

음식물 쓰레기 비용만 36조 원

우리나라에서 버려지는 음식물 쓰레기는 하루에 1만 3,000톤으로 10톤 트럭 1,300대 분량이다. 이 음식물 쓰레기를 조리비용을 뺀 식품 원자재 가격으로만 환산하더라도 하루에 404억 원. 연간 15조 원에 이른다. 1인당 연간 31만 4,700원의 음식물을 쓰레기봉투에 담아 버리는 셈이다. 환경부에 따르면, 버리는 음식물을 만드는 데 들어가는 재료값과 인건비 등은 18조 원에 달한다. 2012년에는 25조 원으로 늘어날 것이라고 한다. 음식물 쓰레기의 처리비용도 적지 않다. 음식물 쓰레기는 수분 때문에 태우기 어렵고, 매립하더라도 침출수가 나와 처리하기 힘들기 때문이다. 실제로 환경부 자료를 보면, 2005년 음식물 쓰레기 처리비용을 경제적 가치로 환산했을 경우 약 18조 원에 달했다. 음식을 만들고 버리는 데 36조 원을 쓰는 셈이다.

(공감코리아, 2010. 8. 3; MBC 뉴스와 경제, 2008. 7. 25)

예상 밖으로 많다. 전국의 무수한 무료급식소에 길게 줄을 잇는 사람들에게 넘쳐나는 음식들은 그야말로 그림의 떡에 불과하다. 유엔식량농업기구(FAO)에 의하면, 아직도 지구에는 기아에 놓인 인구가 9억 6천만 명을 웃돌며, 2009년 상반기에는 이 숫자가 10억을 넘어설 것이라고 전망했다(한국일보, 2008. 12. 29). 2006년 미국 USDA 보고서에 따르면, 3,500만 명의 미국인들이 적어도 하루에 한 번은 끼니를 걱정한다고 한다. 바로 같은 국가의 국민 3분의 2는 음식이 넘쳐나서 걱정이고, 12%는 음식이 없어서 고통을 겪는다는 것이다(Reymond, 2007). 음식의 풍요 속에서 굶는 사람들이 겪는 상대적 박탈감은 배고픔 이상의 고통을 수반할 것이다.

4) 위협받는 소비자 안전과 생태계의 안녕

지금까지 살펴보았듯이, 오늘날 식품소비의 가장 큰 문제는 소비자들의 식품소비 양식이 식품가공업 및 외식산업에 의해 주도됨으로써 가장 좋은 식품이 아니라 소비사회 구조에 가장 잘 적응한 식품이 유행하고 소비된다는 점이다. 식품이라면 당연히 사람에게 해로워서는 안 되며 몸과 마음을 건강하게 만드는 데 일조하는 것이어야 하나, 상품으로서의 식품을 통한 경제적 이익을 우선시하는 시장논리 속에서 소비자의 안전은 간과되기 쉽다.

특히 식품 유통체계의 글로벌화로 인해 식품안전은 더욱 문제가 되고 있는데, 크게 세 가지 측면에서 요약될 수 있다. 첫째, 지역식품을 소비하던 때와는 달리 소비자들은 자신들이 먹는 음식물이 누구에 의해서 어떻게 생산되고, 가공되며, 운반되어 자신의 식탁에 이르게 되는지를 알지 못한다. 둘째, 생산과정의 산업화로 인해 대규모의 산업화된 농장과 사육장에서 다양한 인위적 방법을 가하여 기르는 과정에서 질병통제나 성장촉진을 위해 어떠한 약품이나 사료들이 사용되는지 소비자들은 알 수 없으며, 전 지구적 식품생산과 유통으로 인해 그러한 위험은 더욱 커지고 있다. 셋째, 장기간의 보존과 장거리 유통에 수반되는 식품안전성의 문제가 있다. 이 과정에서 상품으로서의 가치를 높이기 위해 어떤 종류의 식품첨가제, 방부제들이 사용되는지, 어떤 원료가 사용된 것인지의 문제가 증대하고 있으며, 가공식품의 확대나 패스트푸드의 증가는 새로운 위험 요인을 제공한다(문옥표, 2008). 이러한 상황에서 위협받는 것은 크게 두 가지인데, 소비자 자신의 건강과 생태계의 안녕과 관련된 문제이다.

청소년문제 전문가이자 심리영양학자인 오사와 히로시(2009)는 20여 년 전부터 일본 청소년들의 식생활을 분석했는데, 음식이 몸의 건강뿐 아니라 성격과 정신건강을 결정하는 중요한 요소임을 밝혔다. 미국의 임상영양학자인 사이먼타치(Simontacchi, 2009)는 음식이 사람의 정신에 미치는 영향과 가공식품의 유해성을 지적하고 그 해결책을 제시하는 충격적인 책을 저술하였다. 그는 모유 대신 분유병을 입에 문 채 자라고, 설탕으로 버무린 시리얼로 아침을 때우고, 깜짝 놀랄 양의 탄산음료를 일상적으로 섭취하는 것과 정신장애나 행동장애, 정서장애, 우울증의 급격한 증가가 밀접한 관련이 있다고 보고 있다.

소비자들의 식생활이 생태계에 영향을 주는 것에 대해 리프킨(Rifkin, 2002)은 곡물사료로 사육된 쇠고기를 탐식하는 현상을 세계적인 식량부족과 열대우림 파괴, 사막화의 주범으로 꼽았다. 소의 방목은 현재 남아 있는 열대우림 파괴와 사막화의 주된 요인이

알고 계십니까 4-2

내가 먹은 햄버거 고기 100g을 생산하려면…

500g의 사료 – 네브래스카 대평원의 1.8 평방미터를 가득 채운 옥수수,
사료 생산을 위해 한 컵의 휘발유를 생산하는 데 들어가는 것과 같은 양의 에너지,
2천 리터 이상의 물을 사용하고
자동차가 10킬로미터 달릴 때 발생하는 것과 같은 양의 온실가스를 배출한다.

결론은…
간단하다.
소고기를 적게 먹어라.
붉은 살코기들은 대부분 자원을 엄청나게 사용하기 때문이다(Ryan & Durning, 2002).

그런데 매초 200명의 미국인이 1개 이상의 소고기로 만든 햄버거를 소비한다(지식채널e 햄버거 커넥션).

며, 소를 먹이기 위해 수억 명을 넉넉히 먹여 살릴 만한 양의 곡식을 사료로 사용해야 되기 때문이다. 박정훈(2002)은 동물의 자유를 구속하여 인간의 식탐을 만족시키는 동물 사육 메커니즘의 구조적 모순을 고발하기 위해 SBS 다큐멘터리 프로그램 '잘 먹고 잘 사는 법'을 제작하였다고 한다. 1년에 걸친 탐색 끝에 그가 얻은 결론은 우리가 무심하게 지나쳐 버리는 먹고 사는 문제와 생명, 건강, 그리고 환경의 문제가 모두 연결되어 있다는 것이었다. 그러한 깨달음을 통해서 그는 먹기 위해 살아왔던 그동안의 삶의 방식을, 무엇을 먹고 살아야 잘 살 수 있는가를 고민하며 과감하게 고쳐 나갔다. 소비자들이 무엇을 먹는가, 구체적으로 어떤 식품과 식재료들을 선택하는가가 소비자의 육체적 건강뿐만 아니라 정신적 건강, 나아가서 생태계에 직접적인 영향을 주는 행위임을 인정할 수밖에 없다고 할 때, 단지 모른다고 해서 소비자로서의 책임이 면해지는 것은 아니라는 사실에 우리는 직면하게 된다.

2 음식 소비문화 들여다보기

이제 소비자들이 음식소비를 통해 무엇을 얻는지 살펴보기로 한다. 생태계에 미치는 영향을 차치하고서라도 음식소비는 소비자의 삶과 직결된다. 음식을 통해 행복을 잃은 이야기와 행복을 찾은 이야기는 다음과 같다.

1) 몸의 반란 vs 되찾은 인생

영양이 부족한 아이들

부모 밑에서 평범하게 자란 20세의 H군이 사람들과 어울리는 것을 꺼려하며 방 안에 혼자 틀어박히게 된 것은 1년 전으로, 아르바이트로 일하던 패스트푸드점을 그만두었을 때부터이다. 직장에서 무슨 일이 있었는지, 실연 때문에 좌절한 것인지 부모는 알 수가 없었다. H군의 식생활은 어땠을까? 일을 마치고 집에 돌아오는 것은 늦은 밤일 때가 많아서 방에서 컵라면이나 캔 커피, 콜라, 과자를 먹는 생활을 계속한 듯하다. H군이 방 안에 혼자 틀어박히게 된 데는 영양이 큰 원인이라고 할 수밖에 없다. 음식은 정신적인 삶까지 영향을 미친다.

(오사와 히로시, 2009)

되찾은 잘 먹고 잘 살기의 의미

박 PD는 중년에 접어 든 보통 한국 남자다. 그는 반찬마다 양념을 많이 넣은 짜고 매운 음식을 즐겨 먹었고, 꽃등심과 활어회를 최고의 음식으로 생각해 왔다. 우유를 먹으면 속이 좋지 않아 값이 비싼 저온살균 우유를 몸을 생각하며 억지로라도 먹었고 치즈를 유난히 좋아했다. 특히 훈제 족발과 훈제 닭고기, 기름진 중국식 돼지 갈빗대 등을 즐겨 먹었다. 입이 짧은 딸아이에게 고기를 잘 안 먹어 힘이 없다며 억지로 먹이고, 음식을 너무 천천히 먹는다며 빨리 먹으라고 닦달했다. 그렇게 살아온 그의 몸은 보기가 민망할 정도로 망가져갔다. 불룩 나온 아랫배와 점점 가늘어가는 팔과 다리, 잠자리에 들기 전에 맥주와 짠 안주로 배를 채운 탓에 퉁퉁 부운 얼굴, 틈틈이 윗몸일으키기를 하고 심지어는 하루 종일 배에 힘주고 다녀도 빠지지 않는 뱃살, 버짐이 피는 얼굴과 겨울이면 건조하여 각질이 일어나는 다리, 게다가 신장과 위장에도 문제가 생기기 시작했다. 그의 자가진단은 PD생활로 인한 스트레스 때문이라는 것이었다. 그의 몸은 오랫동안 방치되어 수습 불능의 단계로 들어서고 있었다. 그러던 그가 다른 인생을 살아보기로 마음을 먹은 계기가 찾아왔다. 음식과 건강에 관한 프로그램을 제작하게 된 것이다. 누구나 잘 먹고 잘 살기 위해 발버둥 치면서도 정작 무엇이 잘 먹고 잘 사는 것인가를 아는가라는 고민을 시작하게 되면서, 우리의 먹고 사는 삶이 방향을 잘못 잡아가고 있는 것이 아닌가 하는 회의를 갖게 되었다. 박 PD가 시작한 일은 냉장고 정리였다. 탄산음료 등 가공식품, 무정란, 짜고 매운 젓갈류 등을 빼내고, 대신 신선한 유기농 야채와 각종 잡곡, 과일, 멸치, 해조류, 두부, 청국장, 견과류, 자연 유정란 등을 채워 넣었다. 온 가족이 현미밥을 먹기 시작했고, 과자, 사탕, 라면 등 인스턴트 가공식품과 단 음식을 절제하였다. 2개월 정도가 지나니까 아이에게 변화가 오기 시작하였다. 그렇게 자주 걸리던 감기, 꽃가루 알레르기, 다리에 생기던 각질이 없어졌고, 변비가 없어졌다. 그에게도 변화가 찾아왔는데, 250을 넘나들던 콜레스테롤 수치와 단백뇨와 혈뇨가 나오던 증세가 정상에 가깝게 호전되기 시작했다. 그는 우리 몸이 진정으로 좋아하는 음식이 무엇인지를 알고, 무엇을 더 먹고 무엇을 덜 먹어야 하는지를 알고 사는 것이 잘 사는 인생의 시작임을 비로소 알게 되었다.

(박정훈, 2002)

2) 잃어버린 대화 vs 추억을 만드는 밥상

잃어버린 식탁, 잃어버린 가족 대화

초등학생 영현이네 집. 아침밥을 꼭 챙기지만 누구와 어떻게 먹는지는 관심 밖이다. 정성스럽게 밥을 차려놓았지만 남매는 말 한 마디 없이 밥을 먹고 엄마는 그동안 출근 준비를 한다. 아이들과 엄마의 아침 대화는 언제나 재촉으로 시작한다. 아침시간에는 밥을 차려주고 먹는

Back to the Gimchi
– 짐치터 이미란 원장이 말하는 김치의 의미

치유상담연구원 '우리' 원장, 선교사, 발효연구소, 짐치터 대표. 이 모든 것이 이미란 씨의 직함이다. 그는 정신적 문제로 고통받는 사람들을 대상으로 오랫동안 치유상담을 해왔으며, 양평교육청의 의뢰를 받아 청소년의 우울증 예방 교육을 담당하기도 했다. 그런 그가 김치를 우울증 예방책으로 내놓았다. 그의 말을 들어 보자.

과거에는 치료받은 내담자들의 감사와 기쁨만 보였는데
치료 후 일정 기간이 지나면 여지없이
재발되는 내담자들의 심인성 장애의 모습을 보면서
좀 더 냉정하게 현실을 직시해야만 했습니다.

그러면서 깨닫게 된 것은
육체의 병뿐 아니라 마음의 병도
치료보다 예방이 우선시되어야 한다는 점이었습니다.

그러나 그 방대한 심인성 장애의 예방이라는 것이
내 능력 밖의 것임을 알게 될 무렵
남은 생에 무엇을 하고 살아야 할지 고민하던 중
알게 된 것이 육체의 건강뿐 아니라 심인성 장애도
섭생에 큰 영향을 받는다는 것이었습니다.

외국에서도 홈메이드를 먹고 사는 사람들은
정서적으로 안정되어 있으며 우리나라의 경우에도
재래음식을 좋아하는 사람과 공산품을 좋아하는 사람의
심인성 장애의 재발 빈도에 현격한 차이가 있음을
실 경험을 통해 확인하면서,
김치와 장류에 대해 깊은 애정을 가지고
연구하고 집필하다가 지난봄부터는
뜻을 모은 지인들과 함께 매주 토요일 하루를
꼬박 김치를 담그며 지내고 있습니다.

(www.umnee.com)

그는 김치를 짐치라고 부른다. 짐치란 김치의 지방 방언이 아니라 김치의 재료를 자연에 의지해서 재배하고 젓갈도 각 가정에서 담가서 김치에 사용하던 때의 이름이기 때문이다. 김치는 재료나 완제품을 돈을 주고 살 수 있게 되면서 부르기 시작한 이름이란다. 그래서 그가 꿈꾸는 김치는 김치가 아니고 '짐치'다.

그에게 김치는 자연과의 화해, 건강의 시작, 문화를 꽃피우는 원천이며, 더 나아가 그 발효의 맛은 정신적인 삶을 건강하게 하는 영양소이다. 그래서 그는 발효식품 연구를 시작했고 짐치터 사람들과 함께 김치와 된장을 담그면서 '생명존중'을 실천하고 있다. 그가 주장하는 바는 분명하다.

"기름지고 좋은 음식 많이 먹으며 살았지만 그것이 우리를 행복하거나 건강하게 하지 못했습니다. 이제 우리는 과거의 음식문화로 되돌아가야 합니다."

걸 확인하는 것만 해도 바쁘다. 그런데 일단 현관문을 나서면 가족이 모일 시간이 없다. PC방을 운영하는 엄마는 저녁 늦게까지 일을 해야 하고 아빠는 야근이 잦다. 달랑 남매인 아이들도 각자 학원을 3개씩 다니게 되니 4인 가족이 제각각 점심, 저녁을 해결하게 되었다. 혼자 저녁을 먹는 영현이는 인형을 식탁 위에 갖다 놓는다, 심심해서……. 이렇게 영현이네 4인용 가족식탁은 하루 종일 채워지지 않는다. 특히나 늦게 귀가하는 아빠는 가족식탁에서의 모습을 볼 수 없다. "부모님들도 장사하시고 늦게 들어오시니까 어릴 때부터 그게 인지가 되어서인지 몰라도 식탁에서 대화를 해본 적이 없어요, 별로…….."라고 영현이 아빠는 말한다. 심리검사를 받은 영현이. 공부에 대한 스트레스가 크고, 아빠에 대한 인지도는 매우 낮은 것으로 나타났다. 영현이의 가족 그림에서 아빠는 다른 가족과 떨어져 있다. 영현이는 아빠를 아무렇지도 않은 '아무런' 아빠라고 부른다.

고학년으로 올라갈수록 나홀로 식탁을 지키는 학생은 늘어난다. 사춘기에 접어든 아이들은 가족식사를 별로 즐기지 않는다. 엄마한테 야단맞고, 아빠가 화내시는데 대들지도 못하고, 대화가 안 통한다고 한다. 그냥 밥만 먹는다.

(SBS 스페셜, 2009. 7. 26)

Dinner makes difference!

"당신의 자녀들과 더 자주 식사를 할수록 아이들의 흡연과 음주, 약물남용이 줄어듭니다."

- 미국 전역에 방영되는 가족의 날 캠페인 광고

"우리 가족은 매일 저녁 함께 식사를 합니다. 그것이 저를 지탱해 줍니다."

- 미국 오바마 대통령

추억을 만들고 존중을 표현하는 밥상

애영 씨는 소득이 줄었을 때 맛있고 비싼 과일이나 음식 먹는 습관을 제일 먼저 줄였다. 외식은 집에서 하기 힘든 음식만 가끔 먹는다. 그것도 자동차를 타고 일부러 먼 거리의 맛집을 찾아가지는 않는다. 본인이 처한 상황에서 취할 수 있는 것에 자족하는 생활을 하기 위해서이다. 맛있는 음식도 오랜만에 먹으면 너무 반갑고 더 좋다고 느끼기 때문에 이러한 습관도 나쁘지 않다고 생각한다. 그는 여느 주부와 마찬가지로 가족을 위한 식사준비에 정성을 기울인다. 음식 가짓수를 많이 하는 것이 아니라, 한 가지를 만들어도 맛있게 하려고 한다. 찌개 하나를 끓여도 최고로 맛있게 하려고 이것저것 시도해 본다. 또 음식을 먹을 때 집에 있는 제일 좋은 그릇에 담는다. 본인 혼자일 때도 그렇고, 가족과 친구, 손님에게도 마찬가지이다. 애영 씨에게 음식은 존중의 표현이고, 추억을 만들어 주는 도구이다. 그의 가족은 이런 그의 대접을 정말 좋아하고 식사시간을 즐거워한다. 목회자 사모이면서 자녀교육 강사이기도 한 그는 다음과 같이 말한다.

"기억에 남는 음식은 그 사람이 가장 힘들 때 힘을 주는 것 같아요. 어느 날 갑자기 할머니가 보고 싶은 거예요. 할머니한테 효녀도 아니었는데……. 왜 할머니가 보고 싶은지 나의 의식을 한번 추적해 봤어요. 그랬더니 내 마음속에 할머니가 만들어 준 비빔국수가 먹고 싶었던 거예요. 음식은 위로하고 격려해 주는 좋은 도구 같아요. 음식이 뭐가 됐든지 비싸고 싼 걸 떠나서 정성과 존중함이 있는 음식을 주고 싶고 그렇게 하려고 했어요. 집에서도 가족에게 굉장히 대접해 줬어요. 청국장 하나에 생선 한 마리를 구워도 예쁜 접시에다가 디저트까지 해서 줬어요. 나도 음식을 먹을 때 제일 좋은 그릇에 먹고 싶고 그렇게 먹어요, 내가 나의 존재를 존중해 주는 것 같아서……. 그럴 때 내가 행복하고, 아이도 엄마가 이렇게 해줘서 너무 좋다고 해요."

3) 멈출 수 없는 식탐 vs 소박함에 길들이기

멈출 수 없는 식탐, 의지의 부족인가?

신인 개그맨 윤 씨. 윤 씨는 키 171cm, 몸무게 120kg의 고도비만이다. 오전 9시 20분, 전날 새벽 늦게야 잠자리에 들었던 윤 씨는 일어나서 늦은 아침 식사를 챙긴다. 식사는 바나나와 우유를 갈아 만든 주스 한 잔이 전부다. 30분 뒤 방송국으로 향하는 길에 편의점에서 커피 한 잔과 과자를 집어 든다. 오전 11시 20분 방송국에 도착하자마자 초콜릿과 설탕커피를 먹는 윤 씨, 1시간여 뒤 점심은 방송국 구내식당에서 간단히 해결했다. 점심식사 후 윤 씨는 동료들과 대본을 맞춰 보는 동안 틈틈이 커피를 마시며 긴장을 달랜다. 방송 연습을 마치고 사무실에 도착하자 동료가 사탕을 건넨다. 한 개로는 양이 안 차는지, 윤 씨는 두 개를 한꺼번에 문다. 오후 7시 40분, 윤 씨는 저녁식사에 앞서 동료와 함께 해물파전으로 허기를 달랜다. 늦은 밤 하루 일과를 마친 윤 씨는 근처 식당에서 저녁식사를 했다. 하루 동안 윤 씨가 먹은 음식은 체격에 비하면 많은 양이 아닌 것처럼 보인다. 하루 동안 그가 섭취한 칼로리는 총 2,390Kcal, 우리나라 성인남성의 일일영양섭취권장량과 거의 비슷했다. 다른 사람에 비해 많이 먹는 것도 아닌데, 윤 씨는 왜 고도비만일까? 윤 씨는 다음과 같은 전문가의 진단을 받았다.

윤 씨 비만의 원인은 섭취한 음식의 양이 아니라 종류에 있었다. 지방과 탄수화물로 구성된 음식, 특히 무의식적으로 마셨던 커피와 초콜릿 등 달콤하고 고소한 간식이 문제였다. 설탕이나 지방, 염분 같은 자극은 호르몬에 영향을 미쳐서 우리 몸의 체중조절 기능을 망가뜨리는

것으로 전문가는 지적했다. 단 음식을 먹게 되면 인슐린이 바쁘게 작용해야 한다. 그런데 이 인슐린은 우리 몸의 지방을 일정하게 유지해 주는 랩틴이라고 하는 호르몬을 망가뜨리는 주원인이다. 설탕이나 트랜스지방이 많이 들어가 있는 음식과 같이 입에 들어갔을 때 화학적인 자극으로 뇌에 쾌감을 주는 음식들이 있는데, 이런 음식은 음식중독을 유발한다는 것이다. 흔히 과식은 단순히 식습관이나 의지부족 때문이라고 생각한다. 그런데 과연 그럴까? 윤 씨는 음식중독을 유발하고 체중조절 기능을 무너뜨리는 맛의 유혹에 길들고 있었던 것은 아닐까?

(SBS 뉴스추적, 2010. 4. 28)

소박한 음식, 자연의 맛과 진정한 감사

이제 30대 중반에 접어든 최 씨는 결혼 후 불임으로 많은 고생을 했다. 시험관 아기도 시도해봤으나 성공하지 못했고 좌절감만 커졌다. 그런 상황에서 자연요법 먹을거리에 관심을 가지게 되었고, 자연친화적으로 살다 보면 비정상적으로 됐던 게 제대로 돌아오지 않을까 하는 작은 희망을 품게 되었다. 최 씨가 선택한 것은 생협이었다. 생협에서 최 씨가 알게 된 것은 먹을거리가 가지고 있는 자연의 맛이었다.

"저는 당근을 별로 안 좋아했는데 당근이 너무 단 거예요. 나물 같은 것도 해보고 시래깃국도 처음 끓여 보고 딱 먹어 보니까 내 속이 참 편하고 내 몸에 맞는구나 생각했어요. 내가 너무 좋아하고 그렇게 하니까 뿌듯하고. 저의 남편도 직장에서 밥 먹고 그러는데 집에서 먹는 게 제일 맛있대요. 집에서 조미료 안 쓰고 그냥 건강 식단으로 소박하게 먹는 게 밖에서 진수성찬을 먹는 것보다 속이 편하고 남편도 좋아하고……."

최 씨는 아직도 아기를 갖지는 못했지만 후회는 없다. 소박한 먹을거리를 통해서 그가 찾은 것은 이웃에 대한 의식과 일상에서의 행복의 발견이다. 먹을 것이 돈을 주고 살 수 있는 상품이 아니라, 자연에 주어진 생명체와 자신을 둘러싼 생산자들의 수고가 없이는 얻을 수 없는 것임을 자각하고 나면 모든 것이 감사하고 행복하다.

"주로 잡곡밥에 버섯을 볶아 넣고, 나물이나 생야채를 달래간장이나 고추장, 들기름에 비벼 먹으면 몸도 가뿐, 기분도 상쾌해요. 예전에는 밥 먹기 전 식기도를 항상 했었는데 정말 형식적이었어요. 요즘엔 이렇게 신선하고 향긋한 채소를 창조하신 하나님과 애쓰고 돌본 농부들의 수고에 저절로 감사가 나와요. 국도 조미료를 일체 쓰지 않고 멸치와 다시마만으로 국물을 내서 그때그때 있는 재료로 국을 끓여요. 자연을 마음과 몸으로 느끼며 하는 요리는 일이 아니라 즐거움이고 예술이에요! 재료의 색깔, 다양한 형태, 맛과 향기, 소리를 느끼며 요리합니다. 주부로서 매일 살아가는 일상도 그냥 소비와 소모가 아닌, 배움과 창조, 아름다운 예술이 될 수 있다 생각해요."

4) 버려지는 음식 vs 생각하는 선택

버려지는 음식

맞벌이 주부 지혜 씨. 직장일로 바쁘지만 가족들 식사만큼은 거르지 않고 챙긴다. 가족은 네 명, 국이나 찌개 종류 하나와 밑반찬 대여섯 가지로 매일 식탁을 준비한다. 일주일에 한 번 대형 마트를 찾는 지혜 씨. 보통 일주일치 식재료를 한꺼번에 사는데 마트를 둘러보면서 그때그때 필요한 물건을 고른다. 마트를 한 바퀴 돌고 나니 벌써 카트 안이 가득 찼다. "모자라면 또 오기 번거롭잖아요. 일단 살 때 여유 있게 사는 편이에요" 맞벌이 생활로 바쁘다 보니 냉장고 안에 뭐가 얼마나 남아 있는지 잘 모른다는 김 씨. 냉장고에서 유통기한이 지났거나 못 먹는다고 생각되는 음식물을 다 꺼냈는데, 냉장실과 냉동실 양쪽에서 나온 음식물이 식탁 위를 가득 메웠다. 채소부터 고기, 인스턴트식품까지 다양하다. 이날 냉장고 청소에서 나온 음식물은 2리터짜리 쓰레기봉투로 네 개나 됐다. 시장 봐온 음식을 냉장고에 다시 채워 넣기는 했지만 자칫 하다가는 또 쓰레기로 버려질 수도 있다. 평소처럼 가족들의 저녁식사 준비에 나섰다. 오늘의 주 메뉴는 고기볶음. 고기는 4인 가족이 며칠씩 먹을 수 있는 양을 한꺼번에 양념해 재워 뒀다. 혹시나 먹다가 부족하지 않을까 해서다. 접시마다 반찬도 듬뿍 담겨 한상이 차려졌다. 지혜 씨 가정의 하루에 버려지는 음식물 쓰레기양은 2리터(쓰레기) 봉투로, 과일 먹을 때는 두 봉지이다. 그는 말한다. "어쩔 수 없이 상해서 버리는 경우가 많죠. 잘 안 꺼내 먹는 것도 있고."

(MBC 뉴스와 경제, 2008. 7. 25)

생각하는 선택

심 씨는 철학을 전공한 사회복지사였다. 그러던 그가 밥집 매니저가 되었다. '문턱 없는 밥집'에서 그를 필요로 했던 것이다. 이전의 그는 음식을 가리지 않고 '그냥 막 먹는' 평범한 소비자였다. 그러던 그가 "소외된 이웃에게 청정한 유기농산물을 공급하는 아름다운 밥집"을 표방하는 문턱 없는 밥집의 매니저가 되고부터 생각과 생활이 달라지기 시작했다. 유기농 음식을 먹고, 딱 필요한 만큼만 먹고, 고기를 덜 먹으려고 한다. 유기농을 먹는 것은 미생물들을 죽이는 제초제를 사용하는 관행농이 앞으로의 지구와 인간의 삶을 지켜주지 못할 거라 생각하기 때문이다. 농약과 비료를 대량 생산하고 판매하고자 하는 산업논리로 인해 전쟁터로 바뀌어 버린 먹을거리 대신, 소농이 다정하게 지은 먹을거리들을 선택하기 위해서이다. 그렇지만 그는 영양학자들이 관행농과 영양성분상으로는 별 차이가 없다고 주장하는 유기농 음식을 먹고 난 뒤부터 편안한 느낌, 땅기는 느낌, 몸이 그냥 본능적으로 바라는 느낌을 가졌다 한다. 돈을 냈다고 음식을 마음껏 먹다가 남기는 것, 또 지나치게 많이 먹는 과잉

소비는 쓸데없는 살생을 불러일으키는 거라는 생각을 갖고 있다. 심씨가 고기를 덜 먹으려고 하는 것은 채식주의자이기 때문이 아니라, 고기가 덜 평화로운 음식이기 때문이다. 그는 제3세계 사람들은 동물과 경쟁을 해야 한다고 생각한다. 소고기 1kg을 만드는 데 6kg의 사료가 들어가고, 돼지고기는 4kg, 닭은 1kg의 사료가 들어가는 것을 심 씨는 꿰고 있다. "우리가 소고기를 먹으면 먹을수록 굶어 죽는 사람이 늘어난다고 보시면 돼요. 그래서 저는 사료가 적게 들어가는 쪽으로 가려고 하고, 가능하면 생선 쪽으로, 그리고 육식이 아닌 쪽으로 가려고 해요. 그게 나 하나 해가지고는 안 되겠지만, 저는 생활운동만큼 큰 반향이 있는 게 없다고 생각하거든요."라고 말하는 그는 운동가라는 느낌을 준다. 그러나 그는 자신을 그냥 '생활하는 사람'이란다.

심 씨의 변화로 인해 처음에는 가족 간에 갈등도 있었다. 그러나 지금은 가족의 삶의 방식이 되었다. 초등학교 2학년인 자녀에게는 농사도 지어 보게 한다. 어릴 때부터 관행농이나 패

소비문화 더 들여다보기 4-2

에코 셀러브리티, 영화배우 박진희

연기 이외에 환경문제에도 관심을 갖고 적극적으로 활동하는 박진희 씨는 태양광 지붕 아래서 닭 두 마리를 키우며 슬로푸드를 해 먹는다.

"하루에 두 알씩 낳아요. 전 매일매일 우리 집 닭들이 예쁜 알을 낳고, 그런 게 너무 신기하고, 가까이에서 이런 광경을 볼 수 있고, 그런 자연에 고맙고. 슬로푸드가 필요하고 중요하다고들 말로만 하는데요. 그땐 정말 실천하는 거였거든요. 콩나물무침을 해 먹으려면 일주일은 기다려야 하는 거예요. 마트에 가면 당장 살 수 있지만, 일단 콩나물 콩을 사다가 물을 붓고 일주일 기른 다음에야 콩나물무침을 해 먹을 수 있는 거지요. 하하. 일단 불을 지피는 데 30분이 걸려요. 장작에 불을 피우고 그 위에 밥솥을 올리죠. 태양열로 계란프라이를 하고, 국 끓이고 그럼 그렇게 걸리죠. 한 끼에 두 시간이니까 세 끼 먹으려면 여섯 시간이 필요한 거예요, 하하."

이러한 경험을 통해 박진희 씨는 음식을 먹게 되기까지의 과정에 대해 생각하고 선택하는 소비자가 되었다.

"아주 거시적으로는 요즘의 농산물 시스템에 대해서 다시 한번 생각해 보는 계기가 되기도 했지요. 농산물까지 대기업의 상품이 돼서 대형마트에서 판매되는 현실이니까요. 뭐든 기업화하니 자급자족이 안 되는 건 너무나 당연한 거라고 생각해요. 지역민들이 그 지역에서 나고 기른 곡물 등 농산물을 먹을 수 없는 게 현실이잖아요. 뭐든지 대량으로, 전 세계 어디서든 배와 비행기로 실어 나르는 현실이니까요. 국내산, 국산이라는 개념이 굉장히 박약해지고 있지요."

(오마이뉴스, 2010. 11. 17)

스트푸드 대신 슬로푸드와 제대로 지은 먹을거리에 노출되어야 하고 먹여야 하고 보여줘야 한다는 생각을 실천하는 셈이다. 무엇보다도 그들은 '맛이 좀 덜 하면서도 좀 오래가는' 유기농 음식의 맛을 알게 되었다. 그가 문턱 없는 밥집 운영을 도우면서 가지는 소박한 바람은 누구나 누릴 수 있는 평화로운 식탁이다. 그에게 손님은 음식을 팔아서 이윤을 취해야 할 사람들이 아니라, 건강한 음식을 나누기 위한 이웃인 것이다.

이상의 사례들에서 살펴보았듯이 음식소비는 습관이고, 관계이며, 그 선호가 길들어지는 것이다. 그런데 그 모습이 어떠한가에 따라 개인의 몸과 마음, 가족, 사회와 환경에까지 두루 영향을 미친다. 음식 때문에 행복해질 수도 있고 불행해질 수도 있다. "You are what you eat."이라는 말도 있듯이, 우리의 현재 모습은 그동안 어떤 음식을 먹어왔는지의 결과이기도 하다. 또한 우리가 어떤 음식과 음식재료들을 선택하는가는 국민경제와 생태계에 직접적인 영향을 주는 사회적이고 경제적인 행위이다. 내 개인과 가족, 사회의 행복을 위해서 현명한 음식 선택과 소비는 너무나 중요하며, 그것을 위한 소비자 역량이 절실히 요구된다. 나는 어떤 삶의 모습을 원하는가? 그러려면 어떤 음식을 어떻게 소비해야 하는가?

다음 절에서는 영국 신경제재단에서 행복을 위한 지침으로 제시한 연결(connect), 움직이기(be active), 인지(take notice), 학습(keeping learning), 선행(give)의 다섯 가지 방법을 가지고 행복한 음식 소비문화의 실천방안을 탐구해 본다.

3 행복한 음식 소비문화 만들기

1) 함께 식사하기: 음식은 사랑과 존중의 도구

음식을 같이 먹는 것은 사회적 관계형성의 기본이다. 함께 식사하면서 음식뿐만 아니라 취미, 가치관, 그리고 삶을 나누며 친구를 만들어 간다. 식사를 통해 경사스러운 일을 축하하고, 가족이나 회사, 교회 등의 식사모임을 통해 긍정적인 인간관계를 키워나간다.

SBS는 '밥상머리의 작은 기적'(2009년 7월 26일 방영)이라는 기획 프로그램을 통해서, 식사를 하고 나면 우리 뇌에서 '옥시토신'이라는, 스트레스를 줄여주고 마음의 평안을 찾아주는 호르몬이 분비되는데, 특히 좋아하는 사람과 같이 밥을 먹거나 밥을 먹는 모습을 볼 때 그 양이 증가하면서 만족감과 행복감을 느끼게 됨을 밝혔다. 또한 가족과의 정기적인 식사만으로 아이들의 지능과 건강을 향상시키고 청소년의 비행을 막을 수 있다는 자료들을 제시하였다. 하버드 대학 연구진의 연구결과에 따르면, 가족과의 식사횟수는 아이가 습득하는 어휘력에 영향을 주며, 흡연 경험률, 음주 및 마약 경험률과 반비례한다는 것이다. 가족이 함께 밥 먹는 시간은 가족들이 소통하는 시간이다. 또한 집에서 가족이 함께 먹는 밥은 아이들이 어른이 되었을 때 기억하는 엄마 손맛, 아빠 손맛을 남겨 준다. 밥상머리에서의 가족의 대화로 밥상머리 교육이 이루어질 뿐 아니라 엄마, 아빠의 사랑이 전해지는 것이다.

일본은 1999년 전국 18개의 초등학교 5, 6학년 아동을 대상으로 실시한 '아이들의 식생태조사' 를 통해 혼자서 밥을 먹는 아이들의 그림으로 사회적인 충격에 빠진 적이 있다(아다치 미유키, 2000). 혼자서 밥을 먹으며 성장하는 아이들이 사회적으로 문제를 유발할 수 있다는 전문가들의 의견으로 인해, 가족식사의 중요성이 일본인들 사이에 널리 인식되었고, 이러한 자각의 결과로 일본 미시마 시는 '가족단란의 날' 을 법으로 제정함으로써 놀라운 사회변화를 일으키고 있다. 매월 19일 미시마 시 초등학생들은 '가족과 단란한 식사하기' 과제를 받는다. 자원봉사자들은 가족단란의 날 전단지를 뿌리고, 마트에는 가족식사를 위한 특별메뉴가 등장할 뿐 아니라, 일반 사업장에서는 오후 4시 30분이 되면 일

이렇게 해보세요 4-1

우리 가족의 식사 의식 만들기

☑ 반복적으로 훈련한다.
☑ 예절을 강조하기보다는, 가족에게 적합한 규칙과 즐겁고 고유한 밥상문화를 만든다.
☑ 식사 전에 손 씻기, 식사 감사기도 등과 같은 우리 집만의 의식을 만든다.
☑ 가족식사는 일정한 공간에서 한다.
☑ 식사 준비 과정에 가족이 함께한다.
☑ 가족식사를 중심으로 가족의 일정을 조정한다.

(SBS 스페셜 제작팀, 2010)

괄 업무중단 지시가 내려져서 직원들에게 퇴근을 재촉한다. 이들은 아이들과 가족 모두가 행복해지는 음식 소비문화를 만들어가고 있는 것이다(SBS 스페셜, 2009. 7. 26).

함께 먹어 행복한 것은 가족 내에서만 가능한 일은 아니다. 독신이나 소가족의 증가는 인구사회학적 추세다. 통계청에 따르면, 2005년 1인 독신자 가구가 전체 가구 수에서 차지하는 비중은 약 20%로, 2000년 15.5%에 비해 급증하였다. 우리 사회에서 5가구 중 1가구는 독신가구인 셈이다. 가족이 없는 사람은, 가족과 함께 살지 않는 사람은 어떻게 해야 하나? 함께 밥을 먹는 친구와 이웃을 일부러라도 만들면 어떨까? 함께 식사하는 것도 중요하지만, 식사의 분위기는 더 중요하다. 화기애애하고 즐거운 분위기가 아니면 함께 밥을 먹는 것이 고역일 수도 있다. 나와 남을 존중하는 마음으로 음식을 하고, 음식을 차리고, 음식을 먹는다. 음식으로 사랑과 존중을 표현하면 어떨까? 비싸고 풍성하지 않아도, 사랑의 수고가 들어간 음식이면 우리를 행복하게 하기에 충분할 것이다.

이렇게 해보세요 4-2

이웃과 함께 먹기: "화요일 밤에 만나, 당장 만나"

혼자 밥 먹기 싫은 날, 저녁식사를 같이 하며 자연스럽게 동네친구를 만날 수 있는 공간이 화요밥상이다. 혼자 먹을 수 있는데 굳이 같이 요리하고 밥 먹는 이유는, 즐겁기 위해서이다. 같이 떠들고 밥 먹으며 웃을 수 있는 공간이 밥상머리이며, 지켜야 할 공동체 문화 중 하나가 밥상문화이다. 이 모든 과정에서 의외로(?) 여러 가지 이야기가 오간다. 요리 노하우뿐만 아니라 사는 이야기, 일과 꿈, 그리고 만들고 있는 음식에 대한 추억들……. 서로에게 집중하지 않으니 힘들지 않고, 무언가를 같이 하니 생산적이기까지 하다. 그 힘이 같이 요리하고 밥 먹는 행위에 있다.

(최미경, 2010).

*'화요밥상'은 '민중의 집'에서 설립 초기인 2008년 8월부터 꾸준히 진행하고 있는 함께 먹는 프로그램이다 (http://jinbohouse.net).

2) 만들어 먹기: 요리에서 찾는 즐거움

앞서 소개한 짐치터 이미란 원장은 김치가 건강에 좋은 완벽한 식품일 뿐만 아니라, 김치를 담그는 작업은 인간의 오감을 온전히 활용해야만 제맛을 낼 수 있는 창조적 작업의 극치라고 말한다. 그럼에도 요즘 많은 사람들은 왜 김치를 직접 담그려 하지 않을까? 그 이유를 이미란 원장은 '노동에 대한 두려움' 때문이라고 한다. 그래서 그는 김치를 연구할 뿐 아니라, 사람들을 모아 함께 김치를 담그며 맛있게 김치 담그는 법을 가르치는 것을 소명으로 삼고 있다. 실제 노동을 해보면 노동은 고통이 아니라 즐거움이라는 것을 깨우쳐 주기 위해서다.

전통적으로 여자들은 음식 준비와 소비에 대해 보편적인 책임을 져 왔다. 음식을 만드는 것은 가족을 돌보는 엄마와 아내로서의 당연한 역할로 여겨졌다. 여자에게 짐 지워진 과중한 역할들 중에서 음식 만들기는 육체적 고통을 더해 주는 힘들고 두려운 일로 여겨졌을지도 모르겠다. 어쨌든 여성 취업의 증가, 여성 지위의 상승과 함께 음식 만들기 또한 다른 이의 도움이나 외식, 가공식품, 패스트푸드 혹은 간편한 배달음식 등으로 대체 가능한 가사노동으로 인식되어 왔다.

신지은(2009)은 성별과 연령에 따라 음식소비가 어떤 양상으로 나타나는지에 대해 연

메주를 만들고 있는 이미란 원장, 뒤에 있는 장독에는 된장, 고추장, 김치, 식초 등 발효식품들을 보관하고 있다.

짐치터 회원들과 함께 독거노인에게 전달할 김치를 담그고 있는 모습

구하였다. 그에 따르면 나이 든 어머니가 만든 음식은 그것을 흉내 낸 복제음식에서는 찾기 힘든 특별한 기운을 발한다. 조미료를 넣는다고 어머니의 손맛을 흉내 낼 수 있는 것은 아니다. 어머니는 음식을 준비하는 것이 자기희생이나 남성에게 종속되는 것이라고 생각하지 않는다. 하지만 우리 시대에는 맛있는 음식을 해 먹이는 어머니가 아니라 자식을 좋은 대학에 보내기 위한 정보 혹은 돈을 가진 어머니가 좋은 어머니로 여겨지는 세태에서, 많은 기혼 여성들은 여러 경로를 통해 반찬들을 사 먹는다. 그럼에도 불구하고 요리하는 어머니 역할을 포기하지 않는 여성들은 자신만의 단순하고 창의적인 요리법을 개발한다.

인터넷상의 수많은 블로그들은 쉽고 맛있는 요리법들을 소개하고 있다. 이 중에는 요리로 성공한 남자들도 눈에 띈다. "수입이 거의 없다 보니 그날그날 궁핍하게 만들어 먹을 수밖에 없었습니다. 그 경험이 오늘 같은 날을 가져올 줄은 정말 몰랐어요." 요리 레시피 전문 홈페이지 '나물이네(www.namool.com)' 운영자인 김용환 씨는 자신이 해 먹는 요리를 인터넷에 올리다가 하루 방문자가 수천 명을 웃도는 인기를 바탕으로 수권의 요리책을 발간하는 베스트셀러 요리 작가가 되었다. 그의 레시피는 간단하고 쉽고 맛있는 것으로 알려져 있다. 그는 요리가 쉽고 즐거워야 자주 해 먹게 된다고 말한다(나물이, 2009). 이와 유사하게 대학생이 되어 집에서 독립한 후 시작하게 된 요리를 미니홈피에 올리기 시작하면서 각종 잡지와 언론, 방송을 타면서 유명해지기 시작한 김형곤 씨도 싱글들을 위한 간단한 요리법들을 소개한 책을 펴냈다(김형곤, 2004). 「싱글요리를 부탁해」(강명아, 이언수, 2010)는 싱글로 사는 요리사들이 지은 책인데, 그 저자들은 다음과 같이 말한다. "싱글요리는 무엇이 어떻게 다를까? 보통의 요리가 엄마표 요리 또는 뽐내기용 요리의 집합이라면, 싱글요리는 누군가에게 해주는 요리가 아니라 나를 위한 요리, 스스로 해 먹는 요리를 대변한다.", "레스토랑에서 손님을 위한 요리를 하는 것처럼, 집에서는 나를 위한 싱글요리를 해 먹는다. 복잡하지 않으면서도 맛과 영양이 충실한 요리

이렇게 해보세요 4-3

헬렌 니어링의 '소박한 밥상' 따라 하기

☑ 가장 품질이 뛰어난 제철의 신선한 재료를 준비한다.
☑ 가능한 한 간단하게 준비한다.
예) 레몬당근: 씻은 당근에 꿀과 기름을 섞고 10분간 조리 후 건포도와 레몬즙을 뿌린다.
☑ 식거나 김이 빠지지 않도록 음식을 내기 직전에 조리한다.
☑ 야채는 벗기지 말고 껍질째 깨끗이 씻는다.
☑ 튀기기보다는 재빨리 끓여내고, 끓이기보다는 굽거나 찐다.
☑ 많은 기름 대신 소량의 물이나 기름을 두르고 살짝 볶는다.
☑ 큼직하게 썰기보다는 잘게 자르거나 채를 친다. 이렇게 하면 생감자도 먹을 수 있다.
☑ 양념은 가열할 때 넣지 말고 식탁에서 먹을 때 넣는다.
☑ 양은 최소로 한다.

(Nearing, 2001)

* 헬렌 니어링은 환경운동가이자 자연주의자였다. 그는 92세까지 장수했으며 건강한 노년을 지켜냈고, 그의 식탁은 자신의 철학을 실천하는 장이었다.

를 하기 위해 노력한다. 싱글요리의 미덕은 쉽고 빠르지만 스스로를 대접하기에 충분한 요리라는 점이다. 단지 1인분의 식사를 준비하는 생존활동 이상의 것이며, 자발적 싱글라이프를 제대로 누리기 위한 자기계발 활동의 완성이다."

요리가 더 이상 주부나 어머니들만의 영역이 아니라 남성과 젊은이들도 참여하는, 새로운 문화아이콘으로 떠오르고 있는지도 모른다. 요리가 고통스러운 노동이 아니라 즐거운 일이 되기 위해서는 소박한 밥상을 좋아하고 단순한 요리법을 알아야 한다. 나물이 요리책이 베스트셀러가 된 것은 시간이 없는 엄마나 아빠, 독신 여성과 남성들이 간단히 해 먹을 수 있는 요리법에 대한 정보가 우리 사회에 절실히 필요하다는 것을 보여준다.

3) 생산자와 생태계를 생각하는 윤리적 소비

인간의 소비생활은 상호의존적으로 작용하는 유기체와 환경의 종합체인 에코시스템 속에서 이루어지고 있다. 생태학적 관점에서 보면 모든 것은 서로 관련되어 있고 상호의존적이다. 한 개인과 가족의 음식소비도 사회, 문화, 자연환경 내에서 상호영향을 주고받는다. 행복한 소비를 위해서는 소비자와 소비자를 둘러싼 사회, 문화, 자연환경 간의 상호관계를 의식하는 것이 필수적이다.

소비자의 8대 권리 중 여덟 번째 권리인 '쾌적한 환경에서 소비생활을 할 권리'는 소비자가 어떤 소비를 하느냐에 달려 있기도 하다. 소비자는 환경문제의 피해자일 수도 있지만 소비과정에서 자원을 소모하고 소비의 결과 배출되는 쓰레기로 자연환경에 피해를 주기도 함으로써 환경문제의 원인 제공자이기도 하기 때문이다. 소비가 지구 전체의 환경에 끼치는 나쁜 영향들은 대부분 드러나 보이지 않지만, 소비의 문제는 환경문제에 있어서 가장 중요한 도전이다.

인간이 자신이 속한 주위 세계를 인식하고 느끼는 것은 개인의 행복을 결정짓는 활동 중의 하나로 제안되고 있다. 생태계에 대한 의식이 있는 소비자들은 생태계의 일원으로서 책임을 느끼는 동시에 자신의 존재가치를 인식한다. 이는 생협의 한 마을모임에서 만난 40대 주부소비자의 다음 진술에서도 드러난다.

> "우리 몸 또한 자연이므로 자연에서 온 제철의 신선한 먹을거리를 사고, 우리 몸도 지금 발붙이고 살고 있는 지역의 환경에 적응하고 사는 유기체이므로 지역의 토산물, 우리나라 식품을 주로 먹는 것이 자연스럽다고 생각해요. 내가 소비하는 식품이나 물건은 자연을 돌보면서 가꾼 생산자의 수고와 땀이 깃들인 것이에요. 생협을 통해서 수백 명, 수천 명의 이웃을 만나는 중이라고 생각합니다. 생협 물품 중에서 유기농 커피를 구매할 땐 필리핀 생산자를 만나고요, 작아진 겨울호박 속에서는 자연수정을 하며 애썼을 농부를 만나거든요. 내가 이 소비를 포기하면 아예 농사를 포기하시는 것 아닌가 하는 마음이 한 켠에 생기거든요."

'즐거움을 누릴 권리, 생활의 리듬에 대한 존중, 자연과의 조화로운 관계 보호'를 첫 번째 원칙으로 하는 슬로푸드는 소비자들에게 음식의 본질에 대해 생각할 것을 요구한다. 슬로푸드의 핵심은 음식에 대해 생각하고 음식을 만든 이에게 감사하며 음식을 음미하면서 먹는 것이다. 오늘날의 소비자들이 안전한 음식을 먹고 먹는 즐거움을 회복하려면 음식의 본질에 대해 생각하는 힘을 회복해야 하며 소비자시민으로서 투표하듯 환경과 건강, 윤리를 생각한 음식을 선택해야 한다.

이렇게 해보세요 4-4

윤리적 음식구매 실천하기

윤리적 음식구매 실천방법

☑ 유기농식품을 구매한다.

- 유기농식품을 구매하면 좋은 이유
  - 동물을 잔인하게 사육하지 않는다.
  - 건강에 유해한 화학물질이나 첨가물을 피할 수 있다.
  - 환경에 해로운 살충제를 사용하지 않는다.
  - 비옥한 토양을 유지하는 것을 도울 수 있다.

☑ 포장이 안 되어 있거나 덜 된 제품을 산다.

☑ 장바구니를 지참한다.

☑ 지역에서 생산되는 제철 과일과 채소를 구매한다.

- 로컬푸드를 구매하면 좋은 이유
  - 장거리 운송으로 인한 엄청난 규모의 자원낭비와 공해를 방지할 수 있다.
  - 식품의 안전성을 보장하는 먹을거리 체제이다.
  - 지역경제를 활성화시킨다.

☑ 사회적 책임을 잘 감당하는 판매자와 소매점을 선택한다.

☑ 공정무역 제품을 선택한다.

공정무역 인증마크

생산자에게 가장 싼 값이 아닌 공정한 값을 지불해야 한다는 생각을 바탕으로 한 공정무역은 윤리적 소비의 중요한 한 방법이다. 신뢰성 확보를 위해 중요한 공정무역 인증마크로는 세계공정무역인증기구(FLO)에서 부여하는 마크와 유럽공정무역연합, 영국공정무역재단, Max Havelaar Foundation 등에서 부여하는 마크 등이 있다.

그러나 공정무역마크가 있는 선진국의 상품을 그저 수입해 오는 것보다는 생산자와의 직접 연대가 더 큰 의의가 있다는 점에서, 아름다운가게와 한국 YMCA 등 시민단체 관계자들은 FLO 인증비용을 치르느니 그 돈을 생산자들에게 직접 투자하겠다는 의견을 보이기도 한다.

4) 배우며, 성장하며

안전한 음식을 섭취하는 것은 소비자의 기본 권리이다. 그런데 대개의 경우 소비자들은 특정 음식에 대해 안전이나 건강과 관련하여 나름의 평판과 고정관념을 갖게 되는데 이것들이 실제와 일치하지 않는 경우가 많다. 예를 들어, 친환경, 유기농, 녹색, 클린, 자연, 내추럴 등의 문구는 건강을 위한 대안이라는 인상을 심어 주나 실제로는 자사식품의 유익함을 믿게 하려는 광고업자들에 의해 교묘하게 제시된 경우가 많다(Oakes, 2008). 실제로 녹색, 클린, 자연, 내추럴 등의 문구에 대한 규정이나 표준이 없는데도 불구하고, 그릇된 광고나 입증되지 않은 주장 등을 통해 소비자들에게 특정한 제품의 환경친화적 효과를 과장하거나 그릇된 정보를 제공하는 경우가 많으며, 이를 표현하는 용어로 '그린워싱'이라는 용어가 등장할 정도이다.

음식이 광고의 대상이 됨에 따라 1930년대 코카콜라사는 자사제품의 영양가를 과일의 비타민과 비교했다. 1950년대 세븐업은 젖먹이 아기에게 분유와 섞어 먹이면 아이가 쑥쑥 큰다고 선전했다. 맥도날드와 코카콜라를 필두로 한 식품회사들은 자사에서 파는 모든 제품이 영양적으로 흠 잡을 데 없다고 선전한다(Reymond, 2007).

이러한 시장환경에서 소비자 스스로가 음식을 평가하고 좋은 음식을 선택할 수 있는 역량을 기르는 것은 매우 중요하며, 이는 끊임없이 배워야 함을 의미한다. 음식재료와 상품으로 팔리는 식품에 대한 지식뿐 아니라 음식을 요리하는 방법과 올바른 식습관에 이르기까지 음식에 관해 배울 것은 무궁무진하다. 바람직한 행동으로의 변화를 위해서는 머리에서만 머무는 지식의 습득뿐 아니라 그 지식을 가슴으로 받아들이는 태도 형성, 나아가서 행동으로 실천할 수 있는 기술에 이르기까지의 학습이 필요하다.

2008년 소비트렌드 중의 하나로 'Eco-friendly(환경지킴이)'를 선정했던 김난도 등(2008)은 2008년에 일어난 각종 식품 안전사고로 인해 식품 안전문제에 대한 인식이 심각해지면서 가정에서 환경보호를 실천하며 생태주의적인 생활방식을 유지하기 위해 노력하는 가정주부인 '에코맘'이 크게 늘었다고 보고하였다. 이들은 유기농 식품과 친환경 제품을 구매하고, 생활협동조합에 가입해 적극적으로 정보를 교환하며, 이들의 영향력은 기업의 그린마케팅을 촉진했고 사회 전반에 친환경적인 마인드를 확산시켰다고 보았다. 또한 개인이 잘 먹고 잘 살자는 개념의 웰빙 트렌드가 공동체의 풍요로운 삶을 표

아이쿱 생협 양재 마을모임과 윤소맘(윤리적 소비를 하는 엄마)들이 펼치는 윤리적 소비 캠페인

방하는 로하스 트렌드로, 나아가서 보다 거시적인 차원을 지향하는 에코 트렌드로 진화했다고 지적하였다.

생협은 안전한 먹을거리를 위해 자발적으로 생겨난 소비자들의 자구책이며, 믿을 수 있는 식품을 공급하는 문제를 사회적으로 해결할 수 있는 가장 간단한 방식이라고 평가된다(우석훈, 2005). 생협은 공동체를 지향하는 생협의 비전을 공유하고 공급물품에 대한 정보 제공과 신뢰 구축을 위해 평생교육의 원칙을 적용하여 조합원 및 비조합원을 대상으로 한 교육을 중요한 사업으로 삼고 있다(장원석 · 이지은, 2009). 따라서 생협이나 소비자단체에서 제공하는 교육에 참여하는 것도 음식소비자로서의 역량을 키우는 좋은 방법이 된다.

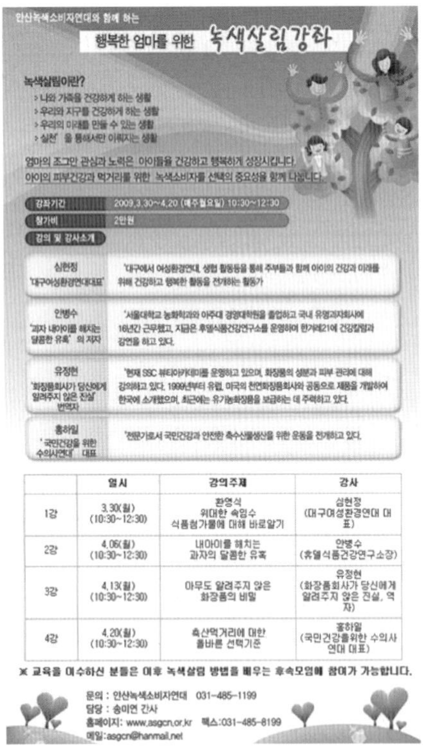

아이쿱 생협의 예를 들어 보자면, 마을모임이나 물품위원회, 이사학습회, 활동가협회 등의 모임을 통해 조합원들을 대상으로 한 정보교환과 교육이 이루어진다. 마을모임은 독서토론이나 건강과 육아에 대한 이야기를 통해 이웃과의 소통 및 치유의 자리가 되기도 하고, 서로 의지하고 배우며 소신을 지켜나가는 공동체로서의 역할을 한다. 또 건강에 좋은 요리법을 공유하기도 한다. 마을모임에 참석하는 회원들은 이웃들이 살아가는 모습을 보면서 지속적으로 안전한 음식을 먹게 하는 원동력을 얻게 되었다고 고백한다. 겉모습이 중요한 여타의 모임과 다르게 속내를 얘기할 수 있는 진솔한 모임이라는 점과 산지 견학이나 생산자 방문 등 배울 기회가 많이 주어진다는 점을 높이 평가한다. 이런 모임들을 통해서 많은 것을 배우고 의식이 바뀌며 스스로 발전해 왔다고 느끼며, "변태, 자기변화, 좀 더 가치 있는 삶, 윤리적 소비, 나를 살리고 이웃을 살리는, 스스로 서서 서로를 살리는 삶"을 살게 되었다고 고백한다.

생협 이외에도 소비자단체와 같은 NGO 등을 통한 교육의 기회도 많이 있다. 소비자시민모임, 녹색소비자연대, YMCA, YWCA, 전국주부교실, 건강가정지원센터 등에서는 농식품 안전 관련 제도, 축산물 안전성, GMO식품, 건강기능식품, 식중독, 위생, 음식태교,

이렇게 해보세요 4-5

문턱 없는 밥집에서 배워요

문턱 없는 밥집의 점심메뉴는 비빔밥뿐이다. 싱싱한 제철 음식들과 천연유기농 반찬들을 각자가 먹을 만큼 덜어서 맛있게 비벼 먹으면 된다. 이렇게 풍성한 식단의 가격은 단돈 천 원이지만, 내고 싶은 만큼 낼 수 있다. 어떤 사람은 기부도 하고, 어떤 사람은 혜택도 볼 수 있는 평화로운 밥집. 단 하나의 유의점은 음식을 절대 남겨서는 안 된다는 것이다.

문턱 없는 밥집의 모든 식재료들은 변산공동체를 비롯한 한살림, 두레생협, 팔당생명살림, 홍성유기영농조합 등을 통해 들여오는 유기농 음식으로 준비되고 있다. 그렇기에 대부분의 야채들은 껍질째 조리되어 음식물 쓰레기를 만들지 않는 방법으로 조리되며 불가피하게 생기는 음식물 쓰레기들은 지렁이 화분을 이용해 퇴비로 재활용된다. 음식물 쓰레기를 줄이고 유기농 농가를 지원하고 확대시키는 역할을 하기도 한다.

문턱 없는 밥집에서 밥을 먹으며 다음을 배워 보면 어떨까?

☑ **음식물 쓰레기 최소화하기**: 여기에선 껍질째, 꼬다리마저 사용할 뿐 아니라, 빈 그릇 운동을 하고 있다. 밥 먹은 후에 물을 부어 그릇을 헹구어 그것까지 마신다.

☑ **환경친화적으로 음식 먹기**: 단단한 채소는 물에 데쳐 기름을 적게 쓰고, 빈 그릇을 만들어 세제와 물을 적게 쓰며, 세제와 휴지, 냅킨은 친환경 제품을 쓴다.

☑ **먹을 만큼만 덜어 먹기**: 밥, 반찬과 국을 먹을 만큼만 덜어 먹는다.

☑ **소외된 이웃 생각하기**: 가난한 도시서민에게 청정한 유기농산물을 공급하는 취지에 함께한다. 밥값을 넉넉히 내면 그만큼 기부하는 것이 된다.

문턱 없는 밥집

식품첨가물, 환경호르몬, 색소, 식품표시 등 음식에 관한 다양한 교육을 주부, 아동, 노인들을 대상으로 실시하고 있다(박명희 외, 2010). "인간의 가장 기초적인 욕망인 음식, 그 욕망을 충족시키는 방법에 대해서 우리는 너무나 무식하다."는 문턱 없는 밥집 매니저 심 씨의 말을 인정한다면, 먹을거리에 대해서 많은 연구와 공부를 해야 할 필요가 있을 것이다. 우리 동네 가까이에 어떤 배움의 기회가 있는지 찾아보는 것은 어떨까?

5) 음식으로 행복 나누기

음식은 생명이며, 음식을 나누는 것은 생명을 나누는 것처럼 귀한 일이다. 사람은 누구나 음식을 먹어야 하므로, 가난한 사람도 좋은 음식을 먹을 권리를 누릴 수 있는 사회가 좋은 사회라 할 수 있다.

하지만 우리나라에는 결식인구와 좋은 음식을 접하지 못하는 절대빈곤층이 아직도 많다. 학기 중 무상으로 학교급식을 이용하는 아동은 2008년 8월 기준으로 62만여 명에 달하는데, 방학 때는 지원이 충분이 이루어지지 않아 25만 명의 아동이 결식상태에 놓이게 된다(한국일보, 2009. 1. 12). 그나마 지원받는 아동들의 편의와 정서적 측면까지 세심하게 고려하지 못해, 자발적 결식을 선택하는 아동들도 많이 있다. 학교에서 무상급식을 받게 되는 아동의 경우 또래들 사이에 무상급식자로 낙인 받는 것에 대해서 민감하게 생각하고 무상급식 사실이 알려졌을 때 수치심과 마음의 상처를 입으며, 감수성이 예민한 청소년기에는 아예 무상급식을 거부하기도 한다는 것이다(손상희 외, 2006).

음식 나눔의 근본이 사람은 누구나 음식을 먹을 권리가 있다는 인식에서 출발된다고 할 때, 급식을 제공한다는 좋은 취지에도 불구하고 어려서부터 차별과 불평등을 경험하게 하는 선별적 무상급식 문제를 인식하고, 결식아동을 돕는다는 자선의 차원이 아니라 아동의 건강권을 확보하자는 전면 무상급식이 의미 있게 생각되는 것도 이 때문이다. 공적자금 지출의 우선순위에 대해 많은 정치적 논란이 있지만, 인간의 존엄과 국민건강주권을 실현하고 또 친환경 식재료와 지역 먹을거리 활용 및 식습관 교육 등, 소비자시민성 교육의 좋은 토대가 될 수 있다는 점에서는 의미가 있다고 할 수 있다.

사람에게 음식은 가장 기본적인 필요인 만큼, 이웃과 먹는 것을 나누는 것은 마음을 나누는 따뜻한 일이다. 앞서 소개한 '문턱 없는 밥집'이 돈 없는 사람도 최상의 재료로 정성껏 조리한 음식을 먹을 수 있도록 하자는 취지를 갖고 있는 것도 가난한 자들도 생명과 건강을 지킬 권리가 있음을 자각하는 데서 가능한 일일 것이다. 짐치터 이미란 원장

이렇게 해보세요 4-6

음식정의(Food Justice) 운동 참여하기

☑ 음식정의란 누구든지 건강하고 좋은 음식에 접근할 권리를 갖고 있다고 믿고 이를 실천하는 것이다. 이는 유엔인권협약이나 식량농업기구(FAO)가 말하는 식량권의 확장된 개념으로, 안전한 식품을 안정적으로 공급받을 권리를 기본 인권으로 보는 것이다.

☑ 음식정의 운동으로는 도심 속 옥상이나 유휴지를 활용해 농산물을 생산하고 이를 저소득층 사람들과 함께 나누는 도시농업 운동뿐 아니라, 소비자시민으로서 음식정의를 위한 정책 입안, 탄원, 증언 등 법적 권리와 책임을 다하는 것을 포함하며, 미국에서 활발히 진행되고 있다.

☑ 한국에서는 일정한 금액을 지불하면 지역의 생산자로부터 지역에서 생산된 제철, 다품종 소량 생산된 유기농 먹을거리를 공급받음으로써, 다양한 토종종자를 지키며 먹을거리 주권을 찾는 것을 취지로 하는 '우리 텃밭' 운동이 있다.

☑ 결식아동이나 노숙자 급식, 독거노인 등에 대한 지원도 음식정의 운동에 속한다.

이렇게 해보세요 4-7

푸드뱅크 후원하기

푸드뱅크란 식품의 생산, 유통, 판매, 소비의 각 단계에서 발생하는 여유식품 자원을 식품 제조업체나 개인 기부자로부터 기부를 받아 소외계층에게 무상으로 제공하는 식품자원 복지서비스로서, 한국사회복지협의회, 성공회 등에서 운영하고 있다.

다음과 같은 방법으로 후원에 참여할 수 있다.

☑ **먹을거리 후원**: 가공식품, 농수축산물, 조리음식 등. 단, 유통기한이 지났거나 인체에 유해한 음식은 제외
☑ **기금 후원**: 정기 후원, 비정기 후원
☑ **자원봉사 후원**: 음식조리, 도시락 및 식자재 배달, 차량봉사 등

* 후원 신청: 성공회 푸드뱅크 www.sfb.or.kr
전국푸드뱅크 www.foodbank1377.org 및 지역푸드뱅크 등

은 건강한 자녀교육을 위해서 자녀와 함께 음식을 만들어 이웃과 나누기를 적극 추천하고 있다.

> "아이와 같이 시장에 가서 애호박을 하나 고르고, 엄마가 하는 걸 따라서 시늉 내며 호박전을 하나 부쳐서 옆집 할머니에게 갖다 드리는 경험은 사회적 친화력을 개발하고 세상을 아름답게 할 수 있는 에너지를 얻는 좋은 방법입니다. 상대방의 긍정적 피드백을 통해 남을 기쁘게 하는 것이 얼마나 행복한 일인지 배우게 되지요."

이러한 일은 주는 입장이건 받는 입장이건 어른들에게도 행복한 일이다. 인생을 살면서 어려울 때 대접받는 맛있는 음식은 나에게 존중감과 힘을 회복시켜 주는 큰 위로가 될 수 있다. 정성스런 한 그릇의 음식 나눔을 통해서 타인과 나에 대한 지각과 행

복감수성을 키울 수 있는 것이다.

그런데 남을 돕는 일은 풍성한 경제력으로 인한 것이 아니라 자신과 가족을 위한 소비에 대한 절제로부터 가능하다. 역으로, 가까운 사람들과 정을 나누고 행복을 나누는 데 힘쓰다 보면 소비에 대한 욕망이 줄어들지도 모르겠다. 때때로 사람들은 자신을 행복하게 할 만한 더 나은 어떤 것이 없을 때 소비에 집착하기 때문이다.

미국의 한 고등학교 교사 부부가 먹을거리에 대한 고민을 시작하였다. 식비는 무섭게 늘어나고, 외식은 끊기 어렵고, 건강까지 나빠지니, 지금처럼 먹다가는 큰일 나겠다는 생각이 들어 무엇이 문제인지 진지하게 들여다보기 위해 '하루 1달러로 먹고살기'라는 도전을 감행하였다. 그들이 내린 결론 중의 하나는 '건강하게 먹으려고 노력하면, 식비는 자연스레 절약된다'는 것이다. 한 주의 식단을 짜고 나서 쇼핑리스트를 만들기만 해도 식비는 줄어든다. 가공식품, 외식, 과자와 음료수만을 줄여도 알뜰한 식생활을 할 수 있다는 것이다. 그리고 그것을 자신의 삶을 풍요롭게 할 뿐 아니라 남을 돕는 데, 또는 세상을 변화시키는 데 쓰라고 그들은 제안한다(Greenslate & Leonard, 2010).

실천해 보기

1. 3절에서 제시한 '행복한 음식 소비문화 만들기' 중에서 한 가지를 실천해 보고, 느낀 점과 자기만의 아이디어에 대해 이야기해 보자.

2. 음식을 소재로 한 드라마나 영화를 보고, 거기서 말하고자 하는 음식의 의미와 행복한 음식소비에 대해 이야기해 보자.

웩, 우웩
(EBS 지식채널e, 2006년 12월 18일 방영)

학교급식에서 정크푸드를 몰아내기 위해 노력했던 제이미 올리버의 이야기

"나는 이번 프로젝트를 통해
한번 길들어진 입맛은 바꾸기 힘들다는 것과
어린 시절의 입맛이 얼마나 중요한지 깨달았다."

요리사로 유명한 제이미 올리버는 2002년 빈민층 청소년 15명을 모아 직업요리사로 훈련시킨다는 취지로 레스토랑 Fifteen을 만들어 국제적 체인을 넓혀 가던 중, 2003년 국위선양 공로로 대영제국훈장을 받은 사람이다.

그는 2005년부터 영국의 학교급식 개혁운동을 주도하였는데, 인스턴트식품에 길들어진 아이들의 입맛을 바꾸기 위해 약 6억 원의 사비를 털어 요리사를 키우고 좋은 급식재료를 공급하는 일을 시작하였다. 또한 그는 학생들이 졸업할 때까지 10개의 요리법을 배우게 하고, 요리법이 공유되어 모두가 요리를 할 수 있는 세상을 꿈꾸었다.

그의 급식 개혁운동은 영국 정부가 학교급식 예산을 늘리고 감자튀김, 탄산음료 등 어린이 비만의 주범이 되는 정크푸드와 소금 및 지방 함량이 높은 음식들을 학교급식에서 금지시키는 데 결정적 역할을 하였다.

제이미 올리버야말로 소비자시민으로서의 리더십을 보여준 사람이라 할 수 있다. 그렇다면 우리가 할 수 있는 일은 무엇일까?

강명아 · 이언수(2010). 싱글요리를 부탁해. 타임북스.

김난도 · 권혜진 · 김희정(2008). 트렌드 코리아 2009. 미래의 창.

김형곤(2004). 요리총각 김형곤의 싱글을 위한 요리법. 북하우스.

나물이(2009). 2000원으로 밥상 차리기: 서민의, 서민에 의한, 서민을 위한 요리책. 영진닷컴.

문옥표(2008). "안전한 식품"의 신화와 현실: GM 콩에 대한 한국인의 반응, 비교문화연구, 14(1), 5-41, 서울대학교 비교문화연구소.

박명희 · 손상희 · 조유현 · 이종혜(2010). 식품안전 교육자료의 수집 및 분류를 통한 계층별 소비자교육프로그램 분석 연구. 식품의약품안전청 연구보고서.

박명희 · 송인숙 · 손상희 · 이성림 · 박미혜 · 정주원(2006). 생각하는 소비문화. (주)교문사.

박재환 · 일상성 · 일상생활연구회(2009). 일상과 음식. 한울아카데미.

박정훈(2002). 잘 먹고 잘 사는 법. 김영사.

손상희 · 성미애 · 진미정(2006). 빈곤 여성가장 가계의 생활실태에 대한 질적 평가: Sen의 능력 접근을 기반으로. 빈부격차 · 차별시정위원회 연구보고서.

송경숙(2009). 외식산업의 위험 커뮤니케이션이 소비자의 심리적 반응과 태도에 미치는 영향. 한국조리학회지, 15(3), 324-343.

신지은(2009). "나 요리하는 여자야" vs. "난 요리하는 남자다", 박재환 외, 일상과 음식, 203-224. 한울.

아다치 미유키 저, 모수미 · 권순자 · 이경신 역(2000). 알고 계십니까, 아이들의 식탁. (주)교문사.

오사와 히로시 저, 홍성민 역(2009). 먹고 싶은 대로 먹인 음식이 당신 아이의 머리를 망친다. 황금부엉이.

우석훈(2005). 음식국부론. 생각의 나무.

임희진 · 박형란 · 구현경(2009). 아동 · 청소년 비만실태 및 정책방안 연구. 한국청소년정책연구원.

장원석 · 이지은(2009). 소비자생활협동조합(생협)의 성과와 과제. 한국협동조합연구, 27(1), 179-201.

조재빈(2006). 10대 청소년 식품첨가물 위험에 노출. 소비자시대, 2, 14-15.

최미경(2010). 화요밥상 이야기: 화요일 밤에 만나, 당장 만나, 민중이네 소식 첫 번째 이야기. 민중의 집.

SBS 스페셜 제작팀(2010). 밥상머리의 작은 기적: 내 아이의 미래를 결정 짓는 밥상머리 교육의 비밀. 리더스북.

Greenslate, C. & Leonard, K. 저, 김난령 역(2010). 하루 1달러로 먹고 살기. 타임북스.

Halweil, B. 저, 김종덕 · 허남혁 · 구준모 역(2006). 로컬푸드. 시울.

Nearing, H. 저, 공경희 역(2001). 헬렌 니어링의 소박한 밥상. 디자인하우스.

Oakes, M. E. 저, 박은영 역(2008). 불량음식. 열대림.

Reymond, W. 저, 이희정 역(2007). 독소: 죽음을 부르는 만찬. 랜덤하우스.

Rifkin, J. 저, 신현승 역(2002). 육식의 종말. 시공사.

Ryan, J. C. & Durning, A.T. 저, 고문영 역(2002). 녹색시민 구보씨의 하루. 그물코.

Sams, C. 저, 이경식 역(2005). 우리가 꼭 알아야 할 음식에 관한 47가지 진실. Human & Books.

Simontacchi, C. 저, 석기용 역(2009). 사람을 미치게 하는 음식들. 중앙books.

기사

공감코리아(2010). 상다리가 부러져야 좋다고요?, 8월 3일자.

오마이뉴스(2004). 패스트푸드, 칼로리가 아닌 식품첨가물이 문제, 10월 29일자.

오마이뉴스(2010). 생활 속 작은 환경운동, 탤런트 박진희, 11월 17일자.

이데일리(2006). '아동비만 조장 말라'… 美 식품광고 피소위기, 2월 20일자.

한국일보(2008). 전 세계 기아인구 10억 명 넘는다, 12월 29일자.

한국일보(2009). 결식아동 '방학 눈칫밥',1월 12일자.

MBC 뉴스와 경제(2008). 음식 낭비 돈 낭비, 7월 25일자.

SBS 뉴스추적(2010). 당신이 다이어트에 실패하는 이유, 4월 28일자.

SBS 스페셜(2009). 밥상머리의 작은 기적, 7월 26일자.

http://www.umnee.com

http://fis.foodinkorea.co.kr

사진

슈퍼사이즈 미 http://lovecinema.co.kr/bbs/board.php%3...age%3D12

Time지 www.time.com/time/covers/0,16641...,00.html

지식채널e 햄버거 커넥션 http://video.nate.com/200439910

배우 박진희 http://www.ohmynews.com/NWS_Web/View/at_pg.aspx?CNTN_CD=A0001478011& PAGE_CD=N0000&BLCK_NO=3&CMPT_CD=M0001

화요밥상 http://jinbohouse.net

요리책들 www.kyobobook.co.kr

아이쿱 생협 윤소맘 www.icoop.or.kr

녹색소비자연대 www.gcn.or.kr

Chapter 5

주거 소비문화

우리는 사는 지역과 집 소유 여부, 주택 형태에 따라 계급과 신분이 정해지고, 삶의 질마저 저당 잡히는 시대를 살고 있다. "어디 사세요?" 라는 질문은 "현대판 호패" 인 양 우리를 불편하게 한다.

— 경향신문 특별취재팀(2010)

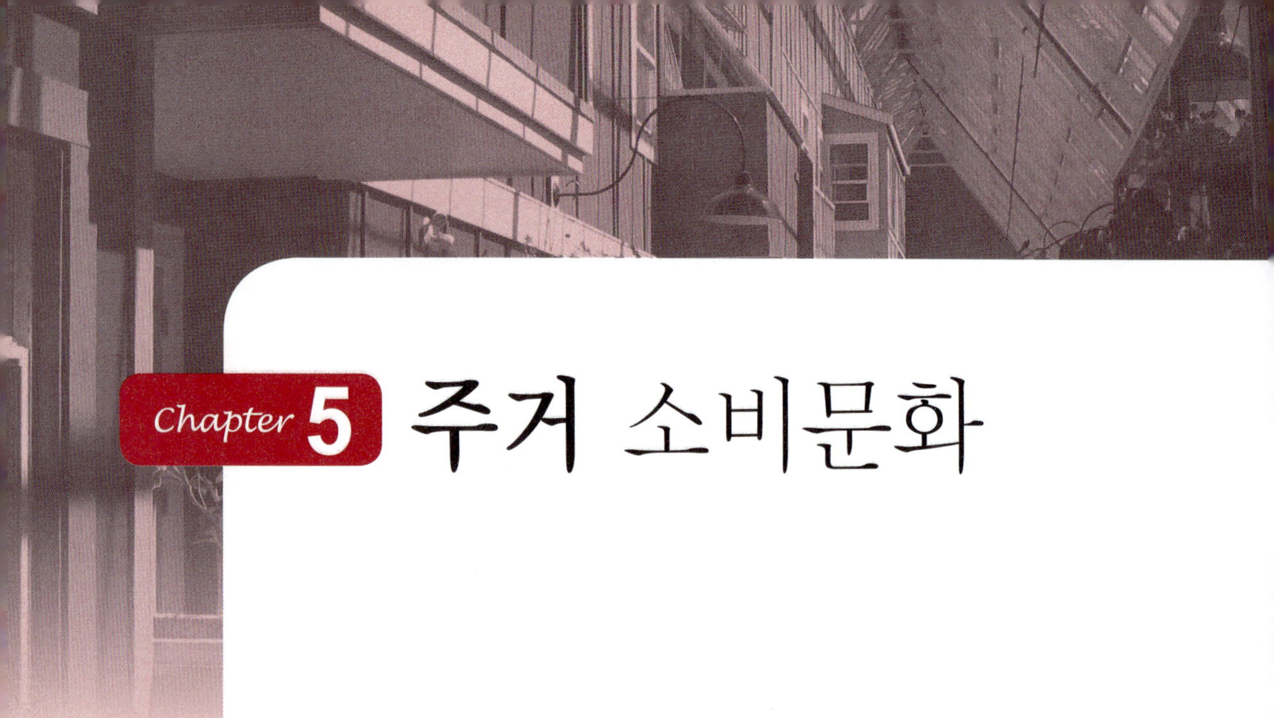

Chapter 5 주거 소비문화

한국 사회에서 주거 문제에 대한 논의는 거의 하루도 빠짐없이 언론이나 방송매체에서 거론되고 있다. 주택 가격의 폭등과 하우징 푸어, 도시 빈민이나 노숙자 문제, 아파트의 관리 비리, 주거권 등 그 주제도 다양하다.

과연 소득 2만 불 시대에 돌입하고 전체적인 생활수준도 높아졌다고 하는데 우리들의 집은 행복한 생활을 위한 보금자리로서 부족함이 없는가? 또한 복잡하고 다양한 주택시장에서 소비자들은 현명하고 윤리적인 선택을 하고 있는가?

한국 사회에서 주거공간은 기능적 가치, 소유가치, 투자가치, 상징가치 등 다양한 사회적 의미가 부여되고 있다. 대부분의 사람들은 일생을 통틀어 집을 마련하는 데 가장 큰 비용을 지불하고 있으며 주택마련 계획과 수행과정은 일생을 통한 하나의 과업으로 각인되고 있다. 저소득층의 열악한 주거환경 개선을 위한 정부의 지속적인 정책적 배려가 이루어진다고는 하나 적정한 주거수준에 도달하기에는 요원한 실정이다. 그러나 한편에서는 과시적인 주거소비가 이루어지고 이를 위한 과도한 지출은 가계에 막대한 부담이 되어 생활의 안정을 파괴하기도 한다. 우리의 주거소비 행태를 성찰하고 이를 통하여 행복한 주거소비를 위한 대안을 함께 마련해 보고자 한다.

1 무엇이 문제인가?

1) 이해하기 어려운 주택시장

오늘 우리가 주택 구매를 위하여 적절한 주택을 주택시장에서 찾아본다고 가정해 보자. 일반적으로 주택시장은 주택 거래가 이루어지는 장소를 뜻하는데, 다른 물건이나 서비스 시장과 마찬가지로 주택의 생산과 공급 그리고 소비가 이루어지는 장소이다. 대부분의 가정에서는 주거 서비스 구매비용을 최대한 효율적으로 활용하기 위하여 주변의 주택시장에서 주택에 관한 다양한 정보탐색을 시도한다. 그러나 우리가 접하는 주택시장의 구조는 매우 복잡하고 경제적인 상황이나 정치적인 목적에 따라 매우 유동적으로 변하므로 이를 이해하고 소비자로서 의사결정을 하는 데 어려움이 많다.

울산의 한 민영주택 분양을 위한 모델하우스에서 분양 신청을 검토하는 주민들

주택은 다른 상품들과는 상이한 특성을 가진다

현대사회에서 주택은 개인이나 가족의 삶을 영위하기 위하여 필수적으로 요구되는 상품이며 내구성 소비재이다. 주택을 선택할 때 소비자는 주택 자체보다 주택이 제공하는 서비스를 기대하고 주택을 구매 또는 임차를 하게 된다. 그러나 주택은 매우 복잡하고 다양한 요소로 구성되어 여러 가지 서비스를 동시에 제공하므로 소비자가 원하는 서비스만을 선택해서 구입할 수 없고, 서비스의 묶음인 한 단위의 주택을 구입해야 한다. 또한 다른 상품과는 달리 고가이며 거래 시에 복잡한 법적인 과정을 거치고 거래 비용도 많이 든다.

이러한 주택의 고유한 특성과 가격 결정요인의 다양성 및 사회경제적 중요성 때문에 주택시장은 다른 시장과 비교해 볼 때 비신축성, 불안정성, 지역성으로 인한 시장의 분화, 금융의 중요성, 광범위한 정부 규제 등의 영향을 받는다는 특성을 갖게 된다(주거학연구회, 2005).

주택시장은 단일화 시장이 아니라 세분화되어 있다

주택시장은 시장의 공간적 범위에 따라 개별시장, 하위시장, 전체시장으로 분류할 수 있다. 개별시장은 개별주택마다 형성되는 시장이고, 하위시장(sub-market)은 개별시장과 전체시장의 중간규모이다. 주택시장에 전문화가 진행되면, 다양하게 구분된 수요에 따라 전체 주택수요는 세분화되며, 이에 따라 입지선정의 차이에서 생기는 지역별 하위시장뿐만 아니라 거래되는 주택의 위치·용도·규모·질·점유형태·권리형태·가격수준별 각각의 하위시장이 형성되어 시장의 세분화가 이루어지는 것이다(주거학연구회, 2005).

이렇게 세분화된 하위시장에서 임대주택의 경우를 보더라도 민간이 운영하는 전세 또는 월세 등의 임대주택과 정부의 주도하에 운영되는 공공임대 주택이 있으며 특히 공공임대 주택의 경우에는 복지적인 성격이 강하므로 입주자의 자격이 매우 제한되어 있다. 그러므로 임대주택시장은 민간부문의 시장과 공공부문의 시장이 따로 존재하며 공공의 경우 그 종류도 다양하고 명칭도 일반인들에게는 생소한 경우가 많다.

예를 들어, 서울시에서 새로 제공하고 있는 시프트(장기전세주택)는 많은 사람들의 관심을 끌고 있으나 이러한 임대주택이 제공되는 지역도 한정되어 있을 뿐 아니라 여기에 입주할 수 있는 주민의 자격 조건도 제한되어 있어 이 주택은 제한된 시장을 형성하고 있다고 볼 수 있다.

주택시장은 정부의 간섭으로 완전경쟁이 불가능하다

주택시장은 자유경제체제 속에서도 정부의 간섭으로 자주 바뀌는 부동산 관련 조세, 금융 정책으로 인한 수요와 공급의 불균형 등으로 인해 완전경쟁이 이루어지지 못하고 불완전한 상태로 나타난다. 정부는 주택시장의 수요 또는 공급을 조세, 금융정책, 또는 법규 등을 통하여 조정하기도 하고 통제하기도 한다. 따라서 주택시장은 정부의 다양한 정책에 따라 크게 영향을 받게 되므로 소비자의 입장에서는 정부의 주택정책에 특별한 관심을 기울이게 된다. 서구의 여러 나라에서는 시민들이 선거에 참여할 때 그 정당의 주택정책에 대하여 큰 관심을 가지므로 각 정당은 주택정책을 수립할 때 각별한 노력을 기울이고 있다.

최근에 주택관련 조세제도도 여러 번 바뀌었으며 양도소득세, 부동산 종합소득세 등의 내용에 따라 주택시장의 활성화 정도도 크게 영향을 받았다. 또한 주택 금융 분야에서도 금리의 조정이나 대출금의 한도 규제가 시장에 큰 영향을 미쳤다.

주택시장에서 기업의 마케팅 전략도 점차 확대되고 있다

2000년대 이후 주택시장이 소비자 중심의 양상을 보이면서 주택 건설업체들은 주택의 품질향상 노력과 함께 주택의 차별화를 위해 브랜드를 도입하게 되었다. 과거에는 아파트와 같은 주택은 시공회사의 이름이 중요했고 별도의 명칭은 관심대상이 아니었다. 그러나 분양가 자율화 이후 주택의 품질 및 혁신에 대한 노력 여하에 따라 기업은 높은 부가가치를 창출할 수 있게 되었고 이러한 노력은 주택의 차별화 경쟁을 가져왔다. 그리고 차별화된 상품의 가치를 부각하는 전략으로 브랜드를 개발하고 대형 건설사들은 광고를 통하여 주택에 대한 서민들의 욕망을 키우는 데 일조한 측면이 있다.

> "광고 문구들을 보자. 자기네 40층 아파트가 들어오면 온 도시가 푸른 녹지로 변한다고 생떼를 쓰는 회사도 있다. 가우디가 지은 성당 이름과 똑같이 지어놓고 자기네 아파트가 가우디의 명품과 같다는 회사도 있다.… 나는 우울할 때면 아파트 광고를 본다."
>
> (경향신문 특별취재팀, 2010).

그러나 최근의 주택 브랜드 선호 경향은 기존 대형업체의 기업 이미지나 상호명에 많은 영향을 받고 있고 이러한 브랜드 주택이 투자가치에 안정적이라는 판단에 의해 소비자들의 선택이 이루어진다(주거학연구회, 2004).

하지만 주택상품 광고들을 살펴보면, 겉으로는 광고의 대표 배우들이 다양하듯 그 이름과 주제도 다양해지고 날로 모델하우스들이 화려해지지만, 실제로 기본적인 개념과 그 아이디어들이 매우 제한적이며 실제 주택의 특성을 알려주는 정보는 거의 없다. 다만 그 포장의 느낌과 형태만이 달라서 그 속에서 소비자의 주거선택 행위는 날로 어려워지고 있다.

2) 주택 소유에 대한 문제

주택을 소유하고 그 주택이 한 개인의 재산이 된다는 것은 무엇을 의미하는가? 주택을 소유한다는 것은 우선 이러한 소유를 통하여 어떤 이익을 이끌어 내리라고 하는 기대를 의미한다. 특히 이러한 주택은 자유시장경제 체제 속에서 하나의 상품으로, 필요한 경우 화폐로 전환될 수 있다. 화폐의 소유가 그 소유자에게 엄청난 사회적 권력을 부여한다는 것은 설명할 필요가 없다. 이러한 기대는 법에 의해 보장을 받는다. 즉, 주택을 소유함으로써 갖게 되는 재산권은 배타적인 개인의 권리로 주택을 사용하고 이득을 취할 때 타인을 배제할 권리를 법적으로 보장받음을 의미한다.

자가 소유가 개인의 중요한 재산이 된다는 점 이외에도 개인과 지역사회에 여러 가지로 이득이 된다는 주장은 널리 알려져 있다. 개인적인 차원에서 자가에 거주하게 되면 안정감, 행복감, 사회적 소속감, 자녀의 학업성취도, 개인의 자존감, 가족 간의 갈등 감소 등 다양한 장점이 있는 것으로 알려져 있다(남원석, 2010; 주거학연구회, 2005). 지역사회에서 자가 소유자들의 행태를 살펴보면 범죄나 반사회적 행동이 줄어들고 주택 관리를 잘 하여 주변 환경 개선 효과가 큰 것으로 나타나고 있다.

우리 사회에서 내 집 마련의 욕구는 남다른 면이 있으며 이와 관련된 원인은 주거 안정과 관련되어 있다. 가장 근본적인 문제는 안정적인 거주를 위하여 소유 외에는 별다른 선택의 여지가 없다는 것이다. 다른 나라에 없는 전세 제도가 있기는 하지만 이것은 어디까지나 주택 소유자와 임차인의 개별 계약관계에서 거주 안정이 좌우된다. 즉, 주택 소유자의 의도에 따라 주거 안정이 보장될 수도 있고, 2년마다 이사를 다녀야 할 위험도 있다. 임대차보호법이 있으나 이는 강제성이 없어 유명무실하고 결국 임차인 입장에서는 주거 안정의 선택을 주도적으로 할 수 없다는 점 때문에 상대적 박탈감을 느낄 수밖에 없다(제윤경, 2010).

자가 선호에 대한 학자들의 견해

자가 선호에 대한 학자들의 견해는 다양하다. 우선 자가 선호를 인간의 가장 자연스러운 욕구로 설명한 사운더스(Sounders, 1990)는 자신만의 영역을 만들고자 하는 바람과 소유 본능 때문에 인간은 자가를 선호한다고 주장하였다. 그러나 한편 자가 선호가 자연스러운 현상이라는 논의에 대하여 케미니(Kemeny, 1981)는 의문을 제기하고 이를 사회질서와 자본주의적 사회경제체제를 유지하기 위해 정책적으로 의도된 결과로 설명하기도 하였다. 즉, 자가 소유가 개인을 임금노동 등 자본주의적 사회질서로부터 이탈하는 것을 방지하고 지배계급의 가치를 퍼트리는 기능을 수행한다고 하여 이를 자본주의 사회를 유지하는 사회적 시멘트(social cement)로 표현하였다(남원석, 2010).

서구의 자본주의 사회에서 주택의 소유는 19세기 말과 20세기 초 노동자들의 파업과 함께 관심을 끌게 되었다. 기업을 경영하는 사람들은 노동자 문제를 해결하기 위하여 주택 소유를 하나의 해결책으로 생각하게 된다. 즉, 좋은 집을 가진 안정된 노동자는 좋은 노동력을 제공하게 된다고 하여 노동자들에게 주택의 소유를 권장하고 대부분의 근로자들은 임금의 일부를 주택구입에 사용하게 된다. 한편 정치 · 경제학적인 견해에 의하면, 이러한 주택 소유는 근로자들의 안정성과 보수주의를 증진시켜 노동자들의 결속을 손상시키므로 자본주의에 기능적인 측면으로 작용한다고 보았다(주거학연구회, 2004).

자가 소유에 대한 자본주의적 체제 유지의 성격에 대한 이러한 시각에도 불구하고 우리의 현실에서는 자가 소유의 확대가 주택정책의 핵심으로 설정되어 왔다. 미국 및 유럽의 여러 나라들도 주택담보대출의 확대, 세제 혜택, 임대주택 분할불하 등 자가 주택의 확대를 위하여 꾸준히 노력하는 한편, 1980년대 이후에는 공공주택에 대한 보조 축소로 상대적으로 자가 주택의 공급에 치중하는 모습을 보이고 있다.

주택을 소유하고 있는 사람들은 누구인가?

국토연구원이 발표한 '2008년도 주거실태조사' 결과에 따르면 전국의 주택 가운데 집주인이 직접 거주하는 자가 주택 비율은 55.6%였고, 전세 22.4%, 월세 17.2%, 무상임대 3.1% 등이다. 이러한 자가 거주비율은 미국(68%), 일본(66%) 등 선진국보다 낮은 실정이다.

서울에서 집주인이 직접 거주하는 자가 주택 비율은 더욱 낮아 44.6%, 타가는 55.4%로 절반 이상은 전세나 월세 등을 주며 생활하고 있다. 특히 서울에서 강남구 등 6개구와 경기 과천시는 자가 주택 비율이 40%에도 못 미쳤다. 서울의 자가 주택 비율이 전국 평균보다 낮은 것은 주택을 실거주 목적으로 소유하고 있는 가구보다 투자나 임대수입을 위해 보유하고 있는 사람들이 상대적으로 많기 때문인 것으로 파악된다(국토연구원, 2009).

그렇다면 우리 사회에서 주택을 소유하고 있는 사람들은 누구인가? 우리나라의 재산법은 사유재산제도에 기초를 두고 있으므로 가족의 가장 큰 재산으로 중요한 의미를 가지는 주택은 누구라도 자기의 이름으로 취득할 수 있고 이를 처분할 수도 있다. 이러한 내용을 추상적으로 보면 주택 소유의 기회는 남녀 모두에게 동등하게 주어져 있다. 그러나 실제로 여성이 주택을 소유할 수 있는 가능성은 남성에 비하여 매우 낮다. 결혼할 때 우리나라에서는 관습적으로 남자들이 주택을 마련하는 경우가 많으며 이러한 관례는 결혼 후에도 지속되는 경우가 많다.

공공임대 주택의 부족과 선택의 제한

선진국의 경우에는 공공임대 주택의 비율이 상대적으로 높아 선택의 폭이 넓다. 특히 우리나라에서 총 주택에 대한 공공임대 주택의 비중은 4.7%로 영국(19.2%)이나 프랑스(17.0%), 네덜란드(34%)와 비교하면 턱없이 낮다. 게다가 저소득층만 이용하는 것으로 인식되면서 문제가 생긴다. 공공임대 아파트에 사는 아이가 학교에서 따돌림을 당하거나 주변 일반아파트 사람들의 눈총을 받는 일도 적지 않다.

반면 선진국의 경우 공공임대 주택단지 임대료가 입주가구의 부담능력에 따라 결정되기 때문에 저소득층만 이용하지 않아 극단적인 저소득층의 구분이 어려워 계층 간의 통합이 가능하다. 이 때문에 주거문제를 내 집 마련과 공공임대, 민간임대라는 다양한 대안 가운데 하나를 선택하는 것으로 해결할 수 있다. 따라서 주택 선택의 폭이 넓어지면서 내 집 마련에 대한 욕구는 각자의 재정상황이나 재무계획, 다른 욕구 실현과의 순위 조정 등에 따라 합리적인 방식으로 정리된다.

그러나 우리의 경우 취약한 공공임대 주택정책과 그에 따라 활성화되지 않은 민간임대 주택시장 등의 이유로 주거형태를 선택하는 데 제한적이다. 공공주택 공급의 결핍으로 모두가 내 집 소유에 대한 길에 내몰린다. 그리고 내 집을 소유한 사람은 돈을 버는 내내 빚을 갚으며 살아야 하고 내 집을 소유하지 못한 사람들은 깊은 좌절감에 빠진다(제윤경, 2010).

3) 주택의 성능을 평가하는 기준은 있는가? 문제가 있을 때 하자보수는?

우리는 어떤 물건을 구입할 때 우선 보증서를 보고 그 성능이나 품질을 알게 된다. 만일 자동차를 산다면 디자인뿐 아니라 연비나 에너지 사용, 안전성 등을 따져서 검토해야 할 기준이 많다. 소비자의 입장에서 보면 주택과 같은 고가의 상품을 선택할 경우 물건의 보증을 원하는 것은 당연한 일일 것이다. 또한 구입한 후에 품질에 문제가 있을 때 보수를 받을 수 있어야 한다.

주택 건물 인증제도

이미 서구에서는 건물의 성능에 대한 기준의 마련과 이를 인증하는 제도가 실시되고 있어 일반인들도 이러한 기준에 대한 기본 지식을 가지고 있으며, 나아가 스스로 이러한 기준에 맞게 자신들의 집을 개축하려는 시도도 활발하게 진행하고 있다.

미국의 경우 에너지스타빌딩이라는 에너지 관련 인증제도와 LEED라는 그린빌딩 등급시스템을 제도화하여 운영하고 있으며, 영국도 에너지성능등급인증제인 EPC와 BREEAM이라는 친환경 인증제도를 실시하고 있다.

최근 우리나라에서도 주택 품질과 관련된 다양한 인증제도를 실시하고 있다. 그중에서도 주택성능등급표시제는 2006년부터 실시하고 있으며 1000세대 이상의 주거단지일 경우 의무적으로 인증표시를 하게 하고 있다. 주택성능등급은 말 그대로 아파트의 전반적인 성능을 나타내는 것이다. 소음 · 구조 · 환경 · 생활환경 · 화재소방 등 5개 분야별로 등급이 표시된다. 가령 화재소방등급이 가장 낮은 4등급이라면 상대적으로 화재 등에 취약할 수 있다는 의미이다(조인스랜드뉴스, 2009. 8. 15).

이 같은 인증제도는 대개 예비 인증과 본 인증으로 나뉜다. 예비 인증은 건설업체가 아파트를 짓기 위해 만든 설계도를 가지고 미리 받는 것이다. 이후 아파트가 완공되면 본 인증을 받게 된다. 건설업체들은 대개 예비 인증을 받아 이를 분양 판촉 때 활용한다. 주택성능등급을 제외하고는 임의제도지만 업체들이 앞다퉈 다른 인증을 받는 것도 분양 때 유용하게 쓰이기 때문이다. 아파트 분양 광고에서 최근 '초고속정보통신건물인증 1등급, 친환경건축물인증 우수등급 예비 인증' 등의 문구를 볼 수 있다. 이는 이 아파트단지가 인증제도를 이용해 성능을 확인받았다는 의미다. 때문에 아파트 인증제도를 잘 살펴보면 해당 아파트의 품질 등을 알 수 있으며 에너지효율이 높은 아파트는 입주 후 관리비를 절약할 수 있다.

현재 공동주택 건설 관련 인증은 친환경주택건설기준, 주택성능등급표시제도, 친환경건축물인증, 에너지효율등급인증, 지능형건축물인증제도 등 5개가 있으며 유사 · 중복적 기능이 많아 이를 단순화시켜야 한다는 주장이 있다. 공동주택 건설과 관련하여, 그동안 중복적인 내용으로 시행되어 온 인증제도는 앞으로 '에너지절감'과 '친환경' 등 2개로 통합될 전망이다.

이상에서 언급한 아파트 인증제도는 모든 아파트 단지에서 실시하는 것이 아니며 의무적으로 적용해야 하는 것은 주택성능등급표시제도로 1,000가구 이상의 주택단지에서만 적용된다. 따라서 대부분의 단독주택이나 소규모 주택단지의 건물들은 이러한 인증 의무대상에서 제외되고 있다. 따라서 소비자는 대부분의 기존 주택을 구매 또는 임차할 경우 대상 주택의 성능에 대한 평가를 거주자, 또는 임대자가 제공하는 한정된 정보에 의존할 수밖에 없다. 더구나 자가 주택 마련방법으로 2008년의 통계를 보면 기존 주택을 구입하는 가구가 54.34%로 신규분양(25.34%) 주택을 구매하는 가구의 2배가 넘었으므로 이러한 기존 주택을 구매하는 소비자들은 거의 주택성능에 대한 기본적인 정보도 없이 주택을 구매하는 실정이다(국토연구원, 2009).

아파트의 하자보수 문제

아파트를 구입한 후 입주 후에도 다양한 하자를 발견하는 소비자들은 이를 처리하는 데 어려움이 많다. 아파트의 하자보수 문제는 끊임없이 논란이 되고 있으며 하자보수의 법적 책임기간도 건물의 주요 부분인 기둥이나 내력벽의 경우 10년까지로 규정이 되어 있으나 이러한 내용을 소비자들이 잘 모르는 경우가 많다. 대부분 하자보수의 내용이 복잡하여 입주자와 건설사의 분쟁은 그 해결이 어려운 실정이다. 실제로 아파트의 하자보수는 입주 후 건설사들이 해주도록 되어 있으나 건설사들의 부도와 경영난 등으로 입주 후 발생한 하자를 제대로 처리하지 못하는 보증사고가 급증하고 있다. 하자보수보증은 건설사가 아파트를 준공, 입주시킨 뒤 발생한 하자를 제대로 처리하지 못할 경우 대한주택보증이 대신해 하자를 보수해 주는 제도다.

대한주택보증에 따르면, 2010년 들어 지난 2월 말까지 하자보수보증 사고로 분류된 아파트는 총 2만 800가구로 2009년 같은 기간(8,000가구)에 비해 2.6배나 늘었다. 대한주택보증은 아파트 분양보증 때 하자보수보증 수수료를 받는 대신 건설사가 부도 등으로 하자보수를 해 주지 못하면 보수에 필요한 자금을 아파트 입주자에 지급하거나 직접 보수를 해준다. 아파트 하자보수보증 사고는 2006년 1만 가구에서 2007년 2만 4,300가구로 소폭 늘어난 뒤 글로벌 금융위기가 불어닥친 2008년에는 7만 2,000가구로 급증했다. 이어 2009년에는 5만 7,000가구로 줄었다(파이낸셜뉴스, 2010. 3. 10).

최근 대우트럼프월드 주상복합 아파트의 입주자 대표회의는 하자보수 문제로 건설사와의 장기간 법정 공방을 벌려 소송 후 1년 5개월 만에 법원의 조정결정을 받아 피해액 13억 5여만 원을 보상받게 되었다. 그러나 이 과정은 매우 복잡하고 수없이 많은 입주자 회의를 거쳤을 뿐 아니라 다양한 전문가들의 조직적인 도움이 필수적이었다. 우선 이 분야의 전문적인 경험이 있는 변호사를 선임하고 전문 회사의 하자조사 보고서를 만들어 법원에 제출하였다. 또한 법원은 다시 법원이 지정한 감정인의 감정보고서를 접수받아 이를 조정하게 하였다. 법원은 중간에 화의조정을 위한 회의를 주재하고 합의를 종용하였고 이를 근거로 법원은 조정결정문을 통하여 조정결정액을 정하여 통고하였다. 이 아파트의 경우에는 입주자대표회의의 위원들이 문제해결을 위하여 헌신적으로 여러 가지 관련 일을 하였으며 일의 과정을 공개하고 투명하게 처리하여 주민들의 신뢰를 바탕으로 이러한 일들을 수행할 수 있었다.

4) 너무 비싼 집

과연 모두들 우리나라의 주택 가격이 비싸다고 하는데 우리의 주택 가격 수준은 어느 정도나 될까? 한 사회에서 소득 대비 주택 가격은 사람들이 주택을 마련할 수 있는 경제적인 능력을 가늠하는 척도가 된다. UN HABITAT(유엔 정주권 회의)는 정상적으로 주택을 구입하기 위해서 소득 대비 주택 가격 비율, 즉 PIR의 적정수준을 3-5배 정도로 보고 있다. 소득 대비 주택 가격 비율(Price to Income Ratio · PIR)은 특정 지역이나 국가의 평균 수준의 주택을 연 평균 소득으로 구입하는 데 걸리는 시간을 의미한다. PIR이 10배라면 10년치 소득을 모두 모아야 주택 한 채를 살 수 있다는 뜻이다. 국민은행 조사에 따르면, 우리나라에서 최근 집값이 뛰면서 2006년 10월을 기준으로 2008년 12월 말까지 총 20.6%가 상승하였다. 이와 함께 전국 기준 소득 대비 주택 가격의 비율을 나타내는 PIR(Price to Income Ratio)지수도 급격하게 상승했다.

우리나라는 중위수(median, 중앙값) 기준의 전국 PIR이 2008년 4.3배인 점을 볼 때 이러한 수치는 적정 기준보다 높은 실정이다. 이는 일반 직장인 가구주가 4.3년 동안 월급을 한 푼도 쓰지 않고 모아야 집을 한 채 살 수 있음을 의미한다. 더 나아가 집값 상승폭이 컸던 수도권은 2006년 5.7배에서 2008년에는 6.9배로 증가했다. 특히 서울의 PIR은 2006년 7.5배에서 2008년 9.7배로 증가하였으며 이 비율은 뉴욕(7.9배), 런던(6.9배), 시드니(8.5배) 등 세계 주요 도시보다 높은 수준이다(국토연구원 2009).

이러한 지수를 비교해 볼 때 우리는 세계적으로 매우 비싼 주택을 구매해야 하는 국가에 살고 있으며, 따라서 주택 마련에 드는 비용이 지나치게 커서 가계에 미치는 경제적인 부담이 크다는 것을 알 수 있다.

주택 가격의 상승은 일반적으로 가계부채와 관련이 있으며 우리 가계의 소득 대비 가계부채 비율이 미국, 일본보다도 높은 것으로 나타났다.

한국은행이 발표한 통화신용정책보고서에 따르면, 우리나라의 가처분소득 대비 가계부채 비율은 2009년 기준 153%로 영국(161%), 호주(155%)와 더불어 세계적으로 높은 수준인 것으로 나타났다. 가계부채의 증가 속도도 평균 이상이었다. 우리나라의 최근 9년간(2000~2009년) 가처분소득 대비 가계부채 비율 변동폭은 56.8%포인트로 미국(27.5%포인트), 일본(-9.0%포인트) 등과 대조를 보였다.

최근의 조사에 의하면 가계의 대출 중 주택담보대출 비중은 2008년도 61%에서 2010년도에는 65.5%로 증가한 것으로 나타났다(박재룡, 2010).

결국 우리나라에서는 가계대출 비율이 상대적으로 높으며 이 중 주택담보대출의 비율은 더욱 커져서 가계의 소비생활에 큰 부담이 되고 있음을 알 수 있다.

알고 계십니까 5-1

도시 근로자가 저축해서 서울 강남에 아파트 한 채를 사려면 얼마나 걸릴까?

국회 국토해양위 정희수 의원이 서울 시내 아파트 시세와 도시 근로자 평균 임금을 분석한 결과에 따르면, 올해 상반기 서울 지역 평당 평균 아파트 시세는 1천698만 원으로 전국 평균 809만 원보다 2배 이상 높았다.

같은 기간 강남의 평당 아파트 시세는 3천266만 원으로 서울 평균보다 2배 가까이 높았다. 그러나 도시 근로자 가구의 지난 2분기 연 근로소득은 3천915만 5천 원, 연 저축 가능액은 953만 1천 원이었다. 이에 따라 2009년 현재 일반 정기예금 금리를 고려해 서울 지역 아파트 33평(5억 6천만 원)을 구입하는 데 걸리는 기간은 37년 5개월이었으며, 같은 평형의 강남 아파트(10억 7천800만 원)를 구입하는 데는 56년 1개월이 걸리는 것으로 조사됐다.

정 의원은 "도시 근로자는 평생 저축해도 집 한 채 장만하기가 어려우며 소득에 비해 지나치게 집값이 높은 것으로 드러났다."면서 "전세비를 포함해 집값 현실화를 위해 정부가 적극 나서야 한다."고 말했다.

(연합뉴스, 2009. 10. 4)

5) 과시적인 전시장

현대의 개인주의 사회에서 지위의 표현은 자신의 정체감을 알리는 대상물에 의존하는데 특히 주택은 사적인 생활을 외부인에게 공개하는 장소이므로 개인의 정체감을 알리는 대상물로서 대단히 중요하다.

주거공간은 소비재를 보호하고 담아둘 수 있는 용기이며 동시에 전시용 진열장이 되기도 한다. 주거의 디자인은 서구적인 형태를 받아들이고 서구스타일의 가구를 그 속에 배치는 일이 일반화되고 있다. 실제 한 조사연구에서도 주거공간이 사회적인 지위를 나타내므로 남 보기에 좋아야 한다고 생각하는 주부는 75%에 달하고 있으며 미혼의 딸들 중 67%, 남편들 중에는 62%가 이러한 생각에 동의하고 있음이 밝혀졌다. 즉, 우리 사회에서 주거는 사회적인 지위를 나타내는 중요한 기능을 하고 있다고 볼 수 있다(주거학연구회, 2004).

여성 잡지나 방송매체들은 중산층의 여성에게 자신을 표현하는 다양한 주제를 제시하고 주택 공간에 특별한 분위기를 구성하도록 부추긴다. 한편, 어떤 효과적인 수단을 동원해서라도 판매를 해야 한다는 것이 최우선의 도덕이 된 우리 사회에서 광고는 이러한 소비를 위한 중요한 사회제도로서의 기능을 한다. 따라서 주택이나 실내 장식을 위한 광고에 의한 판매는 유용성에 의해서가 아니라 이미지나 환상에 의해서 이루어진다.

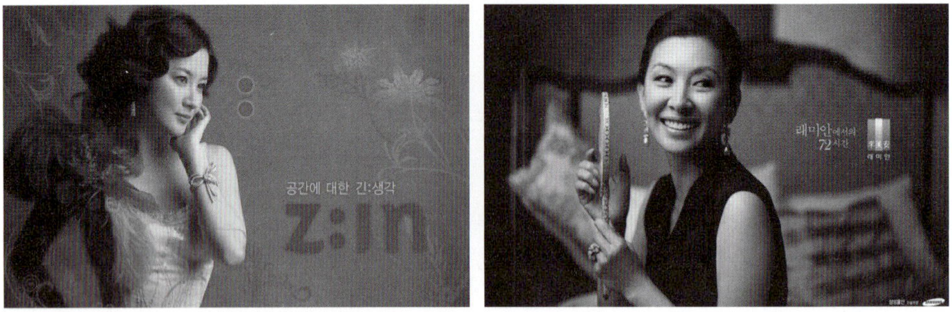

아파트 광고

실제로 위의 광고에는 주택의 성능이나 형태를 보여주는 어떠한 근거도 없다. 단지 매우 아름다운 여성이 행복한 미소를 짓고 있을 뿐이다. 여기에서 유명한 모델들은 지위와 품격을 나타내는 의상을 착용하고 미소 짓는다.

결국 이 주택을 사는 사람의 신분이나 사회적인 지위와는 아무 상관없이 이 주택은 고품격의 지위를 제공한다는 것이다. 이러한 광고를 통하여 신분 위세적인 소비를 부추기는 것은 내구성 소비재의 판매 전략에서 일반적으로 볼 수 있는 내용들이다.

2 주거 소비문화 들여다보기

1) 하우징 푸어와 작은 집의 행복

미국에서 2007년 사회 전체를 뒤흔든 서브프라임 모기지론 사태는 미국의 경제적인 기반을 위협할 만큼 막대한 경제적 피해를 입혔다. 초기에 이 서브프라임 모기지론은 수익률이 높았기 때문에 헤지펀드나 세계의 여러 금융업체들이 막대한 금액을 투자했는데, 미국의 집값이 하락하면서 서브프라임 모기지 대출자들이 대출금을 상환하지 못하게 되었고, 결국 2007년 4월에 미국 2위의 서브프라임 모기지 회사가 부도 처리되었다. 미국에서의 이러한 경험은 우리에게도 시사하는 바가 크다.

우리나라에서도 분수에 넘치는 주택 소유에 대한 집착과 미래의 자산으로서의 투자로 생각하는 주택 구매행동으로 소득에 비해 지나치게 비싼 주택을 산 가구들은 소비생활에 큰 경제적 어려움을 겪고 있다.

세계적인 금융 위기 이후에 아파트 거래 침체가 심각한 사회적 문제로 떠오르고 있다. 주택 가격이 떨어지는 것뿐만 아니라 팔리지도 않고, 새 아파트에 입주하지 못해 빚더미에 허덕이는 하우징 푸어의 비명이 이곳저곳에서 터져 나오고 있는 것이 현실이다. 하우징 푸어는 부동산 가격의 고점기에 무리하게 빚을 내 집을 샀지만, 집값이 떨어지면서 경제적, 심리적 고통을 겪고 있는 가계들을 말한다. 이미 수도권에서만 줄잡아 100만 가구로 추정되지만, 주택 가격 하락세가 지속될 경우는 더 늘어날 것으로 예상된다(김부성, 2010).

과도한 대출 받아 산 아파트

중소기업에 다니는 직장인 임상윤(가명, 35세) 씨 부부는 집이 있고 두 사람의 월 소득을 합치면 400만 원이 조금 넘는다. 하지만 늘 쪼들린다. 한 푼이라도 아껴 보려고 즐겨마시던 원두커피를 끊고, 좋아하는 술은 한 달에 한 번 날을 잡아서 마신다. 월급 통장에 돈이 들어오기가 무섭게 모기지론 상환금으로 월 160만 원씩 빠져나가기 때문이다. 이들이 아파트를 구입하기 위해 받은 대출금은 1억 2000만 원으로 원래 있던 전세금과 저축을 합쳐 주택을 구입하는 데 2억 6000만 원이 들었다.

모기지론 상환금에다 건강보험료와 연금보험료 80만 원을 빼면 통장 잔액은 180만 원이다. 교통비와 점심값, 휴대전화료, 식비, 관리비, 각종 공과금을 빼면 여윳돈이 없다. 극장 가본 지가 오래고 점심 후 커피전문점에 들르던 습관도 접은 지 오래다. 최근 집값은 2000만 원이나 떨어졌다. 비정규직인 아내는 재계약이 불투명한 상황이다. 혼자 벌어서는 영락없는 마이너스 인생인데 어떻게 해야 할까.

(경향신문 특별취재팀, 2010)

작은 주택에서 여유 있는 생활을

서울 서초구 방배동의 198m²(약 60평) 아파트에 사는 최모(59) 씨는 인근 소형아파트로 이사할지 고민하고 있다. 두 딸이 모두 결혼해 부부만 살기에는 집이 너무 크고 관리비도 많이 나오는 데다 은퇴 이후 고정적인 수입도 필요하기 때문이다. 최 씨는 "집 크기를 줄여 남은 돈으로 상가나 오피스텔을 사서 세를 놓으면 매달 임대수입을 얻을 수 있을 것 같다."고 말했다.

최근 대형주택에 대한 선호가 상대적으로 줄어드는 양상에 대하여 글로벌 금융위기로 인한 경기침체와 실질소득 감소, 1인 또는 2인 가구의 증가와 고령화 등 다양한 경제 · 사회적 요인이 복합적으로 작용하면서 '축소 지향의 주거문화'가 형성되고 있다고 분석하기도 한다. 이러한 현상은 체면이나 과시보다는 실속을 중시하는 새로운 세대들의 소비성향에 기인한 것으로 해석되기도 하는데, 결국 남 보기 좋은 빚더미 위의 호사스러운 집보다는 실속 있는 주택을 선택하고자 하는 성향이 점차 확산되고 있다.

(동아일보, 2009. 6. 13)

소비문화 더 들여다보기 5-1

또 다른 하우징 푸어, 아직도 최저주거기준 미달 200만 가구 넘는다

2005년 인구주택총조사와 2006년 국토연구원의 주거실태조사를 바탕으로 추산했을 때, 현재 국내에 최저주거기준 미달가구는 약 200여만 가구라고 발표되었다. '인간다운 생활을 영위하기 위한 최소한의 주거생활기준'을 뜻하는 최저주거기준은 2003년 7월 주택법이 개정되면서 법제화되었다. 주거기본법 제정운동을 벌여오던 시민사회단체들의 노력에 의해 개정된 주택법 5조 2항에 따라 2004년 건설교통부는 최저주거기준을 발표하였다.

국토연구원의 김혜승 연구원에 따르면, 최저주거기준 미달가구는 '여성가구주' 비율이 높고 '고령' 가구가 많으며, 교육수준도 낮은 특성을 보였다. 시설기준에 미달하는 임차가구의 경우, 소득 대비 주거비 비율이 37%에 달하는 등 낮은 소득에 비해 주거비 부담이 매우 큰 것으로 나타났다.

또, 주거면적 정보를 얻을 수 없어서 정부조사에는 포함되었지만 최저주거기준 추계에는 누락된 판잣집과 비닐하우스, 움막 등의 거주 가구까지 포함하면, 실질적으로 국내의 최저주거기준 미달가구는 200만 가구를 훨씬 상회한다고 추정되고 있다.

(국가인권위원회, 2008)

2) 헌 집 줄게, 새 집 다오

모든 주거 건물들은 시간이 지나면서 낡고 쇠락하여 소멸하고 또 새로운 건물로 대체된다. 그간 우리나라에서는 도시 내 노후한 주거 밀집지역의 주택을 개량 · 건설하고 도로 등 공공시설을 정비하는 도시계획사업으로 재개발과 재건축 사업이 대규모로 이루어졌다. 1980년대부터 도시화가 급격하게 이루어지는 과정에서 기존의 마을을 불도저로 밀어내고 고층의 아파트가 들어서면서 도시의 모습을 바꾸어 놓았다.

우리나라 아파트의 평균수명은 27년으로 선진국의 1/3 수준이다. 아파트의 법적 재건축 연한은 20년이나 서울시는 준공 연도별로 20년에서 40년까지 강화하였다. 이러한 기간 강화에도 불구하고 헌 집을 새 집으로 바꾸어 큰 이익을 보려는 사람들은 재개발 또는 재건축 대상 주택들을 구입하고 이러한 재개발을 기대한다.

대규모로 이루어지는 재개발, 재건축 사업은 도시의 스카이라인을 바꾸어 놓았을 뿐 아니라 그 속에 살던 마을 사람들의 삶도 바꾸어 놓았다. 재개발, 재건축이 투기와 재산 증식의 수단으로 인식되면서 빠른 속도의 주거지 파괴는 공동체의 해체와 함께 엄청난 자원의 낭비와 폐기물의 증가를 가져왔다.

서울시가 2002년 강북 미니신도시로 명명한 성북구 길음 뉴타운 사업은 2006년에 사업이 완료되었다. 이 지역에 있었던 단독주택 단지를 헐고 아파트 11개 동과 임대아파트 1개동이 들어섰다. 실제로 사업이 시작될 당시 이 지역 주민의 약 70% 정도는 개발 후 이

소비문화 더 들여다보기 5-2

재건축을 기대하고 산 집, 때로는 수익성 보장 어렵다

PD수첩은 서울 강남구 대치동 은마아파트 매입자 4,424세대의 등기부등본을 모두 떼서 이들의 거주 현황과 대출 규모 등을 전수 조사했는데 놀랍게도 거주 비율은 11.4%밖에 안 된다. 집 주인 10명 가운데 9명은 투기적 목적으로 구입했을 뿐 실제 거주는 하지 않는다는 이야기다. 1998년까지만 해도 이 비율은 55.8%였다. 근저당 설정 총액을 조사한 결과 2009년 기준으로 577억 원, 58.8%가 대출을 받고 있다. 평균 3억 4천만 원이다.

시뮬레이션 결과 은마아파트의 102㎡ 경우 집값이 해마다 4%씩 올라도 3억 원의 손실을 보게 된다. 오르지 않는다면 6억 원의 손실을 보게 된다. 2006년 102㎡ 아파트를 8억 원 대출을 끼고 11억 2천만 원에 샀다가 최근 9억 원에 경매에 내놓은 경우도 있다. 이 사람은 이자부담과 집값 하락에 취득세와 등록세를 포함하면 5억 원 가까이 손해를 본 셈이다.

저자는 "집을 사지 말고 차라리 전세에 살면서 저축을 하라."고 조언한다. 2억 원을 빌려서 20년 만기 금리 6.5%로 원리금 균등분할 상환할 경우 달마다 갚아야 할 원리금은 149만 1,146원이다. 20년 동안 3억 6천만 원을 갚아야 한다. 그런데 만약 140만 원씩 4.8%의 복리 예금에 집어넣을 경우 9.3년만 지나면 비과세 상품의 경우 2억 800만 원을 모을 수 있다. 2억 원을 빌려서 20년 동안 갚을 것인가 2억 원을 9.3년 만에 모을 것인가. 선택은 당신의 몫이다.

(김재영, 2010)

관악구 상도동 지역의 재개발 예정지역 현장

지역에 살기를 희망하였다. 그러나 입주 후 3년이 되는 해에 이 지역을 조사한 결과 이 지역의 원주민은 약 21. 7%가 남아 있음이 확인되었다. 이 지역의 아파트 가격은 그간 두 배 이상 뛰어 외지 투자자들에게는 큰 이익을 안겨주었지만 현지의 주민들은 대부분 이 지역에 남기보다는 더 취약한 주거지역으로 이주하였다(경향신문 특별취재팀, 2010).

소비문화 더 들여다보기 5-3

서울은 기억을 지워버리는 도시

한국을 바라보는 여러 나라의 시각은 어떨까. 독일의 도시전문 잡지인 〈슈타트 바우벨트〉에 '서울은 기억을 지워버리는 도시'라는 제목의 기사가 실렸다. 이는 무분별한 개발로 서울의 역사를 담은 가옥을 모두 밀어내고 아파트를 짓는 개발을 비판하고 있다. 그리고 최근 여행 가이드북 출판사인 '론리플래닛(lonelyplanet)'이 네티즌의 의견을 수렴해 만든 '방문하고 싶지 않은 도시 10곳'에 서울을 포함시켰다. 뿐만 아니라 2007년 발간된 「아파트 공화국」이라는 책에서 프랑스 여성 건축가인 발레리 줄레조는 "주택이 유행상품처럼 취급되는 것은 놀라운 일이다. 결론적으로 말해 대단지 아파트는 서울을 오래 지속될 수 없는 하루살이 도시로 만들고 있다."고 말했다.

그런데도 우리는 왜 자꾸만 그 누구의 말에도 귀 기울이지 않고 불도저식 개발만을 하고 있을까. 기업들은 아파트 불패신화만 믿고 장소를 가리지 않고 짓고 있고 정부는 주택공급 실적 올리기에 급급하기 때문이다.

(김유진, 2009)

3) 이웃 없는 공동체, 더불어 사는 공동체

오늘날 개인주의적 사회 속에서 나타나는 주거의 특성을 보면 대부분의 주택은 독립된 단위로 구성되어 핵가족의 거주를 목표로 하고 있다. 비록 주택 자체의 형태가 집합주택의 구조를 나타내고 있다고 해도 이러한 집합주택들도 단지 통로만이 공유되며 수직적으로 연결되어 있다. 이러한 독립적인 주택의 구조는 가족생활의 사적인 운영을 강화하고 가족끼리의 의존성을 바탕으로 모든 생활이 이루어지게 되므로 공동체적인 생활의 체험이 어려운 실정이다. 이러한 아파트 주거가 그대로 방치될 경우, 이웃과 더불어 사는 주거가 아니라 재산 가치로서의 아파트 인식, 폐쇄된 생활공간과 고립된 주거생활, 그리고 정체성이나 장소적 소속감의 결여는 더욱 심화될 것이다.

앞집에 누가 사는지 모르는 주거단지

서울의 한 주거지역으로 이사한 이정민(55세, 가명) 씨는 이사 후 이튿날 앞집에 인사를 하기 위하여 준비한 떡을 가지고 방문을 하였다. 그러나 앞집 주민의 반응은 예상치 못한 것으로 "이 동네에서는 이런 것 안 하는 데요."라는 말과 집으로 들어오라는 말이나 특별한 인사도 없었다는 것이다. 그 순간 이 동네는 정말 이상한 곳이라는 생각과 이런 곳에서 아이를 기를 생각을 하니 걱정이 되었다고 한다.

강병만 '한국 노인의 전화' 사무국장은 "최근 3~4년간 1960년대와 70년대 한국 산업화의 주역이었던 1930년대 출생자의 사망이 늘면서 임종하는 가족 없이 숨진 뒤 며칠이 지나서야 발견되는 노인이 급증하고 있다."고 말했다. 이러한 노인들의 고독사는 가족들과의 관계가 느슨해지고 또한 지역의 공동체가 서로의 상호작용이 거의 없는 지역에서 흔히 나타나고 있다.

(한국일보, 2008. 6.2)

주민이 함께 만드는 생태주거단지 안솔기 마을

안솔기 마을은 계획적 친환경 마을로서 경남 산청군 신안면 외송리 산 17, 18번지 일대에 위치하고 있다. 준 농림지역 약 4만 5천 평 면적에 새로운 대안주거지 조성을 위하여 실험적인 차원에서 주민참여 생태마을 계획방법으로 마을계획을 수립하였다. 친환경적인 삶과 주거지에 뜻을 같이 하는 입주희망자들이 구성되고, 녹색연합과 전문가의 도움을 받아 기본계획 과정에서부터 주민이 주체적으로 참여하는 주민 참여형 마을 만들기가 이루어졌다.

이곳의 설립자인 양희규 씨는 간디의 사상과 삶에서 감명을 받아 간디가 추구하였던 진리

안솔기 마을 전경

중 3가지를 마음에 새기고 공동체마을 조성사업을 시작하였다. 간디의 '단순함', 간디의 '노동적 삶', 간디의 '공동체'가 그것이다.

양희규 씨는 안솔기 마을에서 간디학교와 간디농장을 운영하며 오전에는 수업, 오후에는 육체노동을 하는 교육방식을 엄격히 지켜나간다.

마을 회의는 매월 열리는데, 어떤 사안을 결정할 때는 되도록이면 토론을 많이 하면서, '만장일치제'로 하고 있다. 주민민주주의를 실천하고 있는 셈이다. 애초 단지를 조성할 때부터 거주할 사람들이 수차례 모여서 여러 가지를 결정하였다고 한다. 이 마을에는 소박하고 불편하게, 약간은 느리게 살고자 하는 사람들이 자발적으로 모여 살고 있으며 마을 회의에서 만든 규약이 있었는데, 주민들 모두가 지켜야 할 내용이 자세하게 규정되어 있다.

안솔기 마을은 주민과 지방 행정부가 힘을 모아서 함께 만든 생태주거단지로서 온난화시대에 우리가 살아가야 할 새로운 공동체 주거 대안을 보여준다.

더불어 사는 코하우징(cohousing)

약 40년 전에 덴마크에서는 개인의 프라이버시는 충족시키면서 함께 사는 이점을 살려보자는 의도에서 코하우징(Cohousing)이라는 주거단지 건설이 시작되었다. 덴마크에서의 코하우징은 기존의 일반 주택이 지닌 고립성과 비효율성을 개선하기 위한 새로운 삶의 형태, 즉 그들이 자녀를 가까이 두고 식사준비, 탁아, 세탁 등과 같은 일상적인 가사를 이웃과 협력할 수 있는 주거형태이다(주거학연구회, 2002). 이러한 코하우징은 현재 세계 각국에서 자기들의 현실에 맞게 적용되고 있으며 스칸디나비아와 네덜란드, 호주, 미국, 캐나다 등지에 많은 코하우징 단지가 설립되어 있다.

캐나다 밴쿠버 근교에 자리 잡은 윈드송 코하우징(Wind Song Cohousing) 단지는 1996년에 완공된 주거단지로 총 거주 가구는 34가구이며 90명의 거주자가 살고 있고 이 중 30명의 아동이 함께 거주하고 있다. 이 단지 내에는 주민들이 공동으로 사용하는 식당이 있으며 아동들의 놀이방, 취미실, 공동의 텃밭 등 공유공간이 다양하게 배치되어 있다.

이곳에 거주하는 주민은 한 달에 3시간의 자원 노동에 참여해야 한다. 매달 주민 회의가 열리며 이 회의에서 다양한 문제들을 논의하고 결정한다. 주택의 규모는 다양하고 거주하는 주민의 연령층도 다양하다. 일주일에 공동 식사를 한 번에서 두 번 정도 하고 이러한 식사 준비도 주민들이 번갈아 가며 나누어 담당하고 있다. 주민들을 위한 다양한 취미나 건강 프로그램이 있으며 관심에 따라 참여할 수 있다. 무엇보다도 전체의 건물 관리, 텃밭 농사 등 많은 일들을 주민 스스로가 참여하여 공동의 노력으로 해결하고 있다.

이러한 공동체 생활의 체험은 그간 언론 매체에 많이 알려졌으며 이 단지를 보러 오는 사람들을 위하여 단지를 소개하고 그들의 경험을 알려주는 일도 주민들이 자원봉사를 하고 있다. 이 단지가 지어진 후 밴쿠버에는 이와 같은 코하우징 단지 여러 개가 지어졌다. 결국 이 단지의 체험은 커다란 공동체 교육의 단초가 되었으며 소외되고 단절된 공동주거가 아닌 대안적인 공동체의 모습을 제시하고 있다.

캐나다 밴쿠버 근교에 위치한 윈드송 코하우징((WindSong Cohousing) 내부. 복도에 주민들이 나와 일요일 아침식사를 하고 있다.

4) 에너지 소비의 주범과 제로에너지 하우스

최근 지어지는 아파트의 모델하우스를 가 보면 그 설비의 편리함과 재료의 다양함 그리고 그 화려함은 소비자들의 눈길을 끌기에 부족함이 없다. 더구나 거의 손 댈 데가 없이 완벽하게 디자인된 내부 공간은 그 자체가 아름답기는 하나 이 공간이 에너지를 얼마나 쓰는지 알려주지는 않는다.

글로벌 에너지 회사인 BP(www.bp.com)가 발표한 '2009 세계에너지통계'에 의하면, 우리나라는 전 세계 에너지 소비국 중 9위, 원유 소비 9위, 천연가스 소비 20위, 석탄 소비 8위, 원자력발전 소비 5위 등을 각각 차지한 것으로 나타났다. 결국 우리의 국민 총생산의 실적과 비교할 때 에너지 소비는 상대적으로 지나치게 높은 실정이다. 더구나 우리나라에서는 특히 건물 부문의 에너지 수요가 가장 빠른 증가세를 보이고 있으며 건물에서 소비되는 에너지는 전체 수요의 20%를 차지하고 있다.

초고층 아파트의 에너지 사용

최근 대도시에서 우후죽순과 같이 올라가고 있는 초고층 아파트들은 에너지 소비가 저층 아파트와 비교할 때 2배에서 3배에 이른다.

초고층 주상복합 아파트에 사는 주부 박승아(45세, 가명) 씨는 지난해 날씨가 더울 때 한 달 전기료를 180만 원 지불하였다고 불평하였다. 이 아파트는 특히 서향이라 오후에 매우 더웠으며 사방이 유리로 되어 있어 해가 날 때는 그 열기를 견디기 힘들다고 하였다. 또한 애완견을 기르고 있는데 외출할 때도 여름 한낮에는 온도가 높이 올라가서 사람이 없어도 에어컨을 켜야 한다고 말했다.

제로에너지 하우스의 등장

초 에너지 절약형 건물인 '패시브 하우스'를 독학해 온 평범한 시민 이대철(64) 씨는 우리나라 최고 오지마을에 화석연료를 전혀 쓰지 않는 '제로에너지 하우스'를 지었다. 이 주택의 핵심원리는 '들어온 열은 하나도 내보내지 말자는 것'이다. 햇볕은 최대한 받아들이고 건물 내부를 보온병처럼 빈틈없이 감싸 열 손실을 최소화한다.

주 에너지원인 햇볕을 최대한 받아들이기 위해 집은 서쪽으로 약간 비튼 남향에 일자 형태로 자리 잡았다. 창문은 남쪽엔 가능한 한 넓게, 북쪽은 심하다 싶을 만큼 작게 냈다. 또 밤 동안 넓은 유리창으로 열이 새어나가는 것을 막기 위해 창 위에 나무로 된 덧문을 달았다. 집은 남향으로 길게 일자 배치되어 있으며 긴 처마를 달고 있다. 거실과

초고층 아파트의 에너지 사용

초고층 아파트의 에너지 사용 문제는 그간 논란이 되어왔다. 전기뿐 아니라 가스 사용량까지 포함한 온실가스 배출량은 어떨까? 서울환경연합이 저층(5층 이하), 중층(25층 이하), 초고층(30층 이상) 총 30개 공동주택의 전기와 가스 사용량을 분석한 결과, 에너지 사용에 의한 연간 가구당 이산화탄소 배출량은 각각 2.95톤, 4.78톤, 8.2톤(2007년 기준)으로 나타났다. 초고층 아파트 가구의 에너지 사용으로 인한 탄소발자국이 저층이나 중층 아파트 가구에 비해 2~3배나 큰 것이다.

초고층 아파트의 에너지소비 실태에 대한 지적이 단지 '부유층의 이미지'에 대한 공략일까? 이번 조사에 포함된 13개 초고층 주택의 가구당 월평균 전력 사용량은 943kWh이고, 이 중 상위 6개 단지를 따로 계산하면 평균 1,140kWh에 이른다.

서울환경연합의 조사에 포함된 13개 초고층 아파트단지의 전기 공동사용량 비율은 평균 38.9%다. 가구당 엘리베이터 대수가 지나치게 많거나 고속 엘리베이터의 운영, 복도나 로비를 포함한 공동시설에서의 조명과 환기장치의 사용이 높은 공동사용량의 원인으로 지적되고 있다.

(서울환경연합, 2009)

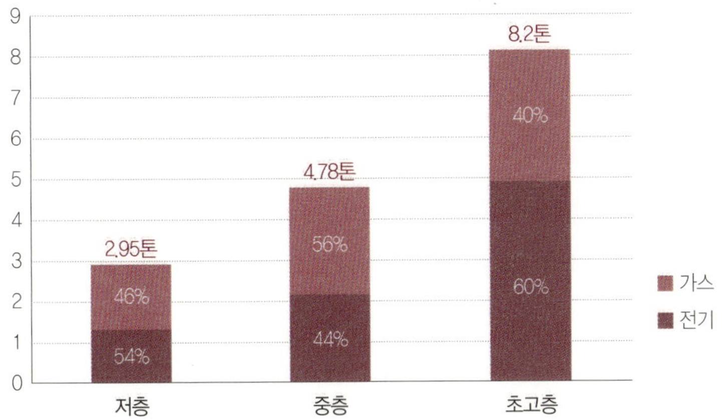

공동주택 유형에 따른 에너지 사용실태(2007)

주방은 물론, 서재와 침실 모두 남향으로 큰 창을 내고 북쪽과 동서쪽의 창은 최소화했다. 벽체용 자재로는 미국의 에너지절약 주택에 많이 쓰는 구조단열패널(SIP, Structural Insulated Panel)을 썼다.

거실에 설치된 덩치가 큰 벽난로는 이 씨가 러시아의 설계를 들여와 직접 고안한 일종의 '벽 온돌'이다. 1천 장이 넘는 내화벽돌을 쌓아 만든 벽난로는 외부 공기를 주입하면

홍천 살둔 마을 제로에너지 하우스

서 장작을 때 1200도까지 가열할 수 있다. 이 장치의 특징은 내화벽돌로 구불구불한 통로를 만들어 열을 최대한 저장하도록 한 것이다. 굴뚝으로 나가는 공기는 40도를 넘지 않는다. 이 씨는 "보통 난로는 불이 꺼지면 30분만 돼도 차갑지만 이 난로는 1시간을 땐 뒤 36시간까지 실내를 23도로 유지시켜 준다."고 말했다(주택저널, 2009. 3).

우리의 주거 소비문화를 들여다보면 주택 소유를 위하여 많은 것을 희생하고 부채에 시달리고 있는가 하면 주거공간을 채우고 쾌적한 생활을 하기 위하여 과도한 자원을 낭비하기도 한다. 그러나 한편에서는 최저주거기준에도 못 미치는 열악한 주거생활을 영위하는 사람들도 함께 우리의 이웃으로 살고 있다.

도시의 한쪽에서는 우리의 전통문화를 지키며 소박한 생활을 영위하기도 하며 주거공간을 생산적인 장소로 활용하기도 한다. 이웃과 담을 쌓고 전혀 교류가 없이 살기도 하며 새로운 형태의 공동체를 구성하고 따뜻한 이웃의 정을 나누기도 한다. 다양한 주거생활의 예를 주위에서 살펴보고 행복한 주거소비에 대한 성찰의 기회를 가져 보자.

3 행복한 주거 소비문화 만들기

1) 팔 집보다 살 집

사람들이 주택을 선택할 때 부동산 중개인에게 질문하는 것들은 우선 이 집이 앞으로 오를 것인지, 나중에 잘 팔릴지에 관한 것들이다. 또한 주택의 경제적인 투자가치에 몰두하다 보니 작고 분수에 맞는 집보다는 많이 오를 것이라 기대되는 대규모의 주택을 무리하게 구입하는 경우도 많아 실제로 부채에 시달리는 가구 수도 많은 실정이다. 지난 반세기 동안 부동산 시장의 불안정과 이에 따른 주택 가격의 급등은 사람들이 살 집보다는 팔 집에 더욱 관심을 가지게 한 원인이 되었다. 주택을 증권과 같이 생각하고 수시로 사고판다면, 안정적인 생활은 불가능하고 철새처럼 떠도는 방랑자의 생활을 영위할 수밖에 없다.

그러나 평당 삼천만 원짜리 주택에 살 경우 두 평짜리 현관을 사용하며 매일 육천만 원짜리 현관을 사용한다고 생각하지는 않으며 현관 그 자체는 사람들이 출입을 하고 외부와 내부를 연결하는 하나의 장소일 뿐이다.

결국 사람들이 주택에 살며 원하는 것은 그 속에서 매일매일의 생활이 쾌적하고 편리하게 이루어지고 창의적인 생활과 개인의 성장이 이루어질 수 있는 장소인 것이다. 한 주택에서 태어나고 그 집에서 손자도 자라는 주택을 외국의 경우 또는 농촌지역에서는 자주 볼 수 있다. 이러한 경우 주택에 대한 애착은 그 지역에 대한 관심과 공동체에 대한 사랑으로 연결된다.

2) 작은 집을 넓게 쓰기

한국의 아파트 문화를 분석한 책 「아파트에 미치다」를 출간한 전상인 서울대 환경대학원 교수는 "도쿄(東京)에 사는 일본인 부장급은 보통 30평형대에 살지만 서울의 한국인 부장급은 대부분 최소 40평형대에 살 정도로 주거생활에 거품이 있다."고 우리 사회의 주택이 대형화되는 것에 대하여 우려하고 있다.

규모가 큰 주택에 살게 되면 그 자체의 구입비도 커질 뿐만 아니라 관리에 드는 비용도 커지게 된다. 또한 공간이 커지면 그 속에 더 많은 물건들로 채워지게 된다.

집이 살기 위한 공간보다 뭔가를 채우기 위한 공간으로 변질되어 가고 있는 것이다. 물론 이런 것들이 보다 나은 삶을 위한 것이라고 자위하지만 사실 우리의 삶을 더욱더 복잡하게 만들고 정말 중요하고 가치 있는 것을 소홀하게 만든다. 작은 공간을 넓게 쓰기 위해서는 쓸데없는 물건들을 없애는 것이 가장 좋은 방법이다. 이와 함께 공간을 효율적으로 쓰는 방법을 모색해 본다.

지혜로운 버림의 기술

공간을 넓게 쓰는 방법은 두 가지이다. 기존의 공간보다 더 늘리든지 더 넓은 공간으로 옮기는 것이다. 그러나 대부분의 가구의 경우 이러한 방법은 비용이 많이 들어 불가능한 경우가 많다. 따라서 더 쉬운 방법은 있는 기존의 공간을 넓게 쓰는 방법이다.

많은 인테리어 디자이너들은 실내를 아름답게 정리하는 방법으로 첫 번째 해야 할 일이 필요 없는 것을 버려야 한다고 제안한다. 집 안을 정리하고 건물의 에너지를 정화하는 풍수요법인 공간 정리(SPACE CLEARING) 분야의 세계적 권위자인 캐런 킹스턴(keren Kingston)은 자신의 책 「아무것도 못 버리는 사람」에서 생활 속 잡동사니가 야기하는 상황을 다음과 같이 표현하였다.

> "사람들이 잡동사니와 함께 살게 되면 피로와 무기력을 경험하며 인생이 따분하다고 느끼며 더 나아가 우울증을 동반한다고 하였다. 또한 과거에 집착하며 주변 사람과 불화를 만들고,

이렇게 해보세요 5-1

잡동사니 정리를 위한 '세 상자의 법칙'

철학 박사이며 산업 디자이너인 독일의 리타 폴레(Rita Pohle)는 저서 「버려라! 버려라! 버려라!」에서 잡동사니 정리를 위한 '세 상자의 법칙'을 알려준다.

물건을 정리하기 전에 커다란 3개의 상자를 준비한다.

☑ 첫 번째 상자에는 낡고 고장 났거나 다 떨어진 것으로 버려야 할 것을,
☑ 두 번째 상자에는 오랫동안 사용하지 않았지만 아직 다른 사람이 필요한 것을,
☑ 마지막 상자엔 보관해야 할 개인적인 보물들을 넣는 것이다. 단, 남겨야 할 보물에 대해서는 엄격한 기준을 정해야 한다.

(Rita Pohle, 2004)

허둥대며 중요한 일을 놓치게 되고, 돈을 낭비하게 된다고 하였다."

정리의 기본은 버림이며, 버림의 시작은 집 안의 잡동사니 제거부터 시작한다. 생활풍수에서도 가구 배치나 창문의 방향 못지않게 정리정돈이 중요하게 여겨진다. 결국 잡동사니 제거는 가볍고 단순한 인생을 만들어 주는 기본이 된다.

단순한 삶을 위한 가이드를 모아 엮은 책 「단순하게 살아라」에는 버림의 장기적인 대비책으로 '3/4 원칙'이 제시되어 있다. 옷장이나 서랍 등의 보관함에 75%가 차 있으면 이를 한계로 보고 물건이 더 많아지면 이를 정리한다. 너무 꽉 들어찬 수납공간에서는 물건을 찾기도 힘들고 물건들이 한눈에 보이지도 않아 필요한 경우에 찾아 사용하기가 불편하다.

이렇듯 구체적인 계획과 과감한 결단을 통해 버리기로 결정된 물건들은 어떻게 처리해야 할까?

집 근처 재활용센터나 벼룩시장도 적극 이용을 할 수 있고 버리기 아까운 물건은 기부를 통해 이웃과 나누어 보자. 물품을 기증받아 판매수익금으로 어려운 이웃을 돕는 '아름다운 가게(www.beautifulstore.org)', 녹색가게(www.greenshop.or.kr)' 등을 이용해 본다. 도서 기증은 '햇살가득다락방(www.nl.go.kr/sun)', '사랑의 책 나누기 운동본부(www.booknanum.org)'나 '작은 도서관 만드는 사람들(www.readersclub.or.kr)' 같은 사회단체를 통하여 실천해 본다.

지혜로운 공간 사용

현실적으로 주택 내에 공간이 부족하다면 사용 가능한 공간의 사용을 극대화할 수 있는 방법을 모색해야 한다. 대도시에 거주하는 대부분의 시민들은 필요한 공간을 확보하기 힘들고 이를 개선하기 위한 방법도 제한되어 있다. 이미 많은 물건들로 둘러싸인 공간에서는 작업능률도 떨어지고 심리적으로도 위축된다는 점이 지적된 바 있다. 결국 좁은 공간의 문제를 극복하기 위해서는 독창적인 방법을 찾는 것이 필요하다.

이렇게 해보세요 5-2

좁은 공간 활용하기

☑ 선반과 서랍을 활용해 본다. 신발 상자나 작은 상자들은 선반이나 서랍을 정리하는 데 도움을 준다.
☑ 숨겨진 공간을 찾아본다. 계단 밑, 문 위, 유리창의 사이, 높은 천정이 있는 공간을 활용할 수 있다.
☑ 가구 배치를 재구성해 본다. 실제로 가구 재배치에 의해 공간이 넓어 보인다.
☑ 좁은 공간의 벽에 거울을 달아 본다. 시각적으로 공간이 확장된다.
☑ 진공 포장 봉투를 사용하여 짐을 압축하여 보관한다.
☑ 임대 창고를 활용한다.

(www.spacelimited.com)

3) 환경을 생각하는 생태적인 주거

우리가 사는 지구의 한정된 자원을 인식하고 우리의 거주지를 환경적으로 건전하고 지속 가능하게 개발을 하는 것, 즉 인간과 자연이 공존하는 정주지를 지향하는 것이 오늘날의 과제로 인식되고 있다. 최근 급격한 기후 변화와 함께 탄소 배출을 줄이려는 노력이 전 지구에서 강조되고 있는 시점에 주거생활에서의 친환경적인 노력이 더욱 요구된다.

독일과 일본, 그리고 최근 우리나라에서 부분적으로 구현하고 있는 생태주택은 생태주의라는 새로운 패러다임으로의 전환 없이는 실현하기 어렵다. 생태적 개념이란 인간의 존재를 인본주의적 관점이 아닌 우주의 질서 체계 내에 존재하는 하나의 자연으로 해석하여 자연의 한 생물체로 보고, 생태주택도 자연의 고리 속에 존재하는 한 생물체로 인식함을 의미한다. 따라서 인간을 우주의 한 고리를 차지하는 한 생물체로 보아 자연으로 아무런 찌꺼기 없이 돌아갈 수 있도록 만드는 것이야 말로 진정한 의미의 생태주택이라고 할 수 있을 것이다.

이를 위한 실천에는 태양열 이용기술, 폐수 정화기술, 우수 이용기술, 흙과 같은 자연재의 효과적 강화기술 등 현대과학의 힘을 빌린 기술들이 개발되어 이용되고 있다.

생태주거에 큰 관심을 보이고 이를 위한 실천을 오랫동안 해 온 독일의 프라이부르크시 당국은 2009년부터 시 자체 규정을 통해 국가의 열효율 기준을 강화하고 있다. 클라우스 호페 프라이부르크시 환경보호국장은 “현재 프라이부르크시는 1m²당 열효율을 60kWh으로 자체적

이렇게 해보세요 5-3

집을 지을 때 이런 점을 고려하세요

☑ 태양열을 자연적으로나 기계적으로 최대한 활용한다.
☑ 자연재를 이용하여 집을 짓는다.
☑ 단열처리를 함으로써 에너지 사용과 손실을 줄이려고 한다.
☑ 땅을 훼손한 만큼 자연에 돌려주려 노력한다.
☑ 에너지를 덜 쓰면서도 실내 온도를 쾌적하게 하기 위해 지붕과 벽체를 녹화한다.
☑ 우수를 모아 정원에 주거나 갈대 등 정화기능이 있는 식물을 심은 연못에 폐수를 통과시켜 2급수를 만들어 재사용한다.
☑ 폐기물을 퇴비로 만들어 인간이 생태 고리의 한 부분을 차지하고 있음을 주거생활에서 실천한다.

(주거학연구회, 2003)

으로 규정하고 있지만 2010년에 25kWh, 2011년에는 15kWh 수준으로 열효율 기준을 강화해 이를 충족하는 집만 건축 허가를 내줄 예정"이라고 밝혔다.

앞으로 각 가정은 자신의 노력과 지방정부와 국가의 정책적 지원으로 이산화탄소 배출 감소를 실천해야 할 것이다.

이렇게 해보세요 5-4

CO_2 10% 줄이기, 우리 가족 7가지 좋은 습관

☑ 습관 1. 온도계를 걸어두세요.
☑ 습관 2. 에너지 효율을 따져요.
☑ 습관 3. 플러그를 뽑아요.
☑ 습관 4. 물 사용량을 확인해요.
☑ 습관 5. 건강한 교통수단을 사용해요.
☑ 습관 6. 지구를 살리는 현명한 쇼핑을 해요.
☑ 습관 7. 한 단계 작은 용량의 쓰레기봉투를 사용해요.

(http://www.enet.or.kr/data/co2_homeguideline.pdf)

4) 나눔의 행복

주거공간과 지역사회는 나눔을 실천하는 중요한 장이 될 수 있으며 이러한 행동은 다양한 형태로 나타난다. 나눔이란 이타주의의 한 형태이며 이러한 행동의 질은 타인에 대한 지대한 관심으로 자기 자신을 극복하는 정도에 달려 있다. 이는 타인의 이득을 위해 개인의 욕구와 바람을 종속시키는 능력이다.

주거공간에서, 지역사회에서 나눔을 실천하는 방법은 다양하고 조그만 노력으로도 실천 가능하다.

대구시의 담장허물기 운동

대구시의 담장허물기 운동은 2010년 출범 14주년을 맞아 또 다른 진화를 꿈꾸고 있다. 한 시민의 담장허물기로 시작된 이 운동은 대구시의 여러 마을을 변모시켰다. 대구시는 2010년부터 20~30가구별로 담장을 허문 뒤 녹지를 조성할 예정이다. 주택블록 단위로 '도심 속 친환경 녹색마을'을 조성한다는 것이다. 또 건물을 신축할 때는 아예 담장을 없애는 쪽을 권장하고 있다. 이를 위해 대구시는 도시공사, 건설협회, 토지주택공사 등과 '담장 안 하기 추진운동본부'를 구성키로 했다. 건축 인허가 및 설계 단계부터 담장을 없애고 조경을 유도하기 위해서다.

대구시 삼덕동 주택가의 담장을 허문 모습

이렇게 해보세요 5-5

담장을 허무니 그토록 바라던 정원이 생겼어요

"멀쩡한 담을 왜 허무노. 도둑이 들면 우짜라고…. 돈이 남아도나."

1998년 중구 삼덕동의 김경민(당시 대구YMCA 시민사업국장) 씨가 주택으로는 처음으로 담장을 허물면서 이 같은 우려를 불식시켰다. 꽃과 나무가 우거진 정원이 들어서고 거리마저 쾌적하게 바뀌면서 입소문을 타기 시작했다. 도둑 침입 등 범죄 우려도 기우에 그쳤다.

"담장을 철거한 가구에서 도둑이 들었다는 소식은 한 건도 없었심더. 오히려 은폐물이 사라지니 외부 침입이 곤란한 거 같애요."

대구사랑운동을 기획 · 발굴하는 이영민(대구시 자치행정과) 씨는 "수성구 지산 1단지 아파트는 우범지역에서 벗어나기 위해 담장허물기를 신청했다."고 소개했다. 대구시도 힘을 보탰다. 담장을 철거하는 가구에 철거비 지원과 조경 자문을 무료로 해주고 있다.

지금까지 대구에서만 관공서 114개, 주택 아파트 220개, 상업시설 55개, 보육 · 복지 · 종교시설 89개 등 모두 560곳이 동참했다. 도심의 회색 콘크리트벽 23.1㎞가 사라지고 대신에 339㎢의 녹지공간이 들어섰다. 국내외 지자체와 시민단체들도 이 운동을 벤치마킹했다. 서울 · 부산 · 인천시, 서울 · 전남 경실련 등 주요 도시와 시민단체는 물론 중국 칭다오(靑島) 지아오난(膠南) 시도 현장을 견학하고 돌아갔다.

(경향신문, 2010. 4. 12)

아름다운 꽃길 만들기

성동구에서 K한의원을 운영하고 있는 안억붕 원장은 매봉산 등산길에 야생화 꽃길을 가꾼 공로로 서울시로부터 상을 수상하였다. 서울 성동구 옥수동의 집 뒷산인 매봉산에 꽃길을 만든 안 원장은 새벽 4시부터 오전 8시까지 매일 아침 꽃을 돌본다. 또 일요일엔 아예 매봉산에서 살며 꽃길을 가꾸는 것 외에도 등산객이 버리고 간 쓰레기를 치우는 등 자연과 함께하는 삶을 살고 있다.

이 같은 안 원장의 열정으로 인해 매봉산의 1.2 km 아름다운 꽃길이 가꿔진 뒤에는 근처 유치원과 초 · 중 · 고교 학생들이 자연학습을 위해 찾는 일이 잦아졌다. 지난 2001년부터는 여름방학 자연학습학교를 열고 매년 4회씩 강의를 하고 있다. 이제는 이를 돕는 동우회도 구성되어 이들의 활동이 성동구의 홈페이지에 소개되고 있다. 뱀딸기, 붓꽃, 꽃잔디, 초롱꽃, 패랭이꽃 등 400여 종의 들꽃과 들풀마다 플라스틱 이름표를 붙여 우리 산야의 꽃과 풀의 소중함을 전파하고 있는 안 원장의 노력으로 매봉산 꽃길은 이 동네의

매봉산 꽃길에 잘 가꾸어진 초롱꽃 군락지. 안원장이 만들어 준 꽃 이름표가 꽂혀 있다(위). 매봉산 꽃길을 매일 관리하는 안억붕 원장(아래)

이렇게 해보세요 5-6

단지 내 과실수가 기부의 씨앗을 만들어요

2007년 말 경기도가 인정한 16개 우수 아파트 단지가 있다. 지역 이기주의를 극복하고, 아파트를 훌륭히 관리한 아파트에 대해 주는 '우수 관리 단지' 인증을 받은 곳들이다.

수상 아파트 단지 중에서 경기도 광주 송정 H아파트는 단지 안에 있는 30여 그루의 대추 · 매실 · 모과 나무에서 열매를 딴 뒤, 부녀회에서 이를 매실주로 만들거나 모과차로 만들어 판다. 1년에 70~80만 원 정도 모이는 수익금은 경로당과 복지시설에 기부된다. 326세대의 작은 아파트이지만 이러한 활동에 힘입어 이웃끼리 서로 인사하는 문화도 형성되었다. 김재만 관리소장은 "우리 아파트에서는 어른을 보고도 아이들이 모른 척하지 않는다."고 전하였다.

비록 작지만 공동의 작은 실천은 아파트 주민들의 공동체 의식을 강화하고 농사의 기쁨을 나누며 자녀들에게도 산 교육의 기회가 되고 있다.

(조선일보, 2008. 1. 6)

주민들이 함께 즐기는 명소가 되고 있다.

지역사회를 둘러보면 가까이에 우리가 주거환경 개선을 위한 활동에 참여할 수 있는 곳은 무수히 많다는 것을 알 수 있다. 어려운 이웃의 주거환경 개선을 돕거나 해비타트 운동 등 주거복지 관련 NGO에 참여해 보는 것도 의미 있는 활동이 될 것이다.

경기도 양평에서 해비타트 운동 참여자들이 저소득층의 주택을 함께 짓는 현장

5) 주택정책을 바꾸는 사람들

일반적으로 한 사회의 정책은 정치 · 사회적인 구조에 의해서 야기되는 제 문제에 대응하기 위하여 적절한 사회적인 목표를 가지고 구성된다. 현대사회에서 주택은 보건이나 교육과 같은 사회복지서비스의 하나로서 인식되고 있다. 따라서 국가가 직접 또는 간접적으로 시장에 개입하여 주택정책을 수립하고 있다.

이러한 측면에서 보면 국가나 지방정부가 어떠한 주택정책을 펴는가는 시민, 즉 소비자의 입장에서 보면 지대한 문제가 아닐 수 없다. 결국 시민들은 주택정책의 소비자라 할 수 있다.

상당수의 저소득층이나 도시빈민들은 시장경제체제하에서 적절한 주택서비스를 제공받기 힘들며 인간다운 생활을 유지하지 못하므로 이러한 분배구조하에서는 구빈제도적인 측면의 지원이 요구된다. 더 나아가 현대사회의 시민들이 갖고 있는 기본적인 복지권에 이념적인 기초를 두고 일반적인 표준에 상응하는 생활수준을 누릴 권리를 시민에게 보장해야 한다는 주장이 있으며 이는 시민권이론이라 볼 수 있다. 이러한 논의는 자유방임, 또는 이에 대한 보완적인 복지형태 대신에 정책적인 관점에서 제도적으로 이를 보장해야 한다는 것을 중요시한다. 따라서 여러 나라에서는 주택에 일정한 기준을 마련하고 이를 바탕으로 주거생활의 안전과 보건위생 문제를 해결하기 위하여 정책을 마련하고 있다(주거학 연구회, 2005).

19세기 중엽 영국의 자발적인 사회사업 활동은 이러한 사회사상을 실천한 것으로 도시노동자 계층의 열악한 주거환경 개선사업을 시도한 하나의 예이다. 이러한 자발적인 사회사업 활동 중 옥타비아 힐(Octavia Hill, 1883~1912)의 주택 개선활동은 그 후 서구 여러 나라에 영향을 끼쳤다. 옥타비아 힐은 주택 개선사업에서 여성의 역할을 강조하고 불량 주택지구를 방문하여 주택유지, 주택 개선방안, 임대인과 임차인의 관계조정, 임차인의 권리를 위한 활동을 전개하였다. 즉, 이러한 주거환경 개선의 노력은 사회정책으로 발전하였으며 나아가 사회주택의 공급으로 연결되었다.

서구에서의 이러한 역사적인 주택정책의 전개는 시민들의 노력과 참여에 의해서 이루어졌으며 이러한 시민 참여의 과정은 우리나라의 주택정책의 변화에서도 볼 수 있다. 주택법이나 관련 조세법, 주택 관련 금융에 관한 법의 제정과 개정은 시민의 주거 복지에 직접 영향을 미치므로 소비자들은 이러한 법과 제도에 관심을 가져야 하며 직간접적으로 영향을 미칠 수 있어야 한다.

실천해 보기

1. 주거공간에서 보유하고 있는 물건들을 이타 폴레의 '세 상자의 법칙' 에 의거하여 정리해 보고, 물건을 올바르게 버리는 방법에 대하여 토론해 보자.

2. 주거환경 개선을 위한 봉사 활동을 우리 동네에서는 어느 곳에서 할 수 있는지 알아보고 참여한 후, 느낀 점을 이야기해 보자.

생태건축, 생명을 살린다

(KBS 환경스페셜, 2005월 5월 11일 방영)

자연과 공존함으로써 건강한 삶을 추구하려는 인간의 노력과 생태건축물의 선진 사례를 살펴보고 그 놀라운 위력을 실감해 본다.

■ 주거환경을 바꾸면 삶이 바뀐다!
양평에 흙과 목구조의 집을 짓고 사는 임철영 씨 부부의 주거공간을 비교, 그 차이점을 분석해 본다.

■ 프랑스는 해마다 수만 채의 아파트를 헐어내고 있다!
현재 유럽의 생태건축은 프랑스와 독일을 중심으로 활발하게 이뤄지고 있다. 프랑스 리옹 근처의 생태마을 일다보는 매년 5만 명의 인구가 찾아드는 가장 성공적인 흙건축 마을이라는 찬사를 듣고 있다. 독일의 에덴 유치원과 같은 경우, 쾌적함을 유지함은 물론 난방, 습도를 적절히 유지함으로 효율성이 있을 뿐만 아니라 각종 질환도 감소했다.

■ 살아 숨 쉬는 생명 공간 만들기-생태건축
목포에는 최초의 흙집 유치원이 탄생하였다. 우리나라 지표의 70%가 황토로 이루어져 있는데, 건축 재료로 쓰기에 친환경 재료는 값이 너무 비싸다고 한다. 그 대안을 찾는 일은 살아 숨 쉬는 주거 공간을 위한 필수 불가결의 노력일 것이다.

■ 21세기 건축의 새로운 패러다임-친환경 재료
인류의 조상들이 택했던 건축 문화는 자연과의 공존, 바로 생명순환계 속으로의 자연스러운 편입이었다. 자연에서 얻어진 흙과 나무는 어떤 화학적 반응도 없는 자연 그대로의 숨 쉬는 재료다. 흙과 나무가 갖고 있는 다공질의 내부 조직은 자연스럽게 습도를 조절해 주고, 급격한 온도 변화를 막아 주며, 피톤치드나 원적외선과 같은 생명에 이로운 환경을 조성해 낸다.

경향신문 특별취재팀(2010). 어디 사세요?. 사계절.
국가인권위원회(2008). '최저주거기준 미달가구 인권개선을 위한 정책토론회' 자료집.
국토연구원(2009). 2008년도 주거실태조사.
김부성(2010). 하우스 푸어에서 살아남는 법. 미르북스.
김유진(2009). 디자인 서울 방문하고 싶지 않은 도시 선정. 시장경제칼럼, 자유기업원.
김재영(2010). 하우스 푸어, 비싼 집에 사는 가난한 사람들. 더팩트.
남원석(2010). 점유형태별 복지의 논리와 주택정책의 방향, 주거복지의 새로운 패러다임. 공간환경정책포럼 토론회 자료집, 25-49.
박재룡(2010). 부동산 시장, 대세 하락 가능성. CEO Information 제773호-SERI 보고서. 삼성경제연구소.
서울환경연합(2008). 에너지 자립형 주택, 어떻게 가능한가?. 토론회 자료집.
송형진(2007). 주택성능등급표시제의 적용 문제점과 개선 대안, Khousing. 한국주거학회, 9-12.
전상인(2009). 아파트에 미치다: 현대 한국의 주거사회학. 이숲.
주거학연구회(2002). 세계의 코하우징: 더불어 사는 이웃. (주)교문사.
주거학연구회(2003). 친환경주거: 자연과 더불어 사는 삶의 실천. 발언.
주거학연구회(2004). 안팎에서 본 주거문화. (주)교문사.
주거학연구회(2005). 넓게 보는 주거학. (주)교문사.
한국은행(2009). 통화신용정책보고서.
Kemeny, J.(1981). The Myth of Home Ownership, London. Routledge.
Keren Kingston 저, 최지현 역(2010). 아무것도 못 버리는 사람. 도솔.
Kinstenmacher, W. T., & Seiwert, L. J. 저, 유혜자 역(2002). 단순하게 살아라(원제 Simplify Your Life). 김영사.
Rita Pohle 저, 박원영 역(2004). 버려라! 버려라! 버려라!. 사람과 책.
Saunders, P.(1980). *A Nation of Home Owners*. Routledge.

기사

동아일보(2009). "단둘이 사는데 40, 50평 필요 있나요"… 소형아파트가 뜬다, 6월 13일자.
동아일보(2009). 강남 30평대 아파트 56년 저축해야 구입, 10월 4일자.
조인스랜드뉴스(2009년). 아파트 인증제도 알면, 아파트 성능이 보인다, 8월 15일자.
주택저널(2009). 살둔 제로에너지 하우스, 3월호.
제윤경(2010). [안티 재테크] '색안경' 끼고 보는 임대주택, 내 집 소유 남다른 집착 불러. 경향신문, 10월 3일자.
파이낸셜뉴스(2010). 건설건설사, 아파트 하자보수 할 돈도 없다, 3월 10일자.
한국일보(2008). [나홀로 사회] (上) 고독한 노인들, 6월 2일자.

사진

울산의 한 민영주택 분양을 위한 모델하우스 http://news.hyundai-kiamotors.com/Tag/TagNewsView.

aspx?idx=136&page=1&tag=

보금자리주택 광고 http://cyber.mltm.go.kr/USR/HbEtc/m_24178/dtl.jsp?searchWord=보금자리주택&searchKind=보금자리주택&master_seq=9&detail_seq=4&section=2&lcmspage=1&work_gbn=I

엘지 자이 아파트 광고 http://cfs10.blog.daum.net/upload_control/download.blog?fhandle=MDZucnFAZnMxMC5ibG9nLmRhdW0ubmV0Oi9JTUFHRS8wLzE3LmpwZy50aHVtYg==&filename=17.jpg

삼성 래미안 광고 http://t2.gstatic.com/images?q=tbn:ANd9GcRI_94LGcvFtlxE1M0i9kn7Q2iVA4J9RyWMPwMoTY_PPkzDwPUYkA

홍천 살둔 마을 제로에너지 하우스 http://www.zeroenergyhouse.kr/

대구 삼덕동 담장허물기 http://kfem.wo.tc/xe/action/files/attach/images/1747/912/001/P1010017.JPG

경기도 양평에서 해비타트 자원 봉사자들이 집 짓는 모습 http://www.housingnews.co.kr/news/photo/201006/14137_15760_224.jpg

Chapter 6

여가 소비문화

친절한 사람, 공기를 맑게 해주는 나무, 꽃이나 방향유와 같은 상쾌한 냄새, 즐거운 음악 등 당신에게 행복감과 즐거움과 활력을 주는 것에 기꺼이 몸을 맡기라.

— 에반 파이너

Chapter 6 여가 소비문화

여가는 삶의 질이나 행복의 척도에서 중요한 요소로서, 얼마나 잘 살고 있는가 하는 문제에 대한 평가는 얼마나 행복한 여가시간을 보내는가 하는 것과 직결될 것이다. 최근에는 주 5일 근무제가 확대 시행되면서 여가시간을 어떻게 보낼 것인가에 대한 사회적 관심이 증대하고 있으며, 우리 사회도 점차 고소득의 추구나 직업 중심의 생활보다 삶의 여유와 안정적인 가정생활, 마음의 평화를 중시하며 삶의 만족을 추구하려는 경향이 나타나고 있다. 또한 개인만의 웰빙이 아닌 사회적 웰빙, 환경이나 인권, 나눔 등을 고려하기 시작했다. 행복이 사회의 화두가 되는 이 시대에 행복해지는 소비, 그리고 소비를 통한 행복을 대체할 수 있는 것은 무엇인가 하는 문제에 대한 논의와 성찰이 필요하다. '진정으로 행복한 여가는 어떠해야 하는가?' 하는 여가에 대한 윤리적 성찰이 필요하며 이러한 성찰과 실천을 통해 행복한 여가 소비문화를 정착시킬 수 있을 것이다. '여가 소비문화의 문제점이 무엇인가?'의 논의를 시작으로 해서 행복해지는 여가 소비문화의 실천방안을 모색해 보고자 한다.

1 무엇이 문제인가?

여가행동은 그 자체가 강제와 의무를 벗어난 자발적 선택과 즉각적 체험의 내재적 보상을 추구하는 행위이기 때문에 다양한 문제를 야기할 수 있다. 사회의 문화적 건강을 해치거나 개인의 정신적 · 신체적 건강을 해치는 여가활동과 경험은 모두 여가문제라고 할 수 있다(고동우, 2007). 현대 여가 소비문화, 어떠한 문제점들이 있는지 살펴보기로 한다.

1) 시간의 빈곤: 노동 중심 여가소외 현상

탈산업사회에 접어들면서 여가와 일의 관계에서 대 역전을 전망하는 미래학자들이 많다. 일보다는 여가를 우선시하는 가치관의 전이현상을 예고하는 것이다. 노동을 위한 여가가 아닌 '여가를 위한 노동'으로 삶의 가치관이 새롭게 성립된다는 것이다. 우리나라도 국민소득 2만 불 시대에 접어들고 주 40시간 근무제 실시로 여가시간이 많아짐에 따라 삶의 질, 행복에 대한 관심이 높아지고 있다. 여러 국가에서는 국민복지를 측정하기 위한 GNP나 GDP의 대안적 지표로서 행복지수를 개발하고 있다. GDP의 대체지표 중 하나인 레가툼 연구소의 국가별 삶의 만족도 지수에서 전체 50개 국가순위 중 우리나라는 22위를 차지하였다. 지수를 구성하는 요소는 여가시간을 포함하여 총 11가지였는데, 우리나라는 삶의 만족도 요소 중 물질적인 부의 수준에서는 12위를 차지하였지만, 여가시간 지수에서는 44위로 거의 하위수준에 머물고 있다. 이 연구소에 따르면, 부유한 나라에서의 삶의 만족도에 차이를 나타내는 두 가지 요소는 다양한 공동체 생활과 충분한 여가시간이었다. 여가시간이 높을수록 삶의 만족도가 높은데, 우리나라의 매우 낮은 삶의 만족도 지수는 많은 노동시간에 따른 여가시간의 부족 때문이었다(문화체육관광부 · 한국문화관광연구원, 2008). OECD 회원국의 연간 여가활용 시간과 삶의 만족도의 관계에서도 대체로 여가활용 시간이 높을수록 삶의 만족도가 높은 것으로 나타나고 있다. 우리나라는 비교대상 국가 중에서 유급 근로시간이 차지하는 비중이 가장 높은 수준이며 여가시간은 평균에 미치지 못하는 수준으로 나타나고 있다(노동리뷰, 2009. 8). 언제나 시간에 쫓기며 열심히 일은 하지만 진정한 행복을 느끼지 못하는 것이 우리들의 삶인 것이다.

자본주의하에서 여가가 소외되는 조건을 힌만(Hinmann, 1978)은 몇 가지로 지적하고 있는데, 첫째는 기본적인 욕구 충족을 위해 노동에 함몰됨으로써 자유로운 자기시간을 갖는 것이 구조적으로 제약되는 경우이다. 둘째는 여가가 단지 생산의 문제에 종속된 수단으로서만 가치를 지니는 경우이다. 셋째는 여가시간이 더 많은 경제적 수입을 위해 희생되어야 하는 경우이다. 이러한 여가소외는 여가시간의 양이 소외된 노동에 의해 일차적으로 규제된다는 의미를 지니며 이것은 자본주의 사회의 일반적 현상인 경제적 강제에 의해 여가조건이 규정된다는 점을 의미한다.

엘리슨 헤인스(2007)는 부가 늘어나는 만큼 행복해지지 않는 이유는 물질과 행복의 조화가 깨져 가고 있어서라고 설명한다. 늘어난 돈 덕분에 가족들이 물질적으로 더 풍요로워졌을지 몰라도 그만큼 시간이 줄어든다는 점이 문제이다. 돈을 벌려면 시간을 내야 하고, 그 시간을 위해 다른 데 쓰는 시간을 줄여야 한다. 결국 늘 시간에 쫓기고 서로의 일의 분담을 놓고 갈등을 겪는 일이 잦아지는 등 수입이 많을수록 시간으로 인한 스트레스도 더 많아진다는 것이다. 우리가 행복해지기 위해서는 일과 여가의 균형 속에서 일상의 다양한 여가활동을 즐길 수 있어야 한다. 우리 사회가 여가 중심 사회로 전환되어 가는 시점에서 여가는 사회적 차원에서도 고려되어야 할 문제이다.

2) 그냥 집에서 보내요: 수동적 여가

통계청(2010)의 '2009 생활시간 조사결과'에 의하면, 10세 이상 국민의 여가활동 시간은 24시간 중 5시간 1분을 사용하는 것으로 나타났으며, 주된 여가활용 방법으로는 'TV시청 등 미디어 이용'에 2시간 12분, '교제'에 46분, '종교 · 문화 · 스포츠'에 29분, '취미 및 기타 여가'에 49분을 사용하는 것으로 나타났다. 주 40시간 근무제의 확대 시행으로 인한 여가시간의 증가는 기호에 맞는 여가활동을 찾아서 참여하는 '선택형 여가'의 증가에 영향을 미치고 있다. 또한 사회적 트렌드의 하나였던 웰빙이 국민의 삶 속에 녹아들어 건강하고 다양한 여가활동의 영위라는 방향으로 국민 전체의 행동양식을 이끌고 있다. 그러나 최근의 여가경향과 함께 다양한 여가활동을 접하고 있기는 하지만 우리나라 국민들 대다수의 대표적인 여가활동은 TV시청 등의 휴식활동에 편중되어 있는 것으로 나타났다(문화체육관광부 · 한국문화관광연구원, 2008).

이러한 수동적 여가의 원인은 지나친 노동시간이나 강도로 인한 여가시간의 부족과 에너지의 고갈 또는 여가를 제대로 활용할 수 있는 여가기술이나 여가비용의 부족 때문인 것으로 보인다. 미하이 칙센트미하이(1999)는 "인류가 수백만 년 동안 진화해 오면서 한 일 중에서 TV시청만큼 사람의 시선을 끌면서 수동적이고 중독성 있는 일은 없었다." 고 말하며 능동적 여가와 수동적 여가는 심리적 효과와 몰입경험에서 많은 차이를 나타낸다고 보았다. 능동적 여가를 보내려면 '시동에너지'를 가지고 있어야 하는데 그것을 가지고 있지 못한 경우 TV를 보는 등의 특별한 노력을 요구하지 않는 '수동적 여가' 활동을 하게 된다는 것이다. 수동적 여가가 문제로 부각되는 것은 그것이 적정선을 유지하지 않고 자유시간을 보내는 유일한 방편으로 쓰이는 순간부터다. 수동적 여가를 보내는 습성은 이전에 누적된 문제들의 결과이기도 하지만, 나중에는 문제의 원인으로 작용하여 삶의 질을 고양시킬 수 있는 새로운 가능성을 봉쇄하기에 이른다고 본다. 여가활동 유형에 따른 행복도 차이를 알아본 연구에서는 여가활동 유형 중 스포츠활동 참여자가 다른 여가활동 참여자에 비해 주관적 건강상태와 삶에 대한 행복도가 높은 것으로 나타났다(김양례, 2009). 여가활동 동기와 삶의 만족도에 대한 연구(김경식 외, 2010)에서도 개인적으로 의미 있고, 내적으로 동기화된 여가활동 참가는 삶의 만족도를 높여주는데, 여가활동의 난이도 및 도전적 수준과 여가 참가자의 동기와 능력이 적절히 균형을 이룰 때 각성수준이 최적이 되고 결과적으로 삶의 질이나 만족의 향상이 이루어진다고 보았다. 또한 TV시청은 물질주의 성향이나 구매욕구의 증가, 생활양식의 추종을 더욱 부추기는 원인이 되기도 한다. TV는 자기폐쇄적인 시뮬라크라가 지배하는 세계로서 신상품의 전시장이 되어 소비사회 시민으로서의 자격을 얻기 위해 소비자가 소지해야 할 표준적인 상품을 제시하며 무시할 수 없는 강제력을 지닌 유행의 지배 속으로 편입되도록 한다(노명우, 2009). 과다한 TV시청은 수동적으로 정보처리를 하게 함으로써 능동적으로 생각할 기회를 박탈하며 가족 간의 대화단절과 갈등을 유발하기도 하고 시간을 낭비하게 하는 측면이 있다.

알고 계십니까 6-1

'스크린 키즈' 만드는 TV

영국 전국소비자협회(NCC)의 조사결과 TV시청을 위해 시간을 더 많이 소비할수록 어린이들이 TV 광고에 더 많이 노출되고 더욱 물질주의자가 되고 있음을 발견했다. 또 물질주의적인 어린이들이 그렇지 않은 어린이들보다 가족과 언쟁을 더 많이 벌이고, 부모의 견해를 얕보고 낮은 자존심으로 고통을 받고 있다는 사실을 발견했다.

영국에서 최대 규모인 NCC 연구는 가장 유복한 15%에 랭크된 학교와 가장 가난한 15%에 랭크된 학교들의 9~13세 학생들을 대상으로 설문조사를 실시해 이루어졌는데, 가난한 지역의 어린이들은 성인들을 위해 만들어진 상업용 TV방송과 TV쇼를 시청할 가능성이 가장 높은 것으로 나타났다. 이 그룹의 어린이들은 보다 부유한 지역에 사는 어린이들보다 광고를 두 배나 더 '믿고' 있는 것으로 드러났다.

어린이 및 시장조사 연구원이며 EM-리용 비즈니스 스쿨 교수인 나이른 박사는 "TV시청의 영향이 너무 커 이것들이 사람을 대신하고 있기 때문에 가족관계가 어려움을 겪고 있다. 이는 악순환이다."라고 말했다.

(뉴시스, 2007. 7. 16)

3) 더 멀리, 더 화려하게: 과시적 여가와 여가강박

여가 소비문화의 확산 속에서 여가활동은 자본의 논리에 따라 끊임없이 조장되며 과시적인 경향을 여전히 보여주고 있다. 장보드리야르(1992)는 경제적으로 비생산적인 여가시간은 차이 · 지위표시적 가치, 위세가치를 만들어 내는 생산적 시간이라고 하였다. 겉으로는 충족을 위한 행위처럼 보일지 모르지만 실제로는 햇볕에 살을 그을리는 것에 대한 강박관념, 이탈리아와 에스파냐로의 관광여행 및 각지의 미술관 순례, 의무적이 된 해변에서의 일광욕 등은 여가에서도 노동 영역에서 볼 수 있는 목적달성에의 강제(forcing) 윤리를 나타낸다. 외면적으로는 욕망충족을 위한 행위처럼 보이지만 실제로는 강박적인 행위인 것이다.

노동으로부터 구조화된 일상의 탈출을 위한 보다 적극적인 무대인 휴가는 개인적 차이에 대한 욕망과 모방적 정체성의 열망이 결합되어 있다. 휴가장소는 공유된 기호들 속에서의 자기노출과 동조가 일어나는 동적인 유행의 전시를 위한 공간이 된다. 현대인의 휴가에서 빼놓을 수 없는 필수적인 것은 소모와 낭비였다. 핵심은 소모와 낭비 경험의 빈도와 강도였다. 위계는 성스러운 휴가의 시공간 거리에 의해 창출되며, 판에 박힌 일상과 결핍으로부터 보다 멀어질수록 특권은 더 높아진다. 신성한 여가는 낭비였다(박선권, 2006).

얼마나 많은 돈이 드는 레저활동을 하는가 또는 얼마나 멀리 여행을 다녀왔는가 하는 것은 개인의 사회적 지위를 나타내며, 고가 여가장비의 소유는 보여주기 위한 것, 신분의 지위상징이자 상층소속감의 징표가 된다. 이는 소비를 통한 과시가 여가산업의 판매전략과 맞물릴 때 빚어지는 현상이다. 값비싼 스포츠 장비나 액세서리, 장비에 대한 지속적 업그레이드를 통해 과시적인 소비를 지향하는 스포츠는 성인층뿐만이 아니라 모든 연령층으로 확대되고 있다. 이런 상황에서 여가활동은 구매력과 소비패턴에 휘둘리고 한 개인에게 값진 경험이기보다는 자기 인정과 정체성 확보를 위한 경쟁적인 것이 되어 또 다른 굴레가 된다(박미혜, 2006).

이러한 시스템에서 여가는 노동이 아닌 그 무엇을 하는 것, 기왕이면 남들에게 말했을 때 과시할 수 있는 특별한 그 무엇을 하는 것, 돈을 많이 쓰더라도 화려한 체험의 기억을 남기는 것으로 인식하기 쉽다. 이것은 과시적 여가와 남들처럼 휴가여행을 반드시 다녀와야 여가욕구가 충족이 된다고 생각하는 것과 같은 획일적인 사회문화적 풍조나 개인의 강박관념을 낳게 된다. 그러나 몸과 마음, 영혼의 조화를 추구하지 않고 호화여행, 골프회원권, 고급 콘도회원권 등만을 추구할 때 행복은 저 멀리 사라지고 더 큰 갈증과 욕구의 쳇바퀴를 돌게 된다. 과시적 여가소비는 고비용의 여가소비와 타 계층의 모방소비로 이끌며 상대적 박탈감이나 여가소외감을 가져올 수 있다.

4) 채워지지 않는 충족감: 여가의 상업화와 쾌락주의

우리나라는 여가생활을 복지 및 삶의 질 차원에서 접근하기보다는 여가산업에 맡기는 경향이 있다. 가계예산 가운데 여가생활과 문화비의 비중이 커지고 있으며 빠르게 증가하고 있다. 소비자들의 조사에서도 여가상품 소비를 통한 여가를 희망하고 있었으며, 여가를 보내기 위한 주된 제약으로서 금전적 소비지출을 인식하고 있음을 보여주고 있다. 15세 이상 국민을 대상으로 한 통계청(2009)의 '2009년 사회조사결과'에 의하면, 앞으로 시간적 · 경제적 여유가 생긴다면 가장 하고 싶은 여가활동은 조사대상 45.1%가 여행을 원하였고, 다음은 자기개발(8.9%), 스포츠활동(7.7%), 휴식(5.6%) 순으로 나타났다. 여

가활동에 대한 만족도는 만족 21.8%, 불만족이 32.1%로 나타났으며, 주된 불만족 이유는 경제적 부담(54.3%)인 것으로 나타났다.

현대 여가는 점차 상업화되고 있다. 여가산업은 여가상품과 서비스에 대한 소비자들의 수요를 창출하고 재창출하는 것이 목적인 사업체들의 집단으로 이루어져 있다. 여가산업 분야는 거대한 대중매체 영역과 관광산업, 케이터링산업, 스포츠, 옥외 레크리에이션 등의 영역에 걸쳐 있다. 여가산업은 엄격한 시장원리, 다시 말하면 사회적 필요의 충족보다는 이윤축적을 목적으로 여가활동을 조직화하려고 한다(크리스 로제크, 2000). 학자에 따라 여가산업에 갬블산업을 포함할 것인지에 대한 논란이 있기는 하지만 카지노, 경마, 경륜, 복권 등 금전적 보상을 원하는 사행적인 갬블산업도 그 비중이 크다(홍성민, 2006). 또한 소비를 부추기는 대중매체의 이미지 조작은 여가와 소비를 등가관계로 자연스럽게 받아들이게 하며 여가욕구와 여가문화의 확산과정에 큰 영향을 미치게 한다.

단체관광, 놀이공원, 테마파크 등 체험산업 프로그램은 매우 다양하다. 색다른 일상탈출 프로그램이 개발되고 여가산업은 직접체험의 기회를 늘려 소비에 정서적인 면과 참여의지를 부추긴다. 소비자는 다양한 경험을 즐기고 새로운 감각과 감정에 취하려고 애쓰며 어떤 위험부담이나 불편함 없이 '작은 모험들'이 제공하는 행복을 구매한다(질 리포베츠키, 2009).

조지 리처(2003)는 현대사회가 패스트푸드의 대명사인 맥도날드화 되고 있고 이는 여가에도 큰 영향을 미치고 있다고 주장한다. 과정의 간소화를 통한 효율성, 계산과 예측가능성, 표준화를 통한 통제로 대변되는 맥도날드의 이념은 현대사회를 움직이는 원리가 되고 있으며 여가 역시 맥도널도화로부터 자유로울 수 없다는 것이다. 단지 '이것' 한 마디와 크레디트카드 한 장이면 우리는 놀이공원에서의 짜릿한 스릴, 영화, 스포츠 등을 구입할 수 있다. 그러나 지나친 합리화는 소비자에게 똑같이 표준화된 상업적 여가프로그램을 제공하여 같은 경험을 하게 하고 획일적인 시스템에서 소비자의 창의성과 삶의 질을 저하시키게 된다.

질 리포베츠키(2009)는 현대사회에서 여가생활의 역할이 확대되는 현상을 보면 소비가 얼마나 쾌락적이 되었는지 잘 알 수 있다고 하였다. 여가활동을 위한 지출과 시간투자가 늘어나면서 마케팅은 쾌락적인 면을 점차 부각한다. 건전한 놀이문화의 부재 또한 쾌락적 여가문화를 주도하는 원인 중의 하나이다. 향락산업이 제공하는 저질의 대중오

상업화된 문화소비: 공연, 미술전시 포스터

락은 소비자들에게 진정한 휴식과 인간성 회복의 기회보다는 말초적인 자극을 줌으로써 비인간화나 자기소외를 더욱 가중시키게 된다. 여가기회의 확대는 사회적으로 잠재된 여가욕구가 분출될 가능성이 그만큼 증가했다는 것을 의미한다. 이러한 여가는 잘 선용하면 개인의 행복의 원천이 될 수 있지만 올바른 여가관이 없이 오용할 때 많은 문제점을 가질 수 있다. 비일상적인 자극의 욕구가 통제되지 않고 무제한적으로 충족되면 그것은 퇴폐적이고 향락적인 여가로 전락하게 되며 개인과 사회에 많은 문제점을 낳게 된다.

5) 인간의 즐거움, 파괴되는 자연: 여가와 환경문제

우리가 즐기는 여가소비의 이면에는 자연생태계가 훼손되고 있다. 자동차나 비행기 등의 운송수단으로 움직이면서 발생하는 이산화탄소, 상업적 여가시설을 만들기 위해 파괴되는 자연환경, 해마다 되풀이되는 휴가지의 쓰레기 난립 등의 환경문제가 그것이다. 현재 우리가 쓰는 재생불능 에너지–전기, 석유, 종이, 금속–의 7%가량이 여가활동에 투입되고 있다. 골프장을 건설하여 물을 대고 잡지를 찍어내고 휴양지까지 승객들을 비행기로 실어나르고 TV프로그램을 연출하여 방송하고 모터보트와 눈썰매를 만들어 기름을 넣는 데 지구자원의 상당량이 들어간다. 그렇지만 여가에서 우리가 얻는 만족과 즐거움은 여가활동에 드는 물질에너지의 양과 관계가 없는 듯하다(미하이 칙센트미하이, 1999).

여가산업의 대표격인 여행산업의 양적 팽창에 따르는 부작용도 우려된다. 관광인구의 증가로 인한 쓰레기 양산, 대량관광으로 인한 교통혼잡과 환경오염, 지방자치단체의 세수확보와 맞물린 대규모 레저시설의 난립으로 자연환경이 크게 훼손될 우려가 높다. 지자체들이 경쟁적으로 벌이고 있는 관광지 개발과 관광축제도 자연의 환경용량을 무시한 개발로 자연을 망가뜨리거나 생물이 살 수 없도록 하는 결과를 빚기도 한다(김재일, 2002). 여행산업은 개도국 지역의 자연환경에 피해를 줄 수도 있다. 호텔과 골프코스장 건설은 많은 '토지'가 필요하며 외국 소유의 리조트의 경우 전망이 좋은 해변가에 자리 잡는 경우가 많기 때문에 어획을 방해하기도 한다. 환경적 피해는 때때로 현지인의 주거지를 바꾸어 놓을 만큼 고통을 준다. 습지, 생태계시스템, 해양환경의 파괴 등 지속되는 환경파괴는 계속 진행 중이다(International Ecotourism Society, 2006).

알고 계십니까 6-2

윤리적 여행 관련 인터넷 사이트

투어리즘 콘선(tourismconcern.org.uk)
관광자본의 착취에 맞서 싸우는 시민단체. 버마 여행 보이콧, 골프여행 반대, 아동 매춘관광 등을 반대하는 활동을 편다.

에티컬 트레블러(ethicaltraveler.org)
윤리적 여행자, 책임여행 운동 시민단체, 상세 국가정보, 윤리적 여행방법 수록.

리스펀서블 트래블 닷컴(responsibletravel.com)
세계 최초의 책임여행 전문여행사. 현지 문화여행, 자원봉사여행(볼런투어리즘) 등 다양한 프로그램이 있다.

그린글로브(greenglobeglobal.com)
지속 가능한 여행(sustainable tourism)을 위해 1994년 설립된 단체. 관광업계에 사회와 환경이 지속 가능한 표준을 지키도록 요구하고 있다.

글로벌익스체인지(globalexchange.org)
국제인권단체인 글로벌익스체인지는 1989년부터 '리얼리티 투어'를 운영한다. 현지 시민단체 활동가들이 짠 프로그램으로 평화를 위한 여행 등이 있다.

이매진피스(imaginepeace.or.kr)
'공정여행'을 제안하는 국내 평화운동 단체. 생산자와 소비자가 대등한 관계를 맺는 공정무역처럼 여행자와 현지인이 평등한 관계를 맺는 것을 지향한다.

비행기 탄소 계산기(climatecare.org/calculators/flight)
최근 이용자가 급격하게 늘어 비행기는 환경적으로 관리해야 할 교통수단으로 인식된다. 출발 공항과 도착 공항을 입력하면 1인당 이산화탄소 배출량이 나온다.

2 여가 소비문화 들여다보기

여가활동은 매우 다양하고 개인적인 취향의 문제이기 때문에 옳고 그름, 바람직함과 비바람직함 등의 윤리적 잣대를 들이대는 것이 어려울 수 있다. 그러나 앞서 1장에서 언급한 행복기준, 2장의 소비자의 사회적 책임을 기준으로 다양한 여가소비의 모습을 살펴봄으로써 바람직한 여가 소비문화의 대안들을 모색하고자 한다.

1) 나는 방콕족 vs 움직이는 즐거움

늦잠, 낮잠 자고 TV 보며 보내는 휴일

이 시대의 평범한 직장인 이길열 씨. 한 주를 마감하는 금요일 저녁이면 여느 직장인들처럼 술자리를 갖는 이길열 씨. "금요일 저녁이 마음 편하게 부담 없이 술 마시기 제일 좋은 날이죠!"라고 서슴없이 얘기하는 그. 작은 회사를 경영하는 그는 먹고 사는 팍팍한 밥벌이의 고단함을 한 잔 술에 담아 풀어 버린다. 새벽녘까지 얼큰하게 술을 마신 그는 토요일 아침 11시가 다 되어가도 아직 깊은 잠에 빠져 있다. 아내가 깨우자 귀찮은 듯 아예 이불까지 뒤집어쓴다. 아들의 볼멘소리에도 꿈쩍도 하지 않는다. TV를 보며 아빠가 일어나기만 기다리는 아들과 아내. 어느새 토요일의 반나절이 지나간다. 오후 2시 30분. 이번에는 아들의 등쌀에 겨우 몸을 일으킨다. 부인이 한 소리 했지만 듣는 체 마는 체한다. 아내가 차려준 점심을 먹고 슬슬 거실로 가서 맨 처음 잡은 건 TV 리모컨. 아내의 마음을 아는지 모르는지 간 큰 남편은 채널만 돌린다. 놀아달라는 아들도 아랑곳하지 않고 소파에 자리잡는 아빠. 어느새 또 졸음이 몰려오고 급기야 또 잠이 든다. 아내와 아들이 곤히 잠든 시간 하루 종일 늦잠과 낮잠을 잤던 남편은 잠이 올 리 없다. "이 시간이 제일 편하죠. 2시, 3시에 잘 때도 있고." 눈은 TV에서 떠날 줄을 모른다. 전날 늦게까지 TV를 보다 잠을 잔 월요일 아침은 항상 찌뿌드드하다. 점심이 지나서야 좀 괜찮아진다. 이길열 씨의 스트레스 정도를 검사해 봤다. 주말을 보내기 전과 후를 조사한 결과 심박동수는 줄어들었지만 스트레스를 말해 주는 혈액 속의 코티졸 수치는 2배 정도 올라간 것으로 나타났다. 즉, 그의 주말생활은 피로를 풀어주는 듯 보이지만 주중생활을 더 힘들게 하는 원인이 되고 있었다.

(SBS 스페셜, 2006. 6. 25)

TV만 보던 가족, 숲에선 서로를 바라봐요

박은선(34) 씨의 주말은 지옥이었다. 주 5일 근무제가 도입되며 꿈꿨던 화려한 주말은 산산이 깨졌다. 다섯 살 연상인 남편은 손가락 하나 까딱 않고 손에 과자봉지를 들고 소파에 누워 TV 만 봤다. 딸 연우(3)도 돌봐주지 않았다. 맞벌이지만 집안일과 육아는 모두 박 씨 몫이었다. 하지만 2년 전 남편이 던진 "우리 캠핑해 볼까?" 한마디에 가족의 주말이 확 바뀌었다. 박 씨 가족은 한 달에 두세 번은 집과 도시를 떠나 전국의 캠핑장을 누비고 다니는 '야생족'으로 다시 태어났다. 지난 주말에도 캠핑 카페회원들과 강원도 봉평으로 캠핑을 다녀왔다. 캠핑 예찬론자가 된 박씨는 "좋은 공기와 가슴이 트이는 자연 속에서 캠핑을 하면 생활에 생기가 돈다."고 말했다.

(중앙일보, 2010. 6. 14)

함께 걷기란 친구가 되는 지름길이죠!

인터넷 걷기 동호회 '뚜벅이의 길'. '서울 길 바로 알기' 란 테마로 정기 모임을 가지며 매번 토박이들도 몰랐던 서울을 발견하는 재미가 걷기를 멈출 수 없게 한단다. 걷는 즐거움과 길의 아름다움을 찾는 모임이 걷기 동호회 '뚜벅이의 길' 의 정체다. 리더도 없고 물론 행군도 아니기에 낙오자도 없다. 빨리 가는 사람은 성큼성큼 앞서 가고, 천천히 걷는 사람은 금세 옆 사람과의 대화에 깊이 빠져든다. 친구를 따라 오늘 처음 온 사람도 낯가림 없이 대화에 동참한다. 같은 길을 걷다 보면 이렇게 모두 친구가 된다. 일 년 전부터 동호회를 이끌고 있는 황규석 씨(36세). 더 많은 사람들에게 '걷기 바이러스' 를 전파하느라 애쓰고 있었다. "자동차를 함께 타는 카풀 제도처럼 함께 걷기운동도 생각하고 있어요. 사는 지역과 일하는 사무실이 비슷한 사람들끼리 함께 걸어서 출근하는 거죠." 문선영(35세) 씨는 벌써 3년째다. 걷기의 매력으로 '멈춰 서지 않아서 좋다고 말한다. 어린 시절 시골에서 살았기 때문에 학교까지 한 시간씩 걸어다녔는데 서울에 올라와 보니 한두 정거장 거리를 가려고 버스를 기다리거나 택시를 타는 게 이해되지 않았다고 한다. 김영천(38세) 씨는 운동 삼아 달리기를 하다 다리를 다쳐서 걷기로 전환한 경우다. 자신과 비슷한 삶의 방식을 택한 사람들과 어울릴 수 있다는 게 마음에 든다. "걷다 보면 차만 타고 다니는 사람들은 보지 못하는 걸 보게 돼요. 거리의 좌판, 시장의 행상들…. 여기 모인 사람들은 우리 주변을 좀 더 자세히 보는 눈을 갖고 있는 셈이죠."

(행복이 가득한 집, 2004. 5)

2) 여가방법의 부재 vs 나만의 재미 찾기

일그러진 장밋빛 주말의 꿈

대기업 부장인 조모(42) 씨. 그는 주 5일 근무제 시행 이후 주말마다 골머리를 앓는다. 가족 나들이 코스도 짜야 하고 아이들과 밀린 '대화'도 해야 하지만 마땅한 아이디어를 떠올리기가 쉽지 않다. 이럴 때는 차라리 먼 친척들의 경조사가 반갑다. 핑계를 댈 수 있으니. 조 씨는 "우리 또래 남성들은 노는 방법을 교육받지 못했다. 문화체험도 생소하고 야외 나들이도 매번 쉽지 않다."고 말했다.

중견기업에 다니는 김모(40) 씨는 지난달 회사에서 주 5일제를 실시한 뒤 부인과의 사이가 안 좋아졌다. 주말에 부인이 아이를 야단치는 것을 보고 "애가 그럴 수도 있지." 하며 감쌌다가 "주 5일제라고 집에 들어앉아 교육에 방해만 된다."는 핀잔을 들었다. 평일 연휴로 집에서 쉬려고 하면, 부인이 일이 있다며 외출해 집에서 혼자 라면으로 끼니를 때우기도 한다. 그는 "내 탓이지만 휴일을 잘 보낼 수 있는 여가 스킬의 필요성을 절감한다."고 말했다.

(동아일보, 2005. 8. 19)

재미있는 취미활동 찾기

대기업 부장으로 근무하는 이모(46) 씨는 요즘 요리하는 재미에 푹 빠졌다. 그는 요리가 자신의 인생을 바꿨다고 말한다. 요리를 배우기 전까지 그는 일 못하고 부지런한 상사로 악명 높았다. 본인은 물론 부하 직원들을 데리고 죽어라 일만 하는데, 내는 기획안마다 진부하다는 평가를 받았고 업무의 내용은 날로 형편없어 갔다. 그러던 어느 날 이 씨는 요리를 배우기 시작했다. 평소 먹는 걸 좋아하는 그는 큰마음을 먹고 요리학원에 등록했다. 주말이면 TV요리 프로그램을 시청하고, 가족들에게 요리를 해줬다. "어떤 재료를 어떻게 배합해서 어떤 조리법을 쓸까?" 이 씨는 요리를 하면서 막혔던 아이디어가 샘솟는 것 같았다. 뿐만 아니라 요리하는 과정에서 시각과 후각, 미각, 촉각 등 모든 감각이 살아나는 것을 경험했다. 그는 "그동안 회사에서 능률이 오르지 않았던 이유는 억지로 일했기 때문"이라며 "요리처럼 자신이 좋아하는 일을 취미로 삼아 거기에 몰입하다 보면, 창의적으로 변하고 그것이 업무능력으로 이어질 수 있다."고 말한다.

(주간한국, 2008. 7. 29)

3) 상품화된 여가소비 vs 소비를 적게 하고도 즐기는 여가

놀이공원에서 즐거움 찾는 소비적 주말여가

토요일 오후 과천 서울랜드 동물원. 일곱살 된 딸아이와 함께 이곳을 찾은 이모(42) 씨는 호랑이 전시장 앞 간이식당에서 점심식사를 하다 지갑을 들여다보며 씁쓸한 표정을 지었다. 딸이 입버릇처럼 가자고 해 찾은 여러 놀이시설을 모처럼 즐겁게 이용해 뿌듯한 마음이었지만 한편으론 '큰 돈'이 지출돼 당혹감을 느꼈다. 계산 결과 반나절만에 입장료, 놀이기구 이용료,

식사비, 기념품 구입비 등을 합쳐 모두 15만 5천 원이 지출된 것으로 나타났다. 격주 휴무제로 인해 월급이 10만 원가량 줄어든 반면, 주말 외식비, 교통비 등 지출은 늘었다. 그는 "가족단위 지방 관광명소 여행 등이 빈번해지면서 소비가 늘었다."며 "앞으로 주 5일제 실시로 주말 지출이 많아져 내 집 마련 계획이 늦어질까 걱정"이라고 말했다.

(국민일보, 2002. 5. 23)

돈 안 들이고 즐기는 풍요로운 문화생활

대학생 김부익 씨는 돈 안 들이고, 영화, 게임, 공연 등을 즐길 수 있는 몇 가지 방법을 공개했다. 첫째, 상암동 문화콘텐츠센터에 가면 공짜로 게임을 하고, 영화를 볼 수 있다. '게임도서관'에서 닌텐도 DS게임팩부터 X-box 등 평소 좋아하는 게임을 집어들고 하면 된다. 영상자료원은 8만여 건의 영상자료를 보유하고 있어 보고 싶은 영화를 인터넷으로 검색한 후 관람할 수 있다. 둘째는 세종문화회관에서 진행하는 '1000원의 행복'이라는 공연프로그램을 이용하는 방법이다. 매달 마지막 주 월요일에 1000원으로 공연을 관람할 수 있도록 만든 프로그램으로, 매월 5~7일 사이 신청을 받고, 9일에 추첨결과가 발표된다. 자세한 정보는 인터넷사이트에서 확인할 수 있다. 그 밖에 경인미술관, 드림갤러리, 종로갤러리, 갤러리 수 등 인사동의 무료관람 갤러리를 둘러본다. 광화문의 교보문고 등 서울시내 대형문고에서 책을 보며 마음의 양식을 쌓는 것도 공짜로 즐기는 문화생활의 한 가지다.

(김성민 외, 2010)

놀이공원에서 여가를 즐기는 소비자

4) 불만 남기는 소비적 여행 vs 미소 남기는 윤리적 여행

쇼핑센터 돌기 바쁜 여행상품

김모 씨는 여행사 인터넷 예약을 통해 일반버스 투어로 제주여행에 나섰다. 첫날 아침 일찍 출발해 방문한 첫 관광지는 쇼핑센터. 이후 잦은 쇼핑지 방문으로 시간이 부족해 당초 기대를 갖고 둘러볼 예정이었던 섭지코지와 풍차해안도로, 김녕 해녀촌은 찾아가지 못했다. 김 씨는 저렴한 요금에 기대를 갖고 제주관광을 계약했지만 비싸다는 인식을 지울 수 없었다. 추가로 선택한 관광지 요금과 팁을 포함해 더 지출했기 때문이다. 김 씨는 "제주의 특성과 관련 없는 식사나 쇼핑 위주의 코스로 편성된 것도 문제"라고 밝혔다.

(경향신문, 2010. 3. 1)

성모(남 · 64세) 씨는 형과 함께 여행사에서 판매하는 4박 5일 일정 패키지 여행상품으로 중국 무한/장가계를 다녀왔다. 성 씨는 첫날부터 현지 가이드의 불친절과 당초 여행사 측의 설명과 다른 현지 일정으로 인해 불편을 겪었다. 첫날 일정표에는 중국에 있는 형주박물관을 견학하기로 되어 있었지만 가이드는 사전 양해 없이 이를 생략했다. 둘째 날 일정은 당초 계약 시 천문산 한 군데만 선택관광을 하기로 했으나 선택관광을 하지 않으면 셋째 날 대부분을 호텔에서 대기해야 한다고 통보했다. 마지막 날 역시 가이드는 일정에도 없는 쇼핑(2군데)을 데리고 가서 숙소에는 새벽 2시에야 들어갈 수 있었다. 성 씨는 한국에 돌아온 후 여행사 측에 항의하고 사과와 해명을 촉구했다. 하지만 업체 측은 잘못을 인정하면서도 현지 가이드의 책임으로 돌릴 뿐이었다.

(소비자가 만드는 신문, 2010. 6. 1)

아이의 미래를 위한 행복한 소비, 공정여행

"조용한 손님으로 갔다가 조용히 나오는 것으로 표현하고 싶어요. 그러니까 내가 손님이라서 호텔이니 뭐니 준비해서 나를 대접하고 잔뜩 대접 받다가 오는 게 아니라 그들의 일상을 흩트리지 않고 조용히 그들의 일상을 좀 접했다가 나오는 그런 것?"

공정여행을 이렇게 표현하는 생협활동가 임현주(49세) 씨. 그녀는 올해 2월 세 딸과 함께 중국 윈난 성 공정여행을 다녀왔다. 큰딸에게 중학교 입학선물로 기존의 소비 위주가 아닌 다른 여행을 체험하게 하고 싶어 공정여행을 하게 되었다고 한다. "사람 사는 모습을 느끼는 것을 중심으로 했던 그런 여행이었던 것 같고요. 공정여행은 관계가 형성되는 여행이라고 봐요. 특히 어렸을 때 많이 보고 느껴야 한다고 생각해요. 그 애들이 커서 마음이 풍요롭고 베풀 줄 아는 사람이 되면 사회가 밝아지지 않겠어요? 여행경험이 소재가 되어서 대화도 많아져요. 소비자 스스로도 아이들 미래를 위해서 그리고 행복할 수 있는 데 돈을 쓰겠다는 마음을 갖는 게 중요한 것 같아요. 그런 방향이 여행이고 생태라고 생각하거든요. 생태적 감수성을 높이는 그런 것. 소비자들 스스로도 특히 부모들이 애들에게 뭔가 주고 싶다고 한다면 오감이 자극되는 경험을 줬으면 좋겠다는 생각이 들어요. 지금은 애들에게 여행을 많이 할 수 있게 해줘야겠다는 생각으로 바뀌었어요. 그게 주는 만족감도 있고 편견을 없애고 사고가 넓어질 것 아니에요? 공정여행 갔다 온 다음에는 '아! 여행은 단지 소비하는 것이 아니라 내가 그쪽에 가서 그들과 공감하는 것이기 때문에 내가 있어야만 가는 게 아니구나. 내가 마음만 열면 가는 거구나.' 라는 생각이 들었어요. 행복이라는 게 사실은 우리가 너무 많기 때문에 그걸 지키려고 버리는 게 많은 것이고, 그들은 없기 때문에 자연에 감사하면서 행복해하는 것 같아요. 여행은 돈이 있어서 즐기는 게 아니라 내가 지구에 있는 여러 사람들과 공감하기 위해서 내 경험을 쌓기 위해서 가는 것으로 생각이 이제 바뀐 거죠."

공정여행 경험이 특히 자녀교육 차원에서 중요하고 자연 자체를 감사하는 마음으로 보는 그들의 태도를 보면서 우린 너무 많기 때문에 문제라는 생각을 했다는 그녀. 그리고 다음에는 남편과도 함께 온 가족이 공정여행을 하고 싶다는 임현주 씨. 그녀는 소신 있는 행복한 소비자로 보였다.

(저자가 2010년 2월 인터뷰함)

공정여행(태국): 코끼리똥으로 종이 만드는 체험을 하는 모습, 현지주민의 민속공연

5) 행복나누기: 소통과 나눔이 있는 여가

가족 간의 소통이 있는 여가활동

'채은이랑 영화 보기'. 장재호(49 · 사업) 씨 수첩의 이달 둘째 주 일요일에 적힌 메모다. 장 씨는 두 달 전부터 외동딸 채은(8), 아내 강옥선(45) 씨와 매달 영화를 1편씩 보고 있다. "매달 한 번 영화 보기가 무슨 대수냐고 하겠지만, 그것도 제대로 하지 못했어요." 장 씨는 여러 단체의 회원으로 활동하는 한편 자원봉사도 하느라 정작 가족과 보내는 시간은 적은 편이었다. 그러던 그가 한 달에 한 번 만사 제쳐놓고 가족과 함께 영화를 보게 된 것은 지난해 가족 캠프에 다녀오면서 부터다. "가족이 함께 여가활동을 즐기면 부모 자녀 사이가 돈독해진다는 점이 기억에 남네요. 사춘기 아이들이 있는 가정들은 자녀문제가 심각하더라고요." 장 씨가 캠프에서의 조사에서 알게 된 채은이의 여가꼴에 최대한 맞추기로 하고 의논해서 결정한 것이 영화 보기였다. 지금까지 겨우 영화 3편을 봤을 뿐이지만 가족 모두 대만족이다. 특히 채은이는 엄마 아빠 손잡고 영화 보러가는 날을 손꼽아 기다리곤 한다. 부인은 예전에는 '그저 시간 날 때 그때그때 하고 싶은 것을 하면 되겠지.' 해서 계획 같은 것은 세울 생각을 못 했다고 털어놓았다. "영화를 보면서부터 어떤 영화를 볼지, 언제 갈 건지 의논할 게 많아졌어요. 또 보고 난 뒤에는 서로 느낌도 나누고 이야기가 끊이지 않습니다." 가족과 대화를 나누는 시간이 전보다 3배쯤 늘었다고 했다. 부인은 "어렵사리 시간을 내 가족과 영화를 보러 다니는 남편이 고맙다."며 "날씨가 따뜻해지면 온 가족이 등산을 할 계획"이라고 말했다.

(국민일보, 2008. 1. 9)

자원봉사 바이러스에 감염됐어요

"나는 자원봉사에 중독된 사람입니다." '2008 전국자원봉사자대회'에서 봉사왕으로 뽑혀 국무총리표창을 받은 이해영(63세) 씨. 30년 동안 3만 시간 통역 자원봉사를 한 기록으로 기네스북에 이름을 올렸다. 어린 시절 서울 용산구 한남동의 '유엔마을'에 살았던 이 씨는 이웃에 사는 외국인을 통해 자연스레 영어를 배울 수 있었다. 한국은행 직원이던 아버지가 일본으로 발령받으면서 그는 7년 동안 국제학교에 다니며 영어와 일본어, 불어를 익히고 외국 친구도 많이 사귀었다. 1974년 친구의 요청으로 미국으로 건너가 처음 통역 자원봉사와 인연을 맺었다. 그는 의사소통이 안 돼 답답해하던 사람들이 자신으로 인해 서로 이해하고 환히 웃으며 악수하는 것을 보고 짜릿한 기쁨을 맛봤다고 한다. 그는 국제행사 때마다 빠지지 않고 봉사해왔고 지금은 외국인에게 우리 문화를 알리는 통역봉사를 하고 있다. 그는 통역을 위해 역사와 문화를 더 공부하려고 도서관을 찾아 밤늦게까지 공부한다. 그는 "건강이 허락하는 한 내게 가장 큰 행복을 주는 이 일을 계속하고 싶다"고 소박한 포부를 밝혔다.

(연합뉴스, 2008. 12. 14)

문화생산과 소비를 통한 나눔

공연장에 들어서는 어린이와 어른들 손에 봉투가 하나씩 들려 있었다. 궁금증은 공연장 로비에서 풀렸다. 사람들은 입장료 대신 봉투 안에서 라면을 꺼냈다. 지역의 불우아동들을 돕기 위한 '산성오케스트라 라면 음악회'였다. 음악회 입장료는 받지 않는다. 대신 '라면 5봉지'를 내야 한다. 미처 라면을 준비하지 못한 시민들은 모금함으로 달려갔다. 누룽지, 과자, 단무지, 김치도 입장료를 대신했다. 주최 측은 성금과 물품을 전북지역 40개 아동보호시설에 전달했다. '산성오케스트라 라면 음악회'는 올해로 8회째다. 익산 산성교회는 10년 전부터 '섬김과 나눔 자원봉사단'을 창단했다. 단원은 초등생부터 성인까지 다양하다. 이들의 단 한 가지 목표는 이웃사랑이다. 김영순(51) 씨는 아이들과 함께 라면을 들고 매년 찾고 있는데 어떤 연주회보다도 값지고 찡한 여운이 남는다면서 평소 어려운 사람들을 챙기지 못하는데 음악을 감상하고 작은 마음이라도 전할 수 있어 너무 행복하다고 전했다.

(경향신문, 2010. 8. 31)

앞에서 다양한 여가사례에 대하여 살펴보았다. 영국신경제 재단(nef, 2009a, 2009b)에서 행복을 위한 지침으로서 언급한 연결, 움직이기, 인지, 학습, 선행의 다섯 가지 방법은 여가소비에도 적용될 수 있을 것이다. 또한 환경과 분배, 정의를 생각하는 소비자의 사회적 책임은 사회적 행복을 위한 한 방법이 될 수 있다. 여가시간은 우리가 행복을 충전하는 시간이며 자기실현과 창조의 시간이다. 또한 나눔의 시간이 될 수도 있다. 여가시간이 충분하면 행복할 것 같지만 충분한 여가시간이 있어도 여가를 잘 활용할 여가의 기술이 없으면 오히려 권태와 가족 간의 갈등을 야기하기도 한다. 일반적으로 앞에서 제시한 부정적 여가와 긍정적 여가의 양 측면을 어느 정도 공유하는 여가생활을 보낼 것이다. 또한 개인에 따라 활동형 여가보다 정적인 여가를 선호하기도 하고, 집단형 여가보다 혼자 보내는 여가를 선호하기도 하는 등 여가욕구의 경향성은 개인성향에 따라 다르고, 상황과 여건 등의 제약조건에 따라 다를 것이다. 그러나 자신의 여가패턴에 대해 인식하고 행복해지는 여가를 보내려는 노력은 중요하다고 본다. 긍정적 · 부정적 여가의 선을 명백히 긋기는 힘들지만 부정적 여가로 보내는 시간 쪽에 더 기울어진 생활은 문제를 가지며, 긍정적 여가라고 할지라도 활동의 균형이 중요할 것이다. 여가소비는 우리가 시간을 소비하는 방식, 즉 인생을 보내는 방법이라 볼 수 있으며 어떤 내용으로 여가를 채우느냐에 따라 삶의 질과 만족도는 상당히 달라지리라 본다. 앞의 사례들을 보며 우리

소비문화 더 들여다보기 6-1

지역공동체 여가문화: 성미산 마을의 아름다운 소통

성미산을 지키느라 일상생활을 유지하기도 힘들다는 성미산 마을 사람들이 웬 축제준비? 주민들은 '열심히 하는 것이 다가 아니라 즐기면서 해야 한다. 그리고 마을 이외의 다른 이들과 함께 공유하지 않으면 외로울 것이다. 산과 함께 사는 행복한 모습을 보여주자.'고 생각했다. 이래저래 함께 휴가를 즐기면 어떨까 싶었다. 주민들의 이런 아이디어는 결국 성미산 생태캠프 '아름다운 소통'으로 모아졌다. 마을을 활짝 열어 사람들을 초대해 1박 2일 즐겁게 놀아 보기로 한 것이다. 성미산 생태캠프 '아름다운 소통'은 그동안 성미산 마을이 해마다 발전시켜 온 마을축제의 경험을 모두 쏟아 부어 즐거운 한마당을 만들려는 것이다. 성미산 마을축제는 처음부터 끝까지 마을 주민들, 마을에 있는 가게, 마을에 있는 단체, 마을에 있는 동아리들이 주축이 되어서 상상하고 기획하고 상상한 만큼 이뤄낸다. 성미산을 지키는 성미산 퍼레이드, 퍼포먼스, 숲속 음악회, 마을 사람들이 공동출자해 만든 성미산 마을밥상, 성미산 환경영화제, 숲 산책, 공방 워크숍, 생태 벼룩시장, 전통놀이 체험 등의 프로그램이 있다. 축제가 거듭되면서 마을 구성원들은 음악과 연극과 춤과 사진과 영상을 사랑하고 즐기는 그야말로 문화인으로 거듭나고 있다.

(오마이뉴스, 2010. 8. 5)

는 자신의 여가는 어떠한지에 대해 성찰할 시간이 필요하다. 다양한 소비자들의 다양한 여가를 보내는 사례 중에 자신에게 가장 가까운 모습은 어떤 것인가? 여러분의 여가소비는 과연 행복한가?

3 행복한 여가 소비문화 만들기

앞서 살펴본 현대 여가 소비문화의 문제를 극복하고 행복한 여가소비를 하기 위해서는 주체적 성향이 강한 삶의 질 추구형태인 자발적인 주체성을 근원으로 한 삶의 태도가 필요하다. 행복한 여가 소비문화를 만들기 위한 방안을 살펴보고자 한다.

1) 함께하는 여가시간 갖기

현대사회에서는 점점 공동체문화가 사라지고 있다. 지역공동체와 함께하는 여가, 가족

이렇게 해보세요 6-1

효과적인 가족여가 설계 Tip

☑ 여가활동은 생활 속에서 찾는 것이 좋다. 여행처럼 특별한 이벤트가 되어서는 안 된다. 일상에서 즐거움을 찾을 때 진정한 여가를 보낼 수 있다.

☑ 자신의 여가꼴과 여가동기가 무엇인지 정확하게 파악한다. 자신의 신체건강, 경제적 여건을 고려해야 한다. 여가꼴은 정서 지향적(Mental)인가, 육체 지향적(Physical)인가, 혼자 즐기는가(Single), 집단(Group) 속에서 상호작용을 하면서 즐거움을 추구하는가에 따라 나눌 수 있다. 가족의 공통요소를 찾아내는 것이 중요하다.

☑ 지역사회의 여가지원 정보를 탐색한다. 공원, 주민문화센터, 영화관, 박물관 등 가족이 이용할 수 있는 모든 여가자원을 파악한다.

☑ 여가설계를 구체적으로 한다. 가족의 흥미 및 재정상태, 그리고 여가꼴과 여가동기에 맞는 활동계획을 세우고 실천시기, 요일, 시간, 장소 등도 정한다.

☑ 현재 정기적으로 하고 있는 여가활동 종류에 관해 대화를 나누는 시간을 갖는다. 균형 있는 여가생활이 되도록 한다.

(국민일보, 2008. 1. 9)

과 함께하는 여가를 통한 관계형성을 통해 행복을 창출해야 할 것이다. 국민 행복도를 조사하는 영국 레가툼 연구소의 '번영지수'에도 '다양한 공동체 생활'이 구성요소로 포함되듯이 공동체활동은 행복의 중요요소이다. 가족단위의 여가는 가족구성원의 결합력을 발달시키는 통합적 기능과 교육적 기능, 심리적 안정 기능을 하며 개인적인 여가에 비해 더욱 다양한 경험을 제공할 수 있다(윤소영 · 윤주, 2008). 그러나 가족여가가 갖는 사회적 의미와 시대적 책무를 고려한다면, 특별한 소비를 통해서 구성원에게 기쁨과 즐거움을 제공해 주는 가족여가는 가족구성원에게 진정한 만족감을 제공해 줄 수 없다. 왜냐하면 가족여가는 단순히 가족이 여가시간을 공유하는 것 이상의 의미를 갖고 있기 때문이다. 가족여가를 통해서 무엇을 추구하는가에 따라서 개인의 삶의 수준과 행 · 불행이 달라지며, 기쁨과 즐거움을 추구하는 방식에 있어서 소비활동을 통해 그것에 도달하고자 하면 가족여가는 의존적이고 대상화될 가능성이 높으며 소극적이고 과시적인 소비경향을 갖게 된다. 그러므로 가족여가는 가족구성원들의 내면적인 성장과 발전을 가능하게 해주는 탈소비적 여가를 통해 근본적인 행복감에 도달할 수 있도록 해야 한다(이현지, 2005). 진정한 가족여가는 가족의 연대와 친밀성을 높여주어 개인의 행복수준 및 사회 전체의 행복수준과 생활만족도를 높여줄 수 있으며, 가족 안에서 여가생활이 공유되지 못함으로써 나타나는 자녀와의 갈등, 노인의 여가소외 현상 등 여러 가지 사회적 문제들을 줄여주는 긍정적 기능을 갖는다.

2) 빠름과 느림, 심신의 조율

행복의 기준은 다양하지만 그중 빠지지 않는 것은 마음의 평화와 신체적 건강이다. 현대사회에서는 바쁜 생활을 미덕으로 생각한다. 따라서 아무것도 하지 않는 것은 비효율적이고 낭비라고 생각해서 여가시간마저도 다양한 활동으로 채우려고 하거나 노동력 재생산을 위한 휴식을 한다. 여가활동은 생산을 위한 휴식이 되거나 의미 있는 일로 가득 채우려고 하는 일종의 강제성, 강박성을 지니게 된다. 그러나 휴식이란 단지 노동을 위한 원기회복, 자유롭게 사용할 수 있는 시간만을 뜻하는 것은 아니다. 모든 것이 우리를 서두르게 만들고 우리가 자발적으로 그 요구에 따르고 있는 이 사회 속에서 건강하고 행복한 삶을 유지하기 위해서는 삶의 속도를 늦추고 진정한 휴식과 여유, 마음의 여백을 가져야 한다. 여가를 통해 일과 삶이 균형을 찾아야만 정서가 안정되고, 행복감을 느끼며, 창조적인 아이디어가 나온다.

피에르 쌍소(Pierre Sansot, 2000)는 삶의 여유와 깊이를 느끼기 위해서는 느림이 중요하다는 것을 강조하고 있다. 느림이란 시간을 급하게 다루지 않고 시간의 재촉에 떠밀려가지 않겠다는 단호한 결심에서 나오는 것이며, 삶의 길을 걸어가는 동안 자기 자신을 잊어버리지 않을 수 있는 능력과 세상을 받아들일 수 있는 능력을 키우겠다는 확고한 의지에서 비롯되는 것이다. 이러한 영혼의 휴식을 통해 우리의 감각은 더 세련되게 다듬어지고 창조적 회복의 시간을 가질 수 있다. 빠른 삶 속에서도 '느림'을 찾아야 한다.

영혼과 신체의 건강을 위한 또 한 가지 방법은 걷기다. 걷기는 주위 경관을 느끼게 하고 우리의 사고를 깊게 해준다. 현대인의 생활양식은 자연스러움과는 역행하고 있다. 가까운 장소도 자동차를 타고, 단 몇 층을 올라가기 위해 엘리베이터를 탄다. 그리고 헬스클럽에서 운동하거나 러닝머신 위를 잠깐 뛴다. 편리함과 속도의 유혹이 강해질수록 우리는 천천히 걸으며 주변 사물에 대해 사유하고 자신의 내면을 들여다볼 기회를 박탈당한다. '걷는 것은 자신을 세계로 열어놓는 것이다. 발로, 다리로, 몸으로 걸으면서 인간

이렇게 해보세요 6-2

느림의 미학

앨리슨 헤인스

☑ **천천히 할 수 있는 일을 하라**: 느리고 맑은 정신으로 집중해야만 하는 일이 있다. 제본, 서예, 도예, 요가, 낚시, 원예 등 그 예는 아주 많다.

☑ **아무것도 하지 마라**: 일은 물론이고 어떤 말도 해서는 안 된다. 처음 한동안은 불편하지만 조금 지나면 마음의 깊은 평안을 얻는다.

☑ **자연으로 돌아가라**: 자연의 아름다움에 눈을 돌리자. 밤하늘을 바라보고 숲속을 천천히 거닐어 보자. 알람시계는 꺼두도록 한다. 시계 대신 눈부신 햇살에 눈을 뜨는 것이다.

☑ **시간을 늘린다**: 주말에 길게 점심을 먹으며 친구나 가족과 특별한 시간을 보낸다. 준비한 음식을 함께 먹으며 식사가 전부 끝날 때까지 천천히 즐긴다. 가끔 시계를 보지 않고 보내는 시간이 필요하다.

☑ **아이와 함께하라**: 아이의 자연스러운 생활리듬을 따른다. 아이와 함께 책을 읽으며 아이의 속도에 맞춰 주자. 텔레비전 대신 책을 읽는 환경을 만들어 주고 함께 요리도 한다.

☑ **자유롭게 만끽할 수 있는 시간을 가져라**: 예상하지 못한 일을 위해 아무 짜임도 계획도 없는 시간을 남겨 두라. 어떤 날은 시간의 흐름에 몸을 맡겨 보자. 집에서 빈둥거리고, 찬장을 정리하고, 동네공원에서 우연히 친구를 만나고, 아니면 아예 아무것도 하지 않고, 의외로 이런 날이 가장 멋진 날이 될 수 있다.

(앨리슨 헤인스, 2007)

피에르 쌍소(Pierre Sansot)

☑ **한가로이 거닐기**: 나만의 시간을 내서 발걸음이 닿는 대로, 풍경이 부르는 대로 나를 맡겨 보면 어떨까?

☑ **듣기**: 신뢰하는 이의 말에 완전히 집중해 보는 것은 어떨까?

☑ **권태**: 이는 아무것에도 애정을 느끼지 않는다는 의미가 아니다. 무의미하게 반복되는 사소한 일들을 오히려 소중하게 인정하고 애정을 느껴 보면 어떨까?

☑ **꿈꾸기**: 우리의 내면에 조용히 자리잡고 있던 희미하면서도 예민한 의식을 때때로 일깨워 보는 것은 또 어떨까?

☑ **기다리기**: 자유롭고 무한히 넓은 미래의 지평선을 향해 마음을 열어 보는 것은?

☑ **마음의 고향**: 내 존재 깊은 곳에서 지금은 희미하게 퇴색되어 버린 부분, 시대에도 맞지 않는 지나간 낡은 시간의 한 부분을 다시 한번 떠올려 본다면?

☑ **글쓰기**: 우리 안에서 조금씩 진실이 자라날 수 있도록 마음의 소리를 옮겨 보는 것은 어떨까?

☑ **포도주**: 지혜를 가르치는 학교, 그 순수한 액체에 빠져 보는 것은?

☑ **모데라토 칸타빌레**: 절제라기보다는 아끼는 태도, 그 방식을 따라 본다면?

(피에르 쌍소, 2000)

은 자신의 실존에 대한 행복한 감정을 되찾는다.' 다비드 르 브르통(2002)은 걷는다는 인간의 가장 기본적인 행동을 통해 인간은 비로소 자신의 존재를 찾는 것이라고 한다. 걷기를 통해 자신의 내면을 열어놓을 수 있는 이는 인생의 여유를 즐길 줄 아는 이다. 빠른 것이 제일인 현대 도시사회에서 천천히 자신의 한 걸음과 대지가 함께 호흡하는 정신의 여유는 어쩌면 우리에게 가장 필요한 산소일 것이다. 걷는다는 것은 자신의 몸으로 사는 것이다. 숲이나 길, 혹은 오솔길에 몸을 맡기고 걷는 것을 통해 숨을 가다듬고 전신의 감각들을 예리하게 갈고 호기심을 새로이 할 수 있는 기회를 얻게 된다.

세계적으로 유명한 철학자들은 전형적인 '걷는 인간들'이었다. 루소에게 있어서 걷기는 고독한 것이며 자유의 경험, 관찰과 몽상의 무궁무진한 원천, 뜻하지 않는 만남과 예기치 않은 놀라움이 가득한 길을 행복하게 즐기는 행위다. 다른 리듬 속에 몸담고 있는 시간, 공간, 타자와 새로운 관계를 맺게 하고 사회적 관계 속에 제자리를 찾게 함으로써 인간 스스로의 모습을 바라볼 수 있도록 해준다(다비드 르 브르통, 2002). 정신과 전문의인 이시형(2010)은 걷기를 행복 호르몬인 세로토닌을 잘 분비하게 해주는 매우 좋은 방법으로 추천하기도 한다. 인간의 행복은 구체적인 삶 속에서의 실천을 통해서만 이루어지는 것이며, 걷기는 이런 실천의 한 방법이다.

3) 나만의 여가방법 개발하기

여가시간이 더 늘어나면 행복할까? 여가에 대한 올바른 철학과 여가를 보낼 방법을 갖고 있지 않다면 여가시간이 늘어난다고 꼭 행복한 것은 아닐 것이다. 또한 사회의 여가문화가 제대로 형성되지 못하면, 개인의 사고와 행동 역시 방향점을 잃고 부유할 수밖에 없다. TV시청 등의 수동적인 여가로 시간을 보내거나 상업적이고 획일적이고 집단적인 여가문화에 의해 시간과 돈, 에너지를 낭비하는 여가 소비자만이 생산될 수밖에 없다.

여가에 대한 올바른 인식과 태도를 습득하고 균형적인 여가생활을 하는 것은 개인의 삶의 질 향상에도 기여할 수 있다. 그러기 위해서는 무엇이 중요한 것인지에 대한 삶의 가치와 철학을 정립할 필요가 있을 것이다. 또한 자기 나름의 즐거움과 몰입을 추구할 수 있는 다양한 여가의 개발이 필요하다. 호이징하(1994)는 유희, 즉 놀이에서 모든 문화가 탄생되었다고 하였다. 놀이란 사회의 긴장과 욕구를 해결하려는 노력으로 볼 수 있다. 미하이 칙센트미하이(1999)는 능동적 여가가 긍정적인 경험을 낳는다고 하였다. 화초가꾸기, 음악감상, 요리, 운동, 악기연주, 영화 보러가기 등 무엇이 되었든 자기가 좋아하는 일을 하면 사람들은 더 행복해하고 몰입경험을 할 가능성이 높고, 몰입 뒤에 오는 행복감은 스스로의 힘으로 만든 것이어서 우리의 의식을 그만큼 고양시키고 성숙시킨다는 것이다. 따라서 삶의 질을 높이기 위해서는 먼저 가장 보람 있는 경험을 할 수 있도록 활동을 설계해야 한다. 그러기 위해서는 자신에게 어떤 일이 즐거움을 주는지 차분히 생각해 보는 것도 필요하다. 명확한 목표가 주어지고 활동의 효과를 확인할 수 있으며, 과제의 난이도와 실력이 알맞게 균형을 이루고 있다면 어떤 활동에서도 몰입을 하면서 삶의 질을 끌어올릴 수 있다. 삶은 행동하고 느끼고 생각하는 것, 즉 경험이다. 경험은 시간 속에서 이루어지므로 시간은 아주 귀중한 자산이며, 경험의 내용은 삶의 질을 결정한다. 그러므로 자신의 시간을 어떻게 할당하고 소비할 것인가를 결정하는 것은 중요하다.

긍정심리학의 창시자 마틴 셀리그만(2009) 역시 몰입의 경험을 강조하는데, 자신의 장점과 덕을 살려 삶에서 실천하며 즐거움을 느낄 때 오는 행복은 진정한 행복으로 남는다고 한다. 진정한 행복의 감정을 느끼려면 어떻게, 왜 그런 기분을 느끼게 되었는지가 중요하다고 말한다. 긍정적인 감정이 쇼핑이나 TV시청처럼 일시적인 만족에서 비롯되었

이렇게 해보세요 6-3

TV시청 줄이기 방법

☑ 가족구성원 간 TV 안 보기에 대한 공감대를 만든다.
☑ 눈에 보이도록 선언문을 만든다.
☑ 거실에 놓인 TV를 구석자리 혹은 방으로 옮기거나 천으로 덮는다.
☑ 거실을 도서관이나 놀이 공간으로 꾸민다.
☑ TV시청 유혹을 이겨내기 위한 대체 프로그램을 개발한다.
☑ TV시청 시간이 긴 주말의 유혹에 대비한다.
☑ TV뉴스를 꼭 봐야 한다는 고정관념을 버린다.
☑ 정기적으로 TV 안 보는 날을 갖는다.
☑ TV를 시청할 경우 TV시청을 하루 1시간 이내로 제한한다.
☑ 적어도 식사시간에는 TV를 끈다.

(동아일보, 2006. 4. 28)

다면 그런 행복은 결국 공허한 느낌으로 끝난다고 한다. 베르트랑 베르줄리(2007)도 행복해지기 위해서는 어느 정도의 정신력이 필요하다고 하였다. 삶이 단순히 감각에 머물지 않고 뭔가 의미를 획득했을 때 비로소 우리를 충족시키며 한층 높은 차원을 지향함으로써 근본적인 행복감을 가져다준다.

우리에게 주어진 적은 자원을 가지고 질 높게 살아가는 방법을 강구할 때 우리는 더 창의적이 될 수 있다. 여가를 위해 값비싼 돈을 들여야만 만족감과 행복을 느끼는 것이 아니다. 자본주의 체제에서 우리가 보다 주체적인 삶을 살기 위해서는 의식적으로 여가시간이 자본에 얽매이지 않도록 하는 노력이 필요하다. 우리를 둘러싸고 있는 상업적 여가문화는 화폐를 지불해야만 여가를 보낼 수 있고 문화생활을 할 수 있다는 생각을 소비자에게 심어 준다. 자신의 여가시간을 가급적이면 소비적이지 않은 활동을 하며 보내려고 노력하는 것도 진정한 여가문화 형성의 한 방안이 될 수 있을 것이다. 자신만의 여가방법을 개발하거나 정보를 찾아보면 의외로 많은 돈을 소비하지 않고도 다양한 여가소비의 방법이 있다. 지하철 표 한 장으로 각국 문화원이나 무료 박물관, 미술관을 탐방할 수도 있고, 시나 구민회관 등에서 하는 문화공연을 즐길 수도 있다. 산책, 공공도서

이렇게 해보세요 6-4

소비하지 않거나 적은 돈을 들이고도 즐길 수 있는 여가생활 Tip

공짜 또는 저렴한 행복리스트

친구들과 만나 어울릴 때마저도 무조건 비싼 돈을 들여야만 하는 것은 아니다. 찾아보면 거의 공짜로 즐길 수 있는 일도 많다. – 소풍, 산책, 트레킹, 하이킹, 수영, 캠핑, 노래부르기 또는 음악합주, 협동노동, 각자 음식을 준비해 오는 저녁 식사모임, 티켓 값이 저렴한 또는 티켓을 할인해 주는 지역극장과 영화클럽 등

(앨리슨 헤인스, 2007)

청소년, 대학생이 이용할 수 있는 '내일로(Rail로) 티켓'

54,700원으로 7일간 무제한 열차를 이용할 수 있는 티켓으로, 여름 및 겨울 시즌에 운영하고 있다. 기차여행을 통해 국토여행의 추억을 남길 수 있도록 코레일에서 마련한 특별상품으로, 주로 방학 동안 학업과 취업 등의 무거운 일상에서 잠시 벗어나 저렴하게 여행하는 데 이용할 수 있다.

(문화일보, 2010. 9. 1)

서울광장에서 공연문화를 즐기는 시민들

관 이용, 봉사활동 등도 있다. 만족한 여가와 행복한 삶을 위해 여가정보를 찾고 활용할 수 있어야 할 것이다.

여가시간을 주로 쇼핑으로 보내거나, 수동적인 여가, 상업적인 대중문화 소비로 보내는 대신에 자신이 몰입할 수 있고 자신의 장점과 덕을 살릴 수 있는 자신만의 독특한 여가생활을 개발해 보는 것도 매우 즐거운 여가 활동이 될 수 있지 않을까?

4) 너와 내가 행복해지는 여행 만들기

통계청(2009)의 조사결과 소비자들이 가장 하고 싶은 여가활동은 '여행'인 것으로 나타났다. 소유와 물질에 치중한 삶에 대한 반성은 여행에 대한 인식과 문화에도 변화를 가져오고 있다. 2000년대 들어 유흥지에 가서 먹고, 마시고, 사진 찍기에 바빴던 관광 중심의 여행이나 물질문명에 치우친 삶에 대한 반성에서 나타난 산사체험 여행이나 제주 올레를 비롯한 걷기여행, 공정여행 등이 증가하고 있다.

특히 최근 대두되고 있는 공정여행(Fair Tourism)은 여행객이 여행하는 곳의 경제와 환경, 문화를 존중하고 보호할 책임이 있다는 개념이다. 여행지와 현지 주민을 배려한 윤리적, 이타적인 여행으로서 책임여행, 착한 여행, 윤리적 여행으로도 불린다. 서비스 노동자의 보호, 포터(porter)의 노동권리로부터 여성, 아동착취, 멸종동물의 보

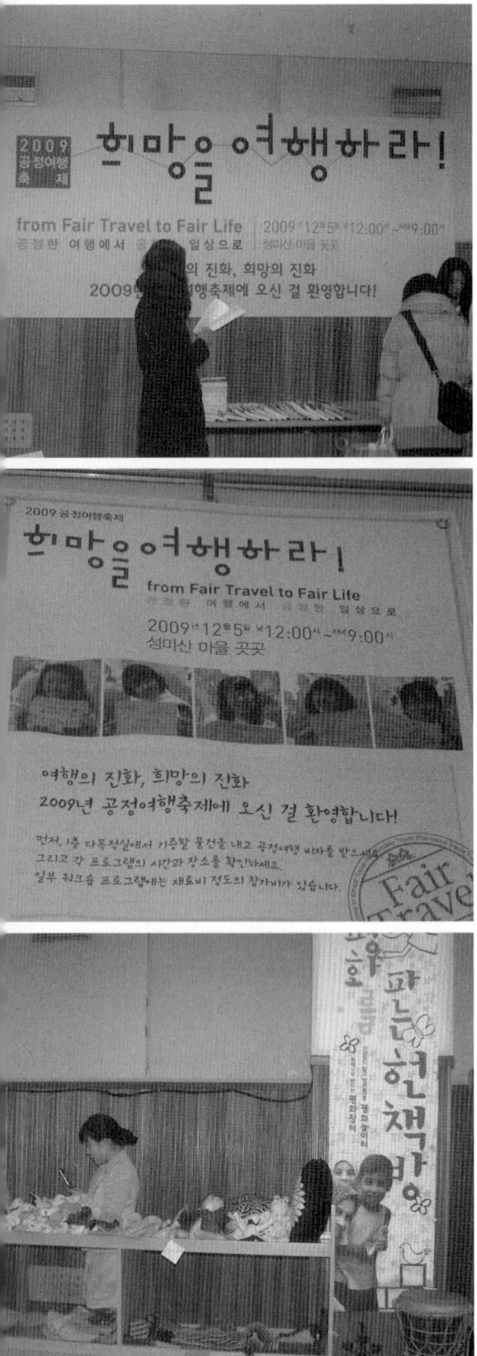

이매진피스의 공정여행축제 모습

호, 여행자의 지출이 직접 지역사회로 돌아갈 수 있는 지역에 기반한 여행자 프로그램을 지지하는 데 이르기까지 윤리와 인권에 바탕을 둔다. 공정여행의 긍정적 측면은 다음과 같다. 첫째, 지역 주민에게 더 많은 경제적 이익을 주며, 지역공동체의 복지향상, 노동조건, 산업에의 접근을 향상시킨다. 둘째, 지역주민이 그들의 삶과 삶의 기회에 영향을 줄 수 있는 의사결정에 참여할 수 있다. 셋째, 자연과 문화유산 보존, 세계의 다양성 유지에 긍정적 기여를 할 수 있다. 넷째, 지역주민과의 더욱 의미 있는 교류, 지역문화, 사회적 · 환경적 이슈에 대한 더 많은 이해를 통해 여행자에게 더욱 즐거운 경험을 제공한다. 다섯째, 여행의 경제적, 환경적, 사회적인 부정적 영향을 감소시킨다. 여섯째, 문화적으로 민감하며, 여행자와 주최자 간의 존중을 가져오며, 지역의 자부심, 신뢰를 구축한다(Transitions Abroad Magazine, 2006).

앞으로 여행은 '현지 주민은 관광객이 그들을 방문하는 것을 원하는가?, 관광산업의 노동환경은 어떠한가?, 여행객이 지불한 돈이 어디로 가야 하는가?, 누가 혜택을 받아야 하는가?, 여행의 환경적 측면의 영향은 어떠한가?, 특정 장소의 여행이 민주주의와 인권신장에 기여하는가 아니면 저해하는가?' 등과 같은 많은 윤리적 이슈를 제공하며 윤리적 여행을 원하는 소비자들이 증가할 것이다(Tearfund, 2000). 공정여행은 자원봉사 여행, 빈곤해결에 도움을 주는 여행, 생태여행 등 다양한 형태를 포함하며 여행이 윤리적 구조를 가지며, 공정임금, 지역의 장기적 이익에 초점을 둔다. 공정여행 가이드라인은 우리가 좀 더 행복해지기 위해 여행 소비문화가 어떻게 변화해야 하는지에 관한 방향점을 제시해 준다.[1)]

1) 관련 연구로서 공정여행자를 대상으로 한 현상학적 질적 연구인 박미혜(2010)의 '공정여행 경험에 대한 소비자인식 연구'와 윤리적 소비에 대해 이론적으로 접근한 박미혜 외(2009)의 '윤리적 소비의 개념 및 실태에 대한 고찰'을 참고할 수 있다.

이렇게 해보세요 6-5

영국 투어리즘컨선(tourismconcern)의 책임여행을 위한 25가지 실천방법

1. **지역에서 쇼핑하고 식사를 한다**: 지역수공업자가 만든 상품을 사고 현지인 식당에서 먹으려고 노력하자. 지역제품을 우선 구매하라. 저렴한 패키지여행은 여행경제에서 지역주민을 제외시키며 당신의 절약은 누군가의 비용이 될 것이다.
2. **미리 읽어 본다**: 여행 전 목적지에 대해 알아본다. 이것은 의사결정을 돕고 그 장소의 정치적·사회적 맥락을 알게 한다. 또한 지역주민과의 만남과 신뢰 구축에 좋은 방법이다.
3. **공공 운송수단을 이용한다**: 공공 운송수단은 사람들을 만날 수 있는 좋은 방법일 뿐만 아니라 환경적으로도 좋다. 자전거를 빌리거나 걷는 것도 좋은 방법이다.
4. **해외여행이 정말 필요한가?**: 당신의 집에서 가까운 곳에 있는 멋진 광경을 놓치고 있을지도 모르고, 장거리여행을 피하는 것은 당연히 환경을 위해 더 손쉬운 일이다.
5. **선물을 준다**: 누구에게 어떤 선물을 주는 것이 좋은지 가이드에게 조언을 구하라. 어린이에게는 학용품 또는 지역식품을 주는 것이 좋다. 권위를 손상시키지 않는 방법으로 하라.
6. **특별한 이벤트**: 외부인을 환영하지 않는 종교축제 기간 동안 방문하는 것을 주의하라. 가야 한다면 협상할 수 있는 가이드를 찾아라. 감사를 보여주고 행동할 적절한 방법을 찾으라.
7. **영향을 덜 주는 여행**: 되도록 비행기를 피하라. 비행기 여행은 가장 오염을 심화시키는 운송수단이며 지구 온난화에 영향을 준다. 철도여행은 더 흥미 있는 여행을 만들어 줄 수 있다.
8. **사진**: 사진을 찍기 원하는 사람이 피하거나 거절할 경우에는 그만두라. 그들의 감정을 존중하라. 그리고 사진을 보내주겠다는 등 지키지 않을 약속은 하지 말라.
9. **지역언어**: 여행 전 지역언어를 배우라. 이것은 어색한 관계를 깨는 좋은 방법이다. 현지인과 의사소통하고 친구를 만드는 것은 해외여행의 가장 보람 있는 것 중의 하나이다.
10. **지역의 의상규칙을 관찰한다**: 지역문화와 옷에 대한 태도를 존중하라.
11. **산호 암초**: 많은 산호 암초가 지구 온난화에 의해 없어지는데, 여행은 이러한 파괴의 주요원인이다. 다이버, 스노클러, 배는 산호에 물리적 손상을 일으킨다.
12. **남의 이목을 끄는 소비**: 값비싼 시계, 보석 등과 같은 이목을 끄는 소비를 하지 말라. 그것은 빈부격차를 강조하며 당신이 경험하기 위해 온 곳의 문화로부터 멀어지게 한다.
13. **시간개념**: 다른 문화는 다른 시간개념을 갖기 때문에 모든 사람이 시계장치와 같이 행동할 것을 기대하지 말라.
14. **책임여행 정의**: 당신의 여행 에이전트의 자세한 책임여행 정책문서를 요구하라. 당신의 관심은 이러한 이슈를 제기하고 결국 시장을 변화시키는 데 도움을 줄 것이다.
15. **골프**: 골프를 치는 것은 환경적, 사회적 이슈가 된다. 빈국에 골프를 치러 오는 사람은 많은데 생태학적 영향은 파괴적이다.
16. **사파리와 야생생물**: 사파리를 가기 전에 그 지역이 현지인을 제외하지 않는 좋은 보존을 하는지 체크하라. 또한 지나치게 야생생물을 불안하게 하지 말라.

(계속)

17. **가이드북에 의존하지 말라**: 가이드북은 바이블이 아니다. 현지인과 이야기하는 것은 많은 정보를 제공하고, 최근의 정보를 제공한다. 당신만의 모험을 하라.
18. **매춘관광**: 섹스관광에 빠지는 것은 절대로 안 된다. 그것은 엄청난 착취적 관계이다. 어린이에게 수상한 행동을 하는 사람을 보면 현지 경찰과 어린이 보호기관 등에 알려라.
19. **관계를 유지하라**: 당신의 가족과 친구의 사진을 가까이에 두라. 그것은 당신의 문화를 여행지의 사람과 나누는 좋은 방법이다. 고국의 그림엽서는 좋은 선물이 될 것이다.
20. **자원사용**: 자원사용을 최소화하려고 노력하라. 당신은 물과 자원과 같은 부족한 자원을 현지인과 직접적으로 경쟁하고 있기 때문이다.
21. **부족공동체**: 여행 시 부족공동체에 의해 운영되는 부족구역에는 혼자서 방문하라. 토착문화를 비하하거나 타락시키지 말라.
22. **트레킹과 캠핑**: 트레킹을 할 때 산책로를 유지하라. 일반도로 이외에서 운전하지 말라. 가능할 경우 지정된 장소에서 캠프를 하라. 야생동물이나 가축을 방해하지 말라.
23. **물건값 깎기**: 값을 심하게 깎지 말라. 구매할 필요가 없다면 정중하지만 단호하게 대처하라.
24. **멸종동물**: 코끼리 상아로 만든 제품 구매, 거북이 등껍질, 파충류, 동식물로 만든 기념품을 사는 데 주의하라. 멸종위기 동물거래는 국제 CITES협정에 의해 금지된다.
25. **사회적 규범**: 친숙하게 되도록 하라. 그러나 사회적 규범을 관찰하는 데 주의하라. 보디랭귀지는 많은 장소에서 다르게 해석된다.

(www.geographical.co.uk)

이렇게 해보세요 6-6

우리나라 평화운동단체 '이매진피스'의 공정여행(fair travel) 가이드라인

공정여행자가 되기 위한 10가지 방법

1. **지구를 돌보는 여행**: 비행기 이용 줄이기, 1회용품 쓰지 않기, 물을 낭비하지 않기
2. **다른 이의 인권을 존중하는 여행**: 직원에게 적정한 근로조건을 지키는 숙소, 여행사를 선택하기
3. **성매매를 하지 않는 여행**: 아동성매매, 섹스관광, 성매매, 골프관광 등을 거부하기
4. **지역에 도움이 되는 여행**: 현지인이 운영하는 숙소, 음식점, 가이드, 교통시설 이용하기
5. **윤리적으로 소비하는 여행**: 과도한 쇼핑 하지 않기, 공정무역제품 이용하기, 지나치게 깎지 않기
6. **친구가 되는 여행**: 현지 인사말을 배우고 노래와 춤 배우기, 작은 선물 준비하기
7. **다른 문화를 존중하는 여행**: 생활방식, 종교를 존중하고 예의를 갖추기
8. **상대를 존중하고 약속을 지키는 여행**: 사진을 찍을 땐 허락을 구하고, 약속한 것을 지키는 여행
9. **기부하는 여행**: 적선이 아니라 나눔을 준비하자. 여행경비의 1%는 현지의 단체에!
10. **행동하는 여행**: 세상을 변화시키는 여행

(www.imaginepeace.or.kr)

5) 여가를 통해 나의 시간, 재능, 물질 나누기

이렇게 해보세요 6-7

이곳에서 재능과 시간을 기부할 수 있어요

☑ **한마음운동본부(http://thehanmaum.or.kr)의 한마음 은행**: 단순히 경제적 지원뿐만 아니라 자신이 가진 기술과 시간을 활용, 자활을 도움

☑ **책 읽는 사회 만들기 국민운동(bookreader.or.kr)**: '기적의 도서관'을 중심으로 한 공공도서관 자원 활동

☑ **유니세프의 '아우인형' 프로그램(awoo.or.kr)**

☑ **중고물품 나눔가게**: 물품정리나 판매 돕기

☑ **사회연대은행(bss.or.kr)**: 비영리 자활지원 기관. 현금후원, 자원봉사

☑ **제이티에스(jts.or.kr)**: 불교단체 정토회가 만든 국제기아 · 질병 · 문맹퇴치기구. 지구촌 재난긴급구호사업 실시

☑ **세이브더칠드런(sc.or.kr)**: 국제아동권리기관. 27개 회원국이 120여 개 사업장에서 빈곤 · 질병 · 학대 · 착취 받는 어린이 지원활동

☑ **푸르메재단(purme.org)**: 각종 장애로 고통받는 환자들에게 사회 복귀의 재활 기회를 주는 것이 목표

☑ **기아대책(kfhi.or.kr)**: 기독교 정신을 바탕으로 1971년 설립된 국제 엔지오 단체. 지구촌 기아상황을 세계에 알리고 굶주린 이들에게 식량을 전해 생존과 자립을 도움

☑ **푸른학교(blueschool.net)**: 실업 및 저소득 가정의 유아, 초 · 중등 자녀를 위한 학습지도와 저녁식사 지원을 하는 방과 후 무료 공부방

☑ **외국인노동자 전용의원(mwhospital.com)**: '외국인노동자의 집/중국동포의 집'에서 운영하는 전용 의원. 단체와 개인 자원봉사자들이 내 · 외과 등 각 과목을 진료

☑ **감나무골 나눔과 섬김의 집(nasum.co.kr)**: 대구지역 빈곤지역 아동들의 도움터. 방과 후 교육, 지역아동 · 주민들의 문화체험, 도서관 운영. 상설 물물교환센터인 생명가게 운영

☑ **민들레 국수집(mindlele.com)**: 오갈 데 없는 노숙인 등 배고픈 사람들을 위해 서영남 수사가 인천에 마련한 작은 무료 식당. 자원봉사, 현금지원, 현물지원 가능

☑ **행동하는 의사회(khpa.org)**: 의료 소외계층 자원활동 조직. 의료인 회원들이 장애인 · 독거노인 · 저소득계층 청소년들에게 기부와 의료활동. 분쟁지역 의료물품 등 지원

☑ **날개달기(wingshang.new21.org)**: 백혈병 · 소아암 환아 및 희귀난치병으로 고통받는 어린이들에게 치료비 · 정서적 지원. 아동복지 및 의료복지 전반적 활동. 젊은 의학도들이 만든 순수 민간 엔지오. 책 기증, 현금 지원, 아이들 가발용 모발 지원 받음

☑ **성장학교 별(schoolstar.net)**: 빈곤 · 장애 청소년들과 가족들을 대상으로 대안적 교육과 치유를 함께 추구하는 대안학교. 교육전문가, 상담전문가 의사 등과 연계

여가 소비활동을 통해 나눔을 실천할 때 우리의 행복지수도 높아질 수 있다. 자신의 재능과 시간을 나누는 자원봉사. 나눔은 반드시 금전을 매개로 이루어지는 것이 아니다. 자신의 재능, 특기를 기부할 수도 있고, 노력봉사라는 이름으로 시간을 기부할 수도 있다. 기업이나 종교단체에서 시행하는 여러 문화활동의 소비를 통해 나눔을 실천할 수 있다. 예를 들어, 성공회 푸드뱅크가 주최하는 '수요 주먹밥 콘서트'는 점심값을 기부하고 문화공연을 즐기고 자연스럽게 이웃사랑을 실천할 수 있다. '희망의 좌석 기부운동'은 '아름다운가게'와 함께 소외계층에게 공연객석을 기부하는 문화나눔 운동이다. 후원석을 선택하는 관객들은 자동으로 후원좌석 적립에 참여할 수 있으며, 후원석 캠페인을 통해 모인 기부좌석은 사회의 문화 소외계층에게 배분된다. '사랑의 문화나눔 운동 후원금'은 소외계층에 대한 후원금이 포함된 후원티켓을 구매하거나 공연장에서 소외계층에게 공연관람의 기회를 주기 위한 후원금 모금에 참여할 수 있다. 앞 절에서 살펴본 현지인과 현지 지역경제에 도움을 주는 공정여행 소비를 통해서도 나눔을 실천할 수 있다.

앞에서 다양한 여가사례와 행복한 여가를 보내기 위한 소비자의 실천사항에 대하여 살펴보았다. 행복한 여가를 보내지 못하는 것은 개인에게 원인이 있기도 하지만 장시간의 노동환경이나 여가인프라 부족 등의 사회 구조적인 문제를 함께 가지고 있다고 볼 수 있다. 우리 사회에서 여가가 노동 중심적 가치를 넘어서 삶의 균형을 이룰 수 있도록 자리매김하는 것이 중요할 것이다. 따라서 행복한 여가 소비생활을 위해서는 앞에서 살펴본 소비자 개인의 노력뿐만 아니라 기업문화의 변화나 정부의 여가정책 또한 필요하다고 본다. 기업에서는 일과 여가의 균형을 취할 수 있도록 가족친화 근무프로그램 등의 기업문화의 변화가 필요하며, 여가를 통해 충전된 에너지가 기업을 더욱 창의적이고 생산적으로 발전시킬 수 있도록 여가활동 지원이 필요할 것이다. 또한 여가를 잘 즐길 수 있는 문화를 조성하기 위한 여러 문화공헌 활동도 벌일 수 있다. 최근 세계 각국은 단순한 성장논리에서 벗어나 '국민행복' 에 관심을 가지고 있으며 '행복' 은 미래사회를 이끌어갈 핵심가치로 부각되고 있다. 따라서 정부에서는 국민행복지수를 제고하기 위한 여가시설과 공간 등의 인프라 조성 및 다양한 여가정책을 마련해야 할 것이다. 여가 프로그램은 계층별, 연령별, 지역별 특수성을 고려하고, 여가에 대한 종합정보 제공 및 홍보, 취약계층에 대한 여가정책 지원 등을 통해 행복을 함양하는 여가정책을 마련해야 할 것이다.

실천해 보기

1. 3절에서 제시한 '행복한 여가 소비문화 만들기' 중에서 한 가지를 실천해 보고 느낀 점과 여가를 즐기는 자신만의 아이디어에 대해 이야기해 보자.

2. 공정여행 실천방법 Tip을 참고로 하여 자신이 사는 동네나 지역을 둘러보는 '우리 동네 공정여행'을 실천해 보고 느낀 점을 말해 보자.

착한 휴가, 20일간의 공정여행기
(EBS 리얼실험 프로젝트X, 2009년 8월 7일~8월 21일 방영)

새로운 여행의 패러다임을 제시하기 위해 공정여행 실험을 기획한 방송이다. 최대한 현지인에게 혜택을 돌리고, 환경파괴를 지양하는 공정여행. 실험장소는 세계적 관광국가인 네팔이다. 과연 실험자들은 기존의 여행행태를 벗고 공정여행을 무사히 실천할 수 있을까?

- 끊임없는 갈등과 고민의 연속인 공정여행. 공정여행 실험에 자신만만하게 도전장을 던진 박기덕(28세, 대학생) 씨와 황혜정(35세, 주부) 씨. 그들에게 주어진 실험규칙은 20일 동안 네팔에서 공정여행 수칙 10계명을 지키는 동시에 공정무역상품을 발굴해 오는 것이다.

- 네팔 땅에서 '공정여행'을 묻다. '공정여행'이란 무엇인가? 왜 내 돈으로 하는 여행에서도 윤리적인 면을 생각해야 할까?

고동우(2007). 여가학의 이해. 세림출판.
김경식 · 전형상 · 김재운(2010). 한국인의 여가활동 제약과 삶의 만족도에 관한 구조 모형 분석. 한국여가레크레이션학회지 제34권 제2호, 205-215.
김성민 · 김은솔(2010). 여가고수의 시대. IWELL.
김양례(2009). 여가활동 유형과 주관적 건강상태 및 행복한 삶의 관계. 체육과학연구 제20권 제3호, 553-566.
김재일(2002). 주 5일 근무제와 생태적 여가문화. 환경과 생명 통권 33호, 154-163.
노동리뷰(2009). OECD 회원국의 여가시간과 삶의 질. 한국노동연구원, 8월호.
노명우(2009). 텔레비전, 또하나의 가족. 프로네시스.
다비드 르 브르통 저, 김화영 역(2002). 걷기예찬. 현대문학.
마틴 셀리그만 저, 김인자 역(2009). 긍정심리학. 물푸레.
문화체육관광부 · 한국문화관광연구원(2008). 2008 여가백서.
미하이 칙센트미하이 저, 이희재 역(1999). 몰입의 즐거움. 해냄.
박미혜(2006). 현대 여가 소비문화의 비판적 고찰과 대안모색. 소비문화연구 제9권 제2호, 79-100.
박미혜(2010). 공정여행 경험에 대한 소비자인식 연구. 한국생활과학회지 제10권 5호, 857-72.
박미혜 · 강이주(2009). 윤리적 소비의 개념 및 실태에 대한 고찰. 한국생활과학회지 제18권 제5호, 1047-1062.
박선권(2006). 현대적 여가의 상태. 르네상스.
베르트랑 베르줄리 저, 성귀수 역(2007). 행복생각. 개마고원.
엘리슨 헤인스 저, 장나리아 역(2007). 시간 · 돈 · 행복. 용오름.
윤소영 · 윤주(2008). 가족여가 활성화를 위한 정책방안 연구. 한국문화관광연구원.
이시형(2010). 세로토닌하라. 중앙북스.
이현지(2005). 탈현대적 가족여가를 위한 구상. 동양사회사상 제12집, 161-181.
장 보드리야르 저, 이상률 역(1992). 소비의 사회. 문예출판사.
조지 리처 저, 김종덕 역(2003). 맥도날드 그리고 맥도날드화. 시유시.
질 리포베츠키 저, 정미애 역(2009). 행복의 역설. 알마.
피에르 쌍소 저, 김주경 역(2000). 느리게 산다는 것의 의미. 동문선현대신서.
통계청(2009). 2009 사회조사결과.
통계청(2010). 2009 생활시간 조사결과.
크리스 로제크 저, 김문경 역(2000). 자본주의와 여가이론. 일신사.
호이징하 저, 김윤수 역(1994). 호모루덴스. 까치.
홍성민(2006). 레저, 라이프스타일, 그리고 브랜드. 제일기획 Brand Forum. 통권51호, 여름호, 28-37.
Hinmann, Laurence(1978). Marxs Theory of Play, Laisure and Unalienated Praxis, ***Philosophy and Social Criticism*** 1, 191-228.
nef(2009a). The happy planet Index 2.0-Why good lives don't have to cost the earth.
nef(2009b). National Accounts of Well-being.

Transitions Abroad Magazine(2006). Responsible Travel handbook 2006.
Tearfund(2000). Tourism-an Ethical Issue, Market Research Report.
www.geographical.co.uk(2003). Responsible tourism special: 25 pratical Ways to make a difference, December.
International Ecotourism Society(2006). TIES Global Ecotourism Fact Sheet.
이매진피스 www.imagine-peace.or.kr.

기사

국민일보(2002). [금융권 주 5일 근무 생활패턴 바뀐다 (상)] 삶의 質 획기적 업그레이드, 5월 23일자.
국민일보(2008). 효과적인 가족여가 설계요령… 특별 이벤트론 곤란 일상생활에서 발견해야, 1월 9일자.
국민일보(2008). '놀토'가 따분한 가족… 함께 즐길 여가활동을 찾아라, 1월 9일자.
경향신문(2010). 제주여행상품, 쇼핑센터 돌기 바쁘다, 3월 1일자.
경향신문(2010). "라면 가져오시면 음악을 드립니다', 8월 31일자.
뉴시스(2007). TV와 인터넷이 '스크린 키즈' 육성하고 있다, 7월 6일자.
동아일보(2005). 굿모닝! 주말 아침입니다, 5월 27일자.
동아일보(2005). [커버스토리] 休? "휴~" 일그러진 장밋빛 주말의 꿈, 8월 19일자.
동아일보(2006). [바꾸자, 가족문화]〈1〉아빠가 TV를 껐다, 4월 28일자.
문화일보(2010). [박경일 기자의 길에서 만난 세상] 열차티켓 '내일로'의 기적… 젊은이를 우리 땅으로 이끌다, 9월 1일자.
소비자가 만드는 신문(2010). 일정 바뀌고 옵션은 필수, 골병드는 해외여행, 6월1일자.
주간한국(2008). [커버 · 여가의 기술] '여가의 달인' 새 삶을 찾다, 2231호, 7월 29일자.
중앙일보(2010). [커버스토리] 숲캠핑의 건강학, 6월 14일자.
연합뉴스(2008). [사람들] "자원봉사 바이러스에 감염됐어요", 12월 14일자.
오마이뉴스(2010). 성미산 마을 가서 '1박 2일' 합시다, 8월 5일자.
한경닷컴(2010). [나눔, 스포츠와 만나다] 찾아가는 스포츠 학교… '드림버스 프로젝트', 10월 15일자.
행복이 가득한 집(2004). 행복하려면 걸어라, 5호.
SBS 스페셜(2006). 늘어나는 여가시간 "당신의 주말은 안녕하십니까?", 6월 25일자.

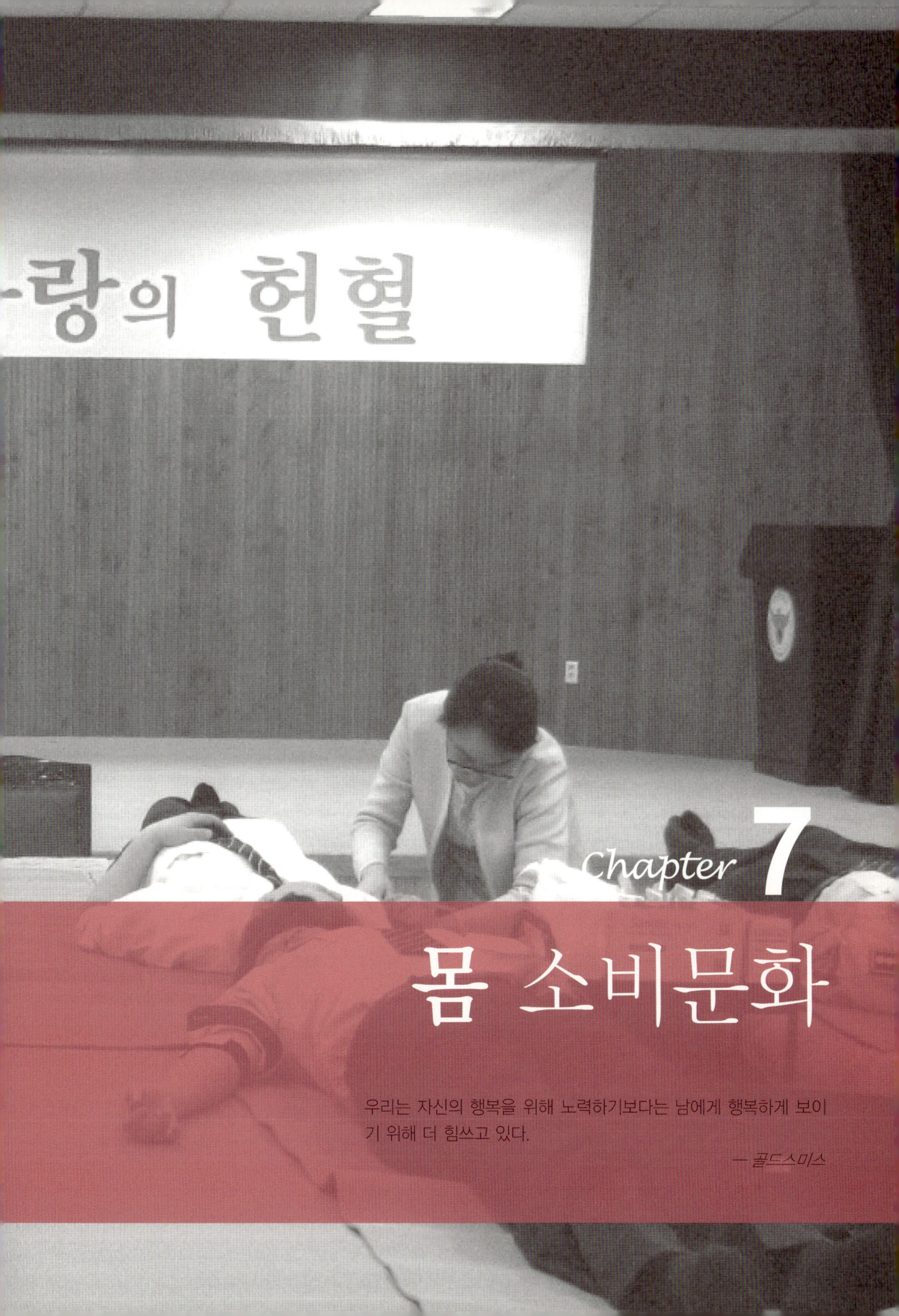

Chapter 7

몸 소비문화

우리는 자신의 행복을 위해 노력하기보다는 남에게 행복하게 보이기 위해 더 힘쓰고 있다.

— 골드스미스

Chapter 7 몸 소비문화

반복되는 생활의 흐름 속에서 몸의 존재는 의식으로부터 사라지는 것처럼 보인다. 아침마다 집을 나서기 전 습관처럼 거울을 들여다보지만 그것도 일상의 한 과정일 뿐이고, 하루의 일과를 시작하면서 몸에 대한 의식은 멀어진다. 또는 거울을 통해 매일 바라보는 몸은 그저 외견으로 드러나는 모습일 뿐 몸의 내부세계나 주체의 참된 면을 인식하고 의식하는 것은 아니다. 몸은 삶 속에 존재하는 것이기에 우리 곁에 늘 현존하지만 동시에 의식에서 부재한다(홍덕선 · 박규현, 2010). 이러한 부재는 가속화되어 몸의 세부적인 부분에 대한 기대와 불만족이 함께 이루어지며 더욱더 드러나는 몸의 현존에 치중을 할 뿐 의식의 부재는 깊어지고 있다. 눈에서 코, 입술로, 얼굴의 주름에서 동안에 대한 기대로, 건강을 넘어 섹시함과 몸 디자인 만들기에 대한 몰입으로 몸의 외견적인 현존은 진화하고 있지만 생각과 의식의 참된 면은 점점 줄어들고 있기 때문이다.

의식과 신체를 담고 있는 몸을 통해 사람들은 가장 원초적이고 가시적인 행복을 느끼기도 하고 때때로 축복에 가까운 행복을 느끼기도 한다. 지치거나 상처가 나거나 병이 들어가는 경험을 하며 사람들은 단순한 몸의 현존만으로도 행복하게 된다. 그러나 한편 일상적인 생활에서 사회적인 미의 기준과 타인의 시선 속에 몸에 대한 상대적인 불만과 불행을 겪는 것도 현실이다.

1 무엇이 문제인가?

1) 전시되는 몸: 몸에 대한 인식

외모와 이미지를 중시하는 현대 소비문화 속에서 외적인 몸은 내적인 몸보다 더욱 중요하게 여겨지며 우리의 몸은 전시되고 있다. 외모를 유지하는 것은 많은 노력을 필요로 하며 여러 종류의 몸 유지 관리를 요구한다. 몸은 사람들이 자신에게 얼마나 관심을 쏟는지 또는 무관심한지를 보여주는 증거가 되고 있다. 한눈에 우리는 어떤 사람이 적절한 다이어트를 하는지, 체력단련 운동을 하는지, 화장을 잘 했는지, 혹은 그 무엇인가를 통해 그들의 몸을 관리했는지 안 했는지를 판단한다. 다이어트, 체력단련 운동, 화장 등은 끊임없이 타인의 시선을 의식해야 하는 사회에서 지켜야 하는 과제가 되고 있는 것이다. 보드리아르는 현대사회에서 '몸'은 소비의 가장 아름다운 대상이라고 말한다. 현대 자본주의 사회에서는 몸에 자본과 똑같은 지위를 부여하고, 더 나아가 소비대상으로 몸을 중시한다. 이러한 몸은 주체적인 자율성을 갖는 것이 아니라 자산으로서 관리·정비되고, 사회적 지위를 표시하는 여러 기호형식 중의 하나로서 조작되는 것이다.

현대 소비사회에서 자아관리 수단은 점점 소비 상품과 직접적으로 연계되며, 사회적 성공이 어떠한 자아 이미지를 표현하느냐에 따라 달라지면서, 몸 관리와 몸 장식이 자아 이미지를 표현하는 데 중심적 위치를 차지하게 되었다. 사회적으로 합당하게 여겨지고 있는 알맞은 몸의 형태를 갖춘 이들은 그렇지 않은 이들보다 자신을 관리 잘 하는 능력 있는 이로 비추어지며 그 합당함에 부합하기 위해 노력한다. 사회적으로 만들어진 또는 개인이 갈망하는 이상적인 모델을 갈망하며 몸은 훈련되고 가꾸어진다. 좀 더 아름답게, 좀 더 날씬하게, 좀 더 매력적으로 몸은 많은 기준과 척도에 의해 관리된다. 인간의 몸은 더 이상 본질적인 속성을 갖는 자연적 실체로 인식되지 않는다.

현대 소비사회에서 몸은 끊임없는 노력과 세심한 주의를 기울여야 할 대상이 되고 있다. 건강 및 몸 가꾸기 지침서, 화장 가이드, 영양 보충제 등의 폭발적 양산은 몸이 소비대상이 되었음을 실증적으로 뒷받침해 주는 예이다. 이들 소비제품은 사람들의 몸을 믿음직스럽게 보이고 육감적으로 느낄 수 있도록 하기 위해 경쟁하며, 젊고 건강하다는 메시지를 발산할 수 있는 피부와 근육을 만드는 프로그램을 제공하고 있다. 또한 얼굴 성형시술, 지방 흡입술, 배 탄력수술, 코와 턱 수술, 유방 확대수술, 흉부 확대수술 등의 성형수술은 지방과 살 그리고 뼈를 더하고 빼는 것을 가능하게 함으로써, 젊음과 여성다움 및 남성다움을 둘러싼 정형화된 관념에 따라 몸을 개조할 수 있는 더욱 근본적이고 직접적인 방법을 제공해 주고 있다. 이제 몸은 단순히 몸의 외부에 있는 것으로 꾸밀 수 있고, 개조될 수 있는 소비대상으로서 '텅빈 스크린'이나 '신호 수신 체계'로 간주되고 있다(Chris Shilling, 1999).

이와 같이 몸에 대한 인식이 전시되는 외형에 치우치게 될수록 인간의 내면적인 행복은 점점 파편화되며 작아지고 있다. 자신을 담고 있는 몸으로서의 주체적인 인식보다는 변화하는 미의 기준에 맞추어 몸의 하나하나를 평가하다 보면 몸으로부터 자유롭게 행복을 느끼는 이는 드물기 때문이다. 사회가 요구하는 외형적인 미의 기준에 얼마나 부합되느냐가 인간의 행복을 측정하는 기준이 된다면 과연 몇 퍼센트의 인간이 현재 행복을 느끼고 있을까? 몸은 외형적으로 보이는 가시적인 존재이기도 하지만 각 개인의 생각과 내면을 담고 있는 아주 특별한 존재이다. '아름다운 사람'과 '사람다운 세상'을 그리는 글귀들은 단순히 사람의 외형을 가리키는 의미가 아니며, 그 속에 배어 있는 짙은 사람의 진심이 온몸으로 자연스럽게 배어나와 행복을 느끼게끔 하는 바람일 것이다. 몸의 내면과 외형이 하나가 되는 진정한 행복 찾기가 절실히 필요한 때이다.

2) 무한 몰입 다이어트

'군살 없이 어린 몸매, 마실수록 어려진다(식품회사 'ㅊ' 광고)', '보여주고 싶은, 촉촉하고 매끄러운 바디(화장품회사 'ㅈ' 광고)'. TV, 인쇄매체, 지하철 광고는 마른 여성모델과 자극적인 문구를 내세워 움푹 파인 쇄골과 쭉 뻗은 다리를 꿈꾸는 여성들을 유혹한다. 연예인의 다이어트 성공담은 세간의 이목을 잡아끈다(노컷뉴스, 2010. 7. 12).

오늘날 표준화되고 있는 몸의 이미지는 남성의 경우 근육질의 몸, 여성의 경우 지나치게 날씬한 마른 몸이다. 짐승남과 식스팩을 상징적으로 나타내는 근육질의 남성들과 도달하기 어려운 서구형 체형의 극단적으로 마른 여성의 몸 이미지들이 넘쳐나고 있으며, 대중매체를 통해 전달되는 연예인들의 이상적인 몸 또한 그러하다(문경덕, 2003). 이러한 몸에 대한 이상적인 열망은 일반 사람들의 비만에 대한 인식에서도 잘 나타나고 있는데, 우리나라 여성들은 충분히 날씬한데도 본인이 뚱뚱하다고 여기는 경향이 많다. 최근 대한비만학회가 실시한 '비만에 대한 인식도 및 태도'에 관한 설문조사에 따르면, 체질량지수(BMI)로 봤을 때 정상체중(18.5~22.9) 여성 26%가 '비만하다'고 답변했고, 정상체중 여성 52%는 '최근 1년간 체중감량 경험이 있다'고 밝혔다. 또 영국 연구팀이 22개국 남녀 대학생 1만 8512명을 조사해 2006년 국제비만학회지에 발표한 '국제건강행태연구' 결과를 보면, 비만도를 보여주는 체질량지수는 한국 여대생이 22개국 중 19.3으로 가장 낮았지만 다이어트 중인 여학생은 77%로 1위를 차지하였다(노컷뉴스, 2010. 7. 12).

광고 속의 이상적인 몸

이상적인 이미지로의 욕구는 우리를 다이어트 소비 상품의 욕구로 옮겨 놓고 있다. 패션업계는 마른 모델을 기용해 여성들에게 가녀린 몸매에 대한 환상을 심어 준다. 다이어트업계는 부작용에 대한 언급을 배제한 채 보디 슬리밍 제품, 지방흡입술, PPC 주사 등의 효능만 한껏 부풀린다. 또 의료업계는 비만이란 단어에 '복부, 소아, 마른, 내장' 등의 어두를 붙여 모든 사람을 비만환자로 만든다. 패스트푸드업계는 '기름기를 확 줄였다'며 신제품을 쏟아내고, 피트니스업계는 '살은 운동으로 빼야 한다'고 이야기한다.

이제 현대사회에서 정신과 영혼을 다스리기 위한 다이어트의 의미는 극히 일부분으로 남아 있으며 많은 부분에서 이상적인 육체적 의미로 다가오고 있다. 이러한 다이어트에 대한 지나친 몰입은 신체적, 정신적으로 많은 부작용을 양산하고 있으며, 사회적으로 미에 대한 잘못된 기준이 고착화되고 있는 현상을 낳고 있다. 한 해에도 수십 명의 여성이 다이어트 과정에서 목숨을 잃고 있으며, 심지어 한창 신체적 성장이 필요한 10대에까지도 다이어트로 인한 스트레스와 우울증이 나타나고 있다(김현숙, 2004).

시골의사 박경철 씨는 "다이어트는 이상적이고 건강한 몸을 만든다는 데서 출발해야 한다. 왜곡된 다이어트는 정신적 · 육체적인 부작용을 초래한다. 성인의 경우 자기 체중의 20% 이상을 빼면 장기적으로 수명을 단축할 수도 있다."고 경고하였다. 다이어트는 미용이 아닌 건강을 위한 것이어야 한다는 말이다. 또한 이정현 원장은 "사람의 체중은 유전적으로 갖고 태어나는 신체적 특징이기 때문에 인간의 힘으로 조절하는 데는 한계가 있다. 지나친 다이어트는 자연의 흐름에 역행하는 것이다. 그러나 많은 기업들이, 체중이 신체적으로 결정된다는 사실을 축소하고 여러 가지 제품, 시술의 도움으로 조절 가능한 것이라는 메시지를 전달하는 게 문제"라고 비판하였다(노컷뉴스, 2010. 7. 12).

알고 계십니까 7-1

'먹는 데 죄책감이 든다?' 다이어트 강박증 체크하세요!

다이어트 강박증 체크리스트

☑ 식사할 때 칼로리 계산부터 한다.
☑ 다른 사람보다 적게 먹어야 안심이 된다.
☑ 체중계를 옆에 두고 수시로 체크한다.
☑ 다이어트 관련 제품은 무조건 사야 한다.
☑ 외모에 대한 말에 지나치게 예민하다.
☑ 매일 다이어트 할 생각에 스트레스 받는다.
☑ 먹는 것에 대한 죄책감이 든다.
☑ 몸무게가 100g만 늘어도 불안하다.

→ 5개 이상 해당되면 다이어트 강박증 의심

(동아일보, 2010. 6. 14)

자신의 몸에 대한 지나친 관심이 적절한 자기 절제와 통제를 상실한 채 이상적인 이미지만을 무분별하게 추구해 갈 때 우리의 몸은 본연의 기능을 상실해 가며, 온전한 자신과는 멀어지게 된다. 그러한 몸은 더 이상 자신을 반영하는 몸이 될 수 없으며 더 나아가 정신과 분리된 하나의 객체가 되어 몸 안의 자아는 상실하게 된다. 설령 이상적인 몸을 가지게 되더라도 그것을 지속적으로 유지하기 위해 자신을 온전히 느끼지 못하고 일정한 틀에 가두게 될 것이며, 단지 몸에 의해 지배를 당하는 이로 살아가게 될 것이다(박명희 외, 2006).

그러한 삶이 과연 행복하다고 볼 수 있을까? 보여주는 아름다움만을 위해 일상적인 생활에서의 행복감을 느낄 수 없다면 무슨 소용이 있을까? 팔뚝이 굵어질까봐 사랑하는 자기 아이조차 안기를 거부한다면 아름다운 몸매가 무슨 의미가 있을까?

진정 자아와 분리되지 않은 육체, 즉 건강과 생기를 잃지 않는 당당한 자신감이 배어 있는 몸이 무엇보다 역동적이고 매력적이라 할 수 있다. 평생을 나와 함께하는 몸은 단지 타인만을 위해, 단지 이상적인 아름다움만을 위해 존재하는 것은 아니기 때문이다.

3) 성형수술의 블랙홀

자신의 몸을 근본적으로 재구성하기 위해서 성형이란 수단을 동원하는 이가 갈수록 늘어나고 있다. 불과 20세기 초반까지만 해도 성형수술은 선천적인 기형, 전쟁이나 사고로 인한 외모의 손상을 복원, 교정하거나 비정상적인 몸의 기능을 정상화시키기 위해 실시되었는데, 지금은 건강한 사람의 몸에 칼을 대는 미용성형으로 확장되고 있다. 이러한 현상은 남녀노소를 막론하고 빠른 속도로 우리 사회에 퍼져 가고 있다. 오뚝한 콧날에 쌍꺼풀 있는 눈, 초승달 같은 눈썹과 도톰한 입술을 위한 성형뿐 아니라 지방 제거술, 피부 박피술, 유방성형, 얼굴 윤곽술, 보조개성형, 배꼽성형 그리고 최근에는 식스팩 수술까지 등장하고 있다. 또한 동안 열풍이 불며 레이저 시술과 안티에이징 프로그램까지 나오면서 모든 신체구조가 성형의 대상이 되고 있다고 해도 과언이 아니다.

현대사회에서 성형수술을 한다는 것은 사회분야에서 가치를 인정받을 수 있는 방식으로 몸을 개발한다는 의미로 나타나고 있다(Shilling, 2000). 시대와 사회가 설정한 미를 나타내는 몸은 경제적 자본이나 사회적 자본으로 전환이 가능한 일종의 자원이 될 수 있다. 수려한 외모를 가진 이들은 친구들이나 동료들로부터 인기를 얻을 수 있으며, 타인의 도움이나 사회생활에서 더 많은 혜택을 받는 것으로 나타난다(임인숙, 2004). 아름다움을 구현한 이의 몸에 주어지는 사회적 보상은 그들이 자신들의 몸을 상품가치가 있는 대상으로 만들게끔 유도한다. 마치 성형수술을 '컴퓨터 업그레이드하듯이 자신의 가치를 올리는 방법'으로 생각하는 이들이 등장하는 것도 바로 이런 맥락에서이다. 잘 생기거나 예쁜 사람을 보았을 때 성형수술을 하고 싶다는 욕구를 갖게 되는 것은 단순히 아름다움에 대한 경배라기보다는 아름다운 외모가 갖는 사회적 영향력에 대한 욕구라고 해석할 수 있다(우경자, 2002).

이와 같이 시대와 사회가 요구하는 미를 기준으로 인간을 이해하고자 하는 사회적인 현상과 이와 관련된 미용 성형산업의 발달, 대중매체의 영향력이 결합하며 성형문화가 가속화되고 있다. 현대인은 사회의 중요한 가치인 외모의 아름다움과 젊음을 유지하기 위해 필사적으로 노력하고 성형수술이라는 신체적 고통까지도 감수하게 되는 것이다. 그러나 아름다움이라는 것은 너무나 일시적이고 그것의 기준이 자신이 아닌 외부에 있기 때문에 우리는 지속적으로 불안에 시달리게 된다. 또한 가치를 확인하는 기준은 비교를 통해서 가능하기 때문에, 요구되는 기대 수준은 계속 상승하며 새로운 미의 기준과 유행을 만들어 간다(박명희 외, 2006).

몸과 관련된 소비문화의 유행은 끊임없이 몸의 불완전성과 콤플렉스를 조장함으로써 우리의 심리와 정서를 통제하고 있다. 또 외모를 '치료'의 대상으로 삼는 성형은 몸을 결함 있는 부위들로 구성된 것으로 다루며 우리로 하여금 몸에 대해 끊임없이 불만을 가지게 하여 수정, 변형하도록 유도하고 있다. 하루가 멀다 하고 신문지상에 발표되는 새로운 의학, 생체기술의 발달과 진보는 타고난 몸의 자연스러움을 하나씩 뒤바꿔 놓는다.

알고 계십니까 7-2

성형중독 체크리스트

☑ 현재까지 성형수술을 진행한 적이 10회 이상이다.
☑ 다른 무엇보다 성형수술로 예뻐지는 게 중요하다.
☑ 성형계획이 없으면 어딘지 모르게 불안하다.
☑ 다른 모습으로 바뀌고 싶다는 강박관념이 있다.
☑ 성형수술을 하면 지금 모습보다 훨씬 나아질 수 있다는 확신이 있다.
☑ 수술비용이 없으면 빚을 내서라도 수술을 해야 한다.
☑ 10개 이상의 성형 관련 커뮤니티에 가입되어 있다.
☑ 하루에 2시간 이상 성형 관련 정보를 찾는다.
☑ 친구들을 만나면 주로 성형 관련 이야기를 한다.
☑ 수술을 거부당하면 다른 병원에서라도 수술을 할 것이다.

→ 3개 이상 해당되면 성형에 관심이 많은 편, 5개 이상이면 관심이 과도한 편, 7개 이상이면 성형 중독을 의심

최근 얼굴 전체를 한꺼번에 뒤바꾸는 성형수술이 성공했다는 뉴스보도는 정체성의 변화를 예고한다. 정체성을 규정하는 기존의 개념과 범주는 무력하게 되어 비록 몸은 내 몸이어도 내 몸의 정체성이 무엇인지 일괄적으로 정의를 내리고 이해하기가 어려워졌다. 몸에 대한 의학적인 신비가 한 꺼풀씩 벗겨지고 있지만 내 몸의 낯설음은 더욱 가속화되고 있는 것이다(홍덕선 · 박규현, 2010).

이러한 현상이 지속된다면 결국 몸 따로 마음 따로라는 주체의 분열이 진행될 수밖에 없으며, 몸으로부터의 진정한 행복감은 상실되어 갈 것이다.

4) 무엇을 위한 몸부림인가?

요즘 세대의 몸에 대한 관심은 몸을 자신의 의지대로 만들어 갈 수 있다는 전제에서 출발한다. 즉, 몸을 일정의 기계 장치처럼 생각하여 고장 난 부분은 수리공에게 맡기듯 의사에게 맡기는 것이다. 때로는 몸의 부품을 바꾸기도 하고, 성형수술로 몸의 리모델링도 시도한다. 그러나 그에 따라 몸의 신비감은 사라진다. 현대인들은 늘 몸과 부딪치지만 정말로 몸의 신비감과 존재감을 체험하고 있지는 않다(홍덕선 · 박규현, 2010). 현대의 몸 관리는 몸을 배려하는 방식이 아니라 억압하는 차원에서 이루어지고 있으며, 몸을 기계와 같은 존재로 여기고 있다. 몸을 기계에 비유하는 것은 몸이 근본적으로 자아에 대한 타자임을 의미하는 것이다. 몸이 다이어트, 규칙적인 운동, 나아가 성형수술을 통해

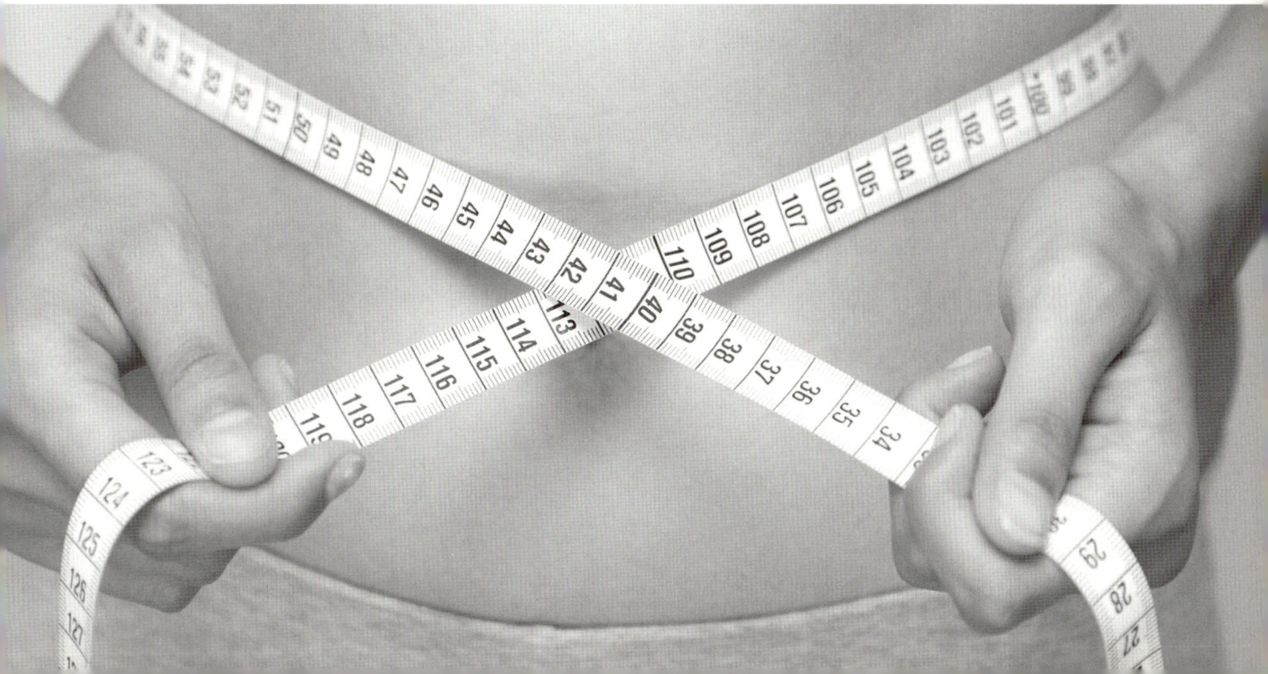

잘 조율되고 유지될 수 있는 자신들의 기계로 다루어지고 있음을 의미한다.

성형수술과 다이어트는 예쁘게 보이고자 하는 열망에서 비롯된다. '예쁘게 보이고 싶어서' 끊임없이 다양한 다이어트를 감행하고 뼈를 깎는 아픔을 견뎌낸다. '예쁘게 보이고 싶다'는 열망은 '사회적 미적 기준에 맞추어 타인의 눈에 예쁘게 보이도록 하는 것'이다. 즉, 나의 외모를 보는 시선은 대부분 나가 아니라 '타인'의 시선이며, 나는 '보는' 주체로서가 아니라 '보이는' 객체로서 존재한다. 이때 나는 어디까지나 객체일 뿐이므로 나의 외모를 평가하는 데 나의 주관은 배제된다. V라인의 얼굴, 맑고 투명한 피부, 그리고 S라인의 몸매 등 '미적 기준'에 동의한다 할지라도 그것은 여성의 몸을 상품화하여 수익을 얻기 위한 상업주의와 이에 영합한 대중매체의 주장에 대한 무비판적 동의 내지 순응일 뿐 나만의 미적 기준은 될 수 없다. 따라서 자신의 예쁜 외모에서 오는 만족감은 자신의 모습을 보는 데서 오는 것이 아니라, 타인이 나를 예쁘게 보아주는 그 시선에서 오는 만족감일 뿐이다. 즉, 타인의 시선이 나로 하여금 성형과 다이어트를 권하고 강요하고 있는 것이다. 목숨을 건 다이어트와 성형수술에서 '나'는 없고 타인에게 '보이기' 위한 대상으로서의 몸뚱이만 존재할 뿐이며, 이는 지독한 인간소외를 의미한다(주간동아, 2007. 1. 9). 자신이 아닌 타자에 의해 다스려지고 길들어진 욕망에 의한 몸 관리는 인간의 몸과 마음을 불행하게 만들고 있다.

특정한 미적 기준을 절대적으로 강요하는 것은 다원화된 가치가 공존하는 현대사회와는 부합하지 않으며, 주체적 판단이 결여된 동질화의 추구는 자아 정체성의 부재를 초래한다. 미에 대한 추구, 외모 지상주의에 내재된 동질화와 차별화 욕구를 적절히 다루기 위해 필요한 미덕은 절제와 균형이다. 인간을 품위 있게 하는 여러 요소들(예컨대 겸손, 지식, 친절함, 관용 등) 사이의 균형과 자신의 주관과 타인의 시선 사이의 균형이 필요한 것이다. 이런 균형으로부터 절제의 미덕도 함께 발휘된다면, 몸을 통해 행복을 구현할 수 있지 않을까?

몸이 타인과 사회적 관계로부터 자유로우면서도 스스로 자율성을 확보한다는 것이 불가능할지라도 우리는 정신과 정체성을 담고 있는 몸에 대한 새로운 시각을 가지도록 노력해야 한다. 몸을 향한 모든 시선으로부터 진정 자유로워질 때 자주적인 정체성은 다시 살아날 것이며, 온전한 행복이 찾아 올 것이다. 한 꺼풀의 살갗에 불과한 외면의 아름다움보다는 내면적 아름다움의 가치를 볼 수 있는 안목이 그 무엇보다 필요하다.

2 몸 소비문화 들여다보기

우리는 사회 속에서 여러 사람들과 관계를 맺으며 몸에 대한 통제를 받기도 하고 몸을 통해 소통하며 살고 있다. 몸은 '유일한 나'라는 것을 증명하는 나의 분신이요 상징체로, 인간의 다양한 감정과 의미들이 담겨 있는 대상이다. 자아와 타자가 공존해 있는 몸에서 사람들이 생각하는 행복과 불행의 차이는 어떠한 것일까? 무엇이 그들을 불행하게 하고 행복하게 하는가? 여기에 몇 가지 서로 상반된 소비행동을 하고 있는 비교 사례를 통해 행복한 몸 사랑이 어떻게 진행되는지 살펴보기로 하자.

1) 언제든 변화 가능한 몸 vs 영혼을 담고 있는 몸

몸은 언제든 변화 가능한 도구지요

"전 쌍꺼풀 수술로 처음 성형을 경험했는데 한 번 하고 나니 이것저것 고치고 싶은 곳이 많아서 맘에 안 들면 '에이 고치면 되지'란 생각이 들더라고요." 정애은(38, 가명) 씨는 많은 성형을 했음에도 불구하고 현재에도 자신의 외모가 맘에 들지 않아 또 다른 성형을 생각하고 있다고 말했다.

"20년 전부터 눈썹 문신과 눈썹 반영구 시술을 하기 시작해서 지금까지 하고 있어요. 더 예뻐지기 위해서죠." 김진선(50, 가명) 씨는 두 달에 한 번씩 눈썹을 수정하러 간다고 이야기했다. 또 "눈이 더 동글동글해 보이게 성형을 했으며, 눈 밑 애교살로 귀여운 느낌을 줬다. 지방이식으로 볼을 통통하게 볼륨감을 주어 어려 보이는 성형을 했다."며 앞으로도 '코성형, 지방흡입, 광대뼈 수술' 등 지속적인 성형을 준비하고 있다는 말을 하고 있다. 이렇게 많은 부분을 성형하며 언제든지 마음만 먹으면 얼굴을 고칠 수 있다고 생각하고 있지만 막상 현재의 본인 얼굴에는 늘 불만이 가득하다. 자꾸 더 나은 것은 없는지 좀 더 젊어 보이고 좀 더 예뻐지게 하는 방법은 없는지 계속 뭔가를 찾아보게 된다. 아름다움의 추구는 점점 커지고 유지하는 시간과 비용은 만만치 않아 마음은 늘 불편하다.

(만남과 이야기, 2010. 3. 25)

생각과 마음을 품고 있는 소중한 나의 몸: 자신만의 개성이 살아 숨 쉬는 얼굴

'방가? 방가!(감독 육상효)'에서 첫 주연을 맡은 김인권 씨는 '아나키스트', '조폭 마누라', '말죽거리 잔혹사' 등을 거치며 충무로의 재목으로 성장했다. 지난해엔 1,000만 영화 '해운

대'의 사고뭉치 오동춘 역을 맡아 명품 조연의 입지를 단단히 굳혔고, 대형 통신사의 TV광고에도 얼굴을 비쳤다.

성형 미남과 인공 미녀가 그득한 충무로인데 평범하기만 한 그라고 얼굴에 칼을 대고 싶은 욕망이 없었을까. "배우 할 만큼 잘 생긴 얼굴이 아니라 직업 연기는 생각지도 않았다."는 그는 성형 유혹은 더더욱 견디기 힘들었을 듯하다. 2004년 그도 수술대에 오르기로 결단을 내렸다. '잘 생긴 외모로 팬들을 좀 더 기쁘게 하는 것도 배우의 의무'라는 생각이 들었다. 막 가정을 꾸린 가장(그는 두 딸의 아빠로 내년 셋째가 태어난다.)의 압박감도 작용했고, 아내도 손을 들어줬다.

게다가 성형외과 의사도 "딱 세 군데 고치면 인상이 좀 더 부드러워질 것이다. 싸게 해 주겠

소비문화 더 들여다보기 7

나는 차가운 희망보다 뜨거운 욕망이고 싶다

골형성부전증 또는 장애 그 자체는 이미 내 몸이며 나 자신이다. 나는 이것을 '가지고' 사는 게 아니라 이것 자체로 살아왔고 살아가고 있다. 그것은 오랜 시간의 투쟁 끝에 위험하고 심각한 상태를 벗어났고, 내 삶의 한 부분이 되어 내 몸의 독특한 운용 방식을 구성했으며, 그 자체로 나 자신이 되었다. 이것은 비정상적인 위험 상태라기보다는 그 자체로 '나'라는 인간을 구성하는 한 부분이다. 우리는 더 이상 정신과 신체를 이분법적으로 가르는 데카르트의 사유 방식을 따르지 않는다. 우리는 몸 그 자체이고, 몸의 경험과 기억에 의해 기질, 재능, 성격, 감정의 일부가 결정된다.

저자 김원영에게 있어 몸을 겪는다는 것은 자신의 몸을 깨닫는 일이다. '몸'이란 것은 어떤 대상과 마주하고 결합하는지에 따라 달라진다. 저자는 사회적 시선으로 묶인 몸이길 거부하고 자기 몸의 주체로서 사유하고자 한다. 몸은 새로운 삶을 생성하기 위해 제도 밖의 것들에 '구애'를 보내며, 더 많은 가능성과 연대하고자 하며, 그것을 통해 억압을 뛰어넘고 자유롭게 다양한 몸을 넘나들고자 한다. 저 '너머'를 지향하며 '완성'을 향해 나아가는 '자유의 몸'은 그것이 '생성하는 새로운 삶'을 이루어내며 살아가고 있고, 살아갈 것이다.

저자 김원영은 1982년에 태어났다. 골형성부전증으로 지체장애 1급 판정을 받았으며, 열다섯 살까지 병원과 집에서만 생활했다. 검정고시로 초등학교 과정을 마치고, 장애인을 위한 특수학교의 중학부와 일반 고등학교를 거쳐 서울대학교 사회학과를 졸업했다. 현재 서울대학교 로스쿨(법학전문대학원)에 재학 중이며, 인터넷 신문 '비마이너'에 칼럼을 연재하고 있다.

(김원영, 2010)

다."고 그를 부추겼다. 견적도 비교적 저렴한 400만 원. 수술 전날 밤 절친한 친구에게 마지막 조언을 구했다. "그나마 개성 있는 얼굴이니 조연 등을 맡으며 버틸 수 있었다. 네가 어설프게 얼굴을 고치면 누가 너를 캐스팅하겠냐?"는 친구의 말에 김인권은 고개를 끄덕였다. "그때는 조바심도 나고 불안하기도 해서 성형을 생각한 듯합니다. 지금 생각하면 수술 안 하길 정말 잘했어요. 수술 했다면 아마 '방가? 방가!'도 저랑 무관했겠죠. 당시 의사가 육상효 감독의 후배인데 육 감독이 '그때 수술 안 해줘 고맙다'며 술 한 잔 샀다네요. 하하하."

(한국일보, 2010. 9. 27)

2) 식스팩을 위해 vs 나와의 균형점을 찾아

식스팩을 가지기 위한 처절한 노력: 피트니스 트레이너 5인이 말하는 잘못된 몸 만들기

김(트레이너): 배용준 · 권상우와 같은 유명 연예인에서 시작한 식스팩 열풍이 이제 상식적인 선을 벗어나고 있는 것 같다. 성형수술로 복근을 만드는 지경까지 이르렀다. 물론 연예인 따라 하기로 일반인들도 자기 몸에 대한 자신감을 얻을 수 있다는 긍정적 측면이 있지만 여러 가지 부작용이 우려된다.

박(트레이너): 연예인과 일반인의 몸 만들기는 다르다. 연예인은 충분한 시간과 전문 트레이너를 두고, 보충제까지 먹기도 한다. 일반인들은 이렇게 하기 쉽지 않다. 짧은 기간 안에 몸짱이 됐다는 연예인을 보면서 식스팩은 눈감았다가 깨어나면 만들어지는 것으로 오해하는 사람까지 생기고 있다. 운동의 목적이 복근이 되어서는 안 된다. 건강이 먼저라야 하는데 잘못됐다.

김(트레이너): 여자도 예외가 아니다. 여자는 특성상 식스팩이 아니라 '내 천(川)'자 복근을 만들려고 한다. 복근을 예쁘게 돋보이게 하기 위한 것이다. 그런데 일부 운동을 열심히 하는 연예인을 제외하고는 대부분 지방흡입에다 특수도구까지 이용해 몸을 만들고 있다. 물론 어렸을 때부터 꾸준히 운동해 온 상태에서 집중적으로 3~4개월을 전문 트레이너 아래에서 운동을 하면서 복근을 만든 연예인들도 있다. 하지만 많은 연예인이 복근성형 등을 하느라 성형외과의 단골손님이 되고 있다.

전(트레이너): 복근 성형수술이나, 복근만을 집중으로 키우는 운동을 하게 되면 기본적으로 건강이 안 좋아진다. 겉포장에 치중하다 몸의 균형이 깨지는 것이다. 특히 복근만 두드러지게 하면 뒤쪽인 허리가 약해진다. 이럴 때 일반인들에게 가장 많이 오는 부

식스팩

작용이 허리 통증과 부상이다. 이러면 치명적일 결과를 낳을 수도 있다. 한번 디스크에 걸리거나 허리 통증이 생기면 회복하기 어렵다. 수술이 아니더라도 운동만으로 짧은 시간 안에 특정 부위만 빼면 치명적인 결과를 낳는다.

홍(트레이너): 보충제(단백질, 영양소, 지방연소제) 얘기를 좀 더 해 보자. 단기간에 효과를 보기 위해 지방연소제 같은 보충제를 먹고 운동하면 위험하다. 예를 들어, 똑같이 10km를 뛰더라도 보충제를 먹고 운동을 하면 몸을 혹사하는 결과를 낳는다. 당연히 심장이나 간·폐 등에 치명적인 영향을 준다. 당장 지방을 태우는 데는 도움이 될지 몰라도 건강에는 좋지 않다. 같은 운동시간에 두 배의 효과를 내기 때문에 소위 '오버 트레이닝(over training)'이 되는 것이다. 서서히, 꾸준히 운동을 하는 게 좋다.

전(트레이너): 물론 단시간에 몸을 만드는 게 불가능한 것이 아니다. 그러나 그 뒤 유지하는 건 정말 힘들다. 단시간에 몸을 만들면 신체리듬이 깨지고, 쉽게 요요 현상이 일어난다. TV 다이어트에 참가하는 사람들은 혹독하게 훈련하고 음식을 조절해 살을 빼는 데 성공하지만, 그 다음은 대부분 요요 현상을 겪게 된다. 사람 몸은 거짓말을 하지 않는다.

(중앙선데이, 2010. 9. 5)

몸과 나만의 편안한 공유를 즐기며: '나'를 위한 올바른 몸 만들기

김(트레이너): 목적을 위한 운동과 '나'를 위한 운동은 다르다. 사이클을 얘기해 보자. 경륜 선수들은 허리가 휘어 있다. 공기 저항을 줄이기 위해서 어쩔 수 없는 직업병이다. 건강을 위해서는 아주 안 좋은 것이다. 요즘 자전거를 타는 사람들이 많은데 나를 위한 사이클 타기를 하려면 자세를 바르게 해야 한다. 보디빌더들 가운데서도 몸이 안 좋은 사람이 많다. 무릎·어깨·관절·신장·간 등 모두 나빠진다. 수년 전 미녀 보디빌더로 이름났던 한 여성은 몸에 너무 무리가 가 결국 그만뒀다. 목적을 위한 운동 때문에 오버 트레이닝을 하기 때문이다. 식스팩을 만들기 위해서 한쪽을 과도하게 집중하면 허리에 부상을 입기 쉽다. 그러므로 진정 '나'를 위해 적정의 운동을 해야 한다.

최(트레이너): 기본으로 돌아가자. 건강한 몸 만들기를 위해서는 식습관 조절이 첫째다. 기름지고 짠 음식을 멀리해야 한다. 다음으로 몸 전체의 근육을 골고루 발달시킬 수 있는 근육운동과 지방을 태울 수 있는 유산소 운동을 꾸준히 하는 것이 좋다. 집에서 맨손체조를 하고, 조깅을 해도 상관없다.

박(트레이너): 올바른 자세는 아무리 강조해도 지나치지 않다. 피트니스는 잘못된 자세를 바로잡는 것에서 시작한다. 사무직에 있는 사람들은 목과 머리가 앞으로 나오는 거북이 목 자세가 되기 쉽다. 책상에 오랫동안 앉다 보면 허리도 휜다. 키보드를 많이 두드리다 보면 손가락과 손목에도 무리가 간다. 이런 것 때문에 나빠진 자세를 원위치한 다음에 근육을 만들어야 제대로 된 몸을 만들 수 있는 거다.

홍(트레이너): 적정체중은 사람마다 다르다. (적정체중은) 남과의 비교대상이 아닌, 본인이 가장 움직이기 편하고, 적당한 식습관과 운동을 통해 자연스럽게 얻어지는 체중이라는 걸 깨닫는 게 중요하다.

(중앙선데이, 2010. 9. 5)

소비문화 더 들여다보기 7-2

미 대학의 '몸매 말하지 않기' 캠페인

"멋진데! 너 살 빠졌구나?" 상대의 기분을 띄워 줄 뿐 아무에게도 해로울 것 같지 않은 이런 말도 사실은 불건전한 표현이다. 적어도 '몸매 말하지 않기(anti fat talk)' 캠페인 참여자들에게는 입 밖에 내서는 안 될 금칙어다. 〈타임〉은 오는 18일부터 미국 35개 대학 학생 수천 명이 '몸매 말하지 않기 주간' 캠페인에 참여한다고 15일 보도했다. 2008년 시작된 이 운동을 확산시키려는 노력의 일환이다.

'몸매 말하지 않기' 운동은 미국 여성 1000만 명이 경험하고 있는 이런저런 형태의 '식욕 이상'을 줄이자는 뜻에서 출발했다. 캠페인을 주도하는 시민단체 '보디 이미지 프로그램'은 "마른 몸매를 강조하는 풍조를 더는 방치할 수 없다."는 이유로 '언론 자유'에 도전하는 운동을 시작했다. 발설 금지 대상에는 타인의 몸매에 대한 혹평뿐 아니라 칭찬도 포함된다. 심지어 자신의 몸매에 대해 말하는 것도 금지하는 등 사람의 외형에 대한 언급을 일체 하지 말아야 한다. 친구가 "새로 산 내 바지가 몸매를 돋보이게 하냐?"고 물어도, "그런 건 묻지 말라."고 타이르라는 게 행동지침이다.

이 운동의 이상은 건강 증진을 뛰어넘는다. 몸매에 대한 집착을 자존감으로 바꾸고, 내면의 아름다움을 추구해 보자는 것이다. 몸매 경쟁에 따라붙는 비꼬이고 저급한 심적 태도를 바로잡자는 뜻도 담겨 있다. "난 너무 살쪘어."는 내심으로 "그렇지 않아."라는 대답을 기대하며 던지는 말이고, "쟨 정말 뚱뚱하다."는 "혹시 나도 그래 보여?"라는 말과 다르지 않다는 것이다.

(한겨레, 2010. 10. 15)

3) 어색한 동안과 감춰진 추억 vs 자연스러운 세월의 흔적

정기적인 보톡스 관리?

지난주 토요일, 졸업사진 촬영일을 2주 앞둔 김연정(24) 씨는 보톡스 시술을 받기 위해 서울 강남구 일원동에 있는 한 신경과를 찾았다. 본격적인 취업시즌과 졸업사진 촬영에 대비해 갸름한 턱선을 만들고 싶었기 때문이다. 쌍꺼풀이나 코 수술을 생각해 보기도 했지만 비용과 회복시간이 만만치 않아 보톡스 시술을 결심했다. 인터넷 카페에서 정보를 주고받던 중 김 씨는 보톡스가 중년 여성의 주름 제거 등 미용 치료 목적 및 턱선도 갸름하게 해 준다는 것을 알게 되었다. 한 번 주사를 맞으면 약 15일 후부터 효과가 나타나기 시작해 5개월 정도 지속되며 영구적이지는 않다. 5개월에 한 번씩은 시술받아야 하는 것을 생각할 때 적지 않은 비용이라 걱정이 되기도 한다. 인터넷에서도 20대 여성들 주축의 보톡스 관련 모임이 속속 생겨나고 있다. 포털사이트 '다음'에는 보톡스 관련 카페가 233개, 싸이월드에는 30개의 클럽이 개설돼 있다. 회원수가 가장 많은 곳은 10만 명이 넘는 곳도 있다. 회원은 역시 20대 여성이 대부분이고, 시술 전후의 사진을 공개하고 고민을 공유하며 보톡스 번개모임을 갖기도 한다. 그러나 보톡스의 부작용도 많이 보고되고 있다. 턱에 통증이 나타나고 표정이 어색해지며 일시적이나마 얼굴 변형이 올 수도 있다는 것이다. 김 씨는 여러 가지 걱정에 쌓여 마음이 불편하기 짝이 없다.

(중앙닷씨에이, 2006. 11. 15)

늘어나는 주름이 오히려 사랑스럽습니다

할리우드 스타 줄리아 로버츠(42)가 얼굴에 보톡스 시술을 거부해 주목받고 있다. 로버츠는 최근 미국 패션 잡지 〈엘르〉와의 인터뷰에서 "아이들이 자연스러운 얼굴을 받아들이기를 원해 보톡스를 맞기 않기로 했다."고 밝혔다. 올해부터 프랑스 화장품 브랜드 랑콤의 모델로 발탁된 그는 "얼굴을 어려 보이게 가꾸는 데 집착하는 것을 이해하지 못하겠다."면서 "여성들이 나이 들어 보이면 안 된다는 강박관념에 사로잡힌 현실이 안타깝다."고 말했다.

(이투데이, 2010. 8. 5)

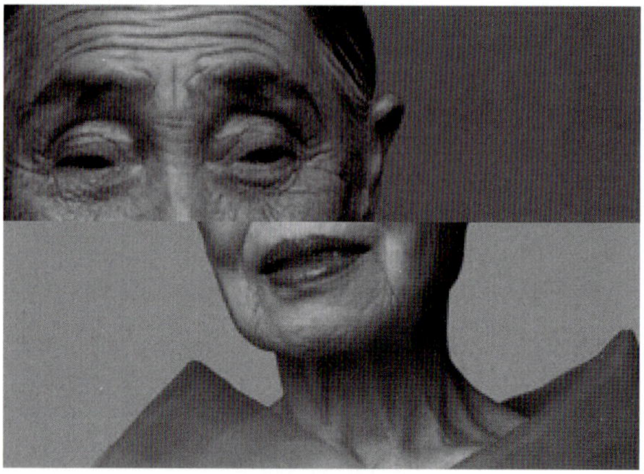

아름다운 주름

패션 디자이너 다이앤본 퍼스텐버그가 보톡스에 대한 거부 의사를 당당히 밝혔다. 〈스텔라 매거진〉과의 인터뷰에서 그녀는 많은 사람들이 자신을 보고 '얼굴에 뭐 좀 하지'라고 생각하리라는 걸 알지만 요가와 하이킹 등으로 건강관리를 할 뿐 보톡스 주사는 맞지 않을 것이라고 발했다. 그녀는 "당신은 당신만의 얼굴을 입고 있으며, 그 얼굴은 당신의 역사이면서 당신이라는 사람의 한 부분입니다."라고 덧붙였다.

(블로그, 2008. 11. 26)

4) 빛으로 돌아오는 아름다운 땀방울

봉사의 기쁨을 주는 고마운 몸

나 혼자의 안락만 챙기기 쉬운 세상. 그런데 나를 뒷전으로 두고, 어렵고 힘든 이웃 돌보는 일에 일과를 보내는 아름다운 사람이 있다. 국립암센터 호스피스 봉사와 '생명의 전화' 전화상담 봉사를 통해 나누는 삶을 실천하고 있는 홍영희(62) 씨. 화요일 '생명의 전화' 전화상담, 목요일엔 오전 호스피스 봉사, 오후 호스피스 고위과정 교육……. 홍영희 씨의 봉사 스케줄이다.

환자의 발을 주무르는 홍영희 씨의 손길이 조심스럽다. "제 손 차갑진 않으세요?" 바깥 찬기온이 행여 환자에게 전해지면 어쩌나 미안하고 염려스럽다. 국립암센터엔 호스피스 병동이 따로 없기 때문에 임종환자만 돌보진 않는다. 생활보호대상자, 가족이 없거나 사정상 간병인을 둘 수 없는 환자, 간병인이 있어도 혼자 감당하기 어려운 환자를 돌본다. 머리 감기기, 목욕, 시트 갈기, 환자복 갈아입히기, 발 마사지 같은 육체적인 보살핌보다도 홍 씨가 더 중요하게 여기는 것이 있다.

"서너 명의 봉사자가 환자 목욕을 도우면 한 사람은 남아 환자 손을 잡고 웃으며 이야기 나눕니다. 심신이 약해진 환자의 마음을 위로하는 것도 봉사자의 일이거든요." 이는 주로 경력 많은 홍 씨의 몫. 5여 년의 세월이 합쳐져 지난해 말 병원에서 주는 '호스피스 500시간 봉사상'도 받았다.

얼마 전 위암 환자가 임종을 맞았을 땐 그 옆을 지켰다. "입퇴원을 반복하며 고통스러워하다 돌아가셨죠. 편안히 가시는 모습을 보니 제 마음도 편해졌어요.", "그분들이 오히려 위로와 기쁨을 줍니다. 힘들 때도 있지만 나만을 위해 살 때보다 훨씬 행복해요. 다른 봉사자가 다 그렇게 생각할 걸요?" 건강이 허락하는 한 봉사를 계속하고 싶다는 홍 씨. 남편은 묵묵히 지지해 주고 두 아들은 '엄마는 정말 훌륭한 분'이라며 박수를 아끼지 않는다. 죽음에 직면한 사람들을 돌보며 삶이 더 소중해졌다는 홍 씨. 봉사는 그녀의 삶을 풍요롭게 하고 있다.

(행복플러스, 2008. 1. 14)

생명을 나누어 주는 아름다운 몸

장기기증으로 모자(母子) 인연을 맺은 지 8년째인 조귀진 씨와 민윤기 씨가 추석을 앞둔 18일 대전시 유성구 도룡동에서 만나 서로를 보며 환히 웃고 있다. 피 한 방울 안 섞인 두 사람은 7년 전인 2003년 5월, 광주광역시 동구 학동 전남대병원에서 처음 인연을 맺었다. 1994년 설날, 거실에서 할머니께 세배하다가 그대로 쓰러진 뒤 만성신부전증 진단을 받은 민 씨는 9년 만에 조 씨로부터 신장을 기증받아 새 삶을 찾았다.

민 씨는 "수술실에 누웠을 때 옆방에 있을 기증인을 생각하며 '생면부지(生面不知)인 내게 신장을 주시다니, 감사하고 또 감사합니다'고 했다."고 말했다. 수술 일주일 뒤 신장 기증인 조 씨가 회복 중인 민 씨를 찾아왔다. 국립장기이식관리센터는 장기기증인과 수혜자를 서로 비밀에 부치게 하고 있지만, 재단법인 사랑의장기기증운동본부가 700번째 장기기증을 맞아 그 주인공인 민 씨와 조 씨를 만날 수 있게 해줬다. 민 씨는 자상하게 "괜찮으냐?" 고 챙겨 주는 조 씨를 보며 '내게 새 인생을 주신 이분께 평생 보답하며 살아야지.' 하고 굳게 다짐했다고 한다. 이후 두 사람은 어머니와 아들처럼 지내왔다. 아들 없이 다섯 딸을 둔 조 씨는 신장이식으로 아들을 얻었고, 민 씨에겐 '제2의 어머니'가 생겼다. 힘든 투석으

소비문화 더 들여다보기 7-3

헌혈뱅크 '기부상품권 도입' 생활 속 실천 강조

한국도로공사는 직원들의 자발적 참여를 유도하며 사회공헌 활동에 적극적이다. 거창한 것보다는 자신의 실생활 속에서 기부와 나눔 문화를 안착시키고 사회에 공헌하는 실천을 강조한다. 도공은 2008년 국내 공기업 가운데 처음 '헌혈뱅크'를 세웠다. 고질적인 혈액수급 부족에 대한 문제의식에서 출발한 도공의 헌혈뱅크는 전 직원의 참여로 기증받은 헌혈증을 은행식으로 적립하고 이를 필요로 하는 개인이나 단체에 무상으로 기증하는 제도다.

한국도로공사는 기부문화 확산을 위해 헌혈증 기부에 참여하거나 공사 경영에 기여한 직원들에게 기부상품권을 지급하고 지급된 상품권 총액을 기금으로 조성해 희귀병, 난치병 어린이 치료에 사용하고 있다. 한국도로공사 제공 헌혈뱅크를 도입한 후 지금까지 4930명이 197만 2,000mL의 혈액을 공급했다. 희귀 · 난치병 환자를 위해 매년 1000장의 헌혈증을 기부하고 있다. 내부적으로는 '사내 헌혈왕' 제도를 도입해 직원들의 적극적인 참여를 유도했으며 꾸준히 헌혈 활동을 펼친 도공 직원 2명은 대한적십자사 명예의 전당에 등록되기도 했다. 도공은 국내 최초로 기부상품권 제도를 도입해 기부문화 확산에도 힘쓰고 있다. 헌혈증 기증자나 공사경영에 기여한 직원들에게 기부상품권을 지급하고 지급된 상품권의 총 금액만큼 희귀 · 난치병 어린이 치료비용을 조성해 매년 말 1억 원을 기부한다.

(조선경제, 2010. 9. 29)

로 2년도 안 돼 대학교를 중퇴해야 했던 민 씨는 건강을 되찾고 공부에 매진했다. 마침내 2007년 10월, 9급 공무원 시험에 합격해 현재 전남도청에 근무하고 있다.

조 씨는 "바빠도 건강관리가 제일이다."라고 말하며 민 씨에게 직접 담근 포도즙을 챙겨 주었다. 민씨는 "감사해요, 어머니. 건강하게 오래오래 사셔야 해요."라며 조 씨를 꽉 안았다.

(사람과 이야기, 2010. 9. 20)

지금까지 몸에 대한 여러 소비행동을 통해 무엇이 진정한 행복을 느끼게끔 하는지를 생각해 볼 수 있었다. 몸을 언제든지 변화 가능한 도구로 생각하며 여러 성형수술을 시도하지만 얼굴에 늘 불만이 가득한 사례와 비록 잘생긴 외모는 아니지만 자신만의 개성을 살려 자신감 있게 배우생활을 하고 있는 김인권 씨의 사례. 오로지 보이는 식스팩을 만들기 위한 잘못된 행동들과 올바른 몸 관리를 위한 여러 제안들. 정기적인 보톡스 시술을 고려하는 사례와 늘어가는 주름이 더욱 사랑스럽다고 생각하는 사례. 그리고 봉사와 나눔으로 더욱 행복한 생활을 살아가고 있는 사례들.

사례들을 통해 진정한 행복을 추구하고 있는 이들은 타인의 시각이 아닌 자신만의 눈과 마음으로 있는 그대로의 몸을 받아들이고 있다. 그리고 보이는 몸이 아니라 인간적인 관계를 형성하고 삶을 공유할 수 있는 몸의 내면적인 가치를 소중히 여기고 있음을 알 수 있다. 몸은 자기만족을 위한 도구이기도 하지만 타인과 함께 행복을 공유할 수도 있는 귀중한 생명체로 나타난다. 삶의 고통을 함께 나누는 호스피스의 행복, 장기기증으로 새로운 가족과 사랑을 만들어가는 행복, 헌혈뱅크를 통해 보이지 않는 생명의 소중한 사랑을 키워가는 행복. 이 모두는 작은 개인들의 몸이 얼마나 많은 사랑과 행복을 만들 수 있는지 보여준다.

외면의 아름다움만큼 내면의 가치를 소중히 여기고 아울러 타인까지도 고려할 수 있는 몸이 진정한 행복을 느끼게끔 한다. 우리의 몸은 변형되고 꾸며지는 대상이 아니라 사랑과 행복을 실천하게 해주는 소중한 존재인 것이다.

3 행복한 소비문화 만들기

앞서 몸 소비문화의 문제점을 알아보고, 여러 사례들을 살펴봄으로써 행복한 몸 사랑에 대한 요구와 필요성을 알 수 있게 되었다. 이 절에서는 소비자의 실천적인 행복 만들기를 위해 요구되는 인식의 변화와 함께 행복을 찾아가는 다양한 방법과 활동들을 제안해 보고자 한다. 외면의 아름다움뿐 아니라 내면의 미도 바라볼 수 있는 시선, 자신의 몸에 대한 바른 이해 그리고 타인과 함께 더 행복을 누릴 수 있는 소중한 몸에 대한 사랑법을 찾아가 보자.

1) 몸의 주인은 바로 당신

결혼정보회사 가연이 남녀회원 4,130명을 대상으로 한 설문조사에 따르면, 이상형 결정에 가장 중요한 요소로 남성의 38%가 '몸매'를, 여성의 46%가 '얼굴'을 꼽아 남녀 모두 외모를 가장 중시하는 것으로 나타났다. '가치관'이나 '주변환경'을 꼽은 여성은 각각 10%와 5%에 그쳤다(한국일보, 2009. 10. 12). 또한 TV에는 여러 성형 이야기가 넘쳐나는데, 한 케이블 방송은 성형 과정을 중계하는가 하면, 지상파 방송사의 예능 프로그램은 성형 횟수를 주요 토크 소재로 삼기도 한다(국민일보, 2010. 8. 11). 이처럼 외형적인 몸의 가치에 치중하는 외모 지상주의는 사람을 이해하는 마음의 눈을 좁게 만들며, 인간 개개인이 가지고 있는 다양한 아름다움을 무시하고, 우리 사회의 다양성을 방해한다. 외모적으로 많은 이점을 가진 이가 더 많은 보상을 받고 외모를 통해 사람을 판단하고자 하는 가치관은 우리 자신을 굴레 속으로 더욱더 갇히게 하고 불안한 존재로 만들고 있다. 그러므로 비록 외모 지상주의적인 현실의 벽 앞에 주체적인 노선을 유지하는 것이 상당히 어렵더라도 조금씩 의식의 전환을 위한 노력들이 이루어져야 한다. 정신과 전문의 하지현(건국대 의대) 교수는 "사람들은 살 빼는 것으로 지금의 만족스럽지 못한 현실에서 벗어나고 싶어 하나 현실의 삶에 만족하지 못하는 만큼 꼭 그만큼의 크기로 외모에 대한 불만은 비례한다. 그러므로 원인을 자기 안에서 찾거나 자신을 단련시키고 내공을 쌓는 게 더 중요하다."고 하였다(노컷뉴스, 2010. 7. 12).

임인숙(2004)의 연구에 의하면 외모 이외의 대안자원 여부가 성형 의향에 영향을 미치는 것으로 나타났다. 전문직 커리어를 지향할 만한 비전이나 능력이 있는 여성들, 즉 사회적 성공을 위해서 외모 이외의 자원을 동원할 수 있는 여성들은 몸으로만 경쟁하라는 압력으로부터 상대적으로 더 자유로운 것으로 나타났다. 반면, 자신의 몸을 끊임없이 감시하고 완벽한 미모를 만들기 위해서 노심초사하는 성향, 즉 외모지향성을 가진 이들은 동일한 환경에서도 몸 변화의 욕구를 더 많이 보이는 것으로 나타났다. 따라서 외모 이외의 다른 대안적인 자원을 개발함으로써 외모지향적인 생각을 조금씩 벗어나려는 노력이 가능하다. 외모 관리를 위해 투자하는 시간과 노력만큼 또는 그 이상을 자신만의 실력을 개발하고 내면의 충실을 기하는 데에 힘쓴다면 외모에 대한 내적인 자신감이 회복될 것이다.

또한 외모에 쏟는 노력과 열정만큼 건강에도 관심을 가져야 한다. 산부인과학회에 따르면, 우리나라 여성들은 여성 질환에 대한 문제보다 체중 증가나 피부 문제 등을 3배 더 걱정하는 것으로 나타난다. 국민건강보험공단에 따르면, 여성 질환으로 갑상선암과 유방암에 이어 최근에는 20 · 30대 여성 가운데 자궁경부암 발생률이 늘고 있다. 자궁경부암 환자 중 35세 미만 여성 환자 비율이 2배 가까이 늘었다. 특히 자궁경부암은 미연에 막을 수 있는 예방백신이 나와 있다는 점에서 건강정보 공유나 인식 개선을 위한 노력이 절실하다. 외모에 대한 투자와 관심만큼 스스로 건강관리에 대한 중요성을 인식하고 또 노력하고 있는지 돌아보아야 할 것이다(매일경제, 2010. 8. 2).

몸은 단순히 보이는 것이 아니라 나의 정신과 주체를 담고 있다. 따라서 우리는 외적인 화려함보다는 보다 본질적인 내적, 외적 몸 자체의 건강을 위해 꾸준히 노력해야 한다. 다이어트나 성형수술이 자신의 삶을 한 순간에 바꿀 수 없음을 인식하고, 있는 그대로의 자신을 받아들이고 사랑할 줄 알아야 한다. 시대와 사회에서 요구되는 미의 기준에 자신의 외형적인 이미지만 맞추려는 것은 자신의 존재를 거부하는 것이기 때문이다. 개성을 살리고 자기에게 맞는 스타일을 찾아 자신을 개발하고 보완하는 자세가 무엇보다 필요하다.

외모 지상주의에 빠져 자신의 소중한 모습을 잃어가고 있지 않은지 살펴볼 필요가 있다. 인격이나 내면의 성숙함을 외면하고 지나치게 외모에 치중하는 시각은 행복해야 할 삶을 점점 불행하게 만들기 때문이다. 성숙한 인성과 건강한 몸을 소중히 여기고 재능 있는 분야에서 능력을 쌓으며 성취감을 형성하게 된다면 이는 외모에서 얻는 것보다 더 오래가는 든든한 자존감이 형성되어 행복한 삶으로 이끌 것이다.

이렇게 해보세요 7-1

외모로 고민하는 청소년 '나'를 사랑하는 방법은?

사회문화사를 공부하라

외모 지상주의라는 말은 어디서 나왔을까? 남자 또는 여자들이 무조건 예쁘고 잘생긴 걸 좋아한다고 생각하기 전에 공부부터 하자. 우선, 지금의 외모에 관한 생각들이 언제, 어디서부터 시작된 것인지 사회문화적 배경부터 공부해 보는 것이다.

한 예로, 여성들이 미백화장품을 바르게 된 것은 유럽의 화장품 회사들이 화장품을 팔기 위해 마련한 고도의 광고 전략 때문이기도 하다. 이런 사회문화적 맥락을 모르고 단지 매체가 생산하는 외모에 대한 고정된 편견을 '여성의 아름다움'이라고 규정해선 안 된다. 각종 영화, 드라마, 광고 등 매체가 생산하는 외모 고정관념을 접하기 전, 아름다움에 대한 공부를 하고 나는 그 속에서 어떤 생각을 하며 살아야 하는지 자신만의 줏대를 세워 보자.

책 속에 친구가 있다

외모와 관련한 책을 찾아 읽고 생각의 폭을 넓혀 보자. 「얼굴 빨개지는 아이」는 얼굴이 빨개지는 것 때문에 친구들과의 관계가 나빠진 주인공이 그것을 극복해가는 이야기다. 만화 「삼봉이발소」는 이발소를 운영하는 이발사가 외모 때문에 고통받는 여학생들을 치료하는 과정에서 그 사람이 품은 긍정적인 면을 찾아 준다는 내용을 담고 있다. 「지선아 사랑해」는 얼굴에 화상을 입게 된 주인공이 그걸 극복해가는 과정을 담은 책으로 주어진 것 안에서 열심히 사는 모습이 얼마나 아름다운지를 알게 해준다. 누가 뭐래도 나는 나고, 갈 길을 가겠다는 신념, 즉 가치관 형성에 도움이 된다.

영화로 토론하자

영화 속 주인공들의 심리나 상황을 놓고 토론해 보자. 매일 비디오를 틀어놓고 미의 왕관을 쓴 여성들의 포즈를 따라 연습하는 올리브의 이야기 '리틀 미스 선샤인'. 우리가 무지개 너머 그 무언가를 좇아 열심히 달리지만 진짜 보물은 우리 자신 안에 있다는 걸 알게 해주는 '쿵푸팬더'. 이 밖에도 남자판 '미녀는 괴로워'인 '핸섬슈트'는 한평생 못생긴 외모 때문에 힘들어하던 주인공이 어느 날 입으면 핸섬해지는 슈트를 입게 된다는 이야기로 진정한 아름다움, 진정한 행복이 무엇인지 생각하게 해준다. '악마는 프라다를 입는다', '헤어스프레이', '내겐 너무 가벼운 그녀', '슈렉' 등도 외모에 관한 생각의 전환을 돕는 영화들이다.

함께 걸어라

청소년기, 앉아서 공부만 하느라 무거워진 몸을 미워만 하지 말자. 덜 먹어서 될 일은 아니다. 우선 일어나 걷자. 전문가들은 청소년에게 필요한 기본 운동으로 '걷기'를 추천한다. 걷기는 잡념도 덜어주고, 몸도 건강하게 가꿔 주는 운동 가운데 하나다. 걷기는 혼자가 아니라 여럿이 함께하는 게 좋다. 기왕이면 같은 목표를 가진 학생들끼리 동호회를 조직하고 전문가의 조언을 참고해 제대로 걷는 운동 습관을 만들어 보자.

(한겨레, 2010. 1. 31)

2) 올바른 몸 사랑법을 찾아

빠르게 변화하는 사회 속에서 몸과 관련된 기준 또한 숨 가쁘게 변화하고 있다. 미의 기준이 진화하고 건강하고 아름다운 몸의 욕구가 달라지며 인간은 끊임없이 기준에 속하고자 노력하고 있다. 그러나 빠른 사회의 속도는 느리게 움직이는 존재를 도태시키며 질병을 앓는 몸, 장애를 지닌 몸, 노쇠한 몸을 '밖'으로 추방한다. 질병을 앓는 순간, 장애를 입는 순간 사회의 질서 속에서 이탈하게 되는 것이다. 인간은 누구나 언젠가는 사회의 속도를 유지할 수 없는 '몸'이 되어 그 속에서 떨어져 나온다. 쓸쓸히 퇴장한 노쇠한 '몸'들은 사회의 한구석에서 외로이 죽음을 기다리고, 다른(느린) '몸'들은 한데 어울려 결합하지 못한 채 고립된다(김원영, 2010).

이러한 몸의 이탈은 모든 이에게 언제든지 다가올 수 있는 상황으로 인간을 육체적, 정신적으로 고립하게 하며 행복을 멀어지게 한다. 유약한 몸, 비만한 몸, 장애를 가진 몸, 추한 몸, 늙고 노쇠한 몸……. 이 과정 속에 인간은 늘 불행을 느끼며 살아가야 하나? 세상의 기준에 이탈되어 가고 있는 얼굴의 주름을 바라보며 행복을 잃어버려야 하는가? 이제 몸의 가장 자연스러운 근원적인 목소리에 귀를 기울여 볼 필요가 있다. 누구나 접할 수 있는 몸의 다른 여러 세계 속에서 자신의 존재와 사랑으로 새로운 삶을 생성해 내야 한다. 행복은 스스로 만들어 가며 자신을 지켜 내는 근간이 되기 때문이다.

이를 위해 자연스러운 몸에 대한 윤리적 인식이 요구되는데, 몸의 자기다움을 살리는 삶으로 인간과 자연의 몸의 생명가치를 중시하는 '몸 살림'이라는 움직임이 있다. 몸 살림은 너와 나, 인간의 관계회복과 주체로서의 몸의 생명가치를 중시하여, 타자에 의한 자신 찾기가 아니라 스스로 더불어 '자기다움'과 '우리다움'을 살리는 운동이다. 이는 1995년 YWCA가 주최한 전국대학생여성포럼에서 공식적으로 쓰인 것으로 여러 학계와 사회단체에서 이에 대한 수련과 발표가 행해졌다.

'몸 살림'은 스스로 우리 몸을 살리자는 것으로 여기에서 강조하고 있는 구체적인 내용은 다음과 같다.

첫째, 몸에 대한 생명적 가치이다. 우리의 몸은 삶의 주체로서 몸과 몸으로 인간관계를 갖으며, 몸을 통하여 자신의 감

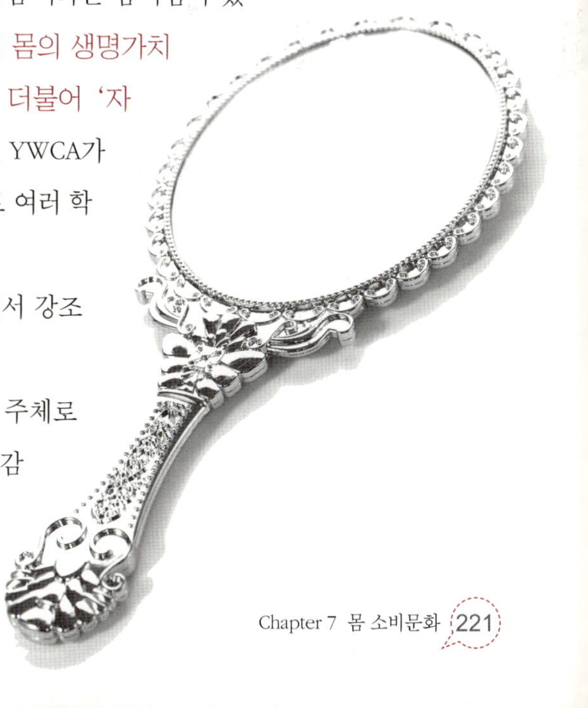

정과 의사를 나타낸다. 그리고 몸은 생과 사의 삶의 장으로서 무엇보다 우선하는 존엄한 생명적 가치를 갖는다. 이러한 몸을 자신의 사유의식의 차원에서 외부적인 활동을 행해 주는 역할, 소유의 차원으로 취급한다면 이는 자신의 몸을 억압하는 자기 권력이라 할 수 있다. 몸을 살린다는 것은 심신을 살려 자기다움을 갖는 것이다.

둘째, 인식과 현상 주체로서의 몸을 통한 관계의 주체를 중시한다. 개인의 몸은 자기다움의 영성적 존재로 몸을 통한 주체적인 삶을 갖는 것이 '몸 살림'의 가치이다.

셋째, 자기 자신과 사회와의 관계성 중시이다. 사회란 개인들의 관계의 장이므로 사회의 문제는 개인들의 문제라 할 수 있다. 그렇기 때문에 개인들의 각성은 사회를 변화시키는 힘을 지녔으며, 그 자체로도 사회는 변화된 것이라 볼 수 있다. 그러므로 몸의 다양한 문제는 자신과 사회의 문제로 자신뿐 아니라 사회와의 유기적인 관계에서 풀어나가도록 해야 한다.

마지막으로, 구체적 실천을 행해야 한다. 몸 살리기의 기본 내용은 이완하기, 아랫배로 숨쉬기, 몸의 감각 깨우기 등이다. 여기에서 중요한 것은 자신 스스로의 깨침이다. 자신을 들여다보기 위해서는 눈을 감고 차분한 마음으로 들려오는 내면의 소리를 들어야 한

이렇게 해보세요 7-2

몸 살림에 대한 선언

1. 나는 몸이다.
2. 몸은 인격이다.
3. 몸은 마음이고 마음은 몸이다.
4. 몸은 스스로 살리는 주체다.
5. 살은 마음의 얼굴로서 살림의 빛이다.
6. 숨은 살림의 길이다.
7. 이 땅의 모든 숨 쉬는 몸은 그 자체로 영적 존엄함이다.
8. 숨 지각은 우러나오는 자기다움의 깨어남이다.
9. 생태살림과 관계회복은 내 몸의 주체 회복에서 출발한다.
10. 몸 살림은 내면의 미소와 숨의 충만 그리고 움직임의 기쁨이다.
11. 몸 살림은 나를 살리는 생명운동이다.

(황정희, 2003)

다. 이는 자신에게 비친 자신과의 만남이다. 보이는 외형이 중심이 되는 사회 속에서 인간은 진정한 자신의 내면의 소리를 무시하고, 고정된 자아에 묶여 온전한 자기다움의 몸과 삶을 누리지 못하는 경우가 많다. 그러므로 억압하는 외부요인과 자신이 안고 있는 문제점을 인식하고 자기다움을 자각하는 시간을 가져야 한다. 몸의 각성은 자신의 몸에 대한 믿음과 자기다움으로 존재의 의미이다(황정희, 2003).

3) 행복해지기 위한 몸 공부

우리는 몸으로 인해 행복해지기도 하지만 건전하고 행복한 마음으로 인해 몸이 건강해지기도 한다. 자신이 가진 몸을 있는 그대로 받아들이며, 진정 마음으로 행복하게 여긴다면 건강한 마음뿐 아니라 건강한 몸도 함께 가질 수 있다. 최근 명랑하고 쾌활한 성격에 행복감을 느끼는 청소년은 몸도 따라서 건강한 것으로 나타났다. 미국 사우스플로리다대학 연구진은 6~8학년 학생 400명의 기분을 비롯한 평소의 마음가짐과 함께 신체적 건강상태에 대해 조사했다. 조사 결과 생활에 대한 만족도가 높고 행복해하는 청소년은 몸도 튼튼한 것으로 나타났다. 이들은 최근 마음속에 삶의 즐거움, 자신감 등을 자주 느꼈다고 응답했다. 반면 외로움, 죄스러움, 불안, 우울과 같은 감정을 느끼는 어린이는 몸이 튼튼하지 않는 것으로 드러났다. 정신건강이 튼튼하고 약한 조사대상 어린이 사이에 신체건강 등급은 최고 30%까지 차이가 나타났다(아이건강국민연대, 2010. 7. 24).

이와 같이 어떻게 생각하고 느끼는가에 따라 몸은 그대로 반응하므로, 마음과 몸의 건강이 하나로 이어져 있다고 볼 수 있다. 우리가 자신의 외모와 신체에 대한 긍정적 생각과 행복감을 느낀다면 몸도 그와 함께 행복하고 소중한 것으로 건강하게 존재할 것이다. 몸과 관련된 행복하기 위한 노력들을 알아보고 작은 실천을 함께 행해 보도록 하자.

한국여성민우회는 5월 6일을 '세계 NO 다이어트 데이(International No Diet Day)'에 맞추어 '내 몸의 주인은 나−NO 다이어트, NO 성형캠페인' 을 진행하고 있다. NO 다이어트 데이 행사는 1992년 5월 6일 거식증 환자였던 영국의 메리 에번스영이 무리한 다이어트로 숨진 여성들을 추모하며 시작한 것을 계기로 미국과 독일, 러시아, 노르웨이 등 12개국에서 열리고 있다. 국내에서는 한국여성민우회가 열고 있는데, 외모에 대한 왜곡

이렇게 해보세요 7-3

내 몸 사랑을 위한 열 가지 약속

1. 내 몸의 소중함을 알자.
2. 지금 이대로의 나를 받아들이고 사랑하자.
3. 외모를 빗댄 말로 사람을 평가하지 말자.
4. 외모는 능력이 아니라 서로 다른 모양새일 뿐임을 알자.
5. 과도하게 내 몸을 괴롭히는 행위를 당장 그만두자.
6. 다이어트나 성형수술이 내 삶을 바꿀 수 없음을 알자.
7. 내게 맞는 즐거운 운동을 찾아서 꾸준히 하자.
8. 외모 지상주의를 부추기는 상품을 구입하지 말자.
9. 외모 지상주의를 부추기는 TV 등의 미디어 매체에 적극적으로 항의하자.
10. 하루에 다섯 번 이상 자신을 칭찬하자.

(한국여성민우회, 2006)

된 인식으로 신체적, 정신적 고통을 겪는 현실을 개선하자는 취지에서 기획됐다. 이 캠페인의 취지는 여성건강을 위협하는 불필요한 다이어트와 성형을 줄이고, 외모로 인한 사회적 차별에 대해 문제를 제기하는 것이며, 다양한 아름다움에 대한 사회적 공감대를 확대하고, 여성들이 스스로의 몸을 사랑하고 자긍심을 높일 수 있도록 함이다.

또한, 스스로 외모의 만족도를 증진시키도록 하여 자아존중감 및 대인관계 향상에 도움을 주고자 하는 외모주의 인식 개선 교육프로그램에 대한 노력들이 나타나고 있다. 보건복지부는 초 · 중 · 고 여학생들을 대상으로 외모주의 인식 개선 프로그램을 제안하였는데, 이 프로그램은 '무엇이 우리에게 외모 지상주의를 강요하는가', '나의 몸, 나 자신을 있는 그대로 사랑하기', '세상에 하나뿐인 나와 너… 독특한 존재로서의 우리 인식하기' 등으로 구성되어 있다(보건복지부, 2004). 그리고 청소년들의 외모 만족도를 증진시키기 위한 교육프로그램도 의미 있는 효과가 있는 것으로 나타났는데, 교육 후 청소년들의 외모에 대한 만족도와 자아존중감이 상당히 증진된 것으로 보고되고 있다. 아직 자아정체감이 확립되지 않은 청소년들이 왜곡된 외모주의에 상처받지 않고 자신의 내재된 아름다움과 능력을 발견하여 보다 건강하고 적극적인 생활을 할 수 있는 것이다. 또한 미에 대한 건전한 가치관을 가져 자신을 있는 그대로 수용하고 자아정체성 확립으

이렇게 해보세요 7-4

자신의 외모 만족도를 증진시키자!!

문제점 찾기: 왜곡된 외모주의 요인 파악 및 비판하기

- 가늘고 긴 사람이 최고
  - 다이어트의 허와 실(사례 보고 토론하기)
  - 패션업계의 문제점 찾기
  - BMI 계산으로 자신의 체중상태 파악하기
- 인조미인이 좋아요?
  - 성형으로 인한 문제점 확인하기
  - 나의 외모 분석하기(아름다움은 주관적인 것임을 인식하기)
- 매스미디어 속으로
  - 오락프로, 개그, 드라마, 미인선발대회, CF 등에서 외모주의를 강요하는 실체 파악하기
  - 동화 속의 주인공이 못생겼을 때의 줄거리 각색해 보기

인식 개선 단계: 나의 몸과 나 자신을 있는 그대로 사랑하기

- 다르게 생각하면 다 소중해요
  - 나의 외모 중 단점을 찾아 장점으로 바꿔 보기
  - 지금까지 단점으로 생각해 오던 것은 지극히 주관적인 생각이었음을 인식하기
- 칭찬 세례와 예쁜 나의 모습
  - 모든 친구들이 칭찬과 박수를 해주고 이로 인해 현실적인 자신감 얻기
  - 나의 외모 외에 숨어 있는 매력 찾기
- 내 몸은 내가 지켜요
  - 내 몸 사랑 실천 지침서 만들기

(성미영, 2007)

로 긍정적인 신체상을 만들어 갈 수 있다. 이는 원만한 대인관계 형성과 학교 적응력 향상이라는 긍정적인 결과를 가져오게 된다(성미영, 2007).

여성가족부는 개인의 인권과 다양성을 존중하는 올바른 사회 분위기를 만들기 위해 외모 중심적 인재채용 개선을 위한 법과 제도적 방안을 제안한 바 있다. 이에 의하면 채용 시 신체조건 규정에 대해 폐지하고 업무의 적합성을 검증하는 것과 채용상태가 긍정적인지 보여줄 수 있는 '긍정적 채용모델'의 마련을 제시하고 있다. 기존 이력서에서 나타난 다양한 형태의 개인정보 수집과 사진 부착 등 개인의 능력 이외의 다른 부분을 고려한 이력서를 제외하고, 개인의 능력이나 특성, 장단점 등 업무와 관련된 경

험들을 중시한 개방형 표준이력서를 배포하여 사용하도록 하는 것이다. 특히 사진 부착 등을 통하여 능력을 판단하기 전에 사전에 선입관이 작용할 수 있는 가능성을 배제하여 외모와 관련된 차별의 소지를 없애도록 한다. 또한 직무 중심의 평등 표준면접질문 지침을 배포하고, 면접위원의 성비 균형을 맞추는 것도 요구된다. 이와 같은 직접적인 채용 부분과 아울러 여성가족부는 지속적인 용모 차별 개선프로그램의 운영을 제안하고, 용모 차별 금지 가이드라인을 작성, 배포하며, 용모의 차별적 언행이 나타나는 광고 등의 미디어 규제와 함께 공익광고 제작의 필요성을 언급하였다(여성가족부, 2007). 기업, 미디어, 정부의 지속적인 노력이 계속 이루어질 때 보다 행복하고 건강한 몸 소비문화 환경이 만들어질 것이다.

4) 나눔으로 더 행복해지는 몸

왓슨은 "봉사란 보이지 않는 사랑이 눈에 보이는 것으로 바꾸는 것이다. 자연은 인간에게 항상 베풀어 준다. 사람도 다른 사람에게 베풀어 줄 수 있다는 것은 더 행복한 삶을 살 수 있는 방법이며 사랑의 표현이다. 봉사는 말로 하는 것이 아니라 행동으로 하는 것이다."라고 말했다. 남을 위한 봉사는 삶 속에서 가치 있는 일을 하게 만들고, 다른 사람에게 필요한 존재가 되게 만들며, 자신의 내면을 채워 준다. 봉사는 사랑하는 마음을 크고 넓게 만들어 주고, 삶을 더욱 행복하고 의미 있게 만든다(국민일보, 2010. 11. 7). 자신의 몸으로 봉사와 나눔을 직접 실천할 때 행복은 더 가까이 다가올 것이다. 행복한 몸의 실천 나눔에 대해 알아보도록 하자.

장기기증은 건강한 삶을 살다가 이 세상을 떠날 때 자신에게 더 이상 필요 없는 장기를 꺼져가는 생명을 위하여 대가없이 주는 일이다. 또한 생존 시에 사랑하는 가족이 아프거나 장기이식을 받으면 살 수 있는 말기 장기부전 환우에게 건강한 자신의 장기 중 일부를 기증하여 사랑을 실천하는 생명 나눔 운동이다. 장기기증은 인간이 할 수 있는 가장 위대한 나눔의 실천으로 생명을 나누는 기쁨만큼 더한 것은 없을 것이다. 우리나라는 스페인과 같은 장기기증 선진국에 비해 장기기증에 대한 인식이 부족한 것이 현실이다. 뇌사자 장기기증 세계 1위인 스페인은 인구 100만 명당 35명이 장기기증을 선택하는 반면 한국은 100만 명당 5명에 불과하다. 뿌린 대로 거두는 자연의 섭리처럼 스페인 국민의 장기이식 대기시간은 평균 70일이지만 우리 국민은 평균 2년을 기다려야 하는 것으로 나타난다(서울경제, 2010. 10. 5).

김수환 추기경이 선종했을 때 김 추기경의 각막을 거둔 서울성모병원 주천기 교수는 "인구 3억 명의 미국에서 한 해 3만 5,000~4만 건씩 이뤄지는 각막 이식 수술이 인구 5,000만의 대한민국에서는 연간 700~800건에 그치고 있다."고 했다. 그나마 절반 정도는 해외 기증자의 각막을 수입해서 사용한다. 국내 기증자가 턱없이 모자라기 때문인데, 인구 비율로 보면 우리나라에서도 연간 7000건 정도는 각막 이식이 이뤄져야 정상이다(조선일보, 2010. 9. 14). 보통 1명의 장기기증자는 9명의 장기이식 대기자를 살릴 수 있는데, 이를 '1 save 9' 구호로 표현되고 있다. 장기기증 희망자가 기증할 수 있는 장기는 심장 · 간 · 신장 · 폐 · 각막 등 최대 9개로 한 명의 숭고한 마음이 곧 아홉 명의 소중한 생명으로 이어진다는 것이다(서울경제, 2010. 10. 5).

현재 우리나라의 경우 장기기증 희망 등록만으로 곧바로 장기기증 적출이 이루어지지 않으며 장기기증을 위해서는 본인의 의사 및 가족의 동의가 필요하다. 장기기증 등록은 본인의 의사만으로는 가능하지만 실제 장기기증 시에는 가족의 동의가 반드시 필요한 것이다. 갑작스러운 사고 등으로 사망 시 가족이 본인의 장기기증 의사를 알지 못하여 기증하지 못하는 사례가 많으므로 기증 서약 사실을 가족 및 친지들에게 알려두는 것이 좋다. 또한 장기기증 희망 등록은 강제성이 없는 자율적인 의사표시로서 본인의 의사에 따라 언제든지 변경(취소)이 가능하다. 장기기증은 생명을 나누어 주는 숭고한 사랑으로 금전적 대가를 바라지 않는 순수 기증이어야 하며 장기매매와 같은 장기기증은 관련 법률에 의해 처벌을 받을 수 있다.

장기기증은 특별한 몇 명만 실천할 수 있는 어려운 일이 아니다. 단지 우리 이웃들을 소중히 생각하는 따뜻한 마음만 있다면 누구나 동참할 수 있다. 작은 선행이 희망을 잃고 죽음을 기다리고 있는 사람들에게 생명의 빛을 줄 수 있는 커다란 의미로 다가간다. 나눔의 기쁨을 가슴에 담고 희망을 주는 장기기증은 아름다운 인생의 가장 행복한 실천이 될 것이다.

지난 20여 년간 가톨릭대학교 서울성모병원 호스피스 병동에서 봉사해 온 김모 씨는 "죽음 앞에서 지금까지 자신이 꽉 쥐고 있던 인간적 욕심과 자존심이 빠지면서 삶 전체가 선물로 주어졌다는 진리를 깨닫는 환우들을 목격했다."며 호스피스 활동이 환우뿐 아

이렇게 해보세요 7-5

장기기증 희망 등록으로 나눔을 실천해요!

장기기증 희망 등록 및 기증절차

장기기증 희망 등록 서약서 작성 → 등록증 휴대 → 장기기증 등록 사실을 가족 및 친지에게 알림 → 기증상황 발생 시 (뇌사 및 사망) 본부로 연락 ☎ 1588-1598 → 장기이식 의료기관 연계

- 국립장기이식관리센터 http://www.konos.go.kr/index.jsp
- 사랑의 장기기증본부 http://www.donor.or.kr/
- 한마음 한몸 운동본부 http://www.obos.or.kr/index.html
- 한국인체조직기증지원본부 http://www.kost.or.kr/

니라 봉사자들에게도 죽음에 대해 성찰하고 삶의 평화를 찾는 기회가 될 수 있다고 하였다(여성신문, 2010. 11 12). 호스피스(Hospice)란 죽음을 앞둔 환자들을 돌보는 것을 말한다. 호스피스라는 어원은 중세기 때 예루살렘을 방문하는 순례객들이 하룻밤 쉬어갈 수 있도록 마련한 숙소를 일컫던 말이다. 요즘은 삶의 마지막 죽음을 앞둔 사람들이 새로운 세계로 들어가기 전에 쉬어가도록 돌봐 주는 것을 뜻하며, 특히 말기 암환자를 전적으로 돌보는 것을 의미한다. 호스피스는 육체적인 문제뿐만 아니라 정서적, 영적 문제를 전인적으로 다루며 사랑으로 돌보는 것으로, 사랑을 실천하는 것이다(코리아헬스로그, 2010. 11. 15).

우리나라에서 한 해 말기암으로 사망하는 환자는 무려 6만 7,000여 명에 이른다. 하지만 2007년 기준으로 전문적인 호스피스 서비스를 받은 환자는 1만 명에도 못 미치고 있다. 말기 환자는 많은데 환자들을 돌볼 수 있는 인력과 시설은 너무 많이 부족하기 때문이다. 의료진이 항암제와 진통제를 사용해 환자의 고통을 줄이고 생명을 유지시킬 수는 있지만 죽음의 고통과 마주하고 있는 환자들에게 책을 읽어 주며 말벗을 해 줄 이는 찾기가 쉽지 않다. 그래서 대부분의 호스피스 병동에서는 주로 자원봉사자들에 의존하고 있다. 봉사자들은 환자의 목욕을 시키거나 병상을 정돈하고 말벗이 되어 준다. 예순이

넘은 할아버지가 말기 환자를 가족처럼 보살피며 함께 인생의 참 행복을 공유하는 모습은 더없이 아름답다(서울신문, 2010. 9. 10). 자원봉사자가 되려면 소정의 교육과정을 마치고 규정에 따라 호스피스 자원봉사활동을 할 수 있다. 또한 한국호스피스협회에서 실시하는 호스피스자원봉사 자격인증시험에 응시할 수 있으며 이 시험에 합격하면 인증서를 발급해 준다. 한국호스피스협회(http://www.hospicekorea.com)에서 각 호스피스 기관의 교육일정과 교육과정을 살펴볼 수 있다.

또 다른 몸의 실천을 통한 나눔으로 헌혈을 들 수 있다. 헌혈이란 건강한 사람이 혈액의 성분 중 한 가지 이상이 부족하여 생명의 위협을 받는 다른 사람에게 아무런 대가 없이 자유의사에 의하여 자신의 혈액을 기증하는 사랑의 실천이자 생명을 나누는 고귀한 행위이다. 헌혈은 수혈이 필요한 환자의 생명을 구하는 유일한 수단으로 혈액은 아직 인공적으로 만들 수 있거나 대체할 물질이 존재하지 않고 있다. 우리나라는 연간 약 300만 명이 헌혈하여야 외국으로부터 수입하지 않고 혈액을 지급할 수 있는 상황으로, 건강한 성인의 정기적인 헌혈 참여가 요구되고 있다. 헌혈은 가까운 헌혈의 집, 헌혈버스, 혈액원 등의 장소를 방문하여 개별적으로 헌혈에 참여할 수 있다. 우리 모두는 언제 수혈을 받을 상황에 처할지 알 수 없으며, 건강할 때 헌혈하는 것은 자신과 사랑하는 가족을 위하여, 더 나아가 모두를 위한 사랑의 실천인 것이다(대한적십자사 혈액관리본부, 2010).

지금까지 살펴본 장기기증과 헌혈, 호스피스봉사는 직접적으로 몸과 관련된 나눔과 사랑의 실천이지만, 모든 봉사에는 항상 우리의 몸과 마음이 함께한다. 생활 속에서 행해지는 작지만 자발적인 손길들, 힘들고 외로운 이들을 찾아가 도와주며 함께 아픔과 사랑을 나누는 사람들 그리고 다양한 자선단체에서 행해지는 아름다운 봉사들. 몸은 나를 위한 소중한 존재이기도 하지만 타인과 더불어 살아가며 행복을 발견하게 해 주는 빛나는 대상이다. 땀 흘리며 함께 활짝 웃는 행복한 얼굴은 완벽하게 치장한 어떠한 화려한 외모보다도 더 아름답지 아니한가?

실천해 보기

1. 하이힐을 넘어 유행하고 있는 킬힐이 몸에 미치는 영향력과 그 문제점에 대해 이야기해 보고, 올바른 몸 사랑법에 대하여 토론해 보자.

2. 헌혈, 장기기증 서약, 독거노인 목욕시켜드리기 등 한 가지 이상의 봉사활동을 직접 실천해 보고, 몸과 관련되어 느낀 점을 작성해 보자.

몸의 유혹, 그들은 왜 몸에 열광하는가?
(SBS 스페셜, 2009년 5월 31일 방영)

현대사회에서 사람들은 왜 몸에 열광하며
더 아름다운 몸을 가지기 위해 끊임없이 노력하는가?
과연 이 시대의 '몸'은 무엇인가?
이 영상물은 몸에 대한 열망과 고민, 노력과 생각들을
일곱 명의 사례를 통해 알아본다.

뇌종양이라는 시한부 인생을 살고 있는 영국의 한 여성이 결정한 전신 성형수술.
평균체형보다 예쁘고 사람들이 선호하는 이상적인 체형을 가졌음에도 항상 몸과 경쟁하며 콤플렉스를 느끼며 사는 국내 최연소 21살의 레이싱 모델.
식스팩을 가지기 위해 수술을 한 회사원의 이야기.

몸의 다양한 모습을 담은 사진작가와 외팔이 격투기 선수의 몸에 대한 생각.
76세 노장 보디빌더가 말하는 몸의 기억들과 정직함.
그에게 있어 몸은 지나 온 인생이며 역사이다.
한때 욕망에 의해 몸을 행복하지 못하게 한 시인은
이제 하이힐 대신 고무신을 신고, 화장품을 바르지 않으며, 명상을 한다.

자연인으로서의 몸을 느끼며 살고 있는 그녀는 남에게 사랑받기보다
스스로 사랑할 수 있는 몸을 바라본다.

그리고 몸 안의 또 다른 몸, 그리고 탄생
생명을 품으며, S라인이 아닌 D라인을 아름답게 생각하고
몸이 가진 기적적인 순간을 느끼게 한다.

몸의 외형과 내면의 이야기를 들어 봄으로써
몸에 대해 깊이 있게 관찰하고 생각할 수 있는 기회가 될 것이다.

참고 문헌 및 자료

김원영(2010). 나는 차가운 희망보다 뜨거운 욕망이고 싶다. 푸른숲.

박명희 · 송인숙 · 손상희 · 이성림 · 박미혜 · 정주원(2006). 생각하는 소비문화. (주)교문사.

박지희 · 김유진(2008). 윤리적 소비. 메디치미디어.

브루노 프라이 · 알로이스 스터처 저, 김민주 · 정나영 역(2008). 경제학 행복을 말하다. 예문.

성미영(2007). 외모만족도 증진 프로그램이 여중생의 자아존중감과 대인관계에 미치는 효과. 아주대학교 교육대학원 석사학위논문.

쓰지 신이치 저, 김향 역(2005). 슬로 라이프. 디자인하우스.

쓰지 신이치 저, 장석진 역(2009). 행복의 경제학. 서해문집.

앨리슨 헤인스 저, 정나리아 역(2008). 시간 돈 행복. 용오름.

정준(1997). 소비사회의 실상과 바람직한 소비문화의 모색. 한국소비자보호원.

질 리포베츠키 저, 정미애 역(2009). 행복의 역설. 알마.

크리스 쉴링 저, 임인숙 역(1999). 몸의 사회학. 나남출판.

토마스 람게 저, 이구호 역(2007). 행복한 기부. 풀빛.

함인희 외(2006). 한국의 일상 문화와 몸. 이화여자대학교출판부.

홍덕선 · 박규현(2010). 몸과 문화. 성균관대학교출판부.

황정희(2003). 주체로서의 몸 살리기. 명지대학교대학원 석사학위논문.

기사

강원도민일보(2010). '외모 지상주의', 8월 18일자.

국민일보(2010). 성형 부추기는 TV… 참을 수 없는 가벼움, 8월 11일자.

국민일보(2010). [행복한 아침] 봉사의 열매, 11월 7일자.

노컷뉴스(2010). 우리나라 여성들은 왜 다이어트에 목숨 걸까, 7월 12일자.

동아일보(2005). 당신의 외모 차별지수는 얼마일까요?, 5월 5일자 .

동아일보(2010). '먹는 데 죄책감이 든다?' 다이어트 강박증 체크하세요!, 6월 14일자.

만남과 이야기(2010). 조금만 더! 성형중독에 빠진 주부들 만나 보니…, 3월 25일자.

매일경제(2010). 아름다운 '건강', 8월 2일자.

보건복지부(2004). 10대 소녀들의 외모주의 인식 개선 교육프로그램 개발.

사람과 이야기(2010). 신장 기증으로 맺어진 어머니 · 아들… 처음 함께 맞는 추석에 보름달 웃음, 9월 20일자.

서울경제(2010). 장기기증, 인생의 가장 아름다운 마침표, 10월 5일자.

서울신문(2010). 자식이나 친척보다 나은 호스피스, 더 늘리려면, 9월 10일자.

아이건강국민연대(2010). 마음이 행복한 청소년, 몸도 튼튼하다, 7월 24일자.

여성가족부(2007). 외모중심적 인재채용 개선을 위한 연구.

여성신문(2010). 죽음의 가장 큰 교훈은 삶, 11월 12일자.

이투데이(2010). 줄리아로버츠 "보톡스는 싫어요.", 8월 5일자.

조선경제(2010). 헌혈뱅크 · 기부상품권 도입… 생활 속 실천 강조, 9월 29일자.

조선일보(2010). 각막 받은 덕에 나로센터(인공위성 발사기지) 천문대 망원경 만들었어요, 9월 14일자.
주간동아(2007). 외모 지상주의에 대한 절제와 균형, 1월 9일자.
중앙선데이(2010). 식스팩 욕심에 복근만 키우다간 허리 골병든다, 9월 5일자.
중앙닷씨에이(2006). [한국은 지금] 여대생에게까지 보톡스 권하는 사회, 11월 15일자.
코리아헬스로그(2010). 어떤 호스피스, 11월 15일자.
한겨레(2010). 외모로 학대받는 청소년 '나'를 사랑하는 방법은?, 1월 31일자.
한겨레(2010). 미 대학의 '몸매 말하지 않기' 캠페인, 10월 15일자.
한국여성민우회(2006). 내 몸의 주인은 나-No 다이어트, No 성형캠페인, 8월 25일자.http://www.womenlink.or.kr/nxprg/board.php?ao=view&ss[sf]=and&ss[sw]=st&ss[kw]=몸&bbs_id=main_news&page=&doc_num=181
한국일보(2009). 王자 복근까지… 이젠 남성 성형시대, 10월 12일자 .
행복플러스(2008). 어렵고 힘든 이웃 돌보면 나를 위해 살 때보다 더 행복, 1월 14일자.
OSEN(2010). 도박중독보다 더 위험한 성형중독 '체크리스트', 5월 10일자.
네이버 블로그(2008). http://blog.naver.com/seona_k 보톡스를 거부하는 다이앤 본 퍼스텐버그, 11월 26일자.
대한적십자사 혈액관리본부(2010). http://www.bloodinfo.net/
헬스넷(2010). http://ihealthnet.or.kr/ihealth/bbs/board.php?bo_table=news&wr_id=320&sfl=&stx=&sst=wr_hit& sod=desc&sop=and&page=22

사진

헌혈 사진 대한적십자사 혈액관리본부 http://www.bloodinfo.net/news/picture.do
광고 속 이상적인 몸 http://blog.naver.com/howhealth
김인권 사진 http://www.somangnote.com/DefaultF.aspx?photoID=4391434&searchValue=
식스팩 http://pann.nate.com/b3659387
아름다운 주름 http://weekly.donga.com/docs/magazine/weekly/ 2006/05/24/
미녀는 괴로워 http://ask.nate.com/qna/view.html?n=7653260

Chapter 8

디지털 소비문화

욕심내지 않을수록 행복하다. 가지고 싶은 모든 것을 다 갖거나, 무작정 새로운 것을 찾는 것은 오히려 더 빠른 권태와 허무를 불러온다. 약간의 거리를 두고 적절히 조절하는 것이 행복을 만드는 지혜이다.

— 슈테판 클라인

Chapter 8 디지털 소비문화

디지털이 우리 생활에 가져다준 편리함은 이루 셀 수 없이 많다. 기술발전으로 차세대 디지털기기가 연이어 출시되고 다양화되고 있으며, 디지털 소비로 현대인의 생활은 날로 빠르게 전개되고 더욱 편리해져 가고 있다. 디지털 기회는 삶의 질을 측정하는 한 요소로 포함되기도 한다. OECD 회원국들의 삶의 질 수준 비교 연구에서 한 가지 지표인 전화 · 이동전화 · 인터넷 이용 정도를 말하는 '디지털 기회지수'는 OECD 국가 중 가장 높은 점수를 나타내었다(장영식 외, 2007). 하지만 그 편리함으로 인해 우리가 이전보다 더 행복해졌는가를 생각해 보면 꼭 그렇지만은 않은 것 같다. 조명한 등(1994)의 연구에서는 정보화와 삶의 질은 강한 정적인 관계를 갖는 것으로 보았지만 정보화로 인해 건강이나 정신적 피로감 등의 영역은 오히려 부정적으로 변화할 것으로 예상하고 있고, 특히 이웃관계, 인간관계, 동료들과의 관계 등은 상당히 악화될 것으로 전망하였다. 디지털이 진정한 삶의 행복으로 연결될 수 있기 위해서는 이를 삶의 편리함이나 소통을 위해 잘 이용하고 관련된 다양한 문제점들을 줄여나가야 할 것이다.

1 무엇이 문제인가?

디지털 소비문화는 뚜렷한 명암을 갖는다. 즉, 보다 빠르고 편리한 생활의 실현이라는 점은 긍정적이지만, 이로 인해 발생할 수 있는 부작용도 긍정적 측면만큼 많다. 디지털 스트레스와 디지털 의존증, 디지털 치매, 새로운 디지털기기로 교체하면서 쌓여가는 e-폐기물, 불법 복제, 악플, 인터넷 중독, 사이버 테러, 저작권 침해, 사생활 침해, 불건전 콘텐츠 등은 우리 사회가 안고 있는 디지털 문화의 그림자이다. 기존의 디지털 소비문화의 문제점으로 지적되고 있는 인터넷 중독, 개인정보 유출, 디지털 격차 등의 문제는 보다 새로운 매체를 통해 더욱 복잡하고 다양하게 나타나고 있다. 기술이 발전하고 생활이 편리해지는 만큼 디지털 소비문화의 그늘도 더욱 깊어질 것이다. 다양한 디지털 소비문화의 문제점들을 살펴보기로 한다.

1) 소통의 확대, 그러나 가벼워진 인간관계

서로를 연결시키는 디지털은 서로 간의 소통의 매체가 되기도 하고 소통을 단절시키는 매체가 되기도 한다. 임문영(2010)은 인터넷을 진화시키는 근본적인 힘 중의 하나가 연결(connect)이라고 보았다. 소비자들은 블로그, 모바일 웹을 통해 생각과 정보를 공유하고 결속력을 다지기도 한다. 한국인터넷진흥원(2007)의 조사에 의하면, 인터넷 이용자 중 블로그 혹은 미니홈피를 운영하고 있는 블로거가 40% 이상인 것으로 나타났으며, 블로그 운영목적으로는 친교나 교제가 가장 높은 것으로 나타나 개인들의 네트워크화가 두드러지고 있음을 알 수 있다. 기존의 온라인카페, 온라인커뮤니티, 블로그, 싸이월드 등 온라인을 통해 인간관계를 맺어주는 온라인 서비스뿐만 아니라 스마트폰의 등장으로 트위터, 페이스북 등과 같은 소셜미디어(social mdeia)의 활용이 보다 용이해졌고, 소통의 양이 점점 더 증가하고 있다.

그러나 웹을 통한 소통은 다양한 생각과 정보를 공유하고 나누기도 하지만 깊이 있는 대화를 나누는 데 한계가 있기 때문에 서로 간의 소통의 깊이나 질이 낮아지고 일상생활에서의 대면소통을 단절시키기도 하는 소통의 양면성을 갖는다. 인터넷에서 개인들은 다른 사람들과 블로그나 인터넷 동호회 등을 중심으로 연결된 공동체를 형성하고 상호작용하면서 네트워크를 형성하고 있지만 대면적 관계보다는 사이버공간에서 만나는 것이 더 보편적이다. 한 정신과 전문의는 스마트폰이나 PC 등으로 사람들과 대화하고 교류하는 것을 더 편하게 여기는 마음에는 자신을 노출시키지 않으면서 의견을 내고 다른 사람의 생각은 보고 싶은 심리가 작용하며, 젊은 층일수록 대면적인 일대일 커뮤니케이션에 약한 경향이 있다고 한다(한국일보, 2010. 9. 30). 미국의 한 연구에서 인터넷 사용자를 1~2년 동안 관찰하여 분석한 결과를 보면 인터넷에서는 피상적인 관계를 쌓아가는 경우가 더 많으며 이로 인해 다른 사람과 함께한다는 느낌이 전반적으로 줄어든 것을 볼 수 있었다. 인터넷을 통한 관계는 궁극적으로 심리적인 안정과 행복감을 느끼는 데 필요한 역할을 하지 못한다는 것이다(로버트 라이시, 2001). 쌍방향의 소통도구로 생각하는 소셜네트워크서비스(SNS: Social Network Service)의 경우에도 유명인의 트위터는 일방향의 정보전달 도구로 쓰이거나 리트윗을 통해 검증되지 않은 정보가 순식간에 확산되는 부작용을 낳기도 한다. 스마트폰이나 컴퓨터와 마주하는 시간이 많아지면서 정작 가족 등 주변 사람과의 일상소통은 줄어들고 친구들을 오프라인상에서 만나도 나눌 이야기가 없는 등의 문제점을 가질 수 있다. 자신을 가린 채 일방적이고 무책임하게 이루어지는 온라인상의 소통법은 대면소통과 달리 부담이 없고 편리한 반면 진정한 소통을 할 수 없는 인간소외를 가져오기도 한다.

알고 계십니까 8-1

미국의 타임지가 '2006 올해의 인물'을 발표했다. 그 인물로 말하자면

☑ 전 세계 언론의 영역을 파고들고,
☑ 새로운 디지털 민주주의의 틀을 만든 것은 물론,
☑ 자신들의 놀이에서만큼은 전문가들을 누르는데,
☑ 이 모든 일들을 아무런 대가 없이 하는 사람들이라는 것.

그런데 표지 모델은 사람이 아닌 'You'라고 적힌 컴퓨터 화면이었다. 타임지는 인터넷상에서 스스로 창의적인 콘텐츠를 생산하고, 대가 없이 공유하는 유저, 즉 UCC(사용자 손수 제작물)의 생산자를 2006년 최고의 인물로 꼽았다.

(SBS 스페셜, 2007. 4. 22)

2) 디지털 중독과 디지털 과부하

디지털 소비문화는 날로 진화하고 있다. 휴대전화, 인터넷, 아바타, 미니홈피, 블로그 문화에 뒤이어 최근에는 스마트폰의 소비증가, 페이스북, 트위터 등의 마이크로 블로그, 소셜네트워크서비스(SNS)의 등장으로 일상생활과 쇼핑, 커뮤니케이션, 이동 등의 생활양식이 변화하는 새로운 디지털 문화가 나타나고 있다. 2010년 8월 현재 국내 트위터 이용자는 100만 명, 미투데이 170만 명, 페이스북 가입자 126만 명으로 SNS 이용자 수가 급증하고 있다(이투데이, 2010. 8. 17).

그러나 인간의 편리와 생활수준의 향상을 위한 과학기술의 진일보는 지나치게 빨라진 속도로 수많은 부작용을 야기하고 있다. 대표적인 것이 디지털 중독이다.

한국정보문화진흥원(2009)의 '인터넷 중독 실태조사'에 따르면, 한국인은 주 평균 4.3시간 인터넷을 사용하며 이들 중 8.5%는 인터넷 중독 증상을 갖고 있는 것으로 나타났다. 청소년의 경우는 14.4%가 인터넷 중독 위험수준에 해당하는 것으로 조사됐다. 청소년의 인터넷 중독은 자녀의 관리가 잘 이루어지지 못하는 맞벌이가정이나 조손가정 등

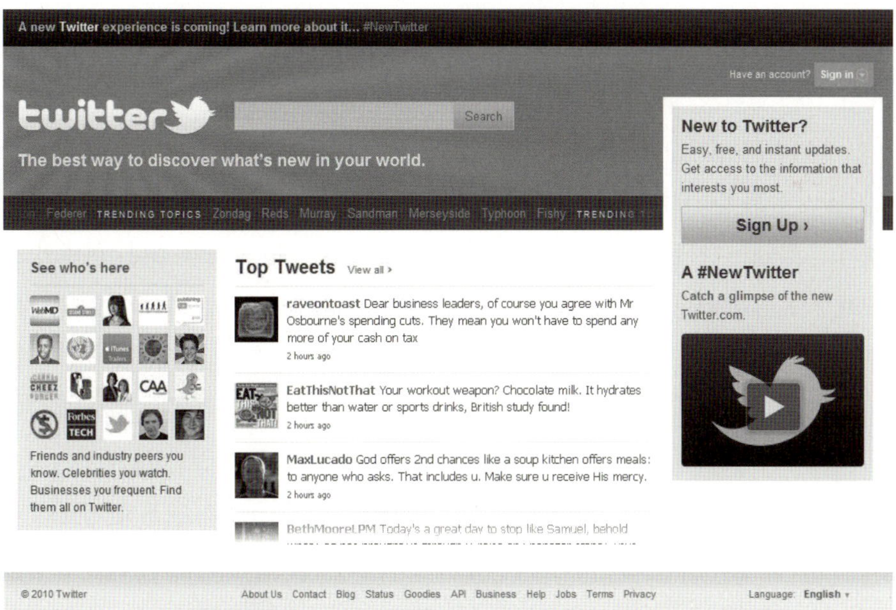

SNS(Social Network Service)인 트위터(twitter)의 홈페이지

저소득 소외계층에 더 많이 나타나고 있으며 부모가 상황의 심각성을 잘 몰라 치료까지 잘 연결되지 못하는 문제점을 나타내고 있다. 인터넷 중독자는 병적으로 집착해 인터넷을 사용하고 자율적 통제가 불가능하며 금단, 내성 증상을 보여 학업, 직장, 가정생활에 심각한 장애가 온다. 신체적 증상으로는 과다한 인터넷 사용으로 안구건조증과 두통, 허리와 목의 통증, 불면증이 올 수 있다. 또한 정신과적 문제도 동반되는데 자존감 저하, 우울증, 충동 조절장애 및 주의력 결핍, 과잉행동 장애 등이 나타날 수도 있다. 휴대전화도 마찬가지로 편리한 이동통신기기이지만 중독에 이르면 다양한 문제를 갖는다. 휴대전화 중독 증상은 휴대전화를 집에 두고 왔을 때 하루 종일 불안하고 초조하거나, 울리지 않은 벨소리를 울린 것처럼 환청을 느끼거나 두통 증세를 보이는 등 다양하다. 특히 자제력이 부족한 청소년들은 이런 휴대전화 중독에 더 빠지기 쉽다. 청소년미디어 중독 전문기관인 스스로넷 미디어중독예방센터가 2009년 초중고생 1,249명을 대상으로 청소년의 휴대전화 중독에 관해 조사한 결과 전체의 62.6%가 휴대전화 중독 위험상태인 것으로 나타났다. 대부분의 청소년은 평균적으로 휴대전화 중독 성향을 안고 있음에도 불구하고 휴대전화 사용교육을 받은 적이 거의 없는 것으로 나타났다(게임동아, 2009. 3. 2). 대학생의 경우에도 10명 중 8명이 휴대전화가 없으면 불안하고 허전함을 느끼는 휴대전화 중독이 의심되는 것으로 나타났다(데이터뉴스, 2008. 6. 5). 최근에는 디지털 융합화에 따라 기존 인터넷 중독이 미디어 중독으로 진화되고 최신 융합기기인 휴대전화 중독 현상이 증가하고 있다.

디지털 중독까지는 가지 않더라도 디지털사회는 지나치게 디지털기기에 대한 의존성을 높이고 있다. 디지털기기는 인간 두뇌의 기억기능 일부를 빼앗아 갔다. 현대의 소비자는 뇌가 휴식을 취할 틈도 없이 하루 종일 컴퓨터, 휴대전화, PDA, 내비게이션, MP3 등 온갖 디지털기기로 정보를 주입하고 있어 뇌가 지나치게 혹사당하고 있다. 사람들은 스마트폰으로 동영상을 보거나 게임을 하면서 지루함을 달래고 휴식을 취하고 있다고 생각하지만, 사실은 자신의 뇌를 더 피곤하게 만들고 있는 것이라고 전문가들은 경고하고 있다. 캘리포니아 주립대 로렌 프랭크 교수는 "인간의 뇌는 휴식을 통해 정보와 경험을 재구성하고 장기기억으로 축적하며 새로운 아이디어를 얻게 되는데, 뇌를 끊임없이 자극하면 이런 과정을 막게 된다."면서 인간 두뇌의 디지털 과부하에 따른 부작용에 우려를 나타냈다(문화일보, 2010. 8. 25).

또한 생활의 많은 부분을 작은 기기에 기대게 만드는 스마트폰의 등장은 현대인들의 '디지털 의존증'을 심화시키고 있다. 스마트폰을 통한 아침기상 알람, 가계부, 은행업무 처리, 독서, 음악감상, 일정관리, 영화보기, 증강현실을 통한 목적지 찾기, 구매물품의 정보까지 바코드로 찍어서 확인해 볼 수 있는 등 디지털 기술의 활용영역은 소비자들의 일상생활로 파고들고 있다. 그러나 디지털을 통해 동시에 수많은 정보를 인지하면서 기억력과 집중력을 떨어뜨리고 심층적 사고력은 낮아지는 문제점을 낳고 있다. 이것은 정보를 대신 기억해 주는 디지털기기에 대한 의존도가 높아지면서 나타나는 현상이다. 이는 인간 두뇌의 디지털 과부하에 따른 부작용, 디지털 치매 증후군의 문제를 낳고 있다. 최근에는 디지털기기 사용이 빈번하고 보편화된 소비자층에서 매일 사용하는 기본적인 전화번호나 인터넷 비밀번호, 계산법을 떠올리지 못하는 '디지털 치매 증후군'이 확산되고 있다.

알고 계십니까 8-2

스마트폰 중독의 10가지 신호

우리나라에 비해 스마트폰의 보급이 더욱 일반화되어 있는 미국의 경우 스마트폰 중독 문제에 대한 인식의 필요성이 일찍부터 학계를 중심으로 제기되었다. 미국의 디지털 정보 웹사이트 '디지털 트렌즈(www.digitaltrends.com)'는 '스마트폰 중독의 10가지 신호'란 체크리스트를 인터넷에 올려 네티즌들의 큰 주목을 끌었다.

☑ 화장실에 갈 때조차도 스마트폰을 사용한다.
☑ 주머니나 가방에 스마트폰이 없으면 패닉상태에 빠진다.
☑ 같은 스마트폰 사용자를 만났을 때 그 스마트폰 이야기만 한다.
☑ 스마트폰이 고장 나면 친구를 잃은 것 같은 느낌이 든다.
☑ 충전한 배터리가 하루 동안 지속되기 힘들다.
☑ 스마트폰 요금 100달러(12만 800원)를 지불하기 위해 생활비를 줄인다.
☑ 내 스마트폰에 관한 것을 스마트폰을 통해 알아본다.
☑ 하루의 모든 일정이 모두 스마트폰 안에 저장되어 있다.
☑ 스마트폰에 앱이 30개가량 설치되어 있고 그것을 모두 사용한다.
☑ 스마트폰 액세서리 구입에 스마트폰 가격보다 더 많은 돈을 쓴다.

전혀 아니다 1점, 약간 그렇다 2점, 어느 정도 그렇다 3점, 상당히 그렇다 4점, 매우 그렇다 5점. 30점 이상이면 '중독', 20~29점은 '주의', 20점 미만은 '건전'으로 판단한다.

(주간조선, 2010. 8. 16)

디지털에 지나치게 의존하는 생활은 정신건강뿐만 아니라 신체적인 건강에도 많은 영향을 줄 수 있다. 휴대전화, PMP, DMB 단말기 등 디지털기기 사용이 일상화되면서 손목질환, 거북목증후군, 목디스크, 안구건조증 등의 신체질환도 야기하게 되며, 디지털기기에서 발생하는 전자파의 인체 유해 여부에 대한 논란은 계속되고 있다. 디지털에 종속되어가는 생활은 현실에 대한 인지보다 디지털기기의 스크린에 더 주목하게 되면서 걷거나 운전 중 주의력 상실로 사고를 당하는 등 일상생활의 위험성이 증가하는 경향도 발생한다.

3) 간편해진 쇼핑, 더 커진 쇼핑유혹

인터넷의 대중화로 인터넷쇼핑을 이용하는 사람들이 늘고 있지만 그 부작용으로 인터넷쇼핑 충동구매, 중독구매가 사회적 문제로 나타나고 있다. 한국정보문화진흥원(2009)의 조사에 따르면, 전업주부의 인터넷 주 이용목적 1순위인 '온라인 쇼핑'은 지난 2007년 8.5%에서 2008년 14.8%로 증가했고, 전업주부의 인터넷 중독률은 2008년 6%로 2007년보다 1.1% 증가한 것으로 나타났다. 인터넷 중독이 인터넷 쇼핑중독을 유도하는 변인이라는 연구결과(이승희, 2005)에 비추어 볼 때 이는 인터넷 쇼핑중독 증가 가능성을 보여주고 있다. 최근에는 개인 블로그나 트위터, 미투데이 등의 소셜미디어 네트워크를 통한 소셜쇼핑(social shopping) 시장도 범위를 넓혀가고 있는 등 디지털 혁명은 새로운 결제수단과 구매방법으로 충동구매와 과소비를 조장하고 있다. 인터넷쇼핑은 충동구매의 주범으로 전자상거래와 관련한 상담 중 충동구매에 따른 계약해제, 해지건이 증가하고 있으며 과도한 인터넷쇼핑은 과소비로 인한 가정불화를 야기하기도 하는 등 많은 문제를 안고 있다.

인터넷은 소비자들의 중독구매나 충동구매를 더욱 야기하는 구매환경이라고 볼 수 있다. 온라인 쇼핑의 경쟁으로 가격경쟁력이 강화되며 저가상품군의 등장이 거세지고, 메일이나 각종 사이트에서의 광고 등으로 불필요한 소비를 할 수 있다는 것이다. 기술적으로 진보된 소비의 유혹은 오프라인 쇼핑보다 더 많은 충동구매를 일으킬 수 있다. 이는 온라인업체들의 철저한 마케팅전략에 기인한다(박명희 외, 2006).

쇼핑사이트에서 행해지는 일명 마케팅 기법들은 다양하다. '인터넷 단독세일', '매일

특가세일' 등 쇼핑유혹을 일으키는 문구와 마케팅 기법들은 구매를 부채질한다. 이러한 상품들은 상점 진열대에서도 세일가로 판매하는 상황도 많지만 사실상 소비자들은 확인할 방법이 없어 인터넷이 더 싸다는 인식으로 구매를 할 수밖에 없다. 그래서인지 소비자들의 인터넷쇼핑이 비계획적인 충동구매 성격을 띠는 경향이 많다. 수많은 쇼핑사이트에서 상거래가 이루어지고 있는 상황에서 더 튀는 마케팅이나 과장, 현혹하는 말들로 클릭을 유도하고 있다. 이는 쇼핑욕구가 잠재되어 있는 사람도 유도될 가능성이 있다. 쇼핑중독의 경우 물건 자체가 원인이기보다는 구매행위 자체가 습관이 돼 중독으로 이어지기 때문이다(뉴시스, 2007. 6. 4). 디지털 구매환경은 더욱 간편해진 반면 소비유혹은 언제 어디서나 만날 수 있다. 휴대전화의 버튼을 몇 번 누르거나, 마우스 클릭 몇 번만으로 꿈에 그리던 물건을 소유하게 된다. 온라인은 온갖 편리함을 다 제공해 주면서 소비자를 유혹하고 소비자는 갖고 싶은 물건 앞에서 마음이 흔들린다. 결제를 클릭한 후

알고 계십니까 8-3

소셜쇼핑(Social Shopping)

트위터, 페이스북 등 소셜네트워크서비스가 발달하면서 쇼핑의 패러다임도 바뀌고 있다. 쇼핑과 사교활동이 결합한 소셜쇼핑은 다양한 형태로 이루어진다.

첫째, 소셜 링크형이 가장 기본적이다. 커머스 사이트에 소셜네트워크로 이동할 수 있는 버튼 형식의 링크를 게재하는 방식이다. 둘째는 소셜 웹형이다. 커머스 사이트에서 이뤄지는 소비자의 구매, 평가, 리뷰 등의 활동이 소비자의 소셜네트워크에 자동으로 반영돼 친구들과 공유된다. 셋째, 공동구매형은 기존의 공동구매 사이트가 소셜네트워크와 결합한 형태다. 제품별로 정한 최소 구매 수량이 달성되면 파격적인 할인혜택을 받을 수 있게 해 이용자들이 적극적으로 소셜네트워크를 통해 친구들을 공동구매에 참여시키게 한다. 미국과 캐나다에서 크게 성공을 거둔 그룹폰(Groupon)이 대표적인 사이트다. 넷째, 오프라인 연동형은 오프라인 공간을 네트워킹이 가능한 단말기로 소셜네트워크와 연결시키는 유형이다.

소셜쇼핑이 기존의 공동구매나 인터넷쇼핑 행태와 다른 점은 뭘까. 무엇보다 쇼핑에서 소통의 역할이 커진 것이다. 소비자들의 북마크, 평가, 추천, 친구초대 등은 온라인 쇼핑사이트뿐 아니라 외부 소셜미디어에 동시에 기록되고, 확대 유통되며 활발한 소통이 벌어진다. 쇼핑과 소셜네트워크의 경계를 뛰어넘어 개방적이고 양방향적인 소통이 일어나는 쇼핑 환경에서 소비자는 곧 마케터가 되는 셈이다.

(주간한국, 2010. 7. 22)

자책하지만 또 클릭하게 만드는 인터넷 쇼핑중독. 자신의 주변에 필요하지 않은 인터넷 구입물품이 하나둘 늘어난다면 어느새 자신도 쇼핑중독의 굴레에서 맴돌고 있는 것인지도 모른다.

4) 짧아지는 디지털기기 교체주기, 늘어가는 e-폐기물

과학기술이 발달하면서 계속 신제품이 출시되고 새로운 모델의 구매를 유도하는 기업의 마케팅전략에 의해 소비자들은 끊임없이 자신의 디지털기기를 교체하려고 한다. 첨단기술은 쉴 새 없이 개발되어 신제품은 새로운 디자인과 부가적 기능으로 소비자를 유혹하고 소비자들은 경쟁사회의 유행과 속도에 뒤처지지 않기 위해 또 새로운 제품을 구입한다. 소비자들의 휴대전화 교체주기는 점점 짧아지고 있는데 이는 상품의 본질과는 상관없는 다양한 기능을 계속 추가하면서 출시되는 상품이 소비자의 구매욕구를 부추기며 나타나는 현상이다.

국제 비교에서도 한국의 디지털 과소비는 뚜렷하다. 우리나라 가계비 중 통신비 비중은 OECD 국가 중 단연 1위이며 첨단 디지털 제품 선호 탓에 국내에서 거래되는 디지털기기는 외국보다 평균 50~60%가 비싼데도, 휴대전화 교체주기는 평균 12개월로 미국(21개월), 러시아(24개월), 캐나다(30개월)의 절반 수준에 불과하다(한국일보, 2006. 5. 1).

디지털 제품의 소비는 심각한 지구 온난화와 화학물질 오염을 유발한다. 일본 국제연합대학(UN 대학)은 컴퓨터 모니터와 본체 등 1대의 컴퓨터를 제조하는 데 2백40kg의 화석연료, 1천5백kg의 물, 22kg의 화학물질 등 엄청난 양의 자원이 소모돼 컴퓨터의 대량생산, 대량폐기가 지구 환경에 심각한 영향을 미치고 있다고 보고하고 있다. 컴퓨터 제품을 만들기 위해서는 미세한 반도체 생산을 위해 실내를 청정하게 유지해야만 하고 불순물을 최대한 줄여야 하는 등 미세한 제조과정이 필요해 상당량의 물과 에너지의 대량소비가 불가피하다는 것이다. 이에 따라 컴퓨터 관련 제품의 대량생산이나 폐기로 인해 화학물질이나 납 등 중금속에 의한 환경오염을 유발하는 위험성이 크다고 보고서는 지적했다(프레시안, 2004. 3. 8).

적절한 폐기처리 절차 없이 버려진 PC, 휴대전화 등의 디지털 폐기물은 환경오염의 주범이 되는 것은 물론 자원낭비가 된다. 미국 환경보호국(EPA)의 2005년 조사결과 미국에서만 9,800만 대의 휴대전화가 쓰레기가 되었고 총 150만~190만 톤의 컴퓨터, 휴대전화 등 디지털기기가 폐기되었다. 미국 내에서만 향후 몇 년간 해마다 약 3천~4천만 대에 이르는 컴퓨터가 도태되어 폐기될 것이라고 한다(오마이뉴스, 2009. 4. 21). 국내의 경우도 한 해 판매되는 휴대전화는 약 2,000만 대인데, 폐휴대전화의 양은 매년 증가하고 있어서 새로운 환경위협으로 다가오고 있다. 상당수가 번호이동이나 기기변경 등의 이유로 버려지거나 집 안에 방치되고 있는데, 2009년 국내에서 버려진 휴대전화 수는 1,500만 대에 달하며 이 중 100만 대가 재사용되고, 250만 대가 재활용되었고, 나머지 1,150만 대는 폐기 처분되었다(중앙일보, 2010. 6. 11). 버려진 휴대전화에 포함된 납, 카드뮴, 코발트, 비소 등 중금속 오염에 따른 환경 및 건강 문제가 야기되고 있다. 휴대전화 한 대에는 중금속 외에도 금, 은 귀금속을 포함하고 있어 재활용 가치가 높다.

우리가 잘 인식하지 못하고 있지만 디지털기기의 사용은 간접적으로 동물복지와도 관련이 있다. 휴대전화를 비롯한 첨단 디지털 제품의 핵심 부품소재 중 하나가 '탄탈'인데, 원재료가 아프리카에서 생산되는 콜탄이라고 한다. 이 콜탄이 매장된 지역은 지구상에 남아 있는 고릴라의 마지막 서식지이기도 하다. 1996년에 280여 마리의 고릴라가 살고 있었는데 콜탄 채취를 위해 몰려든 사람들 때문에 2001년에는 절반으로 줄어들었다고 한다(박경화, 2006). 또한 우리가 쉽게 쓰고 버리는 유명 IT기기의 생산에는 하청국가에서의 많은 노동자들이 저임금과 열악한 근로환경에 희생당하고 있다는 사실을 인식해야 할 것이다. 디지털 폐기물을 그냥 버린다면 심각한 환경문제를 초래할 수도 있고, 자원낭비이기 때문에 소비의 윤리적인 면을 인식하고 이에 대한 실천이 필요할 것이다.

다양한 디지털기기

5) 디지털 윤리와 프라이버시의 부재

우리나라는 디지털강국, IT강국 등으로 불리며 디지털 관련 최상위국 대열에 당당히 올라섰고, 소비자들의 인터넷 사용이나 활용능력도 높아졌다. 하지만 사이버 공간에서의 예절과 규범에 대한 인식과 실천은 낮은 실정이다. 기술발전 수준에 비해 디지털 문화를 건강하고 올바르게 이용하는 수준은 아직 미치지 못하고 있다.

디지털은 많은 순기능을 가지고 있지만 정보전달의 속도나 파급력이 대단하기 때문에 악성댓글이나 잘못된 정보의 유통, 인터넷루머, 개인의 사생활 침해 등의 문제를 갖는다. 디지털을 통해 많은 정보를 얻을 수 있지만 건전하지 못한 콘텐츠나 정보로 인한 부작용이나 불법 다운로드와 관련된 디지털 저작권 문제도 나타나고 있다. 인터넷 포털 카페나 검색사이트, 메신저, 소셜네트워크서비스 등을 통한 인터넷루머의 확산, 개인 프라이버시까지 침해하는 도를 넘은 마녀사냥식 여론재판, 여과되지 않고 쏟아지는 비난의 악플은 네트워크로 연결된 익명성이 빚어내는 디지털 문화의 그늘이라고 볼 수 있다. 10대 청소년을 죽음의 벼랑 끝으로 내 몬 악플, 그 실체를 들여다본 한 방송(KBS 추적 60분, 2008. 11. 5)에서는 악플 문화가 10대들의 생활 속에 깊숙이 파고들고 있으며 그 연령이 점점 어려지고 있는 것으로 나타났다. 10대 청소년 대상으로 설문조사를 실시해 본 결과, 50%가 온라인상에서 욕설이나 험담을 해 본 경험이 있다고 답했고 초등학생의 경우도 34.6%나 되는 것으로 나타나 아무런 죄의식 없이 비방과 욕설에 익숙해져 있는 실태를 보여주고 있었다.

이요훈(2010)은 악플은 한국 네트워크 문화의 몇 가지 특수성에 기인한다고 보는데, 첫째는 철학의 부재이고, 둘째는 전체주의적이고 관료적인 마인드, 셋째는 지나치게 빠르고 편협한 성장, 넷째는 한국 인터넷문화의 기반이 PC통신을 바탕으로 성장했다는 사실이다. 인터넷 안에서 개인권력은 확장되어 가고 있고, 네트워크에서 자유로운 참여와 협력이 가능한 만큼 익명의 가면 뒤에서 손쉬운 반대와 견제도 가능하다는 것이다. 이들이 원하는 것은 지극히 개인적이거나 하찮은 문제를 가지고 타인을 통한 대리심판, 또는 정당성에 대한 확인이다. 겉으로는 옳고 그름을 따지는 문제처럼 보이지만 실제로는 감정적 문제가 결부된 경우가 훨씬 더 많다는 것이다.

자신의 생각을 표현하고 상대에게 자신을 알리려는 본능은 인터넷이라는 폭넓은 표현

공간을 만난 동시에 위협요인도 만났다. 디지털 소비가 모바일로 확대되면서 개인의 프라이버시 영역이 위협받는 현상도 심해지고 있다. 유비쿼터스 사회에서는 언제라도 사람과 사물의 상태감시와 위치추적이 가능하다. 카메라폰, 스마트카드, CCTV, RFID 등 새로운 정보기술에 의한 일상생활의 전자감시 시스템이 항상 작동함으로써 개인의 프라이버시가 축소되는 문제점을 낳고 있다(박미혜 외, 2006). 사적인 통신세계는 거대한 시스템으로 관리된다. 통화내역이 초단위로 정확히 기록되고 기지국 정보를 통해 휴대전화 소지자들이 어디를 돌아다녔는지 동선이 추적되어 실종자나 범죄자 수색에 활용되기도 한다. 지극히 사사로운 관계의 변화까지 통신회사에 보고되기도 한다(김찬호, 2008). 디지털 네이티브들은 자신의 흔적을 사실상 공개된 공간인 디지털 공공장소나 공공영역에 많이 남긴다. 수집되는 정보의 범위도 넓어졌고, 정보를 수집하는 주체도 다양해졌다. 또한 데이터 세트를 한데 모으고 정리하는 능력도 발전했다. 그러나 소비자들은 자신의 디지털 개인기록을 거의 통제할 수 없다. 그 어느 때보다도 많은 정보가 수집되고 다른 사람들이 검색할 수 있는 형태로 저장되고 있다는 것이 문제이다. 디지털 개인기록의 존재로 인해 야기되는 문제는 가벼울 수도 있지만 끔찍할 수도 있다. 명의도용이나 절도, 스토킹, 혹은 다른 사람이 디지털 파일에서 찾아낸 정보 때문에 취업을 못 하게 되는 결과도 생길 수 있다(존 팰프리 · 우르스 가서, 2010). 검색엔진 성능이 갈수록 개선되면서 인터넷에 올라온 정보는 더 자세하게 검색이 되며, 검색인터넷에 노출된 정보는 완전삭제가 거의 불가능한 특성을 갖는다. 트위터, 미투데이, 페이스북과 같은 사회관계망서비스가 늘어남에 따라 인터넷에는 개인정보가 갈수록 증가하고 있다. 최근에는 위성항법장치(GPS) 기능이 있는 스마트폰이 인터넷 이용수단이 되면서 사용자들이 현재 위치와 이동경로 등을 남기는 경우가 늘고 있다. 인터넷에서는 조각조각인 정보를 모아서 종합적 정보를 구축하는 '프로파일링'이 손쉽게 이루어진다. 그 사람이 누구인지를 식별할 수 있는 것은 물론 그가 인터넷에서 활동해 온 궤적을 어렵지 않게 밝혀 낼 수 있다. 소비자들은 자신을 더 많이 노출할수록 더 좋은 정보를 얻을 수 있는 정보교환의 호혜적 특성과 개인정보를 제공할 경우 할인쿠폰과 광고 제공 등의 더 많은 혜택을 받기 때문에 자신의 정보를 노출한다(한겨레, 2010. 5. 31). 디지털 소비가 우리에게 많은 편의를 제공하고 있지만 점점 웹에 뿌려지고 있는 자신의 개인정보를 통제할 능력이 줄어들고 있다는 점이 문제이다.

알고 계십니까 8-4

나의 저작권 침해지수는?

☑ 인터넷에서 마음에 드는 글이나 사진을 마음대로 퍼온 적이 있다.
☑ 인터넷에서 검색한 뉴스기사를 복사해서 내 홈페이지에 올렸다.
☑ P2P프로그램을 통해 공짜로 MP3 음악파일을 다운받아서 듣는다.
☑ 인터넷에 올려 있는 리포트나 작문을 베껴서 과제를 해결한 적이 있다.
☑ 다른 사이트에 있는 이미지 자료나 글이 내 홈페이지 게시판에서 직접 뜨도록 링크를 걸었다.
☑ 좋아하는 가수의 노래 가사를 팬클럽 사이트에 올렸다.
☑ 직접 만들지 않은 이미지나 사진을 편집해 출처 없이 올린 적이 있다.
☑ 만화책에서 좋아하는 장면을 스캔해서 홈페이지에 올렸다.
☑ 참고서나 문제집, 교재 등을 제본해서 사용했다.
☑ 드라마와 영화 장면을 캡처해서 내 홈페이지에 올렸다.

결과 보기(위 항목 중 해당되는 항목수에 따라)

- 나는 하나도 해당되지 않는다: 저작권 지킴이
- 1~3개: 저작권보호 도우미
- 4~7개: 저작권 무심이
- 8~10개: 저작권 외면이

(저작권심의조정위원회 클린펌킨)

알고 계십니까 8-5

다양한 사이버 정화운동

▶ 매일경제의 V클린운동 ▶ 머니투데이의 u-clean운동 ▶ 선플운동(www.sunfull.or.kr)

▶ 포털사이트 네이버의 그린인터넷 캠페인

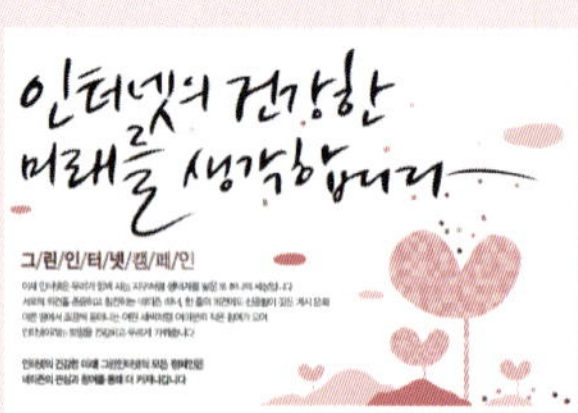

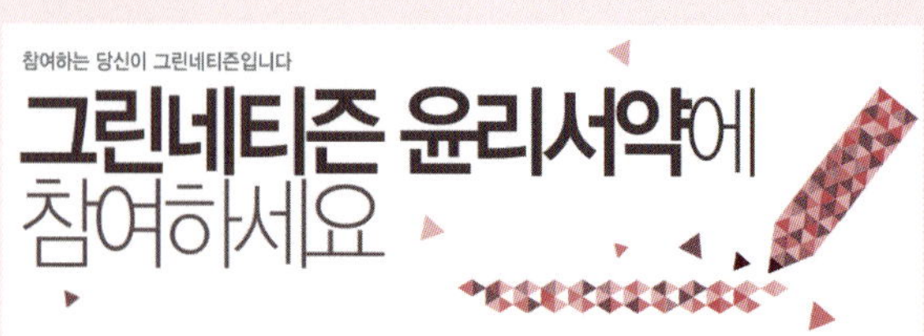

알고 계십니까 8-6

OX로 풀어 본 알쏭달쏭 디지털 저작권

Q. 블로그는 개인적인 공간인데 블로그에 음악 파일을 올리는 것도 불법인가? (○)

여러 사람이 접근할 수 있는 미니홈피와 블로그는 누구나 접근가능한 공개된 장소다. 따라서 미니홈피나 블로그에 저작물을 무단 게재하는 것은 저작권 침해에 해당된다.

Q. 외국에 있는 친구를 위해 자신이 구입한 CD를 MP3로 변환해 홈페이지에 올려 친구에게 알렸다. A양은 저작권법에 안전할까? (×)

구입한 콘텐츠를 디지털 파일로 변환한 것은 '사적 이용을 위한 복제'라서 허용되지만, 이를 공개된 인터넷 장소에 게재하는 행위는 전송권 침해에 해당된다. 전송권이란 인터넷을 통해 다른 사용자에게 저작물이나 음반을 제공하거나 송신하는 것으로, 저작권법이 인정하고 있는 재산적 권리다.

Q. 저작권 보호를 받는 저작물을 다운받은 사람도 문제가 되나? (○)

저작물을 유포한 사람(업로드한 사람)뿐만 아니라 다운로드받는 행위도 저작권법 위반에 해당한다.

Q. 인기 영화 장면 포스터를 이용해 정치나 사회현상을 풍자하는 패러디를 만들어 사진 공유 사이트에 게재하는 행위는 저작권법상 허용된 것일까? (△)

허용될 수도 있고 허용되지 않을 수도 있다. 통상 패러디물의 표현형식상 원저작물보다 자신의 저작물이 비중이 있어야 하며, 패러디에 인용되는 저작물과는 명확히 구별될 수 있도록 합리적인 방식으로 인용할 때, 저작권법에서 예외된다.

Q. 좋은 글들이 있는 블로그나 웹페이지 주소(url)를 단순히 블로그에 올렸을 뿐인데, 단순 링크도 저작권을 침해하는 건가? (×)

링크 자체로서는 저작물이 있는 곳을 연결만 할 뿐이지 저작물을 복제하거나 전송하는 것이 아니다. 링크 자체가 직접적인 저작권 침해라고 보기는 어렵다. 그러나 저작권자의 허락 없이 저작물에 프레임 링크나 임베디드 링크를 한 경우에는 저작권 침해와 같은 불법행위가 될 수 있다.

Q. 개인적인 목적으로 포털뉴스 전문을 개인 블로그에 담아놓는 경우는 불법인가? (○)

포털에서 제공되는 뉴스를 그대로 복사해 블로그나 미니홈피, 혹은 인터넷카페에 공개적으로 게재하는 것은 엄연한 불법이다. 블로그에 뉴스를 전재할 경우 포털 뉴스 서비스에 제공하는 스크랩 기능을 이용하면 된다. 포털이 각 언론사와 기사 관련 계약을 할 때 이 같은 조건의 저작권 사용권리까지 확보하는 경우다. 단, 이 경우 전문이 아닌 포털의 해당 뉴스에 링크를 거는 형식이다.

Q. 고객들에게 관련 기사를 스크랩해서 온라인으로 보내주고 있다. 상업적 용도가 아니라면 합법인가? (×)

이는 직접적인 영리목적이 아니더라도 불법이다. 저작권법에는 비영리목적의 개인적 이용이나 한정된 범위 내에서의 저작물을 자유롭게 이용할 수 있도록 예외조항을 두고 있으나 뉴스레터 서비스는 개인적인 목적이나 한정된 범위에서의 사용행위라고 볼 수 없다. 저작권자의 허락을 받아야 한다.

(머니투데이, 2008. 12. 4)

2 디지털 소비문화 들여다보기

디지털 문화는 자발성, 적극성, 창조성, 커뮤니티 지향성 등의 긍정적 측면이 있는 반면에 익명성, 중독성, 공격성 등의 부정적 측면을 동시에 갖는다. 1장 행복의 실천지침(nef, 2009a, 2009b), 2장의 소비자의 사회적 책임을 기준으로 디지털 소비문화의 다양한 사례들을 살펴봄으로써 바람직한 디지털 소비문화를 모색해 보고자 한다.

1) 디지털은 소통의 도구?

고개만 숙이고 있으니 얼굴 보기도 힘드네요

직장인 정은미(29) 씨는 스마트폰이 생긴 이후 부쩍 말수가 줄었다. 하릴없이 보내는 시간에는 어김없이 두 손에 꼭 쥐고 있는 스마트폰만 쳐다본다. 가방에 넣고 다니며 틈틈이 읽던 책도 한 페이지 이상을 넘기지 못한다. 스마트폰을 사용하는 남자친구를 만날 때면 카페에 나란히 마주 앉아 각자의 스마트폰만 본다. 과거에는 커피 한 잔을 시켜놓고도 할 말이 너무 많아 시간이 부족하던 연인이었지만 이제는 대화를 나누는 시간보다 스마트폰을 즐기는 시간이 더 길다. 간혹 이야기를 나누더라도 화두는 새로운 애플리케이션에 대한 체험기가 대부분이다. 젊은 커플들뿐만이 아니다. 스마트폰은 부부와 가족의 일상까지 침범하고 있다. 결혼 15년차 주부 문혜영(43) 씨는 요즘 스마트폰 때문에 속이 상한다. 남편이 퇴근 후 집에 들어와서도 혼자만의 세계에 푹 빠져 있다. 식사를 할 때도 소파에 앉아 TV를 볼 때도 늘 스마트폰을 손에서 놓지 않는다. 중학생인 아들도 마찬가지다. 문 씨는 "스마트폰의 등장으로 가족 간의 대화가 단절됐어요. 다들 집에서도 고개만 숙이고 있으니 얼굴 보기도 힘드네요. 아직 예전의 휴대전화를 사용하고 있는 저는 마치 남편과 자식들에게 철저히 소외당하는 기분이에요. 이거 정말 문제 아닌가요?"라며 외롭고 답답한 마음을 토로했다.

(레이디경향, 2010. 9)

"우리는 디지脫가족" 디지털 off 행복 on

디지털 시대에 동참하기를 거부(?)하는 '디지탈(脫) 가족'이 있다. 오세훈(46) 씨 가족이다. 이들은 "휴대전화, 인터넷, TV 등을 멀리하니 뿔뿔이 흩어져 지내던 가족이 한데 뭉치고 화목이 찾아왔다."고 말한다. 오 씨의 집은 보통 집과는 사뭇 분위기가 다르다. 거실엔 큰 책꽂이와 책상, 의자가 자리 잡고 있다. 큰딸의 경우 학교에서 먼저 '휴대전화 소지 금지' 규칙을 따라 줄 것을 요청해 왔다. "그냥 갖고 다니게 할 수도 있었지만 굳이 그러진 않았어요. 일단 아이들이 감당하기엔 단말기 가격이나 요금이 지나치게 비싼 편입니다. 게다가 모바일 게임이다 DMB 방송이다 별의별 기능이 많이 나오는데, 자제력이 부족한 10대를 어떻게 '위험한 기계'에 무방비로 맡길 수 있겠어요?" 인터넷도 책을 읽다 궁금한 내용을 검색하거나 숙제 할 때 도움을 받는 경우에 한해서만 허용된다. '문명의 이기'와 담을 쌓은 오 씨 가족에겐 어떤 변화가 생겼을까? "디지털과의 접속이 줄어들수록 이전에는 24시간이 짧게만 느껴졌던 하루가 무척 길어졌어요." 오 씨 가족들이 이구동성으로 하는 얘기다. 큰딸은 오후에 집에 돌아와 저녁을 먹고 나면 자연스럽게 책을 손에 잡는다. 드럼을 배우러 1주일에 한 번 음악학원에도 다닌다. 첫째 아들은 독서량이 월등히 늘었다. 둘째 아들은 모형 탱크 조립과 요리에 취미가 붙었다. 영화에도 관심이 많다. '상상할 시간'이 많아져 스스로 영화 콘티를 짜 보기도 한다. 가족관계도 예전보다 화목해졌다. 부모와 자녀가 어울려 장기를 두거나 배드민턴을 한다. 부인 노순 씨(44)는 "중독성이 강한 디지털이라는 '방해물'이 없어지면서 아이들에게 자기가 하고 싶은 일이 생겼다."고 말했다. 부부의 생각은 확고하다. 아이들에게 유혹을 이겨낼 수 있는 의지가 생기고, 금전과 시간의 귀중함을 깨닫는 시기가 오면 자연스레 '차단해제'가 이뤄지리라는 생각이다.

(한국일보, 2006. 5. 1)

블로그를 통해 사람, 관계를 생각하다

파워블로거 조보나(27) 씨. 스물일곱, 청춘을 살고 있다. 그림을 전공했고 좋아하고 계속 작업하고 있다. 네이버 요리분야 파워블로거 이름을 달고 있기도 하다. 인터넷상에서는 '기린나무'로 더 많이 알려져 있다. "작은 댓글이라도 진심이 묻어나는 댓글이라면 진심을 다해 답글을 단다. 아무리 바빠도 그냥 넘어갈 수가 없다. 블로그를 쭉 하다 보니 내가 사람과 사람 사이의 관계와 소통에서 나오는 힘을 잊고 있었다는 것을 알게 됐다. 블로그도 사람의 일이며, 눈빛을 나누고 체온을 나누는 것과 다르지 않게 소통할 수 있다는 것을 알았다. 블로그를 시작한 뒤로 인간관계가 더 좋아졌다. 나는 내 이야기를 쓰지만, 그것이 공통적으로 흐르는 어떤 부분을 건드려 독자가 위로 받고, 희망을 얻고, 아니면 잠깐 웃고, 커피라도 한 잔 마실 수 있다면 의미 있는 일이겠다. 밥 한 끼 같이 먹는 기분으로 레시피를 올린다. 부족한 글이, 레시피가 누군가의 마음을 보듬는 작은 선물이 된다면 좋겠다. 그것뿐이다. 블로그를 통해 많은 것을 얻었다. 무엇보다도 사람을 얻었다. 그러니 돌려주는 것이 맞다. 개인적으로 사회단체 두어 곳에 정기기부를 하고 있기는 하지만, 블로그를 통하는 것도 방법이 되리라는 생각이

들었다. 버마 난민 이야기를 들었고 블로그에 홍보를 하게 됐다. 기부홍보를 보고 모두가 하나라는 생각, 힘든 친구를 돕는다는 생각으로 도와주셨으면 하는 바람이다.” 블로그를 통해 사람과 관계를 생각한다는 사람을 만났다는 것이 반가웠다. 조보나 씨는 요리를 잘하는 20대 파워블로거를 넘어 사람의 마음을 요리할 줄 아는 따뜻한 ‘젊음’이다.

(경향신문, 2010. 7. 27)

소비문화 더 들여다보기 8-1

북 사커 정대세의 눈물… 인터넷 통해 ‘평화’를 외치다

세계 평화에 대한 인터넷의 기여를 기념하는 동영상 콘테스트에서 세계 각국에 흩어져 있는 한인 유학생들이 힘을 합쳐 만든 노래와 동영상이 전 세계 600여 개의 경쟁작을 물리치고 우승했다. 미국유학생모임이 제작한 동영상은 미국 뉴욕 맨해튼에서 세계적인 IT.인터넷 잡지 〈와이어드(Wired)〉가 주최한 ‘평화’를 위한 인터넷 콘테스트에서 우승작으로 선정됐다. 미유모가 제작한 4분여 길이의 동영상 ‘인터넷: 평화를 위한 최고의 도구(http://www.youtube.com/watch?v=n_PUKL1ZgM0&feature=channel)’는 남아공 월드컵 기간에 제작했던 평화의 노래와 영상을 사용해 만든 것. 이 동영상은 월드컵 때 북한 대표팀의 정대세 선수가 브라질과의 경기 전 하염없이 흘린 눈물을 계기로 동북아 평화와 안정을 기원하는 노래와 티셔츠 등을 만들어 배포하는 학생들의 모습을 담아냈다. 이 동영상은 인터넷을 통해 학생들이 한마음으로 뭉칠 수 있었고 또 이런 학생들의 기원이 인터넷을 통해 전 세계로 확산될 수 있었다면서 ‘평화는 전 세계에서 가장 강력한 아이디어이며 인터넷은 평화를 위한 최고의 도구’라는 메시지를 전하고 있다.

(헤럴드경제, 2010. 9. 24)

2) 디지털의 노예? 디지털의 주인?

디지털 중독과 디지털 의존증

중학생 박모(16) 군은 겨울방학 동안 PC방에서 하루 일과를 시작한다. 간단히 과자로 아침을 때운 뒤, 메신저에 접속해 먼저 접속해 있던 친구들에게 말을 건넨다. 친구들이 모두 모이자 인터넷 게임을 시작한다. 총을 쏴 상대방을 해치우는 게임을 하다, 자신의 캐릭터가 총에 맞자 기분이 나빠졌다. 이번엔 격투 게임을 실행한다. 점심시간이 훨씬 지났지만 박 군은 집에 갈 생각이 없다. PC방에서 간단히 먹을 수 있는 음식을 팔기 때문이다. 박 군은 라면으로 대충 허기를 달랜 뒤 다시 게임에 몰입한다. 저녁까지 PC방에서 먹고 나면 저녁 10시가 넘는다. 집에서 전화가 쇄도하자, 아예 휴대전화를 꺼 버린다. 밤 10시쯤 하루치 용돈이 다 떨어지자 자리에서 일어나지만, 얼굴에선 아쉬운 표정이 사라지지 않는다.

(공감코리아, 2010. 1. 14)

회사원 김모(34) 씨는 얼마 전 트위터를 탈퇴했다. 그는 지난해 트위터에 가입한 이후 1년여 동안 '트윗'에 빠져 지냈다. 팔로워도 200명이 넘어서며 실제 오프라인에서 만나는 친구들보다 온라인상의 인맥이 화려했다. 그는 휴대전화를 스마트폰으로 바꾸고 나서 더욱 활발하게 트위터에 접속해 활동했다. 그러나 트위터를 수시로 드나들면서 자신도 모르게 트위터에 집중하는 시간이 늘어났고, 소위 '중독'이라고 할 정도로 스마트폰도 손에서 떼지 않았다. 아침에 일어나서부터 잠자리에 들기까지 트위터를 확인하는 게 일과였다. 새롭게 업데이트를 하면 리트윗이나 멘션들을 확인하느라 자리를 떠나지 못했다. 김 씨는 "심지어 내가 쓴 글에 댓글이 늦게라도 달리면 하루 종일 일이 손에 잡히지 않았다. 기분이 몹시 우울해져 상실감마저 들곤 했다."고 말했다. 김 씨는 회사에서도 트위터에 할애하는 시간이 많아지고 생활리듬도 엉망이 되었다고 한다.

(주간한국, 2010. 4. 21)

디지털 과소비

대기업 차장 K(42) 씨는 올해 초 새로 분양 받은 아파트로 이사하면서 500만 원을 들여 벽걸이형 50인치 PDP TV를 장만했다. 6년 전 구입한 29인치 브라운관 TV도 아직 멀쩡했지만, 새 아파트에 어울리지 않는다는 생각에 디지털 TV를 구입한 것이다. 지난 크리스마스 때는 중학교 2학년과 초등학교 5학년인 두 아들의 카메라폰을 대당 100만 원에 육박하는 최신형 MP3폰으로 바꿔 주었다. 연말 성과급을 받은 김에 아이들 소원을 들어주기로 한 것이다. K 씨 가족의 디지털기기 이용비는 매달 약 40만 원. 4인 가족의 휴대전화 요금이 25만~30만 원,

유선전화(인터넷 포함) 6만 원, 위성방송 1만 6,200원 등이다. K 씨의 월수입은 세금을 떼고 380만 원 정도. 총 가계수입의 10분의 1 이상을 디지털 이용에 지출하는 셈이다.

주부 A(38) 씨는 요즘 초등학교 5학년 딸에게 휴대전화를 사준 것을 후회하고 있다. 2년 전 사준 컬러 휴대전화를 6개월 전에 카메라폰으로 바꿔 주었는데, 또다시 100만 원 가까이 되는 MP3폰을 사달라고 조르고 있다. A 씨는 "한 달 용돈이 5만 원인데, 휴대전화 요금이 5만 원을 넘어 엄마에게 손을 벌리는 경우가 많다."고 푸념했다.

(한국일보, 2006. 5. 1)

취미생활에 대한 유용한 정보 얻어

새벽 4시, 알람 소리에 눈을 뜬다. 그 자리에서 아이폰을 통해 밤새 일어난 미국의 정치 · 경제 소식을 확인한다. 날씨까지 확인하면 자리에서 일어선다. 이동준 목사(65)의 일상이다. 아이폰을 사용하는 사람이라면 누구나 가능한 일이다. 물론 나이가 많고 적음도 상관없다. 이 목사는 대뜸 아이폰을 내밀었다. "아이폰 없어요? 범프(접촉 한 번으로 아이폰에 저장된 자신의 정보를 교환하는 기능) 합시다." 아이폰 구매 후 처음 손에 익는 데 시간이 필요했지만 현재는 불편함 없이 사용하고 있다. 평소 종이에 하던 메모를 아이폰에다 저장하고 스케줄도 관리한다. 밖에서 식사할 경우 검색 기능을 통해 맛집을 찾아보고 가게에 관한 기록도 남긴다. 성경도 아이폰을 이용해 틈틈이 읽고 자기 전엔 간단한 퍼즐 게임도 즐긴다. 아이폰을 사용한 이후 돋보기를 목에 걸고 다닌다는 이 목사. 그의 일상에 아이폰은 없어서는 안 될 삶의 일부다. "목사이기 때문에 사람을 만나는 일이 많아요. 행동도 조심해야 하죠. 항상 긴장할 필요가 있어요. 그런데 틈틈이 아이폰을 쓰면 긴장이 해소됩니다. 제게 아이폰은 일탈이 허용되지 않는 삶에 작은 일탈 같은 존재죠."

(위클리경향, 2010. 4. 27)

'접속' 줄이면 새나가는 돈도 줄어요

경기 용인시에 사는 주부 서모(39) 씨는 올해 1월 초등학교 4학년 아들의 휴대전화 요금 청구서를 받고는 깜짝 놀랐다. 평소 4만~5만 원가량 나오던 요금이 87만 원으로 뛰어올랐기 때문이다. 내역을 알아보니 주범은 무선인터넷 이용 요금이었다. 겨울방학을 맞은 아들이 엄마 몰래 무선인터넷으로 만화영화를 몇 번 시청한 게 화근이었다. 요금 고지서에는 데이터 통화료 항목에만 80만 원 가까운 액수가 부과돼 있었다. 서 씨는 즉시 대리점을 찾아가 아들이 무선인터넷을 이용할 수 없도록 잠금 기능을 요청했다. 또 자신과 두 자녀의 요금제를 일정 용량을 쓰면 더 이상 쓸 수 없는 정액제로 바꿨다. 이후 월평균 30만 원가량 나오던 네 가족의 휴대전화 요금은 15만 원선으로 절반이나 줄었다.

회사원 김모(43) 씨는 지난해 가을 청소년의 40% 가량이 휴대전화 중독증상을 보인다는 보도에 충격을 받아, 가족회의를 열고는 1주일에 하루를 '휴대전화 휴식일'로 정했다. 일요일에는 가족들이 휴대전화를 반납하고 유선전화만 이용키로 한 것이다. 이렇게 휴대전화 사용을 자제하면서 올 들어 통신비가 20%가량 감소했다. 김 씨는 "한 달에 5만 원만 절약해도 10년이면 1,000만 원 가까운 목돈을 만들 수 있다."고 말했다.

(한국일보, 2006. 5. 1)

3) 구매와 자책감의 쳇바퀴 vs 절제와 인내로 찾아가는 행복여정

반복되는 인터넷 충동구매, 중독구매

고3인 미영이는 아침에 일어나자마자 컴퓨터를 켜고, 부팅이 되는 동안 양치질을 한다. 미영이의 인터넷 첫 화면은 쇼핑몰. 매일 아침 '인기상품 베스트 50'을 확인하는 것으로 하루를 시작한다. 컴퓨터 앞에 앉아 상품을 보고 있지 않으면 남들이 좋은 물건을 먼저 사 버릴까 봐 불안하고, 내가 산 상품의 인기순위가 오르면 자기 성적이 오른 듯 희열을 얻는다. 그녀의 하루 인터넷쇼핑 시간은 최소 7시간. 스커트, 반바지, 구두 등 상품 종류별로 시시콜콜 또 인기상품 순위를 확인하고, 자신에겐 필요 없는 자동차용품, 가전제품 등의 순위도 빠짐없이 확인한다. 주문한 상품의 배송상태를 매분마다 추적하며 상품이 점점 자기에게 다가올 때 쾌감을 얻는다. 방학 동안 힘든 아르바이트를 하는 이유도 인터넷쇼핑에 필요한 돈을 마련하기 위함이다. 지금 그녀에게 인터넷쇼핑은 유일한 취미이자 놀이며 생각의 전부다. 미영이는 인터넷쇼핑몰을 이렇게 말한다, "천국의 가게"라고.

(SBS 그것이 알고 싶다, 2006. 8. 19)

서울에 사는 직장인 김은아(25) 씨는 오늘도 여지없이 매일저녁만 되면 습관적으로 들르던 인터넷 쇼핑몰에 접속했다. '여름 맞이 50% 특별세일'이라는 문구를 보자 이를 놓칠세라 급히 장바구니담기를 클릭했다. 이런 식으로 그녀가 인터넷쇼핑을 통해 소비하는 돈은 자그마치 한 달에 월급의 절반 가까이나 된다. 고쳐 보려 노력도 했지만 불필요한 물품까지 잔뜩 쌓아 놓고 있는 그녀는 이미 인터넷 쇼핑중독에 걸린 상태.

(뉴시스, 2007. 6. 4)

지름신이여 안녕, 쇼핑이여 안녕

썸바디(블로그 닉네임, 46 · 전업주부)는 '2010년 1년 동안 쇼핑 안 하기' 프로젝트에 참여했다. 그녀는 '네이버'는 알아도 실제 공간의 이웃은 아무도 모른다. PC통신 1세대로 일찍 컴퓨터를 접했고 온라인으로 모든 것을 해결한다. 오프라인 모임도 인터넷동호회 회원이나 블로그 이웃들과 가진다. 몇 시간씩 하는 전화 수다도 블로그 이웃과 한다. 얼굴 모르고 전화 수다만 하는 사람도 있다. 이웃이 두드리지 않는 집을 택배기사들이 드나든다. 하루에 각 나라에서 6~7개씩 택배가 도착하기도 한다. 집 밖을 나가는 일은 드물다. 일주일에 두 번, 성당 모임과 봉사활동 모임이 집 밖으로 나가는 일의 다이다. 나갈 때는 머리부터 발끝까지 단장을 해야 한다. 그래서 명품이 아니면 사지 않았다. 괜찮다 싶으면 색깔별로 옷을 구매하는 일도 잦았다. 명품 챙모자를 조금씩 다른 디자인으로 네 가지를 모으기도 했다. 쓸 일이 없으니 그 모자를 쓰고 컴퓨터 앞에 앉아 있기도 한다. 향수는 1천 개가량이 장식장에 모여 있다. 빈티지 향수를 모은다. 주로 외국과 거래를 하는데 배송료로만 세계 일주를 할 수 있을 만한 돈을 썼다. 백화점의 향수 코너에서 구매왕에 뽑혀 백화점 점원이 연말에 예쁜 떡을 직접 들고 와서 전해 준 적도 있다. "아이가 결혼할 때가 되었는데 걱정스럽더라고요. 이웃들은 아무도 안 오고……. 생활을 바꿔야겠죠." 썸바디의 1년 계획에는 '밖으로 나가자'도 포함되었다. "No 쇼핑. 그렇게 맘을 먹으니 재밌는 것이 마지막 결제를 클릭을 못 해요."

(한겨레21, 2010. 3. 5)

4) 나는 디지털 윤리의 수호자?

나는 불법다운로더

직장인 홍모(28) 씨는 영화를 좋아하지만, 올해 영화관을 찾은 것은 단 2차례뿐이다. 대신 그는 한 달에 2~3편씩 집에서 인터넷 웹하드를 통해 영화파일을 내려받아 감상한다. 며칠 전에도 최신작 영화를 웹하드에서 내려받았다. 퇴근이 늦어 영화관을 찾을 여유도 없고, 1만 원에 가까운 영화비용이 부담스러운 것도 사실이기 때문이다. 그는 심지어 신생 웹하드 업체에서 제공하는 '공짜이벤트'를 통해서 몇 백 원마저 안 들이고 최신 영화들을 충분히 즐길 수 있다고도 전했다. 비교적 큰 규모의 웹하드에서는 합법적 콘텐츠를 제공하고 있다는 사실도 알고 있지만, 이용계획은 없다. 홍 씨는 "불법이라 마음에 좀 걸리지만 공짜로 얼마든지 싸고 화질 좋은 파일들을 구할 수 있는데 굳이 3천 원이 넘는 돈을 내고 합법적으로 영화를 보고 싶은 생각은 없다."고 말했다.

(연합뉴스, 2009. 9. 10)

"선플은 달 때도 읽을 때도 행복을 줍니다"

"기술과 인프라도 중요하지만 따뜻한 인성이 결합돼야만 진정한 정보기술(IT) 강국이 될 수 있습니다." 2007년부터 '선플운동'을 펼치고 있는 민병철 선플달기 국민운동 본부 이사장(59 · 건국대 교수)은 15일 "한국은 세계 최고의 인터넷 강국이지만 인터넷 사용 문화나 네티즌의 의식은 아직 이를 못 따라가고 있다."며 이같이 말했다.

선플운동은 인터넷상의 악플(악의적 댓글)로 고통받는 사람에게 용기와 희망을 주는 '착한' 댓글을 다는 운동이다. 그는 "설문조사를 해보니 과거에 악플을 달아 본 적이 있는 학생이 조사 대상의 29%에 달했는데 선플운동에 참여한 뒤에는 이 비중이 5%로 낮아졌다."며 선플운동의 효과를 높게 평가했다. 민 교수는 악플의 원인을 인터넷의 익명성과 대화 및 인성교육 부족에서 찾았다. "인터넷에 글을 쓸 때 상대방을 인격체로 봐야 하는데 단순히 기계로 생각하는 게 문제"라며 "가정과 학교에서 상대를 배려하는 따뜻한 마음을 갖도록 교육이 이뤄져야 한다."고 강조했다. 선플은 받는 사람이 즐겁고, 읽는 사람이 즐겁고, 무엇보다 다는 사람이 가장 행복하다는 게 그의 지론이다.

(한국경제, 2010. 6. 16)

5) 사이버 오블리주-나눔문화의 발상전환

'글 올릴 때마다 1원씩 캠페인' 등 인터넷 기부

지난해 9월 인터넷에 '트윗나눔-1원의 행복'이라는 이름을 단 홈페이지가 등장했다. 트위터 사용자들이 '트위터를 나눔에 활용해 보자'며 자발적으로 만든 모임이다. 회원들은 100일 동안 자기 트위터에 글을 한 번 올릴 때마다 기부금 1원을 내자는 캠페인을 벌이기로 했다. 캠페인에 동참한 700여 명의 트윗족(트위터 사용자를 부르는 말)들은 기부금 2,800여 만 원을 모아 구호단체 굿네이버스에 기부했다. 굿네이버스 윤보애 간사는 "캠페인 참여자의 70% 이상이 20~30대였다."고 말했다. SNS나 인터넷을 사용한 기부 규모도 급속하게 늘어나고 있다. 굿네이버스에 따르면, 인터넷과 SNS를 통해 이 단체에 모인 기부금은 지난 2007년 21억 원에서 지난해 59억 원 정도로 2배 이상 늘었다. SNS의 가장 큰 저력은 빠른 정보 전달력이다. 거미줄처럼 연결된 인맥을 타고 긴급 재난 소식 등이 전파되면, 이에 대한 후원이나 나눔 분위기가 빠르게 조성된다는 것이다. 굿네이버스 측은 "지난 1월 아이티 강진 때 인터넷과 SNS를 통해 모인 개인들의 후원금이 이틀 만에 1억 5,000만 원을 넘어섰다."며 "SNS는 직접적인 기부 채널인 동시에 대중에게 정보를 빠르게 전달하며 나눔을 확산시키는 데 큰 기여를 하고 있다."고 설명했다.

(조선일보, 2010. 8. 19)

소비문화 더 들여다보기 8-2

소셜네트워크서비스가 NGO에게 기회의 땅인 이유

소셜네트워크서비스(SNS)를 이용하는 사람들은 기본적으로 선하고, 그들의 말은 이타적이다. 프로필과 활동이 공개되는 SNS의 특성상 이용자들이 선한 성향을 띠게 되고, 타인의 구독을 염두에 둔 글쓰기를 해야 하기 때문이다. 해외의 NGO들은 이러한 SNS를 적극적으로 활용한다. 미국 주요 자선단체의 93%가 페이스북을, 87%는 트위터를, 65%는 블로그를 운영하고 있다. 형태에 있어서는 대략 다음과 같은 세 가지로 압축해 볼 수 있다.

첫째, 메시지 기부로 캠페인을 위해 SNS의 입소문을 기부 받는 방식이다. 대표적인 사례로는 UN재단의 말라리아 퇴치 캠페인을 들 수 있다. 둘째, 계정 기부는 SNS 이용자들의 '입'을 빌리는 것이다. 암퇴치 캠페인 'Fuck Cancer'가 그 사례다. 셋째, 채널 기부는 캠페인을 홍보하고, 모금까지 할 수 있는 애플리케이션을 SNS 이용자들에게 배포하는 방식이다.

페이스북 코지즈에서는 생일 선물로 자신이 지지하는 NGO를 위해 기부금을 받을 수 있는 애플리케이션도 제공하고 있다.

이상의 유형들을 살펴보면 NGO가 SNS를 제대로 활용할 수 있기 위해서는 명사들의 적극적인 지지와 후원, 관련 기술을 제공하는 기업과 SNS 이용자들의 적극적인 참여가 필요해 보인다. '공공의 선'을 위한 아이디어가 있다면 누구든 힘을 보탤 것이다. 중요한 것은 이들을 잘 조직화하는 일이다.

(블로터닷넷, 2010. 10. 8)

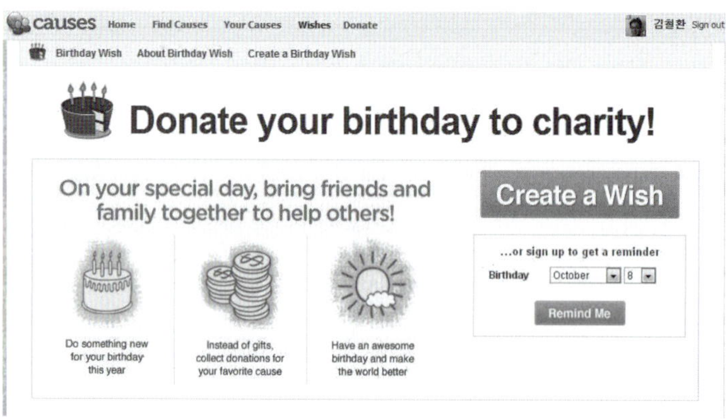

책의 무료공개… '소통이 웹이다'

2010년 초 「소셜 웹이다」라는 책을 발표한 김재연 씨. 지난 7월 20일 '스크리브드'라는 온라인 개인 출판을 위한 사이트를 통해 「소셜 웹이다」를 전면 공개했다. 그는 무료로 공개된 MIT의 대학강의 자료들인 '오픈 코스웨어'를 보면서 소셜 웹에 대한 관심을 싹틔웠고 책을 쓸 수 있을 정도로 관련 지식이 쌓인 것은 그 관심에서 출발한 것이니 자신도 무언가 이 디지털의 강물에 돌려보내야 한다고 생각했다. 마음속에 항상 책은 '파는 것' 이전에 '읽히는 것' 이었다. 책이 책답게 되는 것은 누군가 그 책을 읽고 그것이 읽는 이의 삶에 아주 작은 도움이라도 될 때이다. 경제적 가치를 초월한 상호소통의 가치에 대한 강조가 「소셜 웹이다」를 통해 말하고 싶었던 것이고, 웹이 서로 나눔을 통해서 더 큰 가치를 창조할 수 있는 힘이 있다는 것을 전하려 했었다. 자신이 가진 콘텐츠를 개방하고, 공유하고, 그래서 함께 창조하는 지속가능한 나눔의 능력. '소통'이 웹 발전의 정체였고, 그런 질문이 '소통이 웹이다'라는 것을 주장하기 위해 책을 썼으면서도 판매지수에 목매달 때 자신의 마음을 울렸다고 한다. 물론 책을 웹에 무료 공개한 이 순간에도 종이책은 유료 판매되고 있다. 그러나 파일다운로드가 오프라인에서 팔리고 읽힌 숫자를 초월했다. 김재연 씨는 문을 연 이 콘텐츠가 플랫폼이 될 수 있도록, 더 많은 사람들의 참여를 통해, 개방을 통한 혁신이, 공유를 통한 창조가 확산될 수 있도록 노력해야 할 시점이라고 한다. 그는 책을 공개하고 난 느낌은 바로 '행복' 그것이라고 말한다.

(블로터닷넷, 2010. 8. 18)

현대 소비자의 삶에서 디지털 소비는 어떤 의미가 있을까? 앞의 부정적, 긍정적 사례에서 살펴보았듯이 디지털은 양날의 칼이다. 온라인상의 소통의 도구가 되기도 하면서 현실에서는 같은 공간에서도 각자의 세계에 빠져들게 하는 불소통의 도구가 되기도 한다. '인터넷 패러독스'라는 말과 같이 인터넷을 주로 다른 사람과의 소통을 위해 사용했는데 그 결과 실제로 사람들과 접촉할 시간을 앗아가고 실제의 인간관계에서는 고립을 가져오기도 한다. 반면에 돈 탭스콧(1999)이 주장하듯이 디지털은 N세대가 진정한 지구의 수호자가 되고 인류의 평화공존을 위협해 온 인종주의와 성차별주의와 같은 문제를 해결하는 사회적 계몽을 위한 매체가 될 수도 있다. 또 잘 이용하면 유용한 정보를 얻는 도구가 되기도 하지만 지나치면 중독에 빠져 여러 부작용을 겪기도 한다. 즉, 소비자가 디지털을 어떻게 이용하느냐에 따라 디지털 소비문화는 뚜렷한 명암을 갖는다. 보다 빠르고 편리한 생활의 실현이라는 점은 긍정적이지만, 이로 인해 발생할 수 있는 부작용도 긍정적 측면만큼 많다. 현대생활을 잘 영위하기 위해서는 디지털의 긍정적 측면은 잘 활용하고 부정적 측면은 줄여나가야 할 것이다. 디지털 소비는 세상의 변화와 흐름에 맞춰나가기 위한 하나의 도구로서 이러한 도구를 따뜻한 정이 흐르는 관계, 행복을 위해서 쓸 것이냐 아니냐는 개인의 선택에 달려 있다. 여러분은 어떤 선택을 할 것인가?

소비문화 더 들여다보기 8-3

소외 이웃에 IT 교육… '재기의 꿈' 클릭하다

KT IT서포터즈는 'IT 지식기부를 통해 전 국민의 IT 접근성을 높이자'는 취지로 지난 2007년 2월 출범했다. 올해는 KT 임직원 중 선발된 4기 IT서포터즈 200명이 인턴사원, 대학생 IT서포터즈와 함께 IT교육에 나서고 있다. 교육 대상은 이주민과 자영업자, 장애인, 학생 등이다. 2007년부터 지난해까지 110만 명 이상이 KT의 IT서포터즈 교육을 받았다.

IT서포터즈는 최근 결혼 이민자와 외국인 근로자 등 이주민 대상 교육에 중점을 두고 있다. IT서포터즈 박기남(39) 차장은 "결혼 이주여성들이 강의를 들은 뒤 다문화센터 등에서 강사로 활동하는 '역(逆)나눔' 활동을 벌이는 경우도 꽤 된다."고 했다. 강의를 들으면서 삶 자체가 바뀐 장애인 수강생도 많다. KT IT서포터즈는 작년 정보문화진흥 국무총리상을 수상했다. 11월에는 일본 총무성에서 IT서포터즈를 배우기 위해 한국으로 건너오기도 했다. 올해 IT서포터즈는 26만 명에게 'IT나눔사업'을 펼치겠다는 목표를 세웠다. IT서포터즈 이성연(52) 센터장은 다문화 이주자들이 경제적 자립, 자녀교육에도 IT를 활용할 수 있도록 전국 다문화가족 사업지원단과 협력해 나갈 것이라며 교육 대상을 전국 각지의 농어민, 유소년 등으로 확대하는 한편, 이들에 대해 스마트폰 활용 교육도 계획하고 있다고 밝혔다.

(조선일보, 2010. 5. 25)

3 행복한 디지털 소비문화 만들기

디지털 소비를 행복의 도구로 활용한다는 것은 결국 소비자가 주도권을 잡고 조정하느냐 아니면 조정당하느냐의 문제일 것이다. 현대 소비자로 살아가기 위해서 디지털 매체의 흐름에 어느 정도 순응하면서도 자신의 중심잡기가 필요할 것이다. 행복한 디지털 소비문화를 만들기 위해 소비자가 실천할 수 있는 내용들을 살펴보자.

1) 디지털기기의 과도한 사용 자제하기

현대는 디지털 시대다. 누군가를 직접 찾아가지 않아도, 직접 보지 않아도 인터넷, 휴대전화 등을 통해 많은 것을 그 자리에서 해결할 수 있다. 스마트폰을 통해 이동 중에도 인터넷과 이메일, 트위터 등을 자유롭게 사용할 수 있는 환경이 조성되고 있다. 이처럼 디지털은 우리 삶을 크게 바꾸었지만 우리가 과거에 몸으로 직접 하던 많은 일들을 대신해 주는 편리함은 한편으로는 우리의 건강을 위협하고 있다. 디지털 중독과 의존에 따른 신체적 · 정신적 문제와 같이 우리가 디지털의 편리함으로 잃어버린 것도 있다. 지나친 사용은 건강뿐만 아니라 일상생활에 지장을 주기도 한다. 또한 디지털의 과도한 사용은 우리를 수동적이고 종속적인 위치로 전락시킬 수 있다. 디지털 중독의 문제해결의 첫걸음은 문제인식이다. 현대생활에서 디지털 소비를 하지 않을 수는 없으므로 절제력 있게 사용해야 하며 가족 간의 대화나 상담을 통해 원인을 파악하고 함께 해결해가야 한다. 휴대전화 중독 예방을 위해서는 휴대전화 사용시간을 최소한으로 줄이고 친구, 가족과 대면적인 대화를 많이 하는 습관을 들이는 것이 필요하다.

디지털 사용을 줄이는 것은 건강한 삶을 위해서도 필요하다. 디지털 의존증으로 생겨나고 있는 디지털 치매 해결에 가장 좋은 방법은 디지털기기의 사용을 줄이고 직접 머리를 써서 잠자는 두뇌를 일깨우는 것이다. 또한 휴대전화나 인터넷 등의 디지털을 사용하지 않으면 왜 불안한지, 왜 끊임없이 디지털 소비를 해야 하는지 한 번쯤 생각해 볼 필요가 있다. 개인의 자율적 선택권을 떠나 이제는 하나의 라이프스타일이 된 디지털 소비, 그러나 '디지털의 주인이 될 것인가, 노예가 될 것인가?'는 소비자 자신의 선택에 있을 것이다.

이렇게 해보세요 8-1

디지털 치매 예방법

☑ 집중해서 신문, 잡지 읽기
☑ 컴퓨터게임을 할 때 직접 점수 계산하기
☑ 직접 손으로 쓰고 입으로 외우면서 생각하기
☑ 기억하는 것에 즐겁게 참여하기
☑ 기억하고 외우는 것을 반복하기
☑ 일기쓰기
☑ 메일주소나 짧은 문서는 직접 손으로 타이핑하는 습관 갖기
☑ 전화번호는 단축키 사용보다 손으로 직접 누르면서 걸기

(국민일보, 2010. 2. 28)

이렇게 해보세요 8-2

인터넷 중독 예방 이렇게 하자

무엇을 잃고 있는지 알아본다

인터넷은 즐거움을 주고 새로운 세계를 열어 주지만 인터넷에 많은 시간을 보낸다면 현실에서 무엇을 못 하고 잃고 있는지 목록을 작성해 보자.

사용시간을 기록하라

얼마나 많은 시간을 인터넷을 하며 보내는지 명확하게 알기 위해서 사용시간을 정확히 기록하는 것이 필요하다. 그러면 앞으로의 변화를 위한 기초자료로 요긴하게 쓸 수 있다.

다른 취미를 가져 보자

인터넷을 하지 않으면 금단증상의 일환으로 우울감, 불쾌감이 생길 수 있다. 인터넷게임 외에 운동, 음악감상, 영화감상 등 다른 활동을 하면 좋다.

목적을 분명히 하자

분명한 현실은 인터넷이 우리 생활의 필수품이라는 것이다. 따라서 아주 끊는 것보다 자기조절을 하는 것에 맞추는 것이 현실적인 목적이다.

이렇게 해보세요 8-3

인터넷 휴(休)요일 프로그램

인터넷 휴(休)요일은 일주일에 하루를 '인터넷을 사용하지 않는 날'로 정해서 인터넷의 과다사용을 예방하고 조절하는 프로그램이다. 인터넷 휴요일을 실천할 때는

☑ 인터넷 휴요일 실천일기를 함께 읽는다. 인터넷 휴요일을 지키기로 약속한 후, 만약 일기를 쓴다면 어떻게 쓸지 아이디어를 나누어도 좋다.

☑ 인터넷 휴요일 일기를 쓰는 일이 어려우면 인터넷 사용일지를 적는 방법도 있다.

☑ 일지는 학교나 상담센터 홈페이지에서 다운로드하여 이용한다. 평가하는 동안 계획적인 인터넷 습관을 기를 수 있다.

☑ 휴요일을 실천할 때에는 우리 가족의 인터넷 휴요일이 언제가 좋을지 함께 상의하여 정한다. 아울러 컴퓨터 이용수칙도 함께 만들어서 실천한다. 평소 컴퓨터를 사용할 때에는 '가족 사용일지'를 만들어 두고 함께 작성하면 올바른 이용습관을 키우는 데 큰 도움이 된다. 일주일에 한 번은 온 가족이 컴퓨터 사용일지를 살펴보고 의견을 나눈다. 인터넷 휴요일에 가족이 함께할 수 있는 활동들을 찾아내서 실천하는 것도 좋다.

2) 충동적인 인터넷쇼핑 다시 한번 생각하기

쇼핑은 일시적으로 대뇌에 있는 신경전달물질인 도파민이 활성화되면서 안락감과 행복감을 느끼게 한다. 스트레스를 받으면 사람의 보상시스템이 작용해 이런 기분을 또 다시 느끼고 싶어 한다. 따라서 반복적인 스트레스에 노출될 경우 이를 해소하고자 인터넷쇼핑을 즐김으로서 스트레스 완화를 시도하게 되는 것이다. 중독 경향성이 있는 사람의 경우 환경, 유전, 불만족스러운 상황 등 여러 요인이 원인이 되지만 결국에는 구입한 직후의 일시적 행복감과 이후에 오는 자책감으로 인한 스트레스가 다시 구매행위로 이어지는 악순환이 반복되는 것이다(뉴시스, 2007. 6. 4). 각종 소비욕구는 쾌락과 자기만족을 지향하며 물질적 소유를 통해 행복을 얻으려는 경향을 부추긴다. 그러나 이러한 만족은 더 큰 욕구를 불러일으키고 또다시 구매를 야기하는 쾌락의 쳇바퀴를 돌게 된다.

특히 인터넷쇼핑은 시간과 공간의 제약 없이 쇼핑 충동에 노출되어 있으며 인터넷쇼핑에 중독되면 몸과 마음이 인터넷쇼핑에 맞추어 생활하게 된다. 이러한 쇼핑중독에는 훨씬 더 큰 문제가 숨어 있을 수 있는데, 내면의 정서적 공허함이나 커다란 문제를 잊기 위한 수단이 될 수 있다. 충동적인 인터넷 구매를 줄이기 위해서는 되도록 인터넷 사용시간을 줄여 구매기회를 차단시키는 것이 좋다. 쇼핑목록 작성을 통해 가능한 한 충동성이 자제된 계획적 구매를 하도록 노력해야 한다. 또한 인터넷 광고문구에 현혹되지 않도록 노력하고 꼭 필요한 물건인지 스스로 묻는 습관이 필요하다. 최근 몇 개월간 구매한 상품 가운데 현재 얼마나 사용하고 있는지 되짚어 볼 필요도 있다. 자신의 쇼핑 습관을 점검해 쇼핑중독이 의심되면 먼저 신용카드를 없애고, 움직이거나 가족과 함께하는 시간을 늘리는 것이 좋다. 구매충동 조절이 잘 안 되는 경우 호흡법이나 명상과 같이 관심을 다른 곳으로 돌릴 수 있는 방법을 시도해 보는 것도 좋다. 충동구매나 중독구매는 일반적으로 어떤 결여감을 채우려는 시도라고 본다. 따라서 운동이나 요가, 스트레칭 등 건전한 취미생활이나 생산적인 일들을 통해 성취감을 느끼는 것이 중요하다. 인터넷쇼핑 중독은 자신이 먼저 그 문제에 대해 심각성을 알아야 하며 문제를 해결하려는 의지가 필요하다. 자신이 온라인 쇼핑에 중독된 것으로 의심된다면 같은 고통을 겪는 사람들의 자조모임이나 가족 등 주변인, 전문가의 도움을 받을 필요가 있다.

3) e-쓰레기를 줄이는 생활양식으로!

점점 빨라지고 있는 PC와 휴대전화 교체주기. 우리의 무분별한 소비가 지구환경에 미치는 영향을 인식해야 할 것이다. 폐휴대전화는 보관이 쉽고 소비자의 인식 부족 등으로 수거나 재활용이 원활하게 이루어지지 않고 있다. 폐휴대전화나 쓰지 않는 PC를 방치해 두고 있다면 디지털 제품의 재활용에 적극 나서자. 환경문제를 줄일 수 있고 나눔을 실천할 수 있는 폐PC, 폐휴대전화의 가치나 자세한 수거 방법 등에 대한 홍보와 소비자들의 실천이 필요하다. 구형 컴퓨터를 기증하고 재활용하거나 휴대전화 등의 사용연한을 늘림으로써 많은 자원과 에너지를 절약할 수 있다. 환경오염의 영향을 최대한 막기 위해서는 컴퓨터, 휴대전화 등의 사용연한을 최대한 늘려야 한다. 컴퓨터 1대를 만드는 데 많은 자원이 소요되고 환경에 미치는 영향이 심각하다. 소비자들은 구매 전에 자신이 새로운 디지털기기가 정말 필요한지 진지하게 고려해야 하며 기존의 제품을 업그레이드하거나 계속 사용할 수 있는지 생각해 보아야 한다. 또한 디지털 제품 구입 시에 가격이나 제품성능뿐 아니라 제품에 친환경적인 요소가 얼마나 담겨 있는지 고려할 필요가 있다. 친환경소재와 공법의 채택여부, 탄소배출의 주범으로 꼽히는 대기전력은 중요한 고려대상이다(조선일보, 2010. 9. 10). 전력 절감제품은 쓸데없이 낭비되는 전기소

이렇게 해보세요 8-4

디지털 녹색 소비자가 되려면?

☑ 사용하지 않을 때는 컴퓨터를 끄거나, 적어도 화면이라도 꺼라.
☑ 프린트를 줄여라. 팩시밀리 대신 전자우편을 보내고, 프린트할 때는 가능한 한 이면지를 사용하라.
☑ 컴퓨터를 설정할 때에는 가장 에너지를 절약할 수 있는 것을 선택하라. 새 컴퓨터를 산다면 에너지 절약로고가 붙어 있는 것을 사라.
☑ 컴퓨터를 업그레이드할 때에는 전체를 교환하는 대신 메모리나 마더보드를 교체하는 방식을 택하라.
☑ 완전히 새로운 컴퓨터가 필요할 때에는 중고 컴퓨터를 구입해 업그레이드하거나 탁상용 컴퓨터 대신 노트북을 구입하라. 노트북은 탁상용 컴퓨터에 비해 무게는 10분의 1, 에너지 소모량은 3분의 1에 지나지 않는다.

(존라이언 앨런테인디닝, 2002)

비를 줄여 전기료를 아낄 수 있으며, 탄소배출량도 줄여 준다. 장시간 대기하면 종료모드로 자동 전환되는 제품이나 태양광을 이용한 제품, 재활용 소재를 사용한 제품 등을 구매하는 친환경적 생활양식으로의 전환이 필요할 것이다.

4) 디지털 매너와 소양 갖추기

따뜻하고 건강한 디지털 환경은 인간성과 도덕성 회복에서부터 비롯될 것이다. 인터넷 공간의 각종 불법 동영상과 유해한 게시물, 악플, 인터넷상의 명예훼손 등은 디지털이 가져온 역기능이다. 소비자들은 온라인상의 익명성과 느슨한 자기규제에 따라 상대방을 향해 과격한 표현과 적대감을 드러내기도 한다. 또한 최근 저작권 침해 단속과 저작권 관련 분쟁이 증가하면서 소비자들의 디지털 저작권에 대한 관심이 높아지고 있지만 실제로 잘 개선되고 있지 않다. 공공장소나 생활 속에서의 타인을 배려하지 않는 휴대전화 소음공해의 문제도 있다.

온라인상의 공간은 소통을 전제로 하므로 서로에 대한 기본적인 예의를 갖춰야 한다. 사이버 정화운동은 우리 사회의 디지털 문화를 바로 잡고 디지털 시대의 새로운 기준과 희망을 제시하고 있다. 자율적 정화장치로서의 자율규제(self-regulation)와 시민사회의 감시 노력, 정보윤리 교육, 그리고 소비자로서 디지털 소비생활에서 필요한 기본적인 소양과 윤리를 갖추기 위한 노력이 필요할 것이다. 또한 일방적인 저작권 침해 단속보다는 소비자가 디지털 저작권에 대한 올바른 인식을 갖출 수 있도록 적극적인 소비자 교육과 홍보가 필요할 것이다.

날로 발전하는 정보기술로 인해 소비자들은 인터넷 개인정보 보호에 대한 주의도 필요해졌다. 우리는 디지털 환경에서 살아가면서 자의든 타의든 많은 디지털 기록을 남기게 되며 디지털 정보의 양은 계속 늘어나고 있다. 우리의 디지털 기록에 대한 데이터를 다양한 주체에서 사용하고 있으며, 다양한 사람들이 쉽게 접근할 수 있는 점, 그리고 그들 중에는 우리가 원하지 않는 용도로 데이터를 이용하는 사람도 있을지 모른다는 사실을 알 필요가 있다. 서로 관련이 없어 보이는 정보들이 누군가에 의해 취합될 수도 있고 이 정보가 맞춤형 마케팅 등의 비즈니스 용도로 사용될 수도 있다. 소셜네트워크서비스로 진화하는 디지털 문화에서 무엇보다 중요한 것은 소비자의 건전한 사용과 활용 능력, 이용자 상호 간의 신뢰성, 소비자의 윤리의식일 것이다.

이렇게 해보세요 8-5

아름다운 인터넷 세상을 만들기 위한 네티즌 5대 다짐

1. 사실에 기반한 정보를 제공하고 건설적인 의견 공유에 앞장선다.
2. 올바른 언어와 개방적 자세로 서로의 인격을 존중하고 예의범절을 지킨다.
3. 타인의 프라이버시를 침해하지 않고 나의 개인정보를 적극적으로 보호한다.
4. 가족과 친구의 행복을 위해 불법 · 유해 정보를 배격한다.
5. 창의적인 인터넷 발전을 위해 타인의 지적재산권을 침해하지 않는다.

(파이낸셜뉴스, 2010. 9. 5)

이렇게 해보세요 8-6

굿다운로더(good downloader) 되기

굿다운로더란?

창작하는 사람들의 땀과 노력을 인정하고 보호하기 위해, 합법적인 온라인 공간에서 창작물에 대한 적정한 대가를 지불하고 이용하는 사람들은 올바른 다운로드로 당당하고 매너 있게 영화를 즐기는 사람들을 말한다.

굿다운로더 실천 약속하기

하나! 저작물에 대한 정당한 대가를 지불한 온라인 콘텐츠를 이용하겠습니다.
둘! 웹하드나 P2P에서 불법 업로드를 하지 않겠습니다.
셋! 개봉 중인 영화는 극장에서 관람하겠습니다.

굿다운로드 실천사이트

곰TV(gomtv.com), 네이버(naver.com), 다음(daum.net), 맥스무비(maxmovie.com), 벅스(bugs.co.kr), 인디플러그(indieplug.net)

(www.gooddownloader.com)

5) 디지털로 소통과 나눔문화에 동참하기

디지털은 나눔문화를 좀 더 편하고 빠르게 변화시키고 있다. 디지털 문화는 서로 돕고 온정을 나누는 아날로그의 감성과 조화를 이룰 때 진정한 힘을 발휘한다. 디지털 문화가 자리 잡으면서 기부 방법도 진화하고 있다. 인터넷을 이용한 기부를 비롯하여 휴대전화를 이용한 문자메시지 기부, 마일리지 기부, 카드 포인트 기부, 게임사이트를 통한 아이템 구매 수수료 기부, 모바일 이벤트를 통한 기부, 온라인 경품 기부 등 다양한 경로를 통한 기부가 꾸준히 늘어나고 있다. 인터넷 쇼핑몰에서 후원상품이라는 태그를 단 상품을 구입하면서 일부 금액을 자동적으로 기부한다든지 통화료의 일부를 결식아동, 독거노인 등에게 기부하는 등 온라인 소비의 구매 기부를 통해서도 편리하게 선한 행동에 대한 욕구를 충족시킬 수도 있게 되었다. 과거에는 기부가 부유 계층의 전유물로만 여겨졌다면, 최근의 디지털을 통한 기부는 다수의 젊은 세대의 소액기부가 주를 이루고 있다.

대표적인 예로 인터넷을 통한 기부의 생활화를 이끈 네이버의 해피빈(happybean.naver.com)을 들 수 있다. '해피빈'은 사이버머니로 개인이나 단체가 특정 주제에 관해 사이버 기부금을 모아 일정 금액을 기부하는 온라인 기부문화다. 클릭 한 번으로 편리하게 기부문화에 동참할 수 있고, 기부금이 어떻게 사용되는지도 손쉽게 확인 가능하다는 점 덕분에 급속히 확산되었으며, 온라인 기부 포털로 성장하면서 지난 5년간 500만 명에 육박하는 네티즌이 동참해 190억 원 이상의 모금을 이끌어냈다(세계일보, 2010. 7. 6). 최근에는 트위터, 페이스북, 싸이월드 같은 소셜네트워크서비스(SNS)가 기부문화를 바꿔놓고 있다. 정부에서도 사이버머니를 통한 거래를 바탕으로 시민이 자발적으로 각종 봉사 서비스를 나누는 시스템인 '서울 e-품앗이'를 시행할 계획이다. 시민들끼리 이루어지는 '봉사 거래'는 게시판을 통해 내용이 공개되고, 사이버머니가 쌓이면 다른 사람에게 양도할 수도 있게 된다(조선일보, 2010. 8. 9). 트웨스티벌(twestival) 축제는 트위터 이용자들이 마련한 기부행사로 트위터를 통해 자원봉사자를 모집하고 공연하며 기부가 즐거움을 나누는 문화가 될 수 있음을 보여준다. 그 밖의 IT 나눔운동인 '사랑의 PC 나누기 운동'은 소외계층에 기본적인 정보화 수단을 지원하며 정보화 격차를 줄이기 위한 활동이다. 소비자들은 나눔문화의 확산에 디지털을 잘 활용할 수 있는 문화를 발전시켜 나가야 할 것이다. 소비자들은 디지털 네트워크를 통해 소외된 우리 이웃을 돕는 가치들을 활발히 공유하고, 단순히 돈이나 물품을 전달하는 방식의 기부문화에서 벗어나 더 많은 소비자들이 다양한 방법으로 참여할 수 있는 긍정에너지와 희망을 담는 나눔문화의 발상 전환과 확대가 필요할 것이다.

이렇게 해보세요 8-7

안철수 연구소가 발표한 개인정보보호 10계명

1. 자신이 가입한 사이트의 패스워드를 변경한다. 로그인 계정의 비밀번호는 영문/숫자 조합으로 8자리 이상으로 설정하며 주기적으로 변경한다. 타인이 쉽게 추정할 수 있거나 개인정보나 영문으로 유추하기에 간단한 단어는 사용해서는 안 된다.
2. 만약 본인의 주민등록번호가 유출됐다면, 신용정보 사이트를 통해 명의도용 차단 서비스를 활용하는 것이 좋다. 또한 현재 가입된 이동통신사에 '가입제한' 등록 신청을 한다.
3. 계좌정보까지 유출됐다면 전화 금융사기로 일컬어지는 '보이스 피싱'에 각별히 주의해야 한다. 보이스 피싱은 공공기관이나 은행 등을 사칭해 돈을 빼앗아가는 신종 사기 수법이다. 특히 요즘에는 상당히 지능적인 방법으로 돈을 갈취하기 때문에 자신의 개인정보나 계좌정보 등을 거론하며 걸려오는 전화는 일단 의심해 보고 전화를 끊는 것이 좋다. ▲한국말이 어눌하거나 ▲경찰, 금융권, 공공기관 관계자라거나 ▲전화로 개인정보를 요구한다면 유의한다.
4. 굳이 회원 가입을 하지 않아도 되거나, 자주 사용하지 않는 웹사이트에는 회원 가입을 자제하고, 지난 1개월 동안 한 번도 들어가지 않은 사이트가 있다면 탈퇴하는 것이 좋다. 가입한 곳을 북마크에 따로 관리하는 것도 한 방법이다.
5. 해킹 피해자 모임에 가입할 때에는 믿을 수 있는 모임인지 확인한다. 피해자 모임에 가입하라는 이메일이나 전화를 받았을 경우, 자신의 정보를 유출하지 말고 해당 사이트에 직접 가입하여 확인한다.
6. PC방 등 누구에게나 개방된 컴퓨터에서는 온라인 쇼핑이나 인터넷 금융 거래를 하지 않는다. 불가피하게 사용할 경우 신뢰성 있는 백신 및 PC 방화벽 등이 설치, 실행되는 곳에서만 이용한다.
7. 윈도 운영체계는 최신 보안패치를 모두 적용하며, 해킹, 바이러스, 스파이웨어 등을 종합적으로 막아주는 통합백신 보안제품을 하나 정도는 설치해 둔다. 설치 후 항상 최신 버전의 엔진으로 유지하고 부팅 후 보안제품이 자동 업데이트되도록 하고 시스템 감시 기능이 항상 작동하도록 설정한다.
8. 웹사이트에 접속했을 때 악성코드나 스파이웨어가 다운로드되는 경우가 있으니 안철수연구소가 무료로 제공하는 '사이트보안(http://secuon.vitzaru.com/blu2/home/home.do) 서비스를 이용해 예방한다.
9. 웹 서핑 때 액티브X '보안경고' 창이 뜰 경우에는 신뢰할 수 있는 기관의 서명이 있는 경우에만 프로그램 설치에 동의하는 '예'를 클릭한다. 잘 모르는 프로그램을 설치하겠다는 경고가 나오면 '예', '아니오' 중 어느 것도 선택하지 말고 창을 닫는다.
10. 메신저 프로그램 사용 시 메시지를 통해 URL이나 파일이 첨부되어 올 경우 함부로 클릭하거나 실행하지 않는다. 메시지를 보낸 이가 직접 보낸 것이 맞는지를 먼저 확인해 본다.

(브레이크뉴스, 2008. 4. 21)

디지털은 끊임없이 진화하고 생활 속의 디지털 혁명은 가속화될 것이다. 또한 기술이 발전하고 생활이 편리해지는 만큼 디지털 소비문화의 그늘도 더욱 깊어질 것이다. 따라서 디지털 소비문화가 성숙하고 행복사회가 될 수 있도록 소비자로서는 디지털 소비문화가 갖는 순기능과 역기능을 잘 인식하고 디지털을 개인의 생활과 행복을 위한 수단으로 활용할 수 있는 소비자 능력과 책임의식을 가져야 할 것이다. 디지털을 통한 바람직한 문화적 토양을 마련하고 활성화시키기 위해서는 기업과 정부의 역할 또한 필요하다. 예를 들어, 기업과 정부는 IT 나눔문화가 확산될 수 있는 시스템 구축을 통해 많은 소비자가 나눔에 참여할 수 있도록 하는 토대를 마련할 수 있을 것이다. 기업은 디지털 환경의 자율적인 정화와 개인정보 보호, 지속가능성을 향한 문화 조성을 위해 노력하여야 하며, 정부의 가이드라인과 관련법의 제정 등 디지털 관련 정책이 함께 어우러져야 할 것이다.

기아대책 인터넷 후원 쇼핑몰 해피숍(happyshop)

실천해 보기

1. 디지털기기를 하루 동안 사용하지 않고 생활해 보기-일주일에 하루를 인터넷이나 휴대전화를 사용하지 않는 날로 정해서 실천해 보고 느낀 점을 이야기해 보자.

2. 굿다운로더 사이트(www.gooddownloader.com)를 방문하여 굿다운로더 서약에 참여해 보고 실생활에서 실천해 보자.

디지털 소비문화 관련 영상물

2부작 '디지털 국가(Digital Nation)'

(KBS 다큐월드, 2010년 3월 30일, 4월 6일 방영)

제작: 미국 PBS 공영방
원제: Digital Nation
제작연도: 2010년

인터넷과 디지털 매체의 등장은 우리가 공부하고 일하는 방식에서부터 사람을 사귀는 방식, 전쟁을 수행하는 방식에 이르기까지, 현대 문화의 모든 측면을 변화시켰다. 그런데 이를 가능하게 한 과학기술의 발전 속도는 따라잡기 힘들 만큼 빠르게 느껴지고, 디지털 혁명의 부작용에 대한 우려의 목소리들이 나오고 있다.

디지털 시대를 살고 있는 우리의 삶을 조명해 보기로 한 프로듀서 레이첼 드레친은 과학기술과 문화를 다룬 여러 책의 저자이자 방송인인 더글러스 러쉬코프와 함께 이 문제를 진단해 보기로 한다. 두 사람은 미국 유수의 대학인 MIT와 UCLA를 찾아가 이런 디지털 문화가 젊은이들에게 미치는 영향을 살펴보고, 이들을 가르치고 연구하는 입장에 있는 교수들의 견해를 들어 본다.

한때 디지털 기술의 열렬한 옹호자였던 더글러스 러쉬코프는 지금이 일시 정지 버튼을 누르고 우리의 모습을 돌아봐야 할 때가 아니냐고 묻는다.

김찬호(2008). 휴대전화가 말하다-모바일 통신의 문화인류학. 지식의 날개.
돈 탭스콧 저, 허운나 · 유영만 역(1999). N세대의 무서운 아이들. 물푸레.
로버트 라이시 저, 오성호 역(2001). 부유한 노예. 김영사.
박경화(2006). 고릴라는 핸드폰을 미워해-아름다운 지구를 지키는 20가지 생각. 북센스.
박명희 · 송인숙 · 손상희 · 이성림 · 박미혜 · 정주원(2006). 생각하는 소비문화. 교문사.
박미혜 · 강이주(2006). 유비쿼터스 서비스 소비사회에 대한 전망과 대책. 소비문화 연구 제9권 제4호, 163-185.
이승희(2005). 인터넷 쇼핑중독증과 영향요인에 관한 연구. 한국패션비즈니스학회 제9권 5호, 114-121.
이요훈(2010). 디지털세계의 앨리스. 이파르.
임문영(2010). 디지털세상이 진화하는 방식. 교보문고.
장영식 · 고경환 · 손창균 · 이수현(2007). 한국인의 삶의 질 수준에 관한 연구. 한국보건사회연구원.
조명한 · 김상균(1994). 정보화사회에서의 삶의 질에 대한 연구II. 서울대학교 사회과학연구소.
존라이언 앨런테인더닝 저, 고문영 역(2002). 녹색시민 구보씨의 하루. 그물코.
존 팰프리 · 우르스 가서 저, 송연석 · 최완규 역(2010). 그들이 위험하다. 갤리온.
한국인터넷진흥원(2007). 인터넷이슈 기획분석: 블로거 인터넷이용 실태분석.
한국정보문화진흥원(2009). 2009 인터넷 중독 실태조사.
nef(2009a). The happy planet Index 2.0 -Why good lives don't have to cost the earth.
nef(2009b). National Accounts of Well-being
굿다운로더(2010). http://www.gooddownloader.com
애플사(2010). http://www.apple.com
클린펌킨(2010). http://town.cyworld.com/copyright.gooddownloader.com

기사

게임동아(2009). 청소년 휴대전화 중독. '위험수위 넘었다', 3월 2일자.
경향신문(2010). 파워블로거 조보나의 요리 이야기, 7월 27일자.
공감코리아(2010). 인터넷 중독 학생의 하루 들여다보니, 1월 14일자.
국민일보(2010). "비밀번호가 뭐였지"… 늘어나는 '디지털 치매', 2월 28일자.
뉴시스(2007). 습관적 장바구니담기 클릭, 인터넷 쇼핑중독?, 6월 4일자.
데이터뉴스(2008). 휴대전화 없으면 불안 · 초조… 혹시 휴대전화 중독?, 6월 5일자.
레이디경향(2010). 빈손이면 불안 초조… 혹시 당신도 스마트폰 중독?, 9월호.
머니투데이(2008). [U클린] 다운로드 받은 것도 불법?, 12월 4일자.
문화일보(2010). 스마트폰 · PC… 현대인 뇌 혹사당한다, 8월 25일자.
브레이크뉴스(2008). 안철수연구소, 개인정보보호 수칙 10계명 발표, 4월 21일자.
블로터닷넷(2010). 나는 왜 책을 무료 공개했나… '소통이 웹이다', 8월 18일자.
블로터닷넷(2010). 소셜네트워크서비스가 NGO에게 기회의 땅인 이유, 10월 8일자.
세계일보(2010). 기부생활화 이끈 네이버 해피빈 5주년, 7월 6일자.

오마이뉴스(2009). 당신의 휴대전화가 아프리카의 검은 재앙을 만든다, 4월 21일자.
연합뉴스(2009). 〈불법다운로드〉 도넘은 실태, 9월 10일자.
위클리경향(2010). [커버스토리] 스마트폰, 안 써 봤으면 말을 마세요, 4월 27일자.
이투데이(2010). [기획] SNS, 폐쇄적 인간관계… '개방 · 실시간'관계로 이끌다, 8월 17일자.
조선일보(2010). [재능을 나눕시다] 소외 이웃에 IT교육… '재기의 꿈' 클릭하다, 5월 25일자.
조선일보(2010). 사이버머니로 봉사 주고받는 'e-품앗이' 실시, 8월 9일자.
조선일보(2010). 트위터가 바꾸는 기부문화, 8월 19일자.
조선일보(2010). 유해물질 안 쓰고 태양광 충전하고… 그린슈머 위한 친환경제품 쏟아진다, 9월 10일자.
주간조선(2010). 손에 없으면 안절부절 당신도 스마트폰 중독?, 8월 16일자.
주간한국(2010). 트위터는 이중인격자?, 4월 21일자.
주간한국(2010). 소셜네트워크, 쇼핑 패러다임 바꾼다, 7월 22일자.
중앙일보(2010). 도시광산… 자원 재활용하고 환경파괴 줄이죠, 6월 11일자.
파이낸셜뉴스(2010). 아름다운 인터넷 세상, 범정부 정화운동, 9월 5일자.
프레시안(2004). 컴퓨터 '환경파괴주범' 1대 생산에 자원 1.8톤 소모, 3월 8일자.
한겨레(2010). 사생활은 없다… 인터넷 · SNS의 '역습' 막아라, 5월 31일자.
한겨레21(2010). 지름신이여 안녀, 쇼핑이여 안녕, 3월 5일자.
한국경제(2010). "선플은 달 때도 읽을 때도 행복을 줍니다", 6월 16일자.
한국일보(2006). 디지털 과소비 심각, 5월 1일자.
한국일보(2010). 스마트폰 무엇이 문제인가!, 9월 30일자.
한겨레21(2010). 지름신이여 안녕, 쇼핑이여 안녕, 제800호, 3월 5일자.
헤럴드경제(2010). 북 사커 정대세의 눈물…인터넷 통해 평화를 외치다, 9월 24일자.
SBS 그것이 알고싶다(2006). 나는 쇼핑한다, 고로 존재한다-인터넷쇼핑 · 홈쇼핑 중독, 8월 19일자.
SBS 스페셜(2007). 세계는 UCC 혁명 중 U! 당신은 누구십니까? 82회, 4월 22일자.
KBS 추적60분(2008). 악플에 빠진 아이들, 11월 5일자.

사진

SNS(Social Network Service)인 트위터(twitter)의 홈페이지 http://twitter.com
다양한 디지털기기 http://www.apple.com
정대세와 평화 티셔츠 http://www.youtube.com/watch?v=n_PUKL1ZgM0&feature=channel
페이스북 코지즈 http://ko-kr.facebook.com
해피숍 홈페이지 http://www.happyshop.or.kr

Chapter 9

결혼 소비문화

베풀어 주겠다는 마음으로 결혼하면 길 가는 사람 아무하고 결혼해도 별 문제가 없습니다. 하지만 상대에게 덕을 보겠다는 생각으로 고르면 백 명 중에 고르고 골라도 막상 고르고 나면 제일 엉뚱한 사람을 골라 결국엔 후회하게 됩니다.

— 법륜

Chapter 9 결혼 소비문화

결혼은 일반적으로 적절한 연령에 도달한 남녀가 일정 기간 동안 정서적, 성적, 사회적, 경제적으로 결합하는 것을 의미한다. 한 개인은 결혼의 과정을 통해서 한 가족의 남편과 부인의 역할을 수행하게 되고 그가 속한 사회의 구성원으로서의 역할과 기능을 수행하게 되므로, 결혼은 개인적인 의미뿐만 아니라 사회적으로도 중요한 의미를 지닌다.

결혼은 전통적으로 중요한 의례절차인 관혼상제 중에 현대까지 이어져 오는 의례이며, 공동체가 함께 즐기는 우리나라의 대표적인 축제이다. 이러한 축제는 결혼을 하기 위해 준비하는 과정과 결혼 당일의 행사 그리고 그 후의 정리 과정이 요구되는 일련의 소비의사결정이다.

결혼이라는 소비의 과정은 전통적으로 일상적인 의사결정과는 다른 맥락의 의사결정 환경을 수반하는데, 대부분의 사람들은 '일생에 한 번뿐인데'라는 말로 일체의 과도한 소비에 무감각하게 되고 '남과 다른 특별함'의 욕구로 고급화, 전문화된 웨딩 전문업체에 의지하며 '바쁜 현대인의 일상'을 이유로 최근에 새롭게 등장한 전문직 '웨딩 컨설턴트'에 모든 것을 대행하면서 산업화, 상업화하기에 이르렀다. 이로 인해 결혼의 과시적 소비가 나타나게 되고 과도한 지출로 개인이나 가족에게 엄청난 부담을 주게 되며, 낭비적이고 호화로운 결혼으로 사회와 환경에도 바람직하지 않은 영향을 주어, 결혼을 하면서 많은 사람들이 행복하지 않은 경우가 많다.

이에 이 장에서는 '어떠한 결혼이 우리를 행복하게 하는가?'라는 질문을 가지고 현대 사회의 결혼 소비현상과 그에 따른 소비문제를 살펴보고자 한다. 다음으로 결혼 소비문화 사례를 통해 나타나는 다양한 결혼의 모습을 찾아보고 행복하기 위한 결혼 소비문화의 실천방안을 탐색해 본다.

1 무엇이 문제인가?

1) 체면 의식, 과시적 소비

우리나라 결혼의례의 모든 절차와 관행은 시장과 연결되어 '혼수산업'이라는 거대한 산업을 형성하고 있다(안정남, 1991). 기업들은 의례인공물(ritual artifacts)들을 창조해 내고, 의례대본(ritual script)을 개정함으로써 결혼을 중요한 소비의례로 만들고 있다. 결혼의례와 관련된 지출은 엄청나서 우리나라 부모들은 자녀들의 결혼을 위해 몇 년 동안 돈을 준비한다. 이러한 저축금은 신혼집 구입, 혼수품 장만, 결혼식 비용, 그리고 신혼여행 경비 등에 지출된다(박철, 1997).

현재 우리나라에서는 매년 30만 쌍 이상의 신혼부부가 탄생하고 있는데, 평균 결혼식 비용 통계와 연간 혼인 건수, 예식업계 연간 매출액 등을 토대로, 전문가들은 결혼 시장 전체 규모를 20조 원이 넘는 것으로 추정하고, 결혼식 관련 시장 규모를 4조 원대로 추산하고 있다(한국결혼문화연구소, 2007). 이러한 규모로 인해 결혼은 이제 거대한 산업으로 변모하게 되었고 주요 마케팅의 대상이 되고 있다.

이처럼 경제적으로 주목받게 된 우리나라의 결혼에는 독특한 문화적 소비현상이 존재한다. 합리적인 소비자 이론으로 설명되지 않는 사회문화적 특성에 기인한 비합리적인 소비행동들이 존재하는데, 그것은 결혼을 중요한 가족행사로 보는 것이다. 일반적으로 보통 한 가족의 부와 명성을 결혼식을 통해서 표출하고자 한다. 결혼식 하객들은 결혼식장, 결혼예복, 피로연 등의 화려함에 관심을 갖는다. 이로 인해서 우리나라의 결혼 관련 소비는 전형적인 과시소비의 한 형태로 나타나게 된다(박철, 1997).

과시소비(conspicious consumption)는 소비를 통해서 그 사람의 지위나 명성을 나타내는 경향을 뜻한다(Veblen, 1889). 베블렌(Veblen, 1899)은 과시적 소비의 제공이 그 사람의 체면을 유지할 수 있는 가시적인 수단이 될 수 있다고 주장하는데, 우리나라의 결혼은 수많은 하객들이 참석하는 가족 간의 결합이라는 특성을 가지기 때문에 한 가족의 부와 명성을 과시할 수 있는 좋은 기회로 간주되는 것이다. 따라서 결혼을 위한 각종 구매는 다른 사람에게 보여주기 위한 강박구매, 동조구매, 과시적 구매와 같은 비합리적 특성을 보이는 경향이 크다(박철, 1997).

여성가족부 조사에 따르면, 평균 결혼비용은 남자가 8,078만 원, 여자가 2,936만 원이 든다(여성가족부, 2010). 부담이 크다 보니 결혼을 준비하는 과정에 파혼하기도 하고 싸우며 출발하기도 한다. 축복을 받으며 인생을 새 출발해야 하는 통과의례이지만 고비용 결혼구조 때문에 마냥 축복만 하기는 어려운 것이 현실이다.

> 퇴직 공무원인 강모(60) 씨는 지난해 10월 며느리를 보면서 8,000만 원가량 들었다. 모아 놓은 돈 2,000만 원에다 아들(32 · 회사원)이 저축한 돈 5,000만 원, 아들이 총각 때 살던 집의 전세금 등을 보탰지만 돈이 모자라 친척에게 2,000만 원을 빌렸다. 강 씨는 결혼 적령기가 가까워진 둘째 결혼 비용을 생각하면 가슴이 답답해진다.
>
> (중앙일보, 2011. 1. 26)

결혼의 과소비적 특성은 결혼하는 당사자보다 결혼의 주최 측인 부모에게서 더 두드러지는 경우가 많다. 결혼식을 치르기 위해 보통의 부모들은 직접 초대할 지인들을 정해 청첩장을 돌리는데, 그 수는 결혼하는 커플을 위해 참석하는 하객수를 넘을 때가 많다. 뿐만 아니라 부모들이 자녀의 결혼식의 형태와 장소를 정하는 등 여러 가지 의사결정에 개입하게 된다. 이러한 부모의 관여나 개입은 결혼하는 당사자나 결혼식의 주체자인 부모보다 결혼식에 참여하는 사람들을 더 고려하고 의식하기 때문에 나타나는 것으로, 결혼을 하나의 중요한 사회적 행사로 보며 타인의 눈을 지나치게 의식하는 우리나라 소비자

들의 독특한 가치관인 체면(face saving)의식에서(박인희, 1991) 비롯되는 것이라고 할 수 있다.

이러한 체면의식에서 비롯되어 나타나는 대표적인 특성이 웨딩 대리인의 도움을 받는 것이다. 다른 사람에게 멋지게 보이기 위해 유명인을 결혼식 주례로 세우기도 하고 하객이 부족하면 친구의 역할을 대신해 주거나 부모가 안 계시면 부모를 대행해 주기도 하는 맞춤형 대리인의 도움을 받아, 이제 웨딩 대리인 관련 업무가 새로운 산업으로 부상하기에 이르렀다.

이처럼 웨딩 대리인의 역할이 증가하는 이유는 다른 사람에게 보여주기 위한 과시적 욕구와 과대 포장하고자 하는 허례의식에서 비롯되는 경우가 많다. 그리하여 결혼을 하는 당사자들도 결혼을 치르는 부모도 주인이 되지 못하고 결혼식에 참석하는 누군가의 사람들에게 보여주기 위한 결혼이 계속되고 있는 것이다.

2) 간편함의 추구, 배우자의 등급화

자신이 가진 재능과 능력을 표준화, 계량화해서 평가할 때 스펙이라는 단어를 사용한다. 대부분의 기업들은 이 스펙을 바탕으로 구직자를 평가한다.

최근에는 배우자를 평가할 때도 자산과 능력을 계량화하여 스펙으로 제시하고, 결혼 대상자도 계층, 계급별로 평가하여 점수화하기에 이르렀다. 삼성, LG, 현대 등 재벌가와 50여 개 기업 최고경영자(CEO)의 혼맥을 연구한 김진방(경제학) 인하대 교수는 "1980년대 이후 재벌가는 주로 재벌가와 혼맥을 형성했다."며 "중산층의 일반인이 재벌과 결혼한 사례는 거의 없다."면서 결혼의 계층, 계급화의 현상을 지적한다(동아일보, 2005. 6. 16).

우리나라에서의 많은 결혼은 웨딩 대리인의 도움으로 이루어지고 있다. 배우자를 만나기 위해서 결혼정보회사를 이용하고, 결혼 준비를 위해 웨딩 대리인의 도움을 받기도 한다. 90년대 이후 예식장을 중심으로 한 서양식 결혼풍습이 일반화하고 도시화, 핵가족화로 인한 가족 구성원의 변화와 여성의 사회진출로 분주한 일상을 경험하면서 대리인을 통한 결혼은 이미 우리나라 결혼문화의 보편적 추세로 자리 잡은 지 오래다. 현재 우리나라에서 영업하는 결혼정보회사는 국제결혼 중개업체 1천2백여 개, 국내결혼 중개업체 8백여 개이며, 업체 추산 시장규모는 1천억 원대에 달한다(소비자시대, 2010).

웨딩 대리인은 웨딩 중개인, 웨딩 컨설턴트, 웨딩 플래너 등 다양한 형태로 이루어지고 있다. 현재 30만 이상의 쌍으로 추정되는 한 해 결혼 인구 중 이미 50%에 육박하는 예비신랑 · 신부들이 직간접적으로 웨딩 대리인을 통해 결혼준비의 도움을 받거나 결혼 관련 상품을 구매하고 있는 것으로 파악되고 있다. 이러한 웨딩 대리인이 결혼 상품 유통 시장에서 그 위상을 확고히 하면서 생긴 가장 큰 변화는 결혼 관련 상품 구매 채널을 변화시켰다는 것이다(김정은 외, 2006).

우리나라에서의 결혼이 대리인에 의해 이루어지는 이유는 사회의 변화에 따라 결혼식이 전문화, 상업화하고 여성의 취업의 증가로 각자의 생활이 더욱 바빠짐에 따라 결혼의 전체적인 스케줄을 관리하고 의사결정을 관리해 주는 대리인으로서의 전문가에게 결혼의 역할을 맡기고자 하는 욕구가 커지기 때문이다.

웨딩 대리인의 역할을 하는 결혼정보회사에서는 결혼 조건에 따라 등급(지수)화하고 회원 프로필에 따라 등급, 또는 점수를 차등 적용하여 만남의 기회를 제공하기 때문에

결혼 대리인을 통해 배우자를 만나게 되면 배우자에 대한 등급화는 일반화될 수밖에 없다. 이제 '바보 온달과 평강공주', '신데렐라와 백마 탄 왕자' 같은 조합은 형성될 수 없고, 결국 결혼 시장은 철저한 시장논리에 의해 배우자의 등급화, 계급화가 심화될 수밖에 없는 것이다.

배우자의 등급화는 '커플매니저 매칭서비스'란 이름으로 시행되는데, 회원등록 시 작성한 프로필을 기준으로 '배우자 지수'를 산출하고, 비슷한 조건의 남녀를 소개하는 것이다. 배우자 지수는 크게 3가지 항목으로 나뉘어 학력과 직업, 연봉을 기준으로 하는 사회적 능력 지수, 키와 몸무게, 호감도 등을 기준으로 하는 신체 지수, 부모님과 형제자매의 학력과 능력을 기준으로 하는 가정환경적 지수, 이 세 지수를 합한 것이다. 각각의 지수는 적게는 A부터 F, 많게는 A부터 H등급까지 나뉜다. 성별에 따라 배우자 지수 산출에 들어가는 각각의 지수 비율은 달라진다. 예를 들어, 여성 회원의 경우 남성 회원에 비해 배우자 지수에서 신체 지수가 차지하는 비율이 더 높다(한국일보, 2008. 6. 19).

한편, 보건복지부가 예산을 지급하는 인구보건복지협회에서 운영 중인 결혼 전문 사이트에서도 재산, 학력에 따라 결혼 대상자를 등급화해 논란이 일고 있다. 건강한 출산·양육환경 조성을 위한다는 명목으로 운영하는 복지부 결혼 전문 사이트 '결혼누리'는 부모가 고위공무원, 대학교수, 의사, 대기업 및 은행 임원이면 최고 등급인 A등급으로, 농업·임업·축산업과 기능직과 생산직은 최하 등급인 G등급으로 평가했다. 계모 또는 편모 등 특수한 가족환경도 평가 기준이 됐다. 또한 부모의 학력 수준이 대졸에서 대학원졸이며 재산이 20억 이상이면 A등급으로, 반면에 부모의 학력 수준이 국졸에서 고졸이거나 재력이 5,000만 원 미만에서 4억 정도의 수준이면 최하등급인 G등급으로 구분했다. 결혼 대상자의 학력도 의과대학은 A등급, 서울소재 일반대학은 C등급, 지방대 F등급, 고졸은 최하등급으로 구분하는 등 총 8등급으로 세분화하여 학력의 서열화라는 사회 구조적인 병폐를 오히려 조장하고 있다(오마이뉴스, 2010. 10. 5).

편리함과 간편함을 추구하고 위험요인을 배제하고 싶어하는 현대인들은 배우자 찾기를 결혼정보회사에 더욱 의지할 것이고 따라서 배우자의 등급화는 가속화될 수밖에 없을 것이다.

결혼은 인생의 중요한 전환점이다. 결혼을 통하여 우리는 자신이 원하고 꾸며야 할 새로운 가족으로 옮겨가는 과정이며 새로운 삶의 형태와 목적, 역할과 권리 의무를 부여받는 과정이다(옥선화 외, 2000). 따라서 인생을 어떻게 살아가려고 하는지를 파악하기 위해서 배우자의 인생관, 가치관, 경제관을 알아보아야 하는데, 이를 외면하고 외적으로 나타난 조건으로 등급화하여 배우자를 선택한다면 결혼을 통해 만들어 가고자 하는 가족의 모습이 염려스럽고 걱정되는 것은 당연하다.

3) 쾌락적 가치 추구, 호화로운 결혼

통계청 인구 동향 혼인 건수 조사에 따르면 2010년 1월~10월 동안 혼인 건수는 25만 8,200쌍으로 전년도 같은 기간에 비해 약 12,000쌍(약 4.66%) 증가했다. 이는 2004년부터 쭉 증가세를 이어 온 결혼 건수가 2009년도에 잠시 감소했다가 다시 증가한 것이다. 이 추세대로라면 연 평균 31만 쌍 이상의 결혼 건수 수준을 무난히 유지할 것으로 보인다. 결혼 예산도 늘어 2010년 1월~10월 동안 신혼집과 예식장 비용을 제외한 결혼 예산은 평균 31,310,130원으로 전년도 같은 기간에 비해 12.85% 증가했다. 항목별로 살펴보면 사진, 드레스, 헤어메이크업 등의 웨딩상품은 2.58%, 예물은 1.14%, 신혼여행은 6.38% 감소했고, 한복 비용은 10.7% 증가했다. 결혼 예산은 2008년도에 6.26% 올라 증가세를 지속했고 예물 구입이나 신혼여행 비용은 소폭의 하락세가 이어지고 있다(뉴스엔, 2011. 1. 9).

우리나라의 결혼의례는 폐백, 함들이, 혼담(중매) 등 유교적인 요소와 결혼행진, 결혼드레스, 피로연과 같은 서구적 스타일이 혼합되어 있으면서도 대단히 소비적인데, 이를 이해하기 위해서는 그 사회문화적 요인을 이해하는 것이 필요하다. 즉, 우리나라 문화는 타인들의 반응에 예민한 집단주의(collectivism)적 문화적 특성을 가지고 있어서 이러한 문화적 특성이 결혼 의례의 소비 속에 깊숙이 침투되어 있는 것이다.

한편, 과거에는 집에서 치러지던 결혼의례가 예식장이라는 결혼의례 전문장소에서 행해짐으로써 결혼의례 자체가 상업화되고 있다. 더욱이 핵가족화에 따른 새 거처와 새 살림살이 장만의 필요성으로 인해 결혼의례와 관련된 소비규모는 급증하게 되었다. 이러한 우리나라 소비자들의 결혼의례에 대한 소비성향은 빚을 내서라도 결혼식을 치러야 한다는 생각이 지배적이기 때문에 결혼을 중요한 소비의례로 여기고 있는 것이다.

박철(1997)에 의하면 우리나라 사람들은 결혼의례를 효용적인 관점에서보다는 쾌락적인 관점에서 바라본다. 쾌락적 소비가치는 결혼의 오락적이고 감정적인 측면에 반영된다고 할 수 있다. 이러한 쾌락적 가치는 선진소비사회에서 더 많이 발견되는 소비가치라고 한다(Tse 외, 1989). 결혼의례에서 쾌락적 가치는 소비자의 결혼 관련 심미재 욕구, 예식품목 욕구, 추억물 욕구에 상대적으로 크게 영향을 미치는 것으로 나타난다. 즉, 쾌락적 가치는 효용적 가치와는 달리 더 주관적이고 개인적이며 과업완성보다는 재미와 즐거움을 더 중요시한다(Hirschman and Holbrook, 1982; Holbrook and Hirschman, 1982). 이러한 결혼에 대한 가치관으로 인해 결혼 소비는 대형화하고 호

알고 계십니까 9-2

서울 강남 A 특급호텔과 서울 시립 결혼식장 견적 비교

항 목	A 특급호텔	대방동 서울여성플라자웨딩
1인당 식사비	5만 8,000 ~ 12만 원 (봉사료 · 부가세 별도)	2만 5,000원 (봉사료 · 부가세 포함)
음료	맥주 1병(355mL) 7,000원, 콜라 · 사이다 1병(236mL) 5,500원 주스 1잔 5,500원	1인당 2,000원에 생맥주 · 소주 · 음료 무제한 리필
식장 꽃 장식	400만 ~ 600만 원	단상 30만 원, 신랑 · 신부 입장 통로 24만 원, 조화(造花)는 무료
폐백음식	60만 ~ 170만 원	18만 ~ 41만 원
음악 연주	45만 원(현악 3중주) ~ 120만 원(현악 6중주)	10만 원(피아노) ~ 25만 원(현악 3중주)

(조선일보, 2009. 5. 11)

화로워지는 것이다.

결혼에 대한 쾌락적 가치 추구는 많은 사람들이 이용하는 웨딩 대리업체에 의해 강화되고 심화되어 나타난다. 전문화된 정보와 상담을 제공하며 광범위한 혼례의 의사결정 속에서 혼동하기 쉬운 소비자의 가이드 역할을 하는 웨딩 컨설팅업체에서는, 헤어&메이크업 전문업체나 촬영 스튜디오, 드레스 숍 및 한복 전문업체, 예식장 및 참여행사, 그 외에도 부수적으로 청첩장, 예물 관련 업체까지 혼례와 관련된 모든 결정을 한꺼번에 구입하게 하여(김정은 외, 2006) 호화로운 결혼을 부추기고 있다. 또한 웨딩 대리업체는 업체의 개별 비용에 대해서는 정보를 공개하지 않는 측면이 있어 과소비하게 하는 요인이 될 수 있으며, 실제와 다른 서비스를 제공받는 허위, 과장 소비를 경험할 가능성도 내포하고 있어 문제가 많으며 이로 인한 피해가 많이 일어나고 있다. 실제로 한국소비자원에는 결혼정보 서비스와 관련해 해마다 2백여 건의 소비자 피해 사례 접수가 되고 있다고 한다(소비자시대, 2010).

4) 남녀 불평등의 관행, 혼수 갈등

결혼은 남자와 여자의 대등한 관계로 이루어져야 하며 결혼의례는 신부가 가장 돋보여야 하는 전형적인 여성 중심적 의례로 간주되고 있다(Otnes and Lowrey, 1993). 하지만 우리나라에서 이루어지는 결혼은 여러 측면에서 남자와 여자가 대등하게 진행되지 못하고 있으며 남성 중심적 의례의 모습이 많이 나타나고 있다.

여성가족부가 2010년 10월 전국 2,500가구를 조사한 결과에 의하면 신랑 측 집안의 45.8%가 5,000만~1억 원 미만의 비용을 지출하고 있다. 신부의 39.2%가 1,000만~3,000만 원을 부담한다. 신부의 75.3%가 신혼집 마련에 돈을 대지 않는다. 그렇다 보니 평균 결혼비용이 남자가 여자의 2.8배에 달한다. '집은 남자, 혼수는 여자'라는 관습이 이어지고 있다.

이러한 결혼비용은 남녀 모두 부모에 의존하는 경우가 절대적인 것으로 나타난다(이기춘 외, 1992). 우리나라의 경우 혼수비용의 72.3%, 주택비용의 64.3%를 부모에게 의존하는 것으로 나타나는데, 미국의 경우 부모는 당일 예식비용이나 혼수비용 일부를 지원해 줄 뿐 주택비용에 대한 지원은 거의 없어 부모에 대한 의존도가 낮은 편이다(한국소비자원, 1997). 우리의 결혼문화에서 개선해야 할 부분이라고 하겠다.

한편, 대부분의 신랑과 신부들은 결혼에서 생활용품과 예식품목이 가장 중요한 소비품목이라고 대답하지만 이를 구입하기 위한 지출은 대부분 신부 쪽(정확하게는 신부의 부모)에서 부담하게 된다. 이처럼 우리나라 결혼에 있어서 결혼 관련 지출은 성별 간에 불평등을 보인다(이효재, 1991). 또한 약혼식과 관련된 비용도 대부분 신부의 부모 측이 부담하고 있다. 따라서 대부분의 혼수 관련 기업들은 여성을 대상으로 한 마케팅 전략을 구사하고 있다(박철, 1997).

신랑이 주로 주택구입을 담당하고 신부가 살림살이를 장만함에 따라 나타나는 결혼 관련 지출규모의 불균형은 결국 신랑 측에서 주택에 투자한 비용만큼을 암묵적으로 혼수에서 더 요구하려는 과소비의 악순환이 발생하는 원인으로서, 문제점으로 지적(한국소비자보호원, 2003)되어 왔다. 뿐만 아니라 결혼 후 신랑과 신부 간에 신부가 장만한 혼수에 대한 질적, 양적 갈등이 발생하기도 한다. 최근에 혼수와 관련된 갈등이 여러 가지 형태로 나타나는데, 결혼연령을 늦추는 결과를 가져오게 하기도 하고, 결혼 준비과정에서 불협화음을 경험하는 계기가 될 뿐 아니라 이혼의 주요한 사유가 되기도 한다.

증권회사 직원 김모(33) 씨는 다음 달 결혼을 앞두고 있다. 양쪽 집안의 합의에 따라 김 씨가 집을 마련하기로 했지만 막막하다. 모아놓은 돈이 많지 않아서다. 부모님한테 3,000만 원을 지원받고 은행 대출 1억 3000만 원과 저축 등을 합해 서울 성동구에 아파트(85m²) 전세를 얻었다. 전세가 오른 데다 물건이 없어 최근 6개월 동안 집을 보러 다니느라 생고생을 했다. 김 씨는 "대출금 이자 100만 원과 원금을 갚을 생각을 하니 까마득하다."며 "서울에서 남자가 결혼하려면 돈이 너무 많이 든다. 빚지고 출발하는 것 같아 찜찜하다."고 말했다.

(중앙일보, 2011. 1. 26)

혼수 비용을 대는 신부 측도 괴롭긴 마찬가지다. 최모(30 · 회사원) 씨는 결혼비용 갈등 때문에 끝내 파혼했다. 지난해 여름 맞선으로 만난 남자(대기업 연구원) 쪽에서 "집을 물려받을 테니 세금과 가전제품을 마련하라."고 요구했다. 여기에 1억 원 정도 필요했는데 그만한 돈이 없었다. 남자 쪽과 다툼이 계속됐고 결국 헤어졌다.

(중앙일보, 2011. 1. 26)

법정 다툼으로 간 경우도 있다. A 씨는 2008년 4월 예비 시어머니와 시누이한테 "에어컨 · 김치냉장고가 없고 TV · 냉장고 · 세탁기 · 침대 · 장롱이 너무 작고 침대 매트리스 질이 떨어진다."고 야단을 맞았다. 물건을 바꾸려 했지만 판매처에서 불가능하다고 했다. 결혼 직전 파혼 통보를 받았고 남자를 상대로 "5,400만 원을 배상하라."고 소송을 제기했다. 서울가정법원 항소부는 2009년 12월 "남자가 혼수로 인해 발생한 예비 시어머니 · 시누이 사이의 갈등을 회복시키기 위한 노력을 전혀 하지 않은 채 일방적으로 파혼해 손해배상 책임이 있다."며 "위자료 1,000만 원과 혼수품 비용 1,300만 원 등 2,300만 원을 배상하라."고 판결했다.

(중앙일보, 2011. 1. 26)

결혼에서의 남녀 불평등의 관행은 결혼 준비 과정에서뿐만 아니라 예식장에서 신랑과 신부가 사회를 향하여 힘찬 행진을 하는 과정에서도 나타난다. 신랑은 혼자서 당당하게 입장하는 반면, 신부는 부모의 이끌림에 의해 입장하게 되고 부모가 신랑에게 인도하는 형태로 진행됨으로써 신랑 · 신부가 대등하지 않은 모습을 보이고 있다. 남녀 불평등의 관행은 결혼의례가 끝난 이후에도 계속된다. 결혼의례가 끝난 후 신랑 · 신부는 신혼여행을 떠나기 전에 신랑의 부모와 친인척 그리고 신랑의 형제자매들에게 폐백을 드린다. 이때 신부의 부모나 형제들은 폐백에서 소외되는 경우가 많다. 이러한 상황을 근거로 본다면, 한국 사회는 아직도 가부장적 전통이 근간을 이루고 있다고 할 수 있으며 이는 남녀 불평등으로 나타나는 대표적인 결혼의 문제점으로 지적될 수 있다(김태수, 2008).

5) 낭비적인 결혼식과 환경문제

2008년 8월 국내 한 결혼업체가 신혼부부 500쌍을 조사한 결과 평균 결혼식에만 드는 비용이 5,000만 원 정도였다고 한다. 일반적으로 많은 사람들이 기대한다는 '컨벤션 웨딩'을 하기 위해서는 꽃길과 주례석을 채우는 꽃값 1,500만 원, 드레스와 신부 화장에 500만 원, 500명 밥값 5,000만 원을 비롯해 1억~2억 원 정도 드는데(조선일보, 2009. 8. 31) 이렇게 대형화하고 호화로워지는 결혼비용으로 많은 사람들이 고통스러워하고 있다.

호화로운 결혼식이 계속되는 원인으로 우리나라 사람들의 의식적 측면에서의 물질주의적인 성향(서병숙 외, 1997; 김명나, 1998)이 지적되고 있으며, 그 밖에도 세를 과시하고 싶어 하는 욕망(송보경, 1998), 구별행동으로서의 결혼식, 즉 허세, 자아도취와 타인에 대한 과시의 욕구들을 부추기면서 일종의 산업사회의 소비품목으로 변질된 결혼식의 의미(박혜인, 1998), 그리고 이에 편승, 강화하려는 상업주의가 그 원인으로 지목되고 있다(김성숙 외, 1999).

이러한 낭비적이고 과시적인 결혼문화로 사회문화적인 부담이 클 뿐만 아니라 환경오염이 심각한 수준에 이르렀다. 결혼식은 크게 할수록 지구에 폐를 끼친다. 온실가스가 다량 발생하기 때문이다. 환경학자들이 권하는 이산화탄소 발생량 기준이 1인당 연간 2톤이다. 결혼식 하객 300명이 자동차로 30㎞ 움직인다고 가정했을 때 이산화탄소 발생량은 2톤이 넘는다. 하객 접대에 쓰는 쇠고기 1㎏을 생산하려면 36㎏이 넘는 이산화탄소가 나온다. 또 신혼부부의 비행기 사용 등 환경을 해치는 요인들은 수없이 많다(한겨레신문, 2010. 3. 10).

탄소발생으로 인한 환경문제를 다루는 영국의 크라이멧 케어(Climate Care)의 조사에 따르면, 예식을 한 번 치를 때마다 나오는 음식물, 화환 등의 폐기물을 비롯하여 예식장 주변의 혼잡한 도로에서 나오는 이산화탄소의 양이 약 14.5톤에 달한다고 한다. 한 사람이 1년간 발생시키는 이산화탄소의 양이 약 12톤 정도라는 것을 감안하면 예식으로 인한 탄소발생은 그 양이 엄청나다고 할 수 있다. 우리나라는 한 해 평균 약 34만 쌍이 결혼을 한다. 결혼의 하객수는 영국의 사례보다 평균적으로 많지만 크라이멧 케어의 조사를 토대로 탄소발생량을 계산해 보면 매년 약 49만 3,000톤의 이산화탄소가 결혼식을 통해 발생되고 있다는 결론을 내릴 수 있다. 이렇게 발생되는 이산화탄소를 없애기 위해서는 백합나무 1억 2,450만 그루가 필요하며 이를 탄소처리 비용으로 계산하면 1,213억 3,000만 원이 든다(네이버 카페 '대지를 위한 바느질', 2010). 환경을 생각하고 낭비를 줄이는 친환경 결혼식을 고민해야 할 때이다.

알고 계십니까 9-3

결혼식을 통한 CO_2 발생량

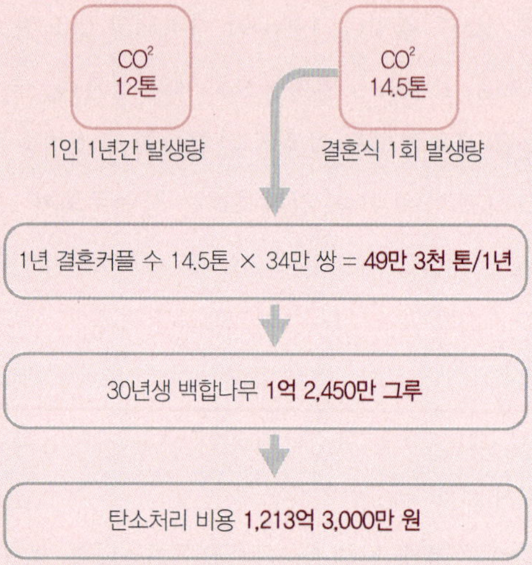

(네이버 카페 '대지를 위한 바느질', 2010)

2 결혼 소비문화 들여다보기

결혼은 개인 남녀의 사랑을 전제로 이루어지지만 결혼의 과정, 즉 맞선, 함들이, 약혼식, 결혼식, 폐백, 피로연, 신혼여행 등의 하위 의례들을 통해 진행되면서 개인과 개인이 아닌 가족과 가족의 결합으로 나타나게 되고 이로 인해 관계의 조율, 의사결정의 갈등, 불편함과 서운함 등 다양한 경험을 하게 된다. 결혼 소비의사결정을 하면서 불편하지 않을 수는 없는 것일까? 어떻게 하면 결혼의례를 진행하면서 행복감을 체험할 수 있을까? 다음에 제시되는 여러 형태의 결혼 사례를 통해 행복한 결혼이 어떻게 이루어지는지 살펴보자.

1) 다른 사람의 이목에 따라 vs 진실한 축하와 함께하며

체면문화에 얼룩진 혼수, 예단

김 씨는 결혼 4년차이다. 양가 어머니끼리 학교 동창 사이였기에 혼수 갈등은 상상도 못 했다는 김 씨. 결혼 당시 친정 형편이 좋지 않았지만 예단비 700만 원에 혼수비용 2천만 원을 들여 정성껏 준비했다. TV와 에어컨 등 모두 준비했으며 신랑이 음악을 좋아해서 오디오는 두 대나 해갔다. 하지만 32평 아파트를 장만해 준 시댁에선 신혼 초부터 이를 불만으로 여겼다고 한다. 시부모님이 처음 신혼집에 오셔서 하시는 말씀이 "왜 이렇게 썰렁하냐? 물건도 꽉 채우지 않았네."라는 말을 듣고는 너무 어이가 없었고 눈물이 핑 돌았다고 한다. 시댁에서는 급기야 혼수를 적게 해 왔으니 생활비는 친정에서 가져다 쓰라며 남편의 월급을 챙겨갔다. 우유부단한 남편은 참으라는 말밖에 하지 않자 결국 김 씨는 정신과 상담까지 받는 상황에 이르렀다. "나도 남들과 같이 똑같이 대학 나와서 결혼했는데, 내가 왜 이런 대우를 받아야 하는지 모르겠고 우리 집안을 뭘로 보고 이러나." 하는 생각이 들었다고 한다. 김 씨 친정어머니는 "빚이라도 내든가 집이라도 팔아서 혼수를 해줬어야 했는데. 지금 생각하면 너무 후회되고 딸이 고통스러워하는 것을 보니 가슴이 너무 아프고 부모로서는 너무 힘들다."고 했다.

(KBS 뉴스, 2006. 9. 1)

결혼은 가족끼리 조용하게

청와대 연설 비서관을 지낸 아침편지문화재단 이사장 고도원(57) 씨는 남매 둘을 소리 소문 없이 다니던 교회에서 결혼시켰다. 2005년 12월 하객 500여 명이 참석한 가운데 딸 새나(30) 씨 결혼식을 치를 때는 축의금을 사양했다. 작년 10월 아들 대우(27) 씨를 결혼시킬 때는 아예 청첩장도 돌리지 않고 친지 100여 명만 초대했다. 잔치 음식은 부인이 직접 김치를 담그고 불고기를 재 마련했다. 고 이사장은 "딸 결혼식은 500만 원, 아들은 400만 원 들었다"며 "오래 전에 한 다짐을 행동에 옮겼을 뿐"이라고 했다. 사회 유명 인사들 중에는 호화 결혼식으로 구설에 오르는 사람도 있지만, 조촐하고 우아하게 식을 치른 이들도 많다. 반기문 유엔사무총장과 유명환 외교통상부 장관이 대표적이다. 지난 9일 반 총장의 외아들 우현(35) 씨가 미국 뉴욕 맨해튼에서 대한변협 부회장 유(56) 변호사의 맏딸 제영(27) 씨와 백년가약을 맺었다. 식장은 유엔본부 앞 큰 길을 건너면 바로 보이는 '성 가족 성당(Holy Family Church)'이었다. 하객은 직계가족과 가까운 친척, 신랑 · 신부의 친구 등 150명이 전부였다. '혼배미사'로 치러진 결혼식은 식장 대관료도 없고, 화환도 없고, 붉은 카펫도 깔리지 않았다. 반 총장은 아들 결혼식에 대해 "결혼은 가족끼리 치르는 행사로 조용하게 치르는 게 합당하다."며 "남에게 알려지면 서로 부담"이라고 했다. '노블레스 오블리주(Noblesse Oblige ·

지도층의 사회적 책무)'를 실천하고 있는 이들로는 1997년 창립된 '생활개혁실천협의회(생개협)' 창립 멤버들이 대표적이다. 이들은 저마다 혼주와 주례의 입장에서 검소한 결혼식을 실천하고 있다.

(조선일보, 2009. 5. 12)

소비문화 더 들여다보기 9-1

영국에서 경험하는 결혼식 풍경

자연스러운 진행

영국에서는 신랑 · 신부 입장도 없고 함께 입장한다. 사회자도 형식에 구애받지 않는 진행을 한다. 진행하면서 신랑 · 신부와 대화를 하며 자연스럽게 웃음을 유발하는 재치를 발휘하는 것이 한국의 진행보다 부드럽다.

부조금은 없다

결혼식은 우리나라에서 가장 중요한 경사로 통한다. 또 그 경사 속에 부조금은 당연하다. 하지만 영국에서는 결혼에 대한 부조금은 전혀 없다. 한국처럼 결혼식장 입구에 부조금 넣는 곳도 없고 거기에 앉아 부조금을 냈는지 검사하는 사람도 없다. 그저 결혼식이라는 행사에 참석하는 것이 가장 중요한 것임을 영국 결혼식은 보여준다.

친구들의 잔치

영국 결혼식에서 신랑 · 신부 친구들의 참석과 활동은 가히 놀랄 만하다. 피아노 연주, 사회, 축가 등 모두 결혼식 주인공들의 친구들이 직접 한다. 어렸을 때 피아노 몇 번 쳐본 친구가 피아노 연주를 맡고, 학창시절 재치가 좀 있다고 소문이 나면 사회를 보고, 그리고 목소리가 좀 좋다고 소문났다면 축가를 부른다고 한다. 이것들이 그들에게 직업이 아니기 때문에 역시 약간의 실수도 뒤따르지만 노력하는 모습에서 관객의 큰 호응을 받는다. 간간이 축가 속에서 터져 나오는 관객들의 웃음은 실수를 비난하는 웃음이 아닌 결혼식에 열정적으로 참석해 진정으로 축하해 주려는 그들의 노력에 마음속에서 진정 우러나오는 응원의 웃음을 웃게 된다.

뒤따라오는 흥겨운 파티

한국의 결혼식과 가장 큰 차이다. 식이 끝나면 신랑 · 신부는 다시 전통 옷으로 갈아입고 방 안에 들어가 어른들에게 절을 하는 것과 달리 영국 결혼식은 식이 다 끝나면 식 중에 먹지 못한 음식을 먹고 술 마시고 음악에 맞춰 춤을 춘다. 음식과 술은 그야말로 무한 리필 되는 뷔페와 같고 음악에 맞춰 춤을 추는 것은 그야말로 클럽에 온 것 같은 기분이 든다. 물론 결혼식을 준비하느라 힘들었던 신랑 · 신부 그리고 어르신들의 모습은 보기 어렵지만 신랑 · 신부의 친구들은 그 속에서 또 다른 친구들을 만나고 즐기고 하는 분위기가 새벽까지 계속된다.

(런던포인더닷컴, 2009. 3. 31)

2) 조건을 맞추는 결혼 vs 철학과 가치 공유하는 결혼

"소개시켜 드릴까요" … 결혼정보회사의 권유

직장인 A 씨는 얼마 전 황당한 경험을 했다. 전문직 엘리트인 그에게 이성을 소개시켜 주겠다는 전화가 왔다. A 씨는 그 결혼정보회사에 정보를 준 적이 없다. 그런데도 자신의 신상을 매우 잘 알고 있었다. 과거 A 씨가 회원으로 가입한 다른 결혼정보회사의 담당 커플매니저 옆자리의 매니저가 회사를 옮기면서 회원들의 정보를 들고 간 것이었다. 직장여성 B 씨도 결혼정보회사로부터 특별회원 가입을 권유받았다. 그녀 역시 그 회사에 가입한 사실이 없다. 다만, 또 다른 회사에 전화로 문의한 적이 있는데 당시 상담 매니저가 그녀의 정보를 빼돌린 것이었다. 결혼정보회사가 우후죽순처럼 생겨나면서 커플매니저들의 이동이 잦아졌다. 이 과정에서 회원의 개인정보 유출이 심각한 수준에 이르고 있다. 중견 결혼정보회사 임원 C 씨는 "커플매니저는 개인정보를 다루기 때문에 그에 따른 책임감을 가져야 하고, 고도의 전문성이 요구되는데도 고객의 가입을 받아 인센티브를 챙기기 위해 정보 유출은 물론 마구잡이로 가입 상담을 받는 일이 많다."고 전했다. 문제는, 회원에 관한 정확한 분석 없이 무조건 가입부터 받으면 소개가 제대로 이뤄지지 않을 뿐더러 회비 환불 시 차액을 제하고 나면 환불액이 적기 때문에 고객이 피해를 입는다는 것이다. 결혼정보회사는 영세 업체들이 많은 데다, 신생 업체들이 속속 등장하면서 무분별한 개인 신상정보 유출은 언제 터질지 모르는 시한폭탄과도 같다는 우려가 커지고 있다. 모 결혼정보회사의 15년 경력 커플매니저 K 씨는 "이런 일이 근절되려면 먼저 결혼정보회사와 매니저들의 직업윤리가 강화돼야 하고, 고객들 역시 정보 유출이 확인되면 항의하고 민형사상 소송을 제기하는 등 강력하게 대응해야

대한민국 미혼녀가 만나고 싶어하는 남자 대한민국 미혼남이 만나고 싶어하는 여자

한다."고 지적했다.

(뉴시스, 2010. 12. 4)

부모나 친지, 친구와 하객들의 덕담을 들으며

교육운동가 김용택(64) 씨는 최근 아들(공무원 · 32)을 결혼시키고 주변 사람들로부터 칭찬을 많이 들었다. 김 씨는 아들 결혼식에서 폐백과 주례를 없앤 것이 좋은 반응을 보인 것. 결혼식이란 게 워낙 조심스러운 터라 사돈 쪽 반응이 신경 쓰이기도 했지만 다행히 협조가 잘 이뤄졌다. 양가 부모들은 통상의 결혼식보다 더 적극적으로 혼주 노릇을 해야 했다. 신랑 아버지가 단상에 올라가 덕담을 하고, 신부 아버지는 성혼 선언을 받았다. 김 씨는 "반드시 명망가를 주례로 세워야 권위 있는 결혼식이 된다는 위선을 깨고 싶었다."고 말했다. 몇 해 전 소설가 이윤기 씨, 도올 김용옥 씨 역시 주례 없이 딸 결혼식을 치렀고, 만화가 장차현실은 주례 대신 하객들의 덕담을 받는 '가족식'을 올려 눈길을 끌었다. 주례가 주관하는 결혼식을 탈피하고 개성 있는 결혼식을 치르려는 사람들이 점차 늘고 있다. 주례사 대신 신랑 · 신부의 부모나 친지, 친구들의 덕담을 통해 결혼식 분위기도 훈훈하게 만들 수 있다. 경제적으로도 이득이다. 주례를 없애면 최대 수십만 원의 주례비가 절감된다. 결혼식을 좀 더 실용적으로 생각한다면 내친김에 폐백을 없애는 것도 생각해 볼 수 있다. 수십만 원짜리 폐백음식비와 백만 원대까지 드는 절값을 함께 아낄 수 있다. 폐백음식은 주로 신부 쪽에서, 절값은 주로 신랑 쪽이 부담하므로 양가 모두 이득이다.

(한겨레신문, 2010. 3. 10)

3) 더 많이 더 크게 더 화려하게 vs 필요에 충실하며 간소하게

마구 돌려지는 청첩장, 세금 고지서

부산 H초등학교 김모(54) 교감은 작년 10월 한 달 동안 무려 15장의 청첩장을 받았다. 축의금으로 쓴 돈만 약 90만 원. 김 교감은 "친한 혼주(婚主)는 10만 원씩, 나머지는 모두 5만 원씩 부조를 했다."며 "3만 원짜리 봉투는 내밀 수조차 없더라."고 했다. 매년 500만~600만 원을 경조사비로 쓰고 있는 그로서는 늘어만 가는 축의금이 달갑지 않다. 김 교감은 "20~30년 동안 전화 한 통 없다가 청첩장을 보내오는 사람도 있었다."며 "청첩장이 세금 고지서처럼 느껴지는 건 어쩔 수 없다."고 말했다. 십시일반(十匙一飯)과 상부상조의 뜻이 담긴 결혼 축의금의 의미가 고비용 결혼식 때문에 점차 퇴색하고 있다. 큰돈을 써야 하는

혼주는 축의금이 아쉬운 상황이고, '체면 유지'를 위한 축의금 액수가 점점 올라가면서 하객들은 청첩장 받기가 부담스러워지고 있는 것이다. 우정사업본부에 따르면, 2008년 우체국 경조금 배달 서비스는 173만 건에 총 송금액수가 1,030억 원이었다. 건당 평균 송금액수는 5만 9,540원이었다. 대부분의 가정에서 부의금과 축의금이 같다는 점을 고려하면, 축의금 규모가 6만 원에 육박했다는 것을 보여주는 것이다. 2005년 한국갤럽이 전국의 성인남녀를 대상으로 조사한 결과, 축의금 평균은 4만 2,000원이었다. 이 수치와 비교하면, 불과 3년 만에 축의금 액수가 41%나 증가한 것이다. 같은 기간 소비자물가지수 상승률은 9.7%. 축의금이 물가의 4배 속도로 뛴 것이다. 축의금이 이처럼 뛰면서, 가정마다 경조사비 지출도 크게 늘어났다. 통계청에 따르면, 전국 2인 이상의 가구당 월평균 경조사비는 2003년 3만 6,403원(연간 43만 6,800원)에서 2008년 4만 3,709원(연간 52만 4,500원)으로 20%가 뛰었다. 사회 전체적으로는 연간 경조사비가 약 8조 원에 이른다.

(조선일보, 2009. 5. 8)

예단 생략하고 예식비 줄여 살림 준비

지난해 11월 결혼한 홍 씨(32 · 환경재단 근무)와 노 씨(32)는 결혼식에 앞서 몇 가지 원칙을 세웠다. 결혼식을 함께 준비할 것, 비용을 줄일 것 등이었다. 신랑 홍 씨는 "결혼비용을 예식업자들에게 고스란히 바치는 구조에서 벗어나 거품을 뺀 '착한 결혼식'을 하고 싶었다."고 한다. 프로포즈는 신문 생활광고란을 활용했다. 그래서 그날치 신문은 그들의 소중한 개인사 자료집이 됐다. 예단은 생략하고 예식비를 줄여 기본 살림을 갖추는 데 썼다. 결혼식장은 일괄계약을 강조하는 예식장 패키지를 피하고 음식값만 내면 되는 장소를 찾았다. 촬영은 친구네 사진 스튜디오를 빌려 도움을 받았다. 신부 아버지가 신부를 신랑에게 인계하는 전근대적 장면도 없앴다. 신부 노 씨는 대기실에서 나와 신랑과 함께 손님을 맞았다. 신랑 · 신부가 함께 즐거웠고, 하객들은 신부에게 '얼굴 도장'을 쉽게 찍었다. 결혼식 사회는 여성이 봤고, 두 사람의 일상을 담은 영상물을 보여주었다. 신부가 직접 주례 없는 결혼식을 하는 뜻을 설명하기도 했다. 하객들은 곧 함께 어우러졌다. 신부 아버지가 편지를 낭독할 땐 같이 울고, 부부서약서를 읽을 땐 함께 웃었다. "12시 이전에는 꼭 귀가하겠습니다." 이날 하객들은 진정한 의미의 '증인'이 되었다. 예식을 준비할 땐 1만~2만 원도 작다 생각 말고 꼭 필요한 아이템만 선택한다. 의미와 감동 없는 케이크 커팅 · 샴페인 건배는 빼는 식이다. 친구들과 함께 '결혼식 품앗이'를 해도 좋다. 사진동호회 친구에게 앨범을 부탁하고, 본식 촬영도 맡기자. 미니 홈피나 블로그 등에 결혼공지는 필수. 어쩌다 들른 사람들까지 결혼준비에 도움을 준다.

(한겨레신문, 2010. 3. 10)

소비문화 더 들여다보기 9-2

고구려·신라 결혼예물은 단 두 가지, 더 하면 수치

고대 한국인들의 혼인풍속은 오늘날과 어떻게 달랐을까? 고대 한국인들의 결혼예물에 대한 기록이 중국 측 역사서에 비교적 자세히 남아 있다.

남녀가 좋아하면 그냥 혼인시켰던 고구려

고구려 때문에 멸망한 왕조인 수나라의 역사를 기록한 「수서」 '동이열전' 고구려 편에서는 고구려인들의 결혼예물에 대해 이렇게 기록했다. "시집가고 장가들 때에, 남녀가 서로 좋아하면 그것으로써 혼인을 성사시킨다(有婚嫁者, 取男女相悅, 然卽爲之). 남자 집에서 돼지고기와 술을 보낼 뿐, (여타의) 재물을 들고 찾아가는 의례는 없다. 만약 (다른) 재물을 받을 경우에는, 사람들이 모두 수치스러운 일로 여긴다." 이 기록을 보면, 고구려인들의 예단이 '고작' 돼지고기와 술에 불과했음을 알 수 있다. 그들은 남녀상열(男女相悅), 즉 '남녀가 서로 좋아하는 것'을 최고의 결혼예물로 여겼던 것이다.

한 차례 연회로 결혼예물을 대신한 신라

고구려의 결혼문화만 검소했던 게 아니다. 신라도 마찬가지였다 「수서」 '동이열전'의 신라 편에 다음과 같은 기록이 있다. "혼인의 의식이라고는 단지 음주와 식사가 있을 뿐이다. (비용의) 경중은 빈부 수준에 맞춘다." 이에 따르면, 신라인들은 연회를 베푸는 것으로써 결혼예물을 대신했다.

검소한 결혼예물에 만족한 백제

한편, 백제는 고구려와 달리 비옥한 농토를 갖고 있었고 또 신라와 달리 대중국·대일 무역의 기회가 훨씬 더 많았기 때문에, 백제인들은 '삼겹살에 소주 한 잔' 하는 수준 혹은 한 차례 연회를 여는 수준에서 그치지 않았을 수도 있다. 하지만, 그들 역시 검소한 결혼예물에 만족했으리라고 추정해도 별다른 무리가 없다.

(오마이뉴스, 2010. 12. 31)

구청 소극장 시설 이용하여 간소하게

지난 29일 대학교수 강 씨 부부는 서울 성북구청의 배려로 유명 예식장 부럽지 않은 200석 규모의 구청 소극장을 무료로 빌려 결혼식을 올렸다. 구청장실은 혼주들 휴식공간, 교통지도과 사무실은 신부대기실과 폐백실, 지하 1층 직원식당은 피로연장으로 이용할 수 있었다. 구청은 하객 전용 엘리베이터를 쓰게 해줬고 12층 옥상 정원도 내줬다. 피로연을 푸짐하게 했는데도 강 씨가 결혼식을 치르는 데 든 비용은 1,000만 원밖에 되지 않았다. 호텔에서 한다는 호화결혼식 꽃값에도 못 미치는 돈이다. 프랑스 파리에서 7년간 유학했던 강 씨는 프랑스 사람들이 구청과 성당에서 결혼식을 올리는 것을 보고 성북구청장을 직접 찾아가 구청 결혼식을 치르게 해달라고 요청했다고 한다. 실제 프랑스에선 구청마다 별도의 예식실을 마련해 관내 주민들에게 개방하고 있다. 프랑스 구청 결혼식은 70~80명의 하객이 축하해 주는 가운데 신랑·신부 소개와 성혼(成婚) 선언 등 간소한 과정을 거쳐 20여 분 만에 끝난다고 한다. 그렇게 해서 결혼식 비용은 500만 원이면 충분하다는 것이다. 물론 알뜰하게 최소비용으로 결혼을 하고 그 남은 돈으로 집장만을 하는 부부들도 많다고 한다.

(조선일보, 2009. 8. 31)

소비문화 더 들여다보기 9-3

성북구의 청사 무료 결혼식

서울 성북구가 청사 건물을 결혼식장으로 개방해 인기를 끌고 있다. 성북구에 따르면 지난해 10월 200명이 들어갈 수 있는 구청 내 소극장을 무료 결혼식장으로 이용할 수 있도록 문을 활짝 열었다. 성북구는 낭비적인 결혼 문화를 바로잡고 비싼 결혼식 비용 때문에 고민하는 예비 신랑 · 신부의 부담을 덜어 주기 위해 '청사 무료 결혼식 정책'을 밀어붙였다. 결혼식이 열리는 날이면 구청장실은 혼주 가족을 위한 휴식공간으로 탈바꿈하며, 직원들이 근무하는 사무실은 신부대기실과 폐백실로 변한다. 지하 1층의 식당은 피로연장으로 이용된다. 일류 결혼식장 시설에 비해 결코 떨어지지 않는 레드카펫과 꽃길세트, 폐백실 용품 등은 독지가의 기증으로 완비됐다. 여기에 200여 대를 동시에 주차할 수 있는 주차 공간과 편리한 대중교통 시설은 시내 일반 예식장 못지않은 장점으로 꼽힌다. 좋은 시설과 서비스에도 결혼식장 비용은 무료다. 혼주들은 하객들의 피로연 비용만 부담하면 시간에 쫓기지 않으면서 여유롭게 축하의 시간을 가질 수 있게 된다. 하객들은 청사 옥상에 마련된 북카페와 옥상정원에서 편한 시간을 보낼 수 있어 관공서의 딱딱한 이미지를 개선하는 데도 도움을 주고 있다. 성북구에 주소를 둔 주민은 물론 서울 시민이면 누구나 이 결혼식장을 이용할 수 있으며, 주말과 휴일은 물론 평일에도 결혼식을 할 수 있어 문의가 잇따르고 있다. 성북구는 구청사 이외에 구민회관과 주민센터 20곳을 결혼식장으로 개방해 운영하고 있다.

(세계일보, 2010. 3. 1)

4) 단 한 번뿐인 이벤트 vs 환경을 보호하며 행복을 추구하며

화려하고 럭셔리한 모습으로

주부 박모(34) 씨는 직장생활을 하다가 서울 강북 도심의 특1급 호텔에서 결혼했다. "하객을 350명으로 줄이고 지인을 통해 25% 할인을 받고도 3,800만 원쯤 썼다."며 "그 돈을 아껴서 다른 데 쓰고 싶었지만 시댁에서 정한 것이라 어쩔 수 없었다."고 했다. 박 씨는 "솔직히 겉치레"라며 "특1급에서 결혼한 친구들끼리 '당시엔 마냥 좋았는데 지금은 무슨 드레스를 입었는지도 생각 안 난다', '추억은 짧고 부담은 길다'고 한다."고 말했다. 하객 1인당 식비 6만~15만 원, 예식장 꽃 장식비용 400만~1,500만 원, 드레스 대여 · 메이크업 · 스냅사진 등 450만~600만 원, 기념 초 20만~30만 원, 6단 웨딩케이크 100만 원……. 서울 시내 특1급 호텔의 결혼식 견적서에 찍힌 숫자들이다. 하객 500~700명을 기준으로 간소하게 치러도 전체 비용이 5,000만~7,000만 원은 나온다. 옵션을 더해 호사스럽게 치르면 금액이 억대로 치솟는다. 꽃값만 5,000만 원을 부르는 곳도 있다. 부가세 10%와 봉사료 10%는 별도다. 하나, 둘뿐인 자식을 번듯하게 결혼시키고 싶어 하는 혼주(婚主)의 심리, "요즘 어지간한 사람은 호텔에서 많이 하던데……." 하는 체면문화, 특1급 호텔들의 공격적인 마케팅이 화학작용을 하면서 나타난 현상이다. 결혼산업 전문가들은 "이에 따라 모든 사람이 자기도 모르게 '고비용의 에스컬레이터'에 올라타고 있다."고 지적한다.

(조선일보, 2009. 5. 6)

나눔 화환으로 기부도 하고 환경오염도 줄이고

아름다운 신부를 새색시로 맞이할 주인공, 황 씨(33세). 삼장저고리에 족두리를 쓰고 연지곤지를 찍은 새색시가 하객을 맞이한다. 초대받은 하객들도 모처럼 전통 예식을 볼 생각에 혼례를 치르는 신부만큼이나 설레는 모습이다. 그가 결혼식을 전통혼례로 준비한 데는 특별한 의미가 있다고 한다.

황 씨(33세) / 신랑: 허례허식이라든지, 짧게 끝나고 얼굴만 보고 가는 결혼식이라서 우리를 축복해 줄 수 있는 그런 방식을 찾다 보니까 전통혼례가 그 의미에 맞다고 생각해서…….

이 예식이 여느 결혼식과 다른 건 이 뿐만이 아니라 결혼식에 흔히 등장하는 축하메시지가 담긴 화환인데 일반 화환과는 분명 좀 다른 데가 있다.

정 간사 / 사회복지공동모금회: 일반 생화 화환 같은 경우는 한 번 쓰고 버려지기 때문에 자원 낭비 면에서 많은 문제를 가지고 있어서, 조화를 사용하시게 하고 지불되는 비용은 기부가 돼서 어려운 이웃을 도울 수 있도록…….

이것이 바로 일명, 나눔 화환이다. 축하 화환을 생각하고 있던 하객들은 신랑 · 신부가 보내온 청첩장을 보고 나눔 화환을 신청할 수 있다. 축하메시지는 고스란히 전달되면서 어려운 이웃을 위해 기부도 하고 환경오염까지 막을 수 있다고 한다. 특별한 건 또 있다. 예식장을 찾은 하객들도 신랑 · 신부 덕분에 오늘 생각지도 못했던 기부를 하게 된 것이다. 축의금의 일부가 어려운 이웃을 위해 기부된다니 축의금을 내는 하객들의 손이 오늘은 나눔의 손길이 된다.

소비문화 더 들여다보기 9-4

이산화탄소 배출량을 줄이는 환경 결혼식

환경 결혼식은 이산화탄소를 줄이려는 노력이다. 생명의 숲 국민운동(forest.or.kr)에서 주관하는 '러브 그린 캠페인'은 탄소 저감을 위한 나무 심기 기부금을 신혼부부에게 받는다. 우리나라에서 본격적으로 환경 결혼식을 시작한 '그린 디자이너' 이경재 씨(대지를 위한 바느질, ecodress.net)는 지난 2006년부터 지금까지 12커플의 결혼식을 진행했다. 불과 몇 번 만에 입고 버리는 웨딩드레스가 워낙 부피도 크고 환경오염도 심각해 옥수수 전분, 쐐기풀, 한지로 웨딩드레스(60~150만 원선)를 짓는다. 예식 뒤엔 원피스로 고쳐도 준다. 재생종이 청첩장을 쓰면 한 해 10만 그루의 나무를 베지 않아도 된다. 개당 1,000~1,200원선으로 보통 800원대부터 시작하는 청첩장보다 다소 비싼 단점이 있지만 종이 액자로도 재활용돼 인기가 높다. 신랑 · 신부가 직접 이렇게 기획해도 된다. 본식 때 한 번 쓰고 버리는 꽃장식 대신 작은 허브화분을 쓰면 돈도 아끼고 선물로도 좋다. 뿌리가 살아있는 난초로 부케를 만들어 예식 뒤 계속 키울 수도 있다. 식사를 채식으로 내는 것도 뜻깊다.

(한겨레신문, 2010. 3. 10)

드디어 혼례가 시작되었다. 사이좋은 원앙처럼 이제 혼자가 아닌 둘이 되어 새 출발을 하게 된 신랑 · 신부.

황 씨(29세) / 신부: 나눔 화환이라는 것을 통해서 좋은 일도 할 수 있고, 축하해 주시는 분들의 고마운 마음도 다 받을 수 있고, 결혼식장 분위기도 살릴 수 있는 1석 3조의 좋은 일 같아서…….

(sbs 뉴스, 2010. 5. 7)

5) 행사 치르듯이 서두르며 vs 관계와 나눔을 중시하며

결혼식 온 지 얼마나 됐다고, "어이, 이제 가자고"?

외국인 M 씨는 얼마 전 한국인 친구의 결혼식에 참석했다. 웨이터들이 "유럽식 정찬"이라며 정체 모를 코스 요리를 서빙하고 있었는데, 비행기에서 나오는 동그랗고 부드러운 스펀지 같은 식감의 빵이 나왔다. 작은 방은 하객들이 떠드는 소리로 가득했고, TV의 스피커는 고장이라도 났는지 등이 굽은 목사가 15분간 나른한 표정으로 읽은 주례사가 하나도 들리지 않았다. 화면을 보고 있는 사람은 아무도 없었다. 옆에 앉아 있던 친구는 요란스럽게 포크를 접시에 내던지고 다른 친구에게 "담배 피우러 가자."고 말한 뒤 방을 나가 버렸다. 결혼식이 끝나자

마자 식이 열리던 홀의 구석에서 작은 밴드가 조금은 엉성한 솜씨로 노래를 연주하기 시작했고, 내가 있던 방의 스피커도 갑자기 살아나 큰 소리로 노래를 들려주었다. 결혼식의 주인공인 내 친구는 아름다운 부인과 함께 식장 맨 앞에 서서 어쩐지 힘없이 손을 흔들며 어색하게 웃고 있었고, 수백 개는 되어 보이는 카메라 플래시가 번쩍이며 두 사람의 모습을 담았다. 그 때쯤 되었을 때, 나와 같은 방에 있던 모든 친구들이 자리에서 일어나 나를 부르고 있었다, "어이, 이제 가자고". 그것이 끝이었다. 내 친구의 삶에서 '가장 중요한 날', 다른 이들과 공유할 수 있는 부분이 그렇게 끝난 것이었다. 대학교를 졸업한 뒤로 한국에서 수많은 결혼식에 참석하게 되었는데, 모두 그 친구의 결혼식과 비슷한 점이 많았다.

(오마이뉴스, 2010. 2. 27)

'발달장애 음악회' 공연기금으로 후원

'특수교육이라는 이름으로 만나는 모든 사람과 인연 속에서 사랑과 나눔의 소중함을 배운다. 장애아동들처럼 내 삶을 풍요롭게 만들어주는 내 인생의 진정한 동반자가 생기면 그 특별한 날을 장애인과 비장애인이 나누고 사랑하며 함께하는 음악회로 대신하고 싶다. 그날 많은 사람들이 와서 장애라는 편견의 벽을 허무는 잔치를 벌인다면 얼마나 좋을까?' 대학교 특수교육과 강 교수(47)가 발달장애인복지관 나사함(나누고 사랑하며 함께하는 사람들)의 회보에 쓴 글이다. 강 교수는 자신이 평소 가슴속에 간직해 온 바람을 23일 저녁 7시 부산문화회관 중강당에서 열리는 나사함의 한마음음악회 '아름다운 동행'에서 실행에 옮긴다. '특수교육학이라는 학문과 결혼해 15년이 넘게 지내온 생활'에 이어 앞으로 함께할 또 다른 '진정한 동반자'와의 결혼식을 음악회 마지막 순서에 깜짝 이벤트로 하기로 한 것이다. 음악회에 드는 비용은 모두 강 교수와 그의 동반자가 절반씩 부담해 나사함에 기부했다. 강 교수는 전국에서 처음으로 지방자치단체의 지원을 이끌어내 나사함 발달장애인복지관을 마련한 것을 가장 큰 보람으로 꼽았다. 10년 동안 장애인 학부모, 특수교육 전문가, 관련 분야 전문의, 사회복지사 등이 힘을 모아 고민하고, 연구하고, 실천한 첫 성과물이기 때문이다. 강 교수는 창립 초기부터 사회복지법인 나사함복지재단 운영에 참여해 지금은 이사로 활동하고 있다. 후원기금 모금도 겸한 이번 자선음악회는 재즈 공연과 함께 나사함 소속 발달장애인들로 구성된 '당나귀'(당신은 나사함의 귀한 존재)의 난타공연과 톤차임 연주 등에 이어 결혼식으로 막을 내린다.

(한겨레, 2010. 5. 21)

축의금으로 미얀마 어린이 돕기 실천

2년 전 결혼한 김 씨(36 · 조계종 사회복지재단 팀장)와 최 씨(42)는 3번의 결혼식을 올렸다. 두 사람이 만난 정토회에서 맨 먼저 한복을 입고 법당 결혼식을 했다. 두 번째는 야외 웨딩홀에서 결혼축하연을 올렸다. 신랑 집안이 있는 제주도에서 본 예식을 하기 전에 신부 쪽 하객들과 지인들 앞에서 먼저 결혼 서약을 한 셈이다. 이 부부는 불교 봉사단체에서 만난 인연이어서 나눔에 관심이 많았다. 청첩장에 계좌번호를 적어 '결혼 이벤트'를 했다. 참석하지 못하는 이들에게 축의금을 받아 미얀마(버마) 어린이 돕기를 한 것이다. 결혼식 당일에도 돕기 모금함을 따로 만들었다. 이렇게 모인 돈이 100여만 원가량. 이를 전달해 미얀마 시골학교 아이들의 교실을 짓고, 책을 사고, 교사들에게 월급이 지급됐다. 결혼식이 낭비가 아닌 나눔의 씨앗으로 쓰인 것이다. 김 씨는 "둘만의 결혼식을 넘어 세상과 소통하는 계기로 삼으려 했다."고 말한다.

(한겨레신문, 2010. 3. 10)

이상의 사례들에서 살펴보았듯이 결혼은 두 당사자가 하는 것이지만 가족과의 관계 속에서 이루어지는 의사결정이어서 사회적인 성격을 지닐 뿐 아니라 다양한 과정을 통해 진행되므로 환경에까지 영향을 미치는 소비행동이다. 이러한 특성 때문에 결혼은 준비하고 진행하는 과정에서 많은 갈등과 어려움을 겪을 수밖에 없고 불편과 불행을 경험하는 경우가 많다. 결혼은 오늘 이 순간만이 아닌 앞으로의 자신의 삶을 설계하는 중요한 의사결정이므로 내 개인과 가족, 사회의 행복을 위해 결혼에 대한 올바른 소비문화를 확산시키고 실천해야 할 것이다.

3 행복한 결혼 소비문화 만들기

앞서 현대 결혼 소비문화의 문제점을 알아보고, 여러 사례들을 살펴보면서 행복한 결혼에 대한 요구와 필요성을 인식하게 되었다. 나는 어떤 삶을 살아가려고 하는가? 그러한 삶을 살기 위해서 어떠한 결혼을 해야 하는가? 이 절에서는 자신과 타인 그리고 우리 모두를 위해, 현재뿐 아니라 미래를 위해 실천할 수 있는 결혼 소비문화의 다양한 방법과 활동들을 생각해 본다. 영국 신경제재단에서 행복을 위한 지침으로 제시한 연결

(connect), 움직이기(be active), 인지(take notice), 학습(keeping learning), 선행(give)의 다섯 가지 방법을 가지고 행복한 결혼 소비문화의 실천방안을 탐색해 본다.

1) '따로 또 같이' 더불어 사는 삶으로

삶에서 정말 중요한 것은 우리가 갖고 있는 소유물이 아니라 우리 자신이 누구인가 하는 것이다. 즉 그 사람이 어떤 사람이냐 어떤 행위를 하느냐가 인생의 본질을 이루는 요소인 것이다. 단지 생활하고 소유하는 것은 장애물이 될 수도 있고 짐일 수도 있다. 우리가 가지고 있는 것이 아니라 그것으로 우리가 어떤 일을 하느냐가 인생의 진정한 가치를 결정짓는 것이다(헬렌 니어링, 1998).

결혼이 개인의 선택이라는 근대적 결혼관이 보편화되어 가는 것(장진경, 2005: 정태연, 2006)과 함께 결혼은 가문의 문제라고 인식되는 측면(김정은, 이기춘, 2006: 이현주, 박서정, 지영숙, 2003)도 여전히 나타나고 있다. 이는 결혼의 당위성 여부와 배우자의 선택에 대해서는 본인이 직접 결정하는 경우가 증가하였으나 의례로서의 결혼의 진행과정은 여전히 집안의 문제로 받아들여지고 있으며 결혼비용에 대한 부모 의존성이 높게 나타나기 때문이라고 할 수 있다(장주영, 옥선화, 2005).

결혼은 두 당사자가 함께 새로운 인생을 만들어나가는 시발점이다. 배우자가 어떤 능력과 재력을 가진 사람인가 또는 어떠한 예물이나 혼수를 해올 것인가 하는 외적인 배경이 아니라 어떠한 생각과 어떠한 가치관을 가지고 삶을 살아가려고 하는가를 함께 결정해야 하는 중요한 인생의 의사결정인 것이다.

따라서 결혼은 두 당사자가 주인공이 되어야 한다. 남자와 여자로 만나는 것이 아니라 한 개인과 다른 한 개인의 대등한 주체로 함께 삶의 의식과 공간을 만들어 나가야 하는 것이다.

앞 장에서 제기된 결혼 소비문화의 다양한 문제들, 예를 들면 지나친 예식 절차들, 두 집안의 갈등으로 번지기도 하는 값비싼 예단과 예물 그리고 혼수, 그 밖에도 신부가 아버지에게서 신랑에게로 '인도'되는 등의 가부장적인 예식 형식과 결혼 준비과정에서 이뤄지는 남녀 불평등 문제들이 개선되어야 하겠다. 이에 대한 대안으로 신랑 · 신부 동시 입장 또는 양가 부모와 함께 입장, 결혼비용 공동 부담 등을 실현하는 평등 결혼이 실천되고 있다.

여성문화예술기획에서는 '여성과 공간 문화축제—결혼식장 프로젝트'의 일환으로 '김공주, 궁전예식장 점거하다'라는 이름의 축제를 열어 기존 결혼식 문화를 비판하고 허례허식을 배제한 대안결혼을 제시하고 있다. '김공주'는 여성의 신부 판타지를 대표하는 이름이며, 동시에 그 부조리를 스스로 해방하려는 주인공이기도 하다. '궁전예식장'은 예식장으로 대변되는 상업적 결혼문화 공간의 상징이고, 궁전을 떠받치는 힘은 가부장적 관습이다. 또 여성 주간지 〈우먼타임스〉는 예단을 생략하거나 정성을 담은 선물로 대체하고, 신랑·신부 동시입장 등의 내용으로 이뤄진 'EQ웨딩(Equality wedding·평등결혼)' 사업을 진행함으로써 새로운 결혼문화를 만들어 나가고 있다(세계일보, 2004. 12. 16).

다양한 방법으로 결혼 소비에서 나타나는 여러 문제들이 개선될 수 있는데, 기존 결혼식 문화를 개선하겠다는 의지를 가지고 양가의 도움 없이 신랑·신부가 주체적으로 결혼식 준비와 집 마련, 혼수준비를 하는 것이 필요하다. 신랑·신부가 동등하게 주인공이 되어서 신부도 신랑과 함께 식장 입구에서 하객을 맞이하며 친한 사람들과 가족만 초대

이렇게 해보세요 9-1

지인들만 초대하는 결혼식

다른 선진국들의 결혼식장은 수백 명씩 북적대지 않는다. 보통 100명 내외이고 20명 내외로 그칠 때도 있다. 초청장은 가깝게 지내는 지인으로 그치고 돈 봉투도 없다.

필자가 미국서 1960년대 공부하고 있었을 때였다. 나의 교수인 더글러스 어데어 박사의 딸 결혼식에 아내와 함께 초대되어 갔다. 학생으로서는 우리 둘뿐이었다. 어데어 교수는 미국 독립혁명사의 최고 권위자였다. 결혼식장은 그의 집 뒷정원이었고 하객은 모두 20명 정도였다. 신랑과 신부는 하버드대학 출신이다. 결혼식이 끝나자 신부는 일일이 하객들에게 포옹하며 볼에 고마움의 키스를 해주었다. 그녀는 나와 아내에게 결혼예물로 받은 구리반지를 보여주면서 "아름답다"고 무척 자랑스러워하였다. 신랑의 증조모 때부터 대대로 손자며느리에게 물려주는 가문의 반지라고 했다. 하객들은 가족처럼 경건한 마음으로 신랑·신부의 장래를 간절히 축원하였다.

우리나라도 이제 결혼식을 돈과 권력의 허세를 자랑하거나 축의금 징수의 빨대로 전락시키는 악순환의 고리를 끊어야 한다. 어데어 교수처럼 절친한 친지와 제자 등 몇 명만 초대해야 한다. 돈 많은 부유층이나 권력층부터 앞장서야 한다. "천박하고 요란한 결혼식"으로 인구에 회자되지 않고 우아하며 경건한 백년가약의 날로 기억되고 축복받기 위해서이다.

(일요신문, 2009. 6. 16)

하여 즐겁고 조촐한 결혼식을 치름으로써 결혼 소비의 문제점을 개선할 수 있다. 무엇보다도 결혼 당사자들이 주체적으로 준비하고 진심으로 축하할 사람들만 초대함으로써 결혼 당사자들이 주인이 되는 행복한 결혼을 맞을 수 있다. 구체적으로는 다음과 같은 대안적인 결혼을 실천할 수 있다.

- 결혼식은 축하파티처럼, 진정으로 축복해 줄 수 있는 지인들만 불러 함께 즐긴다.
- 이를 위해서 저녁 무렵에 간단한 식과 함께 야간파티를 한다.
- 너무 화려하고, 공주 같은, 거추장스러운 드레스는 피한다.
- 결혼식의 장식품처럼 서 있지 않고, 함께 웃고, 큰소리로 떠들고, 즐긴다.
- 평소 존경하는 분을 모셔 주례사를 대신한 덕담을 듣고, 신랑 · 신부가 직접 앞으로의 삶의 계획 내지 약속들을 말한다.
- 폐백은 생략하고 양가 부모님께 '잘 키워 주셔서 감사합니다.' 인사하는 것으로 대신한다.
- 화려한 예물 대신 간단한 반지를 교환하고, 서로 정장 한 벌 정도 사주고, 혼수는 생략한다.
- 신랑 · 신부가 함께 돈을 모아 공동의 거주지를 정하고, 살림을 구입한다.

(다음 카페 '소란', 2002)

2) 간소한 결혼으로 추구하는 행복

결혼과정에서 이루어지는 의사결정 중 결혼절차의 결정과 예단의 결정 및 예물의 결정은 가장 갈등이 많은 것으로 드러난다(김명나, 이정우, 1999: 김모란, 1995; 박민자, 1991; 박숙자, 1991; 이현주 외, 2003). 이러한 과정에서 결혼비용의 문제가 크게 두드러지는데, 따라서 혼인비용의 부모 의존도는 남녀 모두 절대적이다(임혜경, 2001).

최근에 결혼식에 낀 거품을 걷고, 알뜰살뜰 혼례를 치르는 중산층이 꾸준히 늘고 있다. 정부가 앞장서서 '허례허식을 줄이자'며 법으로 국민을 계도하던 과거와 달리, 젊은 부부와 그 부모들이 "명분이 어떻다고 따지기에 앞서, 하루 예식에 그 많은 돈을 쏟아붓는 것이 말이 되느냐."며 자발적으로 거품을 빼기 시작한 것이다.

서울시 산하 서울여성가족재단이 운영하는 대방동의 '서울여성플라자웨딩'은 34만 원으로 400석짜리 예식장은 물론 폐백실 · 폐백의상 · 특수 연출까지 해결할 수 있다. 식장을 생화로 장식하면 54만 원, 조화로 장식하면 무료다. 도우미 봉사료도 따로 없다. 이곳에서 결혼식을 치른 부부는 예식 서비스를 처음 시작한 2003년 66쌍에서 2008년 200여

쌍으로 크게 늘었다.

얼마 전에 결혼한 이모(여 · 32 · 회사원) 씨는 결혼식에 864만 원을 썼다. 이 씨는 서울 대흥동에 있는 저가(低價) 결혼식 전문 웨딩컨설팅 업체를 찾아갔고, 공무원인 남편의 직장 후생 복지관을 식장으로 빌렸다. 대관비가 10만 원에 불과했다. 이 씨는 "일반 예식장과 달리 각종 부대 상품을 끼워 팔지 않는 점이 특히 마음에 들었다."고 했다. 턱시도와 드레스를 빌리고, 화장을 하고, 폐백실을 쓰고, 사진 촬영을 하는 데 79만 원이 들었다. 도우미 3명의 봉사료(25만 원)에 하객 300명 식비(750만 원)를 더해도 총 비용은 900만 원이 채 안 됐다. 이 씨는 "조금만 발품을 팔면 당연해 보이던 비용이 전혀 당연하지 않다는 것을 알 수 있다."며 "예상보다 최소한 400만 원은 아꼈기 때문에 신혼살림에 한결 여유가 생겼다."고 했다.

이렇게 해보세요 9-2

웨딩 체크리스트 검색 가능한 결혼준비 프로그램 : 결혼준비 데일리 웨프(www.wef.co.kr)

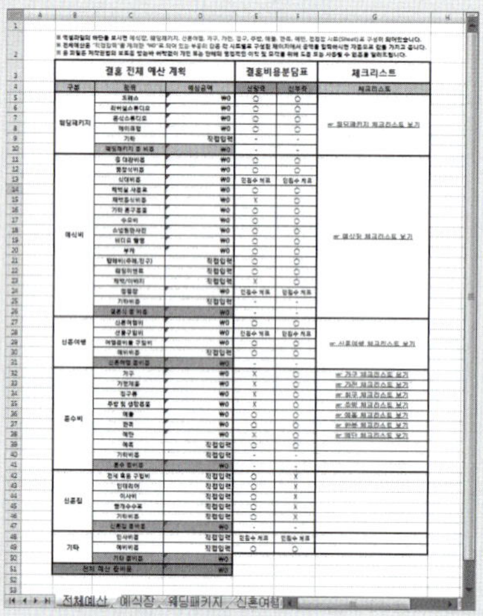

결혼준비 데일리 웨프(www.wef.co.kr)에서 2010년에 결혼을 예정하고 있는 예비신랑 · 신부의 결혼준비를 돕기 위해 가장 보편적으로 사용하고 있는 엑셀프로그램을 이용하여 기존의 쓰기 중심의 체크리스트에서 누구나 항목을 손쉽게 수정, 변경할 수 있고 금액을 산정할 수 있는 사용자 중심의 편의성을 고려하여 결혼예산을 좀 더 손쉽게 예상하고 그에 따라 준비가 가능한 웨딩 체크리스트를 선보였다. 엑셀수식을 활용하여 예식장부터 웨딩패키지, 신혼여행, 가구, 가전, 침구, 주방, 예물, 한복, 예단, 청첩장 등 각 항목별로 예상되는 금액을 입력하면 전체 예산 파일에서 일목요연하게 연산이 되어 결혼준비에 따른 전체 예산을 손쉽게 알아볼 수 있게 되어 있다. 특히 청첩장을 보내야 할 인원을 예상하지 못해 청첩장 수량을 결정해야 하는 어려움을 간단하게 해결해 주는 청첩장 수량을 계산하는 시트도 포함되어 있어 편리하다. 웨딩 체크리스트는 결혼준비 웨프의 회원이라면 누구나 손쉽게 커뮤니티 통합 공지(bbs.wef.co.kr)를 통하여 다운로드할 수 있다.

(연합뉴스, 2010. 1. 6)

일반 예식장을 이용하면서도 각종 비용을 알뜰하게 아끼는 사람들도 늘고 있다. 2008년 10월 대구의 한 예식장에서 결혼식을 올린 박모(여 · 32 · 회사원) 씨는 하객 400여 명 중 일부에게 '피로연 식권' 대신 현금 1만 원이 든 봉투를 돌렸다. 이들에겐 결혼식에 앞서 미리 양해를 구했다. 박 씨는 "혼잡도 피하고 식사비용을 줄이는 효과가 있다는 부모님의 제안에 따랐다."고 했다(조선일보, 2009)

한편, 혼수품을 저렴하게 구입할 수 있는 곳이 늘어나고 있다. 인터넷상에서 콩쥐넷, 마이클럽의 결준모(결혼을 준비하는 사람들의 모임), 혼수품 공동구매 사이트 등이 계속 증가하고 있다. 콩쥐넷은 결혼에 필요한 모든 것을 시중가보다 저렴하게 준비하도록 돕는 사이트다. 예식장 무료 섭외, 예단, 부케, 신부화장, 신혼여행, 식자재, 가구 외에 여러 가지를 다양하게 준비할 수 있도록 정보를 제공해 준다.

그 외 청첩장을 무료로 제공하는 사이트에서도 평균 20~30% 정도 저렴하게 구입할 수 있다. 인터넷 포털사이트 다음(Daum)의 결혼준비 동호회카페 '뷰티플 웨딩-이야기가 있는 결혼식'에서는 결혼비용을 절감할 수 있는 이색 이벤트를 개최하고 있다. 그중에 주례 없는 결혼식이 있는데 혼인서약서를 사랑의 서약으로, 성혼선언문 낭독은 사랑의 서약 서명식으로, 주례사를 양가 부모님의 덕담으로 대체해서 진행해 나간다. 이로 인해 주례자를 섭외하는 비용을 절감하는 효과와 신랑 · 신부가 함께 결혼식을 이끌어 가는 독특한 분위기를 만들 수 있다. 이 동호회는 전시회 결혼식도 운영하고 있다. 예식은 양가 하객이 적은 경우 일반 결혼식장이 아닌 갤러리나 전시회가 열리는 곳에서 식을 진행한다. 결혼식장 임대비용을 저렴하게 줄일 수 있고 장소의 특성상 고급스런 분위기를 연출해 낼 수 있다.

결혼문화의 사회적 변화는 아직은 걸음마 단계다. 2008년 12월, 정부의 생활안정대출이 475억 원이었는데 그중에서 혼례비가 425억 원에 달했다. 생활안정대출금의 90% 정도가 결혼비용으로, 많은 사람들이 빚을 내서 결혼식을 올리고 있다는 것이다(뉴스한국, 2009).

한국의 결혼문화는 본래의 한국 전통혼례식과는 전혀 다른 모습으로 변했다. 결혼문화가 바뀌어야 한다. 물론 옛날처럼 마당이 없는 아파트문화가 들어와서 전통혼례 하는 데 여러 가지 문제가 많긴 하지만 초대하는 하객수를 줄이고 가장 필요한 일가친척과 신랑 · 신부의 친구 수준에서 최소의 인원을 초대해서 조촐하게 치르는 풍습이 정착되어야 한다. 무엇보다 거품이 있는 결혼비용을 줄이기 위해 결혼식장을 저렴한 곳을 이용하고 과한 비용이 지불되는 드레스의 비용을 손수 제작하여 사용하고 물려주기를 하는 것도 대안이 될 수 있겠다. 예단을 생략하거나 과감하게 줄이는 방법, 혼수품을 규모 있게 줄이는 것도 중요할 것이다. 다음과 같이 결혼비용을 줄이는 방법을 생각해 볼 수 있다.

- **약혼식과 함들이**: 약혼서만 교환, 약혼식은 하지 않거나 부모, 형제, 배우자 될 사람만 참여하는 상견례 형식으로 대신한다. 함들이 하는 것도 낭비이다.
- **예단**: 부모에게만 하는 것으로 하고, 다른 이에게까지 하려면 3촌까지가 적당하다.
- **가전**: TV, 냉장고 등 필수적인 가전제품을 제외한 진공청소기, 커피메이커, 오븐, 식기세척기 등은 한꺼번에 마련하지 말고 나중에 하나씩 마련하는 것이 살림의 재미를 더해 준다.
- **가구**: 소형 아파트는 붙박이장을 설치하면 같은 공간을 훨씬 넓게 쓸 수 있다. 화장대를 별도로 구입하는 것은 실용적이지 못하다. 서랍장 같은 것을 활용해서 그 크기에 맞는 거울을 세워 대용한다.
- **침구**: 여름용, 겨울용 한 벌씩만 구입한다. 침대를 구입한다면 침대 커버는 값이 저렴한 것을 여러 장 구입해서 침대 커버 비용을 절약한다.
- **주방기구**: 풀세트 구입은 삼가고 당장 필요한 식기만 준비한다. 사고 싶은 것들은 눈여겨봤다가 하나씩 장만해 나간다.
- **예물**: 커플 반지를 교환하는 것도 절약의 포인트. 부모님이 물려주신 보석도 새롭게 세팅하면 멋진 예물이 될 수 있다.
- **야외 촬영 및 결혼 부대비용**: 요즘에는 야외 촬영을 하지 않는 커플들이 늘어나고 있다. 또한 결혼식을 저렴하게 하려면 신부화장, 헤어, 드레스, 야외 촬영, 원판사진 촬영까지 생략이 가능하다.

(다음 카페 '결혼할까요?', 2010)

3) 환경 보호하는 윤리적 결혼으로

결혼식은 한 번뿐이라는 이유로 화려하고 멋지게 치르기 마련이다. '신부는 수천만 원짜리 웨딩드레스를 입고 있다. 예식장은 화려한 조명으로 반짝이고, 하객들이 보내온 화환이 식장 입구에 줄줄이 늘어서 있다. 단상을 장식하는 수백 송이 꽃들은 결혼식이 끝나면 곧바로 쓰레기통에 버려진다.……'

이처럼 우리 주변에서 흔히 볼 수 있는 환경오염과 허례허식으로 점철된 우리의 결혼문화를 친환경적인 녹색결혼식으로 바꿀 수 있다. 녹색결혼식에서는 옥수수전분과 쐐기풀 원단을 사용해 웨딩드레스를 만들고, 뿌리가 그대로 살아있는 부케를 사용하며, 재생용지로 만든 청첩장을 돌린다(NGO&ZINE, 2009).

영국에서는 그린웨딩이라는 이름으로 친환경적인 녹색결혼식이 실천되고 있다. 그린웨딩은 재활용 웨딩드레스, 자전거 타고 오는 하객, 마당에서 키운 꽃으로 만든 부케, 손수 장만한 음식으로 차린 뷔페 등으로 치르는 환경친화형 결혼식이다. 하객들의 자동차 및 비행기 사용을 줄이기 위해 결혼식과 피로연을 다른 장소에서 열기도 한다. 호사스런 '화이트 웨딩'이 야기하는 환경파괴를 줄이자는 취지다. 환경단체 세계야생생물기금협회(WWF)와 '지구의 친구들'은 그린웨딩을 준비해 주고 하객들에게 환경보호 기부금을 받는 프로그램을 개발하여 폭발적인 인기를 얻고 있다. 2004년부터 서비스를 시작한 '윤리적 결혼(Ethicalweddings.com)' 사이트 역시 예비부부들로 붐비고 있다고 한다(국민일보, 2007).

우리나라에서는 2006년 가을, 옥수수 전분으로 만든 드레스가 나오면서부터 그린웨딩에 대한 관심이 시작되었다. 2006년 12월에 오픈한 투로하스(www.tolohas.com)는 그린웨딩 정보를 소개하는 대표 사이트다. 이 사이트는 그린웨딩, 유기농식품, 자동차 공유, 로하스기업 등을 소개하고 있다. 투로하스에서 권유하는 그린웨딩은 다음과 같다. "먼저, 청첩장을 가능한 한 전자메일로 전한다. 재활용 드레스를 쓰는 것도 좋은 방법이다. 선물은 로하스 숍과 공정무역 숍을 이용하면 좋다. 지금은 상류층 문화로 인식되고 있지만 하우스 웨딩도 생각해 볼 수 있다. 신혼여행을 가더라도 내가 그 과정에서 얼마나 많은 이산화탄소를 만드는지 찾아보는 것도 필요하다. 계산을 해서 그만큼 나무를 심거나 사회에 기부를 하는 것도 뜻깊을 것이다."(오마이뉴스, 2008)

그 밖에도 식목일에 신랑 · 신부 하객들이 나무 한 그루씩 심으면서 녹색결혼식을 실천할 수도 있다. 구체적으로 다음과 같은 방법으로 녹색결혼식을 실천할 수 있다. △환경 위기를 맞고 있는 지구를 위한 부부 서약하기 △결혼식을 기념하는 나무 심기

이렇게 해보세요 9-3

'그린 웨딩'으로 이산화탄소 줄이기

'에코' 열풍은 결혼식까지 변화시키고 있다. 영국에서 확산되고 있는 '그린웨딩(Green Wedding)'은 결혼식에 필요한 모든 요소에서 환경을 고려하자는 운동이다. 청첩장은 재활용 종이로 만들고, 부케는 들꽃으로 준비하며, 음식은 유기농 재료로 조리한다. 하객은 자전거를 타고 결혼식장을 찾는다. 그린웨딩은 2007년, 인도인 억만장자와 결혼한 영국 태생 여배우 엘리자베스 헐리의 호사스러운 결혼식 이후 큰 인기를 끌었다. 그녀의 결혼식이 200t의 이산화탄소를 만들었다는 뉴스가 전해졌기 때문이다. 예식을 조촐하게 치르는 결혼문화를 가진 일본은 젊은 커플들이 그린웨딩을 선호한다. 우리나라는 2006년 처음으로 그린웨딩 커플이 탄생했다고 알려졌으나 아직 대중적이지 않다. '윤리적 결혼(www.ethicalweddings.com)'에서 그린웨딩에 대한 다양한 정보를 얻을 수 있다. 그린 돌잔치, 그린생일파티 등 활용도는 무궁무진하다.

(헬스조선, 2010. 4. 30)

이렇게 해보세요 9-4

친환경 결혼식 실천하기

2006년부터 꾸준히 녹색결혼식을 위한 활동을 해오고 있는 이경재 디자이너는 결혼 고유의 신성한 의미를 되살리는 다음과 같은 친환경적인 결혼식을 추천하고 있다.

☑ **드레스**: 기존의 웨딩드레스가 석유계 폴리원단을 사용하며, 하얗게 표백하는 과정에서 환경을 오염시키며 CO_2 발생을 증가시키는 데 반해, 친환경 드레스와 수트, 넥타이는 옥수수 전분, 쐐기풀, 유기농 면, 한지 등 자연으로 되돌아갈 수 있는 소재로 만들어진다. 드레스의 경우 예식이 끝난 후 다시 수선을 해서 평상복으로 입을 수 있다.

☑ **부케와 꽃장식**: 절화(가지가 꺾인 꽃)를 사용하는 기존의 꽃 장식에 대한 문제제기를 통해 뿌리가 그대로 살아있는 부케를 사용한다. 결혼식이 끝난 후 부케는 다시 화분에 심어져 '녹색가정'의 탄생을 축하하는 상징물로 이용된다. 또한 꽃 장식 대신 화분에 심어진 허브 등을 이용해 결혼식 후 하객들이 선물로 가져갈 수 있도록 한다.

☑ **청첩장 및 인쇄물**: 재생용지와 콩기름 잉크를 사용해 나무를 살릴 수 있다.

☑ **에코투어 책임여행**: CO_2 발생량을 최소화하는 신혼여행을 계획한다.

(NGO&ZINE, 2009. 7. 5)

△결혼식장에서 쓰레기를 남기지 않는 식사 준비 △재생용지로 청첩장 만들기 △환경의 의미를 되새길 수 있는 곳으로 신혼여행 가기 △혼수의 경우 재사용, 비용절감, 재활용의 3R(Reuse, Reduce, Recycle) 원칙 지키기

'녹색결혼 만들기'는 2001년 초 환경단체인 지구를 위한 시민행동(이하 시민행동)에서 낭비와 허례허식으로 물든 결혼문화를 개혁해 환경친화적이고 자원절약적인 결혼문화로 바꾸자는 취지에서 시작되었다. 시민행동에서는 10개 강좌를 개설해 2002년 현재 200여 명의 수강생을 배출했다. 강좌 내용은 환경친화적인 결혼문화의 제반 사항에 대한 것으로 건전한 데이트에서부터 합리적인 혼수, 건전한 결혼식 이후의 민주적이고 평등한 부부관계를 위한 요리 · 육아교육 등까지 다채롭다. 이로 인해 실제로 녹색결혼을 치르는 이들도 점차 늘어나고 있는데, 최근에 녹색결혼식을 치른 한국소비자단체협의회 간사인 최모(29) 씨는 혼수품을 구입할 때 철저하게 3R 원칙을 지켰다고 한다. 4평 단칸방에 신접살림을 차린 최 씨 부부는 장롱, 그릇, 침대, VTR 등 대부분의 살림살이를 결혼 이전에 사용하던 제품 그대로 쓰고 있다. 야외 사진촬영도 하지 않아 이들이 결혼식과 준비과정에 들인 비용은 모두 1,000만 원 정도라고 한다(주간동아, 2002).

한편, 결혼식 쓰레기를 줄임으로써 환경을 보호할 수 있다. 먼저 화환 안 보내기를 하면 쓰레기를 줄일 수 있다. 또한 인원수에 맞는 음식을 준비하고 남은 음식물은 포장해서 싸가도록 하거나 지역공동체의 어려운 이웃에게 기증하는 방법도 있다. 청첩장 수를 줄여서 전화, 문자, 이메일 등으로 초대하면 청첩장을 줄여서 환경보호가 된다. 웨딩 카의 장식을 줄이는 것도 쓰레기를 줄이는 방법이며 사고 날 위험을 줄이기도 한다. 쓰던 물건을 리폼해서 쓸 수도 있다. 야외결혼식장을 활용해서 비용을 줄이고 환경을 보호할 수도 있다(다음 블로그 '짠돌이 성공이야기', 2011).

4) 행복해지는 생각의 전환

일상에서 텔레비전이나 잡지들은 풍요로운 삶을 사는 이들을 위한 스펙터클이다. 미디어는 과장된 사진과 다큐멘터리로 행복한 삶의 모델을 빛나게 함으로써 가장 아름다운 이들을 더 아름답게 만들고 부러움의 대상을 더 부러워하게 만들며 행복한 일을 더 행복하게 만든다. 예전에는 어떻게든 행복의 이미지를 숨기려고 했지만 이제는 평범하지 않은

행복의 이미지를 과장해서 보여준다(질 리포베츠키, 2009). 소비자들은 결혼에 대해 미디어가 전해 주는 과장된 이미지로 행복한 결혼을 받아들이게 된다.

다니엘 벨(1990)은 소비 세계와 소비 체계를 후기 산업사회의 틀에서 분석하면서 '질투의 제도화'라는 말을 사용했다. 끊임없이 다른 사람을 부러워하게 하고 질투하게 하는 소비사회의 본질을 설파한 것이라고 하겠다.

오늘날 소비사회에서 인간의 소비욕구는 차이화에 대한 욕망, 타인과의 차별성을 드러내기 위한 상품의 상징과 기호에 대한 욕망으로 이해되며 소비는 이러한 상징에의 욕구를 충족시키기 위한 수단으로 파악된다. 따라서 소비자가 구매하는 것은 인간의 이미지를 나타내는 기호와 상징들인 것이다(장 보드리야르, 1992). 결혼을 통해 이러한 타인과의 차별성과 상징화하고자 하는 욕구를 드러내 보이고 있다.

반면에 오늘날 우리 시대의 소비 목적을 특징 짓는 또 다른 키워드는 즐겁고 행복한 감정과 체험의 추구라고 할 수 있다. 소비는 소비자가 상품 소비를 통해 현재의 쾌락의 경험을 더 넓혀가는 과정이라고 해도 과언이 아니다(질 리포베츠키, 2009). 소비자는 구매를 통해 새로움으로 인한 즐거움, 새로운 기쁨과 감각적이고 미학적이며 재미있는 경험을 찾으려고 한다(Campbell, 1987). 소비를 통해 즐기고 기분전환을 하고, 소비는 스스로 자신을 보상해 주는 놀이와도 같으며 새로움의 힘이자 자아에 생기를 불어넣는 것으로 소비 자체는 충분히 매력이 있는 활동이다. 소비자에게 행복한 감정을 제공하는 정신적인 안락함과 편안함, 젊음과 건강 등 소비자가 욕망하는 것들을 소비를 통해 충족하고자 한다(질 리포베츠키, 2009).

소비생활에서의 행복과 갈등에 대한 손상희 외(2011)의 연구에 의하면, 행복은 '높은 효용가치', '소유보다 관계', '마음의 풍요', '나만의 자신감'의 4가지에 의해서 경험한다. 더 많이 가진 것보다 인간과의 관계를 통해, 마음의 풍요를 통해 행복을 경험하는 것이다. 한편 쓰지 신이치(2009)는 인간의 행복에서 가장 중요한 것은 바로 '커뮤니티'라고 하면서 지역 커뮤니티에 자기 자신이 소속되어 있다는 인식이 바로 행복의 열쇠라고 주장한다. 즉, 사람들이 서로 도우며 살아가는 프로세스에서 행복을 느낀다는 것이다.

동양과 서양, 가난한 나라와 부유한 나라를 막론하고 행복의 가장 바탕이 되는 것은 화목한 가정이다. 세계 46개국을 상대로 1981년 이래 4차에 걸쳐 실시한 세계가치조사

(World Value Survey) 결과를 보면 가족관계가 행복을 좌우하는 가장 중요한 요인으로 꼽힌다(Layard, R., 2005). 미국의 일반 사회조사 결과 '행복에 영향을 주는 5대 요인'을 순서대로 나열하면 가족관계, 재정상태, 일(work), 공동체(cummunity)와 친구, 건강이다. 이 다섯 가지를 행복결정의 '빅 파이브(Big Five)'라고 할 수 있는데 그중에서 가족관계가 첫 번째로 꼽힌다. 우리나라 사람들의 생각도 이와 크게 다르지 않다. 한국갤럽의 조사결과에 따르면, 우리는 행복의 원천으로 건강을 첫 번째로, 가족관계를 두 번째로 꼽았다. 화목한 가정, 특히 건강한 부부를 중심으로 한 화목한 가정은 가족 구성원들을 행복하게 해줄 뿐만 아니라 사회적으로도 큰 이익을 가져다준다(이정전, 2008).

더 많이 가지고 있는 것보다 누구와 함께 살고 있는지 생각하고 더 나아가 나와 다

이렇게 해보세요 9-5

결혼준비 같이 얘기할 친구 찾으세요? 웨딩 어플에서 만나요!!

'신랑신부모여(이하 신신모)' 웨딩어플리케이션이 정식 출시되었다. 신신모 어플은 웨딩에 특화된 어플로 결혼을 준비하는 커플 및 연애 중인 커플들이 함께 얘기할 수 있는 커뮤니티 기능과, 웨딩 관련 궁금한 사항들을 모아 둔 백과사전 기능, 웨딩예산을 계획할 때 도움이 될 수 있는 랭킹 기능 등이 포함되어 다양한 읽을거리, 정보가 담겨 있다. 현재 신랑신부모여 웨딩어플 외에도 아이웨딩, 엘타워, 웨딩멤버스 등 다양한 어플들이 있다.

(웨딩뉴스, 2011. 2. 8)

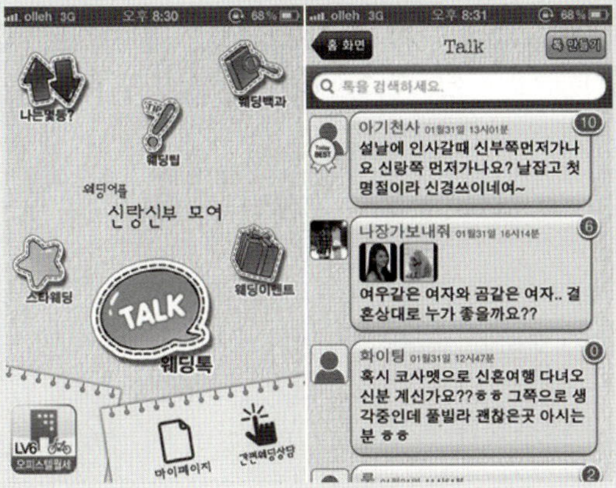

르지만 함께 사는 사람들에 대한 인식을 공유할 때 진정한 행복을 누릴 수 있을 것이다. 우리의 이웃이나 친구들과 서로 관계를 맺고 소통하면서 즐거움과 행복을 맛볼 수 있는 것이다. 아울러 우리와 다른 다문화가정과 함께하는 프로그램에 참여하거나 그들에게 내가 가진 것을 알려주고 나누어 줄 때 큰 행복을 경험할 수 있을 것이다.

이렇게 해보세요 9-6

다문화가족지원센터 행사 참여로 행복나누기

우리나라에 거주하는 결혼이민자 수가 매년 증가세를 보이고 있다. 결혼이민자를 비롯한 다문화가족의 한국 생활 적응을 돕기 위해 전국의 '다문화가족지원센터'에서는 다양한 프로그램을 진행하고 있다. 특히 다문화가족의 지역사회 통합을 위해 다양한 다문화가정 행복가꾸기 플랜을 추진하고 있다.

다문화가족지원센터는 결혼이민자들에게 ▲한국어교육 ▲한국문화체험 ▲취 · 창업 교육 ▲자조모임 지원 ▲방문교육을 통한 아동 양육지원 등을 실시하고 있다. 다문화가족의 구성원인 남편, 시어머니, 자녀들을 대상으로도 문화와 정서가 다른 결혼이민자를 이해하는 ▲다문화 이해 교육과 ▲가족통합 교육 ▲상담 등 다문화가족을 위한 종합적인 서비스를 지원하고 있다. 현재 다문화가족지원센터에서 진행하는 프로그램은 모두 무료다. 센터 이용은 각 자치구 다문화가족지원센터에 직접 전화로 문의하면 된다. 센터 관계자는 "서로 다른 문화의 다문화가족이 서로 다름을 이해하고 문화를 배워 가족 간의 소통이 원활해질 것이다."라고 한다. 이러한 다문화가족을 지원하는 각종 프로그램에 참여하여 협력하며 행복을 나눌 수 있다.

(다문화가족지원센터 '다누리', 2011)

5) 결혼으로 실천하는 나눔의 문화

결혼을 하면서 나눔의 문화에 동참할 수 있다. 얼마 전 경기도사회복지공동모금회와 MBC가 주관하여 나눔결혼식을 권장하는 웨딩페어가 열렸다. '나눔결혼식'이란 일반적으로 결혼식에서 흔히 사용되는 허례허식을 위한 화환 대신 환경도 살리고 이웃을 돕는 '착한 화환'을 사용하고 하객들의 소중한 축의금의 일부를 기부하여 기부와 나눔의 문화를 확산하고자 하는 아름다운 결혼식이다(네이버 카페 '사랑나눔', 2010).

결혼식 축의금의 1%을 사랑의 열매 웨딩나눔계좌에 송금하거나 결혼식 당일 축의금 일부를 기부하는 성금전달식을 진행할 수 있다. 하객들에게 감사편지를 발송하고 하객명의 또는 결혼당사자의 명의로 기부하는 방법이다. 나눔결혼식 참여자에게는 결혼당일 기념사진 촬영지원, 결혼축가 공연지원, 기부금 영수증, 나눔증서, 나눔배지 등을 제공하고 있다. 현재 웨딩 기부는 경기도사회복지공동모금회 웨딩모금에서 주관하고 있다.

여러 기업이나 종교단체에서도 결혼식 축의금의 일부를 어려운 이웃에 나누는 선행을 실천하고 있다. 천주교 수원교구 예비부부들이 결혼식 축의금의 일부를 어려운 이웃에 나누는 선행에 나섰다. 경기도사회복지공동모금회는 천주교 수원교구 예비부부들의 결혼식 축의금의 1%를 어려운 이웃돕기에 기부한다는 내용의 협약식을 갖고, 혼인강좌 참가자들을 대상으로 웨딩모금 사업설명회를 가졌다. 이날 설명회에서 모금회는 예비 신혼부부들에게 축의금 1%로 바뀌는 아름다운 사회, 허례허식 타파, 기부 유전자 만들기 등의 강의를 펼쳤다. 이에 30쌍의 예비부부들이 기부의사를 밝혔다. 용인시에 거주하는 한 예비부부는 "한 번뿐인 결혼식의 1% 나눔을 통해 평생 잊지 못할 추억을 만들고 싶다."며 "훗날 자녀에게 부모로써 귀감이 될 것 같다."고 기부소감을 밝혔다. 경기도사회복지공동모금회장은 "웨딩모금을 통한 참가자들의 선행은 과도한 결혼문화를 변화시킬 단비로 작용할 것"이라며 "이웃을 생각하는 따뜻한 마음으로 부부가 평생 함께하길 바란다."고 전했다(가톨릭신문, 2010).

그 밖에 아름다운재단에서도 1% 나눔결혼식을 실천할 수 있으며, 월드비전이나 정토회에서도 나눔결혼식의 실천을 권유하고 있다.

또한 결혼식에 '나눔의 쌀 화환 보내기 운동'도 화제다. 결혼식의 낭비적인 꽃 화환을 대신할 수 있는 나눔의 쌀 화환을 통해 농민들을 위한 쌀 소비와 불우이웃돕기를 한꺼번에 실천할 수 있어 일석이조의 효과를 거둘 수 있다. '아름다운 쌀 화환 운동'은 2010년 3월부터 전국적으로 가맹점을 모집하여 현재 130여 개가 운영되고 있다. 기존 화환 중앙의 꽃 대신에 10kg 단위의 쌀을 한 포대에서 다섯 포대까지 주문자의 요구에 따라 장식할 수 있다. 이렇게 모아진 쌀을 기부자의 희망에 따라 주위의 도움이 필요한 사람에게 전달하는 운동이다. 누구나 동참이 가능하고 봉사도 할 수 있다. '쌀 화환 보내기 운동'은 기업의 이윤추구에 앞서 노블레스 오블리주를 실천할 수 있는 기회가 될 수 있다(아주경제, 2011).

다양한 방법으로 아름다운 나눔결혼식에 동참한 부부들이 기부한 성금은 저소득층 결혼식 지원, 이주노동자 · 새터민 지원사업 등 다양한 사회복지사업에 쓰이므로 결혼 당사자뿐만 아니라 세상 사람들을 행복하게 하는 일이어서 더욱 의미 있는 일이다.

이렇게 해보세요 9-7

나눔결혼식 실천하기

나눔결혼식을 하고 싶은 이들은 아름다운재단 홈페이지(beautifulfund.org)를 방문해 보자. 다양한 사례를 만나볼 수 있다. 나라 밖 가난한 어린이를 돕고 싶으면 월드비전(worldvision.or.kr)이나 정토회(goodfriends.or.kr)를 통하는 것이 손쉽다.

(한겨레, 2010. 3. 10)

실천해 보기

❶ 다양한 기념일 이벤트에 어떠한 선물을 주고받는지 구체적으로 작성해 보고, 행복한 소비의 관점에서 볼 때 그러한 이벤트들이 갖는 문제점과 개선 방안에 대해 서로 이야기해 보자.

❷ 지속가능한 소비를 생각할 때 현재 대부분의 사람들이 따르는 방식의 결혼이 어떤 문제점이 있다고 생각하는지 서로 논의하고 개선할 수 있는 방안에 대해 토론해 보자.

나의 바가지 결혼

(KBS 소비자고발, 2008년 2월 29일 방영)

베일 속의 웨딩드레스 가격

모든 신부들의 꿈은 아름다운 웨딩드레스를 입고 결혼하는 것! 결혼식 날 단 하루를 위한 드레스 대여비는 수백만 원에서 많게는 수천만 원에 달한다. 하지만 이 가격의 실체를 아는 사람은 거의 없다. 취재진은 유럽이나 미국의 드레스가 국내로 수입되면서 일부 제품에서 가격 거품이 끼어있는 것을 확인할 수 있었다. 또 디자인 카피와 원산지 속이기는 웨딩드레스 업계의 공공연한 비밀이었다. 부르는 게 값인 수입 드레스, 국산으로 둔갑한 중국산 드레스! 그동안 베일 속에 가려져 있던 웨딩드레스 가격 거품을 고발한다.

예식장이 돈을 버는 방법은?

예식장을 이용할 때 반드시 선택해야 하는 기본 항목이 몇 가지 있다. 요즘 새롭게 추가된 기본항목 중 하나는 생화장식. 대부분 예식장에서 생화장식은 고가로 책정되어 있다. 생화장식, 과연 예식이 있을 때마다 매번 새로운 꽃으로 교체되고 있을까? 취재진은 하루 3~4건의 예식이 잡혀 있는 예식장들을 찾아가 직접 확인해 봤다. 첫 번째 예식에 쓰인 생화에 표시를 해두고 다음날 마지막 예식이 끝난 후 확인해 보았다. 놀랍게도 전날 해 놓은 표시가 선명하게 남아 있었다. 고가의 생화장식이 재활용되고 있는 것이었다. 예식장의 기본항목, 원가는 과연 얼마인지 그 실태를 파헤친다.

웨딩컨설팅 무엇이 문제인가?

최근 웨딩컨설팅이 많이 생겨나고 있다. 웨딩컨설팅은 웨딩의 기본 구성요소인 스튜디오, 메이크업, 웨딩드레스를 구성해 주는 중개업소를 말한다. 저렴하고 효율적으로 보이는 이 컨설팅 서비스가 많은 인기를 누리고 있다. 하지만 알고 보면 문제가 한두 가지가 아니다.

취재진이 찾은 컨설팅 업체의 가격은 천차만별! 게다가 계약을 하지 않으려 하자 서비스를 더 끼워주고, 심지어 가격까지 깎아 주겠다는 업체. 컨설팅 업체가 우후죽순 생겨남에 따라 제살 깎아먹기 경쟁을 하고 있기 때문이다. 결국 서비스의 질이 떨어질 수밖에 없었다. 부르는 게 값, 웨딩 패키지에 정가를 마련할 것을 주장한다.

김명나(1998). 도시주부의 혼례의식, 혼례행동 및 혼례만족: 신혼기 주부와 기혼 딸을 가진 어머니를 중심으로. 숙명여자대학교 대학원 박사학위논문.

김명나 · 이정우(1999). 도시주부의 혼례의식 · 혼례행동 및 혼례 만족: 신혼기 주부와 기혼 딸을 가진 어머니를 중심으로. 대한가정학회지, 37(6), 41-57.

김모란(1995). 한국사회의 혼인 거래 관행의 의미에 관한 연구. 한국사회학, 29(가을), 533-558.

김성숙 · 서병숙(1999). 계층, 물질주의, 과시소비 성향에 따른 혼례행동에 관한 연구－결혼한 지 5년 이내의 도시 중산층 이상의 기혼여성을 대상으로. 대한가정학회지, 37(9), 25-38.

김정은 · 이기춘(2006). 결혼의 소비지출과 소비문화 고찰을 통한 결혼준비 소비자 교육프로그램 구성, 생활과학회지, 15(1), 107-128.

김태수(2008). 한국사회 결혼문화의 변천사와 문제점 및 해결방안에 대한 연구. 복음과 상담 20권 67-90.

다니엘 벨 저, 김진욱 역(1990). 자본주의의 문화적 모순, 문학세계사.

박민자(1991). 도시 중간계층의 혼인거래 관행에 관한 연구. 자본주의 시장경제와 혼인. 또하나의 문화.

박숙자(1991). 도시 저소득층의 혼인양태, 자본주의 시장경제와 혼인. 또하나의 문화.

박인희(1991). "우리나라 전통적 혼례의 계승과 단절", 이효재 엮음, 자본주의와 결혼. 또하나의 문화.

박철(1997). 우리나라 결혼의례 관련 소비에 영향을 미치는 요인에 관한 연구. 대한경영학회지, (16), 767-785.

박혜인 · 조은숙(1998). IMF 이후 경제위기 이후 혼례비용의 계층별 변화－대구시민에 대한 조사자료를 중심으로. 한국가정관리학회지, 16(4).

법륜(2010). 스님의 주례사. 한겨레출판(주).

서병숙 · 홍병숙 · 이윤금 · 김성숙(1997). 혼례관행에 관한 의식조사. 한국가정생활개선진흥회 학술대회 자료집, 17-82.

소비자시대(2010). 소비자피해 많은 결혼정보회사는?, 한국소비자원, 4월호.

손상희 · 이성림 · 박미혜 · 정주원 · 천경희(2011). 소비생활에서의 행복과 갈등. 소비자학연구, 21(1).

신진영 · 정순희(1997). 자녀 결혼비용 마련대책과 결혼비용분석. 한국가정관리학회지, 15(4), 103-123.

쓰지 신이치 저, 장석진 역(2009). 행복의 경제학. 서해문집.

안정남(1991). "우리나라 현대 결혼식의 의미", 이효재 엮음. 자본주의와 결혼. 또 하나의 문화.

옥선화 · 정민자 · 고선주(2000). 결혼과 가족. 도서출판 하우.

이기춘 · 조은정(1992). 도시 신혼기 가계의 결혼비용과 신혼 주거자금에 대한 연구. 한국가정관리학회지, 19(3), 95-113.

이정전(2008). 우리는 행복한가. 한길사.

이현주 · 박서정 · 지영숙(2003). 혼례비용 및 혼례 준비과정 표준화. 생활과학, 6, 119-134.

임혜경(2001). IMF 이후 혼례 소비행태에 대한 연구. 한국여성교양학회지, 8, 109-136.

장 보드리야르 저, 이상률 역(1992). 소비의 사회: 그 신화와 구조. 문예출판사.

장은영(1990). 도시주부의 혼수관행에 관한 연구. 중앙대학교 석사학위논문.

장주영 · 옥선화(2008). 결혼 과정에 대한 의사결정 유형에 영향을 미치는 요인 탐색. 대한가정학회지, 46(4), 1-13.

장진경(2005). 미혼남녀의 결혼관과 출산 및 자녀관에 따른 출산정책 선호도 분석. 대한가정학회지, 43(11), 165-183.

정태연(2006). 사회적 독립가능성과 결혼에 대한 태도와의 관계: 직업의 상대적 중요성을 중심으로. 한국심리학회지 여성, 11(2), 143-162.

질 리포베츠키 저, 정미애 역(2009). 행복의 역설. 알마.

한국결혼문화연구소(2003). 2003 한국의 결혼비용과 결혼문화. (주) 선우.

한국결혼문화연구소(2007). 2007 한국의 결혼비용과 결혼문화. (주) 선우.

한국소비자원(1997). 우리나라 혼례 소비문화의 문제와 건전화 방안.

한국소비자원(2003). 결혼문화 의식 및 실태조사 결과.

헬렌 니어링 저, 이석태 역(1998). 아름다운 삶, 사랑 그리고 마무리. 보리.

홍나영 · 이은진 · 박선희(2002). 20세기 한국의 혼례문화변천에 관한 연구–서울과 경상도의 지역의 사례를 중심으로. 대한가정학회지, 40(11), 141-156.

Compbell, Colin(1987). *The Romantic Ethic and the Sprit of Modern Consumerism*. Blackwell.

Hirschman, E. C. & Holbrook, M. B.(1982). "Hedonic consuption: emerging concepts, methods, and propositions". *Journal of Marketing*, 47(summen), 92-101.

Holbrook, M. B. & Hirschman, E. C.(1982). "The experiential aspect of consumer behavior; consumer fantasies, feelings, and fun". *Journal of Consumer Research*, 9(September), 132-140.

Layard, R.(2005). *Happines*. The Pengin Press.

Otnes, C. & Lowrey, T. M.(1993). "Til debt do us part:the selection and mening of artifacts in the American wedding". *Advances in Consumer Research,* 20, 325-329.

Tse, D. K., Belk, R. W. & Zhou, N.(1989). "Beconing a consumer society: a longitudinal and cross-cultural content analysis of print ads from Hong Kong, the People's Republic of China, and Taiwan". *Journal of Consumer Research*, 15 (March), 457-472.

Veblen, T.(1899). *The theory of the leisure Class*. New York. NY: The Macmillan Company.

기사

가톨릭신문(2010). 축의금 1% 어려운 이웃과 나눠요, 8월 22일자.

국민일보(2007). 재활용 드레스 · 청첩장, 야생화 부케··· 영국은 지금 그린웨딩 붐, 4월 10일자.

네이버 카페, 대지를 위한 바느질, 친환경결혼문화 카페(2010). http://cafe.naver.com/ecowedding.

네이버 카페, 사랑나눔(2010). http://cafe.naver.com/sarangnanoom.cafe, 2월 8일자.

뉴시스(2010). '소개시켜 드릴까요' 얼치기 결혼정보회사 난무, 12월 4일자.

뉴스엔(2011), 2010년 전년도 대비 혼인건수, 결혼 예산 증가, 1월 9일자.

뉴스한국(2009). 고비용 결혼문화, 허례허식 지양을, 7월 20일자.

다문화가족지원센터 다누리(2011). http://liveinkorea.mogef.go.kr

다음카페, 소란(2002). http://cafe.daum.net/tomoonuniv/, 11월 27일자.

다음카페, 결혼할까요?(2010). http://cafe.daum.net/wedingloves, 5월 7일자.

다음블로그, 짠돌이성공이야기(2011). http://bloggernews.media.daum.net/news/1101484.
동아일보(2005). 나도 신데렐라? 왕자님과 결혼확률 단 1%, 6월 16일자.
런던포인터닷컴(2009). 조금 색다른 영국 결혼식풍경, 3월 31일자.
세계일보(2004). 신랑 신부 동시입장… 대안 결혼식 어때요, 12월 16일자.
세계일보(2010). '혼주께선 구청장실서 쉬시고 폐백은 사무실을 이용하세요', 3월 31일자.
아주경제(2011). 쌀 화환, 나눔과 베품의 노블리스 오블리주, 1월 24일자.
여성가족부(2010). 2010년 제2차 가족실태조사.
연합뉴스(2010). 2010년 경인년 결혼예정자를 위한 최신 웨딩 체크리스트, 1월 6일자.
일요신문(2009). 화려한 결혼식은 축복 대신 빈축만 산다, 790호, 6월 16일자.
오마이뉴스(2008). 5월의 신부, 쓰레기와 함께 결혼할 순 없잖아요, 5월 2일자.
오마이뉴스(2010). 현금 주고받는 축의금 문화, 불쾌해요, 2월 27일자.
오마이뉴스(2010). 부모의사 A등급, 농민 G등급… 복지부 왜 이러나, 10월 5일자.
오마이뉴스(2010). 고구려 · 신라 결혼예물은 단 두 가지, 더 하면 수치, 12월 31일자.
웨딩뉴스(2011). 결혼준비 같이 얘기할 친구 찾으세요?, 2월 8일자.
조선일보(2009). '모두가 피곤한 고비용 결혼식' (1) 호텔결혼식, 5월 6일자.
조선일보(2009). '모두가 피곤한 고비용 결혼식' (3) 10만 원은 들고 가야 얼굴 들어, 청첩장은 고지서, 5월 8일자.
조선일보(2009). '모두가 피곤한 고비용 결혼식' (4) 예식장도 드레스도 내 손으로, 알뜰한 당신, 5월 11일자.
조선일보(2009). '모두가 피곤한 고비용 결혼식' (5) 거품 뺀 결혼식, 5월 12일자.
조선일보(2009). [사설] 구청서 치르는 '알뜰 결혼식', 공직자가 앞장서야, 8월 31일자.
주간동아(2002). 친환경 新문화 '녹색결혼' 뜬다, 359호, 66-67, 11월 14일자.
중앙일보(2011). 신랑은 8,078만 원, 신부는 2,936만 원 혼수 스트레스, 1월 26일자.
한겨레신문(2010). '이런 결혼식 어때요?', 3월 10일자.
한겨레신문(2010). '장애 편견 허무는 잔치에서 하나 되는 꿈 꿨죠', 5월 21일자.
한국일보(2008). 당신의 배우자 지수는 몇 등급입니까?, 6월 19일자.
헬스조선(2010). 화장 안 하는 게 지구환경 살리는 일??, 4월 30일자.
KBS 뉴스(2006). [테마뉴스] 체면문화에 얼룩진 혼수, 예단, 9월 1일자.
NGO&ZINE(2009). 결혼식도 친환경으로 하세요, http://ngonzine.com/xe/2142, 7월 5일자.
SBS 뉴스(2010). [마켓&트렌드] 이웃과 함께 나누는 "나눔 결혼식", 5월 7일자.

사진

신랑 · 신부 한복 사진 http://cjmokhwa.com/category/%EB%AA%A9%ED%99%94%EC%A3%BC%EB%8B%A8%20%EC%A0%9C%EC%9E%91%ED%95%9C%EB%B3%B5/%EC%8B%A0%EB%9E%91,%EC%8B%A0%EB%B6%80
웨딩천국 결혼 정보공유카페 http://cafe.daum.net/crosscross2005/ILN0/670?docid=12Vo4|ILN0|670|20080528133056

청첩장 http://www.storysearch.co.kr/photo/?at=view&azi=122852&vimg=012b732169b7b88d8424f6f821c68a1e136.1.jpg

관악구건강가정지원센터 블로그 http://blog.daum.net/gwanak-gu/7160381

Part III

행복한 소비사회를 위하여

Chapter 10

행복한 소비사회를 위한 거버넌스

생각이 바뀌면 행동이 바뀌고, 행동이 바뀌면 습관이 바뀌고, 습관이 바뀌면 인격이 바뀌고, 인격이 바뀌면 운명까지도 바뀐다.

— 제임스 윌리엄

Chapter 10 행복한 소비사회를 위한 거버넌스

소비란 근원적으로 재화와 서비스의 구매, 사용, 처분 행동을 일컫는다. 무엇을 위해 구매하고 사용하고 처분할 것인가에 대한 선택이 소비시대의 행복을 결정짓는 중요한 관건이 될 것이다. 뿐만 아니라 동조소비, 과잉소비, 과도한 낭비적 소비는 미래 세대가 소비해야 할 자원들을 미리 써버리는 과오를 현 세대가 저지르고 있는 셈이 된다. 왜냐하면 지구자원은 일정 정도 그 써버리는 속도에 따라 한계를 가지게 되고 낭비적이고 과잉적 소비로 인해 전지구의 자원고갈이 예고되고 있기 때문이다.

미래 세대가 그들의 필요를 충족시킬 능력을 저해하지 않으면서 현재 세대의 필요를 충족시킬 수 있으려면 현재의 부족한 자원으로 우리의 욕구를 최대로 만족시킬 수 있는 방법을 찾아야 한다. 즉, 자연의 원래의 질과 상태가 지속가능한 범위 안에서의 소비를 지켜야 한다. 부족한 자원으로 부를 창조하고 행복을 추구하기 위한 방법은 기본적으로 세 가지가 있다.

하나는 더 효율성을 높이는 방법이다. 즉, 현재 우리가 하고 있는 일을 좀 더 현명하고 올바르게 하여 다양한 자원의 낭비를 막는 매우 기술적인 일이다.

둘째는 만족을 추구하는 방법으로 좀 더 적은 재화와 자원으로 행복해지는 기술이며 우리의 가치관과 행위에 관한 일이다.

셋째는 더 조화로운 자원 사용의 방법이다. 즉, 자원의 사용을 자연의 흐름과 양립하도록 재구성하는 길로서 이 또한 기술적인 일이다. (볼프강 작스)

이 장에서는 행복을 추구하는 소비생활의 실천방안의 궁극적 목표는 결국 녹색생활을 추구하는 지속가능한 소비의 실천이라는 결론을 가지고 이를 위한 거버넌스의 방안에 대해 구체적으로 살펴보고자 한다.

행복한 소비사회를 위한 소비문화의 실천은 앞의 세 가지를 어떻게 우리의 일상생활에서 가치를 부여하고 스스로 만족할 수 있도록 가치와 행위를 변화시키며 구체적으로 행동할 수 있는 기술을 개발해서 적용할 것인가를 결정하고 합의하는 데 있다.

1 행복한 소비사회를 위해 어떤 거버넌스가 필요한가?[1)]

지난 수십 년 동안 경제수준은 급속도로 발전하였지만 경제수준의 발전 속도만큼 생활만족이 향상되지는 않았고 이에 수반하여 오히려 우울증, 자살, 불신과 같은 부정적인 증상들은 상당히 증가하였다. 개인의 주관적 복지 혹은 행복에 영향을 미치는 여러 가지 요소들을 탐구한 연구결과들은 사회가 풍요로워질수록 소득보다는 사회적 관계라든가, 일에 대한 만족도 등 내면적 욕구의 충족이 개인의 주관적 복지에 미치는 영향이 크다는 결론을 내리고 있다(Diener & Seligman, 2004; nef, 2009). 이스털린(Easterlin, 2001)의 패러독스에서 설명하는 대로 물질적인 풍요로움을 추구하다 보면 일과 돈벌이에 더

1) 로즈(Rhodes, 1997)는 거버넌스란 '정부'가 의미하는 바가 변화하고 있다고 암시하는 새로운 통치과정이라고 지적하고 있는데 거버넌스란 사회적, 정치적, 행정적 행위자들의 통치와 관련된 활동에서 도출되는 패턴으로서 '시장, 계층제, 네트워크' 등의 형태로 나타나는 사회적 관계를 말하는 것이다. 한편, 웨독(Waddock, 1989)은 '사회적 파트너십' 혹은 '공공부문과 민간부문의 파트너십'이라는 개념을 통해 '다수 부문의 조직들이 공동의 목적을 달성하기 위해 상호작용하는 협력적 행동'을 말하는 것으로 정의한다.

많은 시간을 보내게 되고 친구, 가족, 건강 같은 본질적인 가치를 위한 시간에 소홀해지며 결국은 삶에 대한 만족감은 더 줄어든다는 점이다. 물론 어느 정도의 물질적인 풍요를 확보한 경우 그 이상의 경제적 수준이 높아진다 해도 행복에 더 긍정적 영향을 미치지 못한다는 것은 여러 경제학자들 사이에서 이미 입증된 가설이 되고 있다(Easterlin 외, 1974). 이러한 여건으로 미루어 우리 사회의 경제적 수준을 볼 때, 일인당 GNP가 20,000달러를 넘게 되면 경제적 여건이 행복에 크게 영향을 미치지 못한다는 것이다. 보다 행복한 삶을 영위하기 위해서 소비자들은 어떠한 선택을 해야 할 것인가?

한편, 국가의 목표는 국민들이 경제적인 안정은 물론, 사회적으로 인정받고 행복하다고 느끼며 살 수 있는 환경을 만들도록 하는 데 있다. 국민들이 행복감을 느끼며 생활할 수 있도록 하기 위해서는 목표의 설정이나 정책적 의지만으로는 실현되기가 쉽지 않다. 이러한 정책이 실현되기 위해서는 시민들의 참여를 통해 함께 실천하는 것이 중요하며 모든 정책은 시민들의 가치 전환과 실천이 함께 가야만 성공할 수 있다.

부족한 자원으로 부와 만족을 창조하기 위한 첫 번째 노력은 우선 효율성을 더 높이기 위한 기술개발과 실천에 대한 노력이요, 자연과의 조화로운 삶을 통해 자원사용을 지속가능하게 하며 이러한 소비생활에 대해 만족감을 느끼도록 하는 가치의 전환이 될 것이다.

행복한 소비사회를 위한 거버넌스란 결국 소비에 대한 가치관 변화를 통해 정책적 어젠다를 개발하고 이를 실천하는 과정에서 얼마나 효율적으로 실천할 것인가의 문제를 해결하는 하나의 방법을 의미한다. 정부가 아무리 좋은 정책 어젠다를 개발해도 실제 시민들의 실천이 따라 주지 않으면 그 정책은 아무 의미가 없어지게 된다. 특히 실천영역에 있어서는 더욱 그러하다. 따라서 실천을 위해서 필요한 거버넌스는 민간 파트너십을 통한 협력적 파트너십의 방법이 효율적이라고 본다.

1) 더 큰 효율성 – 자원 · 에너지 절약과 효율을 추구하는 기술

알고 계십니까 10-1

일본 정부의 더 큰 효율성 추구를 위한 기술개발

일본 정부는 2020년까지 이산화탄소 배출량을 1990년 기준으로 25% 감축할 것이라고 약속했다. 유엔 연설에서의 이러한 선언은 유엔 회원국들의 환영을 받았으나 일본 내에서는 과연 실천할 수 있을 것인가에 대해 칭송과 당혹감이 교차했다. 특히 일본 산업계에서는 이러한 정책이 일본의 산업경쟁력을 약화시킬 것이라는 주장이 제기되기도 했다. 그러나 정부의 이러한 정책은 현재 상황에서는 심각한 도전이 될 수도 있지만 장기적인 차원에서는 혁신을 촉진하여 산업경쟁력을 강화할 것이라는 견해도 있다. 예를 들어 1970년을 되돌아보면, 당시 미국에서는 탄화수소, 일산화탄소, 산화질소 등의 오염 가스의 양을 90%까지 줄이도록 하는 머스키법이 발효되어 자동차 제조업체들의 강한 반발을 사며 이러한 규제를 따르는 것이 불가능하다고 주장했다. 그러나 일본의 자동차 제조업체인 혼다는 머스키법의 요건을 충족시키는 CVCC 엔진 개발에 성공하였다. 이러한 혁신이 성공을 거두면 다른 자동차 업체들도 한때는 기술적으로 불가능한 일이라고 여겼던 수준에 도달할 수 있었다.

(야수오 이카와, 2009)

앞의 사례에서 유추해 볼 때 효율성을 더 높이기 위한 목표를 정부의 정책으로 결정하고 이를 위한 기술적 노력을 통해 효율성을 추구하는 자원 효율적 경제를 이룩하는 것은 국가경쟁력을 확보하고 번영의 길로 이끄는 유일한 통로가 될 수 있다. 그러나 탄소 캐쉬백 제도의 도입, 친환경 제품의 사용, 에너지 절약형 제품의 개발과 사용 등으로 더 효율성을 높이고자 하는 목표를 설정하는 것도 중요하지만, 효율성을 달성하고자 하는 산업계의 노력과 이 산업계가 개발하는 과정에서 소비자들의 호응이 없을 경우 이루어지기 어려운 정책이다. 따라서 새로운 친환경 제품의 개발이나 에너지 절약 제품, 녹색성장 산업의 효율성을 위한 노력은 정부의 녹색산업에 대한 투자와 기업의 노력 그리고 소비자 시민의 협력 파트너십을 통해서 그 성취가 가능해진다.

알고 계십니까 10-2

우리 정부의 녹색성장을 위한 기술개발 목표

우리나라는 현재 녹색성장위원회에서 신재생에너지, 스마트 그리드, 그린 카, 그린 홈 등 녹색성장에서 사용될 27개 중점 기술개발을 목표로 하고 있으며, 온실가스에 대해 2020년까지 2005년 BAU(business as usual) 대비 최대 30%를 감축하는 것을 목표로 세워놓고 있다.

이처럼 효율성을 더 높이기 위한 노력은 일단 목표를 설정하고 정책적으로 이를 실천하고자 하는 정책의지가 중요하며, 글로벌 비전에 맞는 효율성 개발이 국가경쟁력을 높이면서 부를 성취할 수 있는 계기가 된다.

2) 만족 – 좀 더 적은 재화로 행복해지는 기술

자유주의 경제학에서 자유경쟁에 바탕을 둔 시장경제가 가장 효율적으로 자원을 분배하는 방법이라고 주장하지만 GNP의 상승이 모든 사람을 부유하게 하고 있지는 못하다. 실제 GNP의 계산에는 소비자의 생활의 질을 향상시키는 데 사용되는 비용뿐 아니라 사회에 해가 되는 것, 자연에 해가 되는 것, 심지어는 사람들의 불행마저도 돈으로 환산되어 계산되고 있어 GNP 사고방식은 실제로 사회적 제약이나 환경파괴 부분은 고려되고 있지 않으면서 경제성장이라는 숫자로만 제시되고 있을 뿐이다. 이처럼 경제성장이 거의 대부분의 사람들을 부유하게 한다는 사고방식은 최근의 세계적 현실에서는 보기 좋게 배신당하고 있음을 알 수 있다.

(1) 경제성과 및 사회발전 측정의 새 패러다임

국가의 복지를 보는 시각도 변화하고 있다. GDP 등과 같은 현재의 국가 행복도 지표로는

알고 계십니까 10-3

행복 경제학이란?

전통적으로 영국의 경제학자 리처드 레이어드(Richard Layard)는 돈과 행복의 모순관계를 '돈을 많이 벌고 싶지 않은 사람은 없고, 모두 돈을 벌려고 땀을 흘리지만, 서양의 경우 나라가 부자가 될수록 국민들은 행복과 멀어지고 있다.'고 설명하고 있다. 제러미 밴담(1776, 1803)은 국민이 가장 행복한 나라가 최고의 나라이고, 최대의 행복을 주는 정책이 최고의 정책이며, 남에게 최대의 행복을 주는 행동이 최고의 행동이라는 '최대다수의 최대행복'이란 공리주의적 이론을 주장했다. 즉, 한 사람 한 사람의 행복이 중요하고, 결국 우리가 어떻게 느끼느냐가 문제라는 것이다.

슈마허(Ernst Friedrich 'Fritz' Schumacher, 1973)는 진정한 경제학이란 "보다 적은 소비로 보다 큰 행복을 추구하는 것"이라고 하면서 「작은 것이 아름답다」라는 그의 책에서 경제성장에만 봉사하는 기술을 인간이 정말 필요로 하는 것으로 재창조할 수 있어야 한다고 하였다. 만약 자연을 훼손하지 않고 환경을 오염하지 않는 녹색기술의 개발이 인간의 행복을 추구하게 해 줄 것인가가 우리가 생각해야 할 과제이기도 하다.

최근 행복경제학에 대해 논의하는 클라이브 해밀턴은 '부유한 나라의 국민이 빈곤한 나라의 국민보다 행복하다.', '같은 나라 안에서는 부자가 가난한 사람보다 행복하다.', '사람은 풍요해지면 풍요해질수록 행복하다.'라는 명제는 성립되기 어렵다고 하였다.

국가들의 발전에 대한 큰 경향을 파악하기가 어렵다는 생각들이 새롭게 제기되고 있다. 소비자들의 행동, 선택, 관심과 폭넓은 사회적, 경제적, 환경적, 정치적, 문화적 환경 등이 소비자들의 생활과 복지에 영향을 미치기 때문이다. 따라서 국가 행복도 지수를 판단하기 위해서 정부는 필수적으로 다음의 두 가지 관점을 모두 동등하게 고려하여야 한다.

첫째는 외부적 조건을 고려해야 한다. 고용지표나 신체적 건강과 같은 전통적 지표인 소득 관련 지표와 같은 개인의 생활에 필요한 물질적 조건은 물론, 자유나 정부의 책임(accountability) 같은 지표들이 시민들의 외부적 조건에 해당한다.

둘째는 사회의 자원사용에 대한 생태적 지속가능성을 고려해야 한다. 미래의 시민들의 복지를 위해 사용할 수 있는 지구자원이 지속적으로 제공될 수 있을지에 대한 지속성의 정도는 각각의 국가, 정부에게는 매우 중요한 이슈가 된다. 미래의 고통을 야기하는 현재의 부유한 생활의 경험은 진정 전반적 복지를 생성하는 메커니즘이라고 할 수는 없으므로, 사회의 생태적 지속가능성의 측정은 긴요하고도 중요한 일인 것이다(nef, 2008).

OECD의 세계포럼위원회에서 발표된 프랑스의 대통령자문기구인 '경제성과 및 사회발전 측정위원회'에서는 70년대 성장 체험기 이후 국가 발전의 측정지표로 사용되어 온 GDP의 한계를 지적하면서 이를 보완한 MEW(Mesure of Economic Welfare)를 개발하기도 하였는데, 이는 GDP를 근간으로 하되 육아, 여가 활동 등 시장에서 거래되지 않는 가계의 경제적 가치를 추가하거나 개인 차원에서 효용 증대에 기여하지 못하는 요인들을 GDP에서 차감하는 방법을 제안하였다.

90년대 이후에는 삶의 질 및 환경을 고려하여 UNDP의 인간개발지수 HDI(Human Development Index)가 선도적 역할을 하였는데, 최근에 와서 프랑스는 스티글리츠 위원회를 구성하여 GDP 이슈, 삶의 질, 지속가능성과 환경 등 세 가지 분야로 나누어 지표 개선 작업을 하고 있다.

GDP에 있어서는 기존의 국민계정에서 GDP보다는 NDP를 적용하는 것이 더 적절하다는 가정하에 r-NNDI(real Net National Disposable Income)를 근거로 국민소득을 재추정하였더니 아일랜드는 국민소득의 25%가 감소하였고 미국과 프랑스는 10~15%가 감소하는 것으로 나타났다. 또한 정부가 제공하는 공공서비스의 측정을 개선해야 한다고 지적하고 있다. 예를 들면, 보건 시스템 같은 것을 투입기준으로 보는 것보다 산출이나 성과 위주로 측정해야 한다는 것이다. 방어적 지출을 재정하고 규모의 추정을 제안한다. 예를 들면, 교도소 운영, 출퇴근 비용은 그 자체로 직접 효용을 제공하는 서비스가 아닌 효용을 가져오는 활동에 필요한 투입이므로 소비자 관점에서 볼 때는 교도소, 국방 등의 공공서비스는 소득 추계에서 빼는 것이 옳다고 지적한다. 마지막으로 소득과 부를 동시에 고려해야 한다고 지적하고 있다.

삶의 질에 있어서는 심리적 접근과 역량적 접근 그리고 후생경제학의 관점을 고려해야 한다고 지적하고 있다. 삶의 질을 객관적으로 측정하기 위해서는 첫째, 수명, 사망률, 질병을 포함하는 보건 수준, 둘째, 교육의 효과, 셋째, 개인들의 시간 소비활동, 넷째, 민주주의와 보통선거, 의사결정의 분권화 정도, 다섯째, 사회적 연계로 단체 가입률, 활동빈도 등이 그 지표로 사용될 수 있다. 여섯째는 환경조건으로 물, 자연, 기타 권리들의 영역이다. 일곱째는 범죄, 사고, 자연재앙을 포함하는 개인적 불안전성이다. 마지막으로 실업, 병, 노령을 포함하는 경제적 불안정성을 지적하고 있다.

지속가능성과 환경 관련 이슈는 기본적으로 현재 보존하는 부의 변화에 관심을 갖는다. 지속가능성과 관련하여서는 다양한 지표들이 제안되고 있지만 목표들이 달라 표준적인 지표가 개발되어 있지는 못하다. 지속가능 발전의 관건은 현재 수준의 웰빙이 향후에도 지속가능한지의 여부이다. 즉, 미래 세대가 지금과 같은 수준의 웰빙을 누릴 능력은 결국 현 세대가 웰빙에 중요한 자산을 충분히 넘겨 주는지에 달려 있다는 것으로 이를 확장된 부(Extended Wealth, EW)라 부른다. 즉, EW의 변화율을 측정해야 한다고 제안한다.

GDP와 삶의 질 그리고 환경과의 관계는 세 분야가 공동의 영역도 있으나 다른 한편으로는 고유의 영역도 있다는 점이다. 또한 사회발전은 경제, 사회, 환경 영역 간의 상호작용을 하고 있어 이들 세 분야가 상호 긴밀하게 영향을 주고 있다는 점을 강조하고 있다.

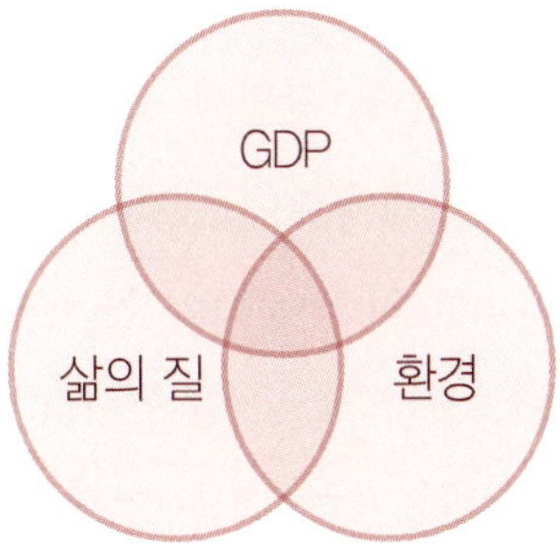

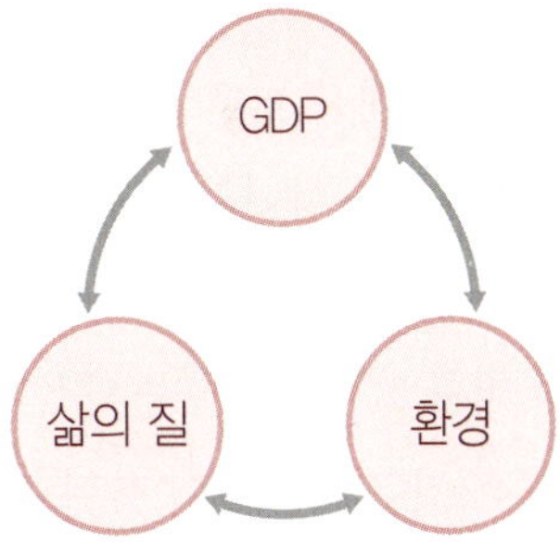

현재 우리 사회는 1인당 평균 소득은 증가하지만 중하위 소득 이하의 계층은 불안정한 일자리와 소득 감소로 커다란 고통을 받고 있다. 특히 한국은 1990년대에 비해 2000년 이후 OECD 국가 중 근로 빈곤 증가속도가 가장 빠르게 증가하고 있다(노대명, 2008).

현재 한국 사회는 상위 20%의 소득 점유율이 지속적으로 증가하고 있고 하위 20%의 소득 손실액보다 규모가 크기 때문에 국민소득은 증가할 수 있으나, 하위 20%가 느끼는 고통이 상위 20%가 느끼는 안락보다 두 배나 크다는 점을 고려하면 경제성장이 고통을 안겨주고 있음을 알 수 있다. 이제는 경제성장으로 파이를 키우는 성장전략보다는 삶의 질과 환경을 고려한 구체적 발전전략을 실천해야 한다(박명호, 2009).

(2) 물질주의에 대한 가치관 변화 트렌드

20세기는 물건의 생산과 소비의 증대를 목표로 하는 '물질주의의 시대'였다. 마마다 타카오(2007)는 물질주의란 '정신적인 것을 경시하고 자원개발, 사회자본의 정비, 공업생산, 물적 소비 등에 의해 물질적인 풍요를 실현하는 것이야말로 인간의 행복을 증진시킨다고 믿어 의심치 않으며, 물질계에 압박을 강화하려는 가치관 내지는 생활태도'로 정의한 데 반해 탈물질주의란 '물질적인 풍요를 실현하는 것이 더 이상 인간의 행복을 증대시키지 않는다고 하는 실감을 바탕으로, 물질계로의 압박을 강화하는 행위를 그만두고 물질생활을 되돌아봄은 물론, 비물질적인 생활의 제측면을 중시하려고 하는 가치관 또는 생활태도'라고 하였다. 즉, 물질주의가 '물질적 풍요의 실현'과 '행복의 증대'를 하나의 것으로 보는 데 반해, 탈물질주의는 이 두 가지를 별개의 것으로 구별한다(쓰지 신이치, 2009).

탈물질주의에 대한 트렌드는 최근 지속적으로 증가하고 있다. 활발한 소비자운동, 환경운동의 활성화뿐 아니라 아웃도어 활동, 자연애호, 워킹, 가족농원, 수공예 등으로의 관심이 늘어나고 슬로푸드, 슬로 라이프, 로하스, C.C.(Cultural Creatives)와 같이 전 세계에 널리 퍼져 있는 탈물질주의적 문화조류가 그것이다. 이는 '하면 안 된다', '이렇게 해야 한다'와 같은 정의감이 아니라 물질주의로부터 벗어나는 삶이 오히려 쾌적한 삶이며 생활의 만족도와 충실도를 높인다는 실제 경험에서 비롯된다고 본다. 인간의 행복에 있어서 과도한 물질적 소비가 무의미하다는 사실을 알고 그것과는 다른 형태의 행복을 추구하는 탈물질주의 정신이 그것이다. 쓰지 신이치는 탈물질주의란 물질에서 벗어나는 것뿐만 아니라 인간과 물질 사이의 새로운 정상적인 관계를 의미한다고 하면서 마마다의 '진 물질주의'에 대해 소개하였다. '진 물질주의'란 '물건의 질에 고집한다, 물건을 재활용한다, 물건의 전체상을 고려하여 그 조합과 배치에 신경을 쓴다, 물건이 사회적인 관계를 깨뜨리지 않도록 신경 쓴다, 물건과 자연과의 관계를 중요시한다'와 같은 생각을 가지고 꾸준히 실천하는 그룹들이 늘어나고 있다는 것이다.

즉, 점차로 성장에 대한 가치, 부에 대한 가치 전환이 일어나는 다양한 징조들을 볼 수 있다는 것이다. 이러한 가치 전환이 발생하는 배경에는 세계의 빈부격차가 점점 더 확대되어가고 각각의 사회도 승자와 패자로 이분화되고 있으며 이곳저곳에서 만성적 분노와 증오가 높아지고 있는 양상이 표면화되고 있기 때문이다. 게다가 가장 큰 문제는 현재를 살고 있는 어른들이 어떻게 공정하게 부를 쌓아 갈 것인가가 아니라 어린이들과 미래 세대가 살아가기 위해 필요로 하는 자원까지도 억지로 끌어내어 써버리고 있는 실정이며, 우리가 이제까지 '부'라 생각하고 부지런히 소비해 온 것들은 실은 미래에서 강탈해 온 것이며 그것이 바로 우리가 말하는 '풍요'였던 것을 서서히 깨닫기 시작했기 때문이다.

3) 더 큰 조화 – 자원의 사용을 자연과 양립하도록 하는 기술

전통사회에서 경제는 자연환경과 공동체 메커니즘의 제약 속에 있었다. 즉, 그 크기와 속도가 힘의 한계를 분별하고 있었다고 말할 수 있다. 오늘날의 화석연료를 중심으로 하는 경성에너지의 지속적인 에너지 공급에는 이미 한계를 나타내고 있을 뿐만 아니라 화석에너지에 의한 환경오염과 파괴는 경성에너지체계가 지속가능하지 못함을 증명하고 있다(박명희 외, 2007). 자연과 조화로운 생활방식을 추구하기 위해서는 에너지의 수요와 공급이 지역별로 균형 있게 이루어져야 한다. 그러나 현재의 시스템은 에너지 공급이 지역에서 자급자족이 가능하지 않다. 예를 들면, 전기에너지의 경우 지역 내의 발전소에서 발전하는 전기가 지역에 공급되기보다는 전력의 중앙집중식 생산과 분배과정은 다양한 환경피해를 야기할 뿐만 아니라 전력의 낭비까지 유발하게 된다. 지역 분산적 에너지체계란 지역에서 지속적으로 풍부하게 제공되는 태양에너지, 풍력, 생물자원, 조력 등 신 재생에너지에 대한 생산과 의존을 높여 갈 때 가능해진다. 이러한 자연과의 조화를 구현하는 에너지 생산방식은 녹색성장에너지의 기술개발이 있어야만 가능해진다.

또한 식량생산과 소비의 문제도 전 지구적으로 자연과의 조화를 고려할 때 지역에서 나는 먹을거리를 지역소비자가 소비하도록 하는 것이 탄소소비를 절약하는 방법이요 자연과의 조화를 실현하는 생활방법이다. 그러나 최근의 우리 생활은 '자연과 조화로운 생활방식'으로 생활하고 있다고 하기가 어려운 여러 현상들이 보인다. 지역의 식량생산과 지역에서의 소비는 전통적 시장이란 유통 매개체를 통해 소비되지만 대도시를 기반으로 한 대형 유통체인은 자연과의 조화라는 지역시장경제의 원칙보다는 글로벌화된 시장 메커니즘을 통해 가격경쟁을 무기로 지역에까지 파고들고 있다.

이러한 현상들은 신 자유주의 경제에서 추구하는 세계화 현상과 경쟁을 통해 물질적 풍요를 추구하는 것을 목적으로 하고 있는 데 반해 인간의 행복을 추구하는 시장 메커니즘에서는 물질적 풍요라는 목적에서 정신적인 풍요, 자연의 풍요, 사람들 사이에 존재하는 관계의 풍요, 그리고 그러한 것들에서 나타나는 행복의 풍요를 추구하는 것이 자연과 양립하도록 하는 방법일 것이다.

2 행복한 소비사회를 위한 거버넌스 들여다보기

1) 더 큰 효율성을 위한 실천의 장애요인들

지속가능한 발전을 지향하는 사회는 자원의 사용량을 최소한으로 줄이고 재활용과 재사용을 최대한으로 늘리며 자연생태계를 최대한 보전하기 위해 자원순환형 경제사회체계를 지향하는 사회를 말한다.

소비자 차원에서 소비의 효율성을 고려할 때는 두 가지 차원에서 접근할 수 있다.

첫째는 실제 환경오염의 문제는 인간의 생활에 필요한 제품과 서비스를 만들기 위해 자연자원을 소비한 결과로서 발생한 것이기 때문에 소비자는 생산·개발양식 유형에 의해서 환경 문제가 야기되는 제품들을 구매하지 않는 것이다. 예를 들어, 과대포장 제품이나 유해물질 함유 제품을 제조하거나 자원 낭비적이고 파괴적인 건설 방식 등을 취하는 제품이나 서비스(CO_2 과다 배출 제품과 서비스)를 구매하지 않고 환경 지향적 녹색구매를 실천하는 것이다.

둘째는 소비자 스스로 소비생활 양식 유형을 환경 지향적이고 자원 절약적으로 변경하는 것이다. 이 부분은 환경문제가 쉽게 드러나지 않으면서 실제로는 환경에 부담을 많이 주는 환경 압력요인의 성격을 갖는다. 의·식·주·여가에 필요한 재화를 구매·사용·폐기하는 단계에서 자원 낭비적이고 환경오염 발생적인 생활양식을 가지고 있을 때 환경부하는 그만큼 커진다. 문화, 관습, 제도화된 규범 등에 의해서 결정되어 있는 의·식·주·여가 및 기타 결혼, 상례문화 등이 이런 환경문제 유형에 해당된다. 따라서 이러한 생활양식의 효율성 추구와 실천은 가장 근원적인 것이 되고 있다. 그러나 이러한 생활양식의 효율성 추구는 쉽게 변화하기가 어려운 것이 현실이다. 이는 관습적인 부분과 문화적인 부분 그리고 제도에 의해 오랜 기간 동안 습관화되어 있는 부분들

소비문화 더 들여다보기 10-1

지속가능 에너지 소비 실천의 장애요인들

국제소비자연맹(CI, 2007)은 지속가능한 에너지 소비행동을 실천하는 데 있어서 소비자가 겪는 어려움을 다음과 같이 제시하였다.

첫째, 제품 정보가 부족하다는 점이다. 예를 들어, 전기요금 고지서에 전기에너지의 시간별 생산단가나 탄소배출량, 시간대별 사용량과 요금 등에 대한 구체적 정보를 제공하면 소비자는 전기에너지 절약에 더 관심을 가지고 실천하게 될 것이다.

둘째, 녹색구매에는 비용이 더 든다는 점이다. 소비자들의 1/3 이상이 저탄소 녹색구매를 실천하기 위한 상품들은 더 비싸다는 점이다. LED조명, 에너지 효율등급이 높은 전기제품 등은 실상 가격이 높아 전기에너지를 절약하여 얻는 비용보다 구매가격이 더 높기 때문에 실천에 적극적이지 않다.

셋째, 정확히 무엇을 해야 할지, 무엇이 더 효과적인지 혼란스럽다는 점이다. 에너지 절약을 위해 소비자가 어떤 활동을 할 경우 가장 효과적인지가 명확히 알려져 있지 않아 간단한 에너지 절약행동이 얼마나 더 절약이 되고 효과가 있는지 알 수 없다는 점이다.

넷째, 소비자가 에너지 사용이 효율적인 녹색상품을 구입하고자 하여도 시장에서 에너지 절약형 제품이 충분히 제공되고 있지 못하고 관련 정보가 제공되지 못하여 실천에 어려움이 따른다.

다섯째, 정보를 신뢰하기 어렵다. 응답 소비자의 1/4은 회사가 표시하고 있는 에너지 절약표시가 확실하게 효과적인지에 대해 신뢰를 하고 있지 못하다. 또한 에너지 절약이나 친환경 표시의 종류도 다양하고 표준화되어 있지 못해 소비자가 신뢰하는 정보로 인식하고 있지 못한다.

로, 개인 소비자 스스로 바꾸기는 쉽지 않다.

녹색생활은 불편하며, 비용을 유발할 수 있고, 비용 대비 장·단기적 편익이 낮게 체감되어 참여를 높이기 어려운 특성이 있다.

기존의 생활패턴을 변경해야 하므로 이러한 불편을 감수해야 하거나 비용이 수반되는 것으로 소득이 증가하면 증가하지만 소득이 감소하면 소비가 감소하는 선택적 소비의 성격을 띠고 있어 녹색생활은 결국 소비자들의 가치와 의지에 따라 수행될 수 있는 소비이다.

소비자들이 녹색생활에 대한 가치를 인식하고 실천하고자 하더라도 녹색소비자들이 부담하는 비용증가와 불편함에 비해 에너지 절감이나 기후변화 완화와 같은 장기적인 편익은 불확실하므로 소비자들이 자발적으로 참여하기 쉽지 않으며 또 부담해야 하는 비용은 회피하고 편익은 공유하고자 하는 무임승차 현상도 발생하게 된다. 비용은 참여자만 부담하고 편익은 참여자나 참여하지 않는 자가 모두 향유 가능하기 때문이다. 예를 들어, 개별적으로 비용을 들여 나무를 심는 실천행동은 개별 녹색생활에 대한 의지를 가진 개별 소비자의 비용이 추가되는 활동이지만 나무를 통해 공기가 정화되는 편익은 모든 사람이 향유하게 되기 때문이다. 따라서 자발적으로 가치변화를 통해 개별 녹색 소비자를 확산시키는 것을 가치변화 측면에서는 의의가 있으나 실천 효과 측면에서는 그 성취를 추구하기가 쉽지 않다.

우리나라 정부는 효율적 녹색생활의 실천을 위해 법과 제도 그리고 시민단체와의 실천 거버넌스를 통해 동참형 녹색생활을 성공적으로 정착시킨 사례가 있다.

소비문화 더 들여다보기 10-2

동참형 녹색생활의 성공사례 – 쓰레기 종량제와 화장실 문화운동

환경부와 시민단체가 함께한 쓰레기 종량제

환경부는 1995년부터 쓰레기 총량 감소와 재활용 확대를 위해 동참형 녹색생활 유형의 하나로 쓰레기 종량제를, 쓰레기 종량제 시행을 위한 시민단체 협의회와 함께 실시하였다.

이 쓰레기 종량제 사업으로 1994년 대비 8조 400억이라는 경제적 효과를 창출했으며, 쓰레기 발생량은 약 14% 감소, 재활용률은 175% 증가하는 획기적 성과를 달성하였다.

쓰레기 종량제의 성공배경은 동참함에 있어서 상대적으로 적은 비용(종량봉투 구매, 분리수거 생활화)을 부담하여 참여율을 높였고, 이를 통하여 분리수거와 쓰레기 발생량 감소를 실천함에 따라 녹색생활을 습관화시킬 수 있었던 데에 있다. 또한 민관이 공동으로 협력하여 관련 인프라를 정비하고, 효과적 정책수행을 위해 홍보와 교육에 힘을 쏟은 결과이다.

화장실 문화운동

1990년대 후반 공공화장실을 깨끗하게 유지하고자 하는 시민운동의 발상으로 민관 협력으로 정책을 수립하면서 공공기관, 국민 편의시설인 모든 시설의 화장실을 개선하고 이의 관리를 대대적인 캠페인을 통해 성공시킨 것은 동참형 생활운동의 한 사례이다.

2) 만족으로의 가치의 전환을 위해 어떤 노력들을 해왔는가?

효율적 실천과 함께 꼭 필요한 것이 소비자들의 가치의 전환이다. 소비자들의 자원에 대한 가치의 전환이 없을 때에는 아무리 법과 제도를 바꾸고 실천 거버넌스를 실시하고자 하여도 이러한 실천이 오래 가지 못한다. 그보다는 소비자 각자의 자원에 대한 생각, 즉

시간, 돈, 행복에 대한 가치의 패러다임 전환을 통해 스스로 만족할 수 있을 때 이러한 실천 활동과 생활이 변화할 수 있는 것이다.

다음은 히말라야 산맥의 끝자락에 위치한 부탄의 국민 총 행복지수를 산출하는 지표에 대한 설명이다.

소비문화 더 들여다보기 10-3

부탄의 국민 총 행복(GNH)지수

히말라야 산맥 끝자락에 위치한 면적 46,620km^2, 인구 60만 정도의 왕정국가인 부탄은 자원이 풍부함에도 불구하고 아시아에서 가장 가난한 나라 중 하나이다. 부탄은 비록 GDP 등의 경제적 측면에서 볼 때 빈국임에는 틀림없지만 종교적 신념, 문화적 특성 등의 영향으로 국민행복도가 무척 높은 나라이다.

1972년 부탄의 4대 국왕인 지그매싱예 왕추크는 좋은 발전이란 한 사회를 행복하게 하고 웰빙을 유지해주는 것이라고 정의하고, 기존의 GDP를 근거로 한 경제성장 중심의 발전을 비판하며 행복의 발전을 기준으로 삼는 국민 총 행복(Gross National Happiness, GHP) 개념을 제시하였다.

세계적으로 널리 사용되는 지표들은 주로 시장거래, 무역, 환율, 주식시장, 성장 등에 초점을 맞추고 그중 가장 대표적인 지표가 GDP지만 이 지표는 오직 생산과 소비의 증가에만 관심을 가질 뿐 산출물의 특성에는 관심이 없다.

부탄왕국의 목표와 부탄인들의 행복은 일반적으로 서양인들이 생각하는 행복보다 훨씬 넓은 개념이다. 부탄은 행복이라는 말 속에 인간 웰빙의 모든 차원을 담고 있는데 여기에는 생활수준, 건강, 교육과 같은 전통적 사회 관심사뿐만 아니라 시간 활용, 감정적 웰빙, 문화, 지역사회의 생명력, 생태계 다양성 등이 포함된다.

표 10-1 GNH의 영역별 세부 내용 및 지표

영 역	세부 내용	세부 지표(예시)
심리적 웰빙	삶에 대한 만족과 주관적 웰빙을 의미하며 GNH의 목적인 사회 전체의 행복을 나타내는 가장 중요한 요소이자 국가의 정책과 서비스를 평가하는 핵심적 영역이다.	스트레스 지표, 영성 지표, 감정균형 지표
시간 활용	삶의 질을 가장 효과적으로 파악할 수 있는 방법 중 하나로 일하지 않는 시간을 어떻게 활용하는지에 대한 가치판단이 중요한 평가요소가 된다. 예로는 수면, 돌봄, 지역사회 참여, 종교 활동, 문화 활동, 스포츠 및 여가 활동 등이 포함된다.	총 근로시간 지표, 수면시간 지표
지역사회 생명력	지역사회 및 개인 간 상호작용에 대하여 파악한다. 신뢰, 소속감 , 상호관계에 대한 관심, 가정 및 지역사회 내 안전, 후원 및 봉사 등이 중요한 평가 요소가 된다.	가족활력 지표, 안전 지표, 상호호혜 지표, 신뢰 지표, 사회후원 지표 , 사회화 지표, 친족 친밀도 지표
문화	부탄은 문화 전통의 유지를 최우선 정책 목표 중 하나로 설정하고 전통문화의 다양성과 특이성에 중점을 두고 있다. 문화시설의 특성과 현황, 언어 사용의 다양성, 지역사회 축제 참여도 등을 조사하고 사회의 핵심가치 및 전통의 변화 등이 중요한 평가 요소가 된다.	방언 사용 지표, 기초인식 지표, 가치전달 지표, 장인기술 지표, 전통 스포츠 지표, 지역사회 축제 지표
보건	국민의 건강상태와 결정요인, 의료 시스템 등을 평가한다. 자가진단 건강상태, HV 감염과 모유 수유에 대한 지식의 확산 정도, 양 · 한방 의료시설까지의 접근 거리 등이 중요 평가 요소가 된다.	건강상태, 건강지식 지표, 보건장벽 지표
교육	교육성과 및 교육이 사회 전반에 미치는 웰빙 측면의 영향력과 효과를 평가한다.	교육달성도 지표, 지역언어 지표, 민속 및 역사적 문헌 해독 지표
생태계	천연자원 및 생태계, 생태 다양성, 복원력 등과 관련하여 국내의 수요와 공급이 부탄의 생태계에 미치는 영향을 파악한다. 단, 생태 다양성과 복원력에 대한 객관적 측정은 다른 기관들이 조사한 결과 자료를 활용하여, GNH 조사에서는 생태환경에 대한 인지적 부분을 파악한다.	생태환경 악화 지표, 생태환경 지식 지표, 조림 지표
생활수준	사람들의 기본적 경제상태를 평가하기 위하여 개인 및 가구별 소득수준, 재정적 안전도, 식량안보, 주택소유 등을 파악한다.	소득 지표, 주택 지표, 식량안보 지표, 곤궁 지표
좋은 거버넌스	정부의 다양한 기능에 대하여 사람들이 어떻게 인지하는지를 효능성, 정직성 등의 질적 측면에서 평가한다. 인권, 정부, 각 기관별 리더십, 서비스 제공도, 불평등 및 부패관리 등에서의 정부 성과나 언론, 사법, 정책에 대한 국민들의 신뢰 등이 중요한 평가 요소가 된다.	정부 성과 지표, 제도에 대한 신뢰 지표

출처: OECD 세계포럼의 이해, 제2권 제3차 OECD 세계포럼 중 OECD 비회원국의 웰빙 측정, p.50.

부탄이 심리적 웰빙을 별도의 영역으로 선정한 것은 기존의 사회, 경제 지표가 사회발전이 인간에 미치는 다층적 영향과 연계성을 잘 설명하지 못하기 때문이다

경제지표는 시장의 모습만을 나타낼 뿐 그것이 인간에게 가져다주는 부작용과 역효과는 담아내기 못한다. 부탄은 경제적 성과만으로는 심리적 웰빙에 그다지 긍정적 영향을 줄 수 없으며 오히려 심리적 웰빙 수준이 높아질수록 소득수준이 높아지고 일에서도 좋은 성과를 이룰 수 있다는 것을 증명하려고 하였다.

심리적 웰빙의 결정 요인 중 스트레스와 같은 경우는 행복을 느끼는 정도로 조사하였고 삶을 어느 정도 즐기고 있는가 등의 문항으로 개인의 행복에 영향을 미치는 스트레스 정도를 조사하였다. 또한 심리적 웰빙의 요소로 영성(spirituality)을 조사하며 감정의 수준으로 평온함, 측은지심, 용서, 만족감, 관대함 등의 긍정적 감정과 화, 죄책감, 이기심, 질투, 실망, 슬픔, 좌절과 같은 부정적인 감정을 느끼는 정도도 측정하였다.

이러한 조사를 통해 노동시간이 긴 농부나 실업자 등과 같이 만족감을 느끼지 못하고 타인에 대한 용서의 감정을 갖지 못하며, 화 또는 죄책감 등 부정적 감정을 느끼는 계층에 대한 정책적 관심을 촉구하는 것이 국가의 정책이 된다.

부탄의 행복측정 지표로 조사를 한 결과 도시생활이 삶의 질과 부정적 감정지수가 높게 나타났는데, 그 이유는 인간관계나 지역사회와의 관계, 영성 등에서 만족도가 낮아 스트레스가 높기 때문이라고 하였다.

위의 GNH로 국가의 경제사회발전 정도를 측정할 경우 GDP로만 측정한 경우와는 결과가 동일하지 않을 것이다. 따라서 어떤 가치를 추구하며 이러한 가치변환에 따른 측정지표의 변화는 우리의 일상생활 행동과 실천을 바꾸는 데 중요한 역할을 할 것이라는 점을 확인할 수 있었다.

소비문화 더 들여다보기 10-4

다운시프트 족

다운시프트 족은 수입의 감소를 일부러 선택하고 소비를 줄이기 위해 노력하는 사람이라고 정의한다. 「과소비하는 미국인」의 저자 줄리엣 쇼어는 미국인이 다운시프트를 선택하는 가장 큰 이유는 시간의 여유를 갖고, 스트레스를 줄이고, 삶의 균형을 되찾기 위해서라고 설명한다. 다운시프트의 가장 결정적인 동기는 균형 잡힌 삶과 삶에 대한 주도권, 가족과의 시간, 자기계발을 원해서이다. 해밀턴과 데니스는 다운시프트의 핵심이 돈과 물질을 삶의 우선순위에서 밀어내는 '생각의 변화'라고 말한다. 사람들은 몰랐던 삶의 즐거움을 알게 되고, 스트레스에서 벗어나 마음의 여유가 생기며, 느림의 미학을 깨닫게 된다고 이야기한다.

호주연구소는 다운시프트 족에 관한 통계를 내놓았는데 90%가 새로운 생활에 만족을 하지만 38%는 수입이 줄어든 것을 아쉬워하기도 한다고 하며, 17%는 새로운 생활에 만족을 하면서도 줄어든 수입 때문에 힘겨워하는 경우도 있다고 한다.

다운시프트에서 한 단계 더 발전한 단순하고 소박한 삶을 '자발적 단순함'이라고 하는데 대개는 미국인 중 아이가 없는 중산층 백인여성이 많다고 한다. 이들의 소박함은 스스로 '선택한 가난'이란 점에서 전통의 가난의 개념과는 전혀 다르다.

이들은 소비습관을 바꾸고, 직장 스트레스가 없는 단순한 삶을 즐기며, 경제적으로 독립하고자 하며 상당수는 자원봉사에 참여하고 있다. 이들이 단순한 삶을 살고자 할 때 가장 흔히 쓰는 방법은 '작은 집으로 이사하기', '새 차 대신 중고차 사기', '중고매장이나 벼룩시장에서 쇼핑하기', '외식이나 개봉영화, 비싼 유흥시설 삼가기', '물물교환 이용하기' 등이다.

심리학자들이 꼽는 주요 내면적 욕구로는 가족, 친구, 직장 동료 등과의 멋지고 즐거운 관계, 인정받는 느낌과 자신감을 얻고 싶다는 욕구, 자율성을 향한 노력 등이 있다. 이러한 내면적 욕구의 충족과 외형적 재화의 획득 사이에서 결정해야 할 때 사람들은 외형적인 재화에 더 커다란 의미를 부여해 왔지만 다운시프트 족의 경우 오히려 내면적 욕구충족을 더 중요시 여기는 가치변화를 겪은 사람들인 셈이다.

3) 자원의 사용을 자연과 양립시켜 조화를 이루고 있는가?

자원 사용을 자연과 양립시켜 조화를 이루고 있는가의 문제는 우리의 소비활동에 인간의 행동측면이 어떻게 조화롭게 양립되고 있는가도 함께 고려되어야 한다. 따라서 자원 사용의 의미는 시간, 인간의 활동 측면까지 고려하여 어떻게 조화를 이루고 있는가도 함께 생각해야 한다.

영국 노팅힐의 다운시프트 족이 즐겨 찾는 창의적 옷가게(위)와 서울 중앙시장의 재활용 구둣가게(아래)

(1) 자원 사용 시 자연과 양립하도록 조화롭게 소비

최근 20여 년 동안 지속적으로 논의되어 온 지속가능 발전의 개념에는 '미래 세대가 그들의 필요를 충족시킬 능력을 저해하지 않으면서 현재 세대의 필요를 충족시키는 것'인 바 현 세대가 물려줄 환경과 자연자원의 여건 속에서 미래 세대도 최소한 현재 세대만큼 잘 살 수 있도록 자원 사용 시 자연과 양립하도록 조화롭게 소비하는 것이 필요하다.

녹색생활의 실천을 위해 더 효율적 방법과 제도를 개발하고 가치를 변화시켜 자원에 대한 생각들이 바뀌고 행복에 대한 가치가 변화하면서 실상 소비제품의 사용방법에 따라 인간의 사회적 관계와 제품의 이용범위, 그리고 인간의 에너지 투입량이 달라진다는 이론을 제시한 휘라트(Firat, 1974)의 연구가 조화로운 소비활동에 중요한 지침이 되고 있다.

표 10-2 제품의 사용방법에 따른 소비와 처분 활동

구 분	소비제품의 사용방법
사회관계적 측면	군집 소비(collective consumption): 하나의 제품을 여러 소비단위가 공동으로 사용
	개별적 소비(individul consumption): 개별단위에서만 사용
제품 활용 범위의 측면	공적 소비(public consumption): 이용할 의사가 있는 모든 사람이 사용 예: 공공 박물관, 미술관 등
	사적 소비(private consumption): 사적으로만 이용되는 사설 미술관, 개인 수영장, 개인 비행장 등
인적 활동 투입 측면	능동적 소비(active consumption): 동일 목적에 인간의 활동이 많이 투입
	수동적 소비(passive consumption) : 기계 등에 의존하여 인적 활동 투입이 적은 경우

제품의 사용을 이와 같은 방법으로 구분하였을 때 휘라트는 오늘날의 소비양상이 점점 개별적, 사적, 수동적인 방법으로 이루어지고 있다고 하였다. 이러한 소비양상은 군집적, 공적, 능동적 소비패턴으로 이용할 때보다 사회적 비용이 훨씬 증가하게 되며 이로 인한 제품 사용 후의 폐기물 또한 크게 증가한다고 보았다. 따라서 녹색생활을 추구할 경우 우리는 사회관계적 측면으로는 군집 소비의 방식으로, 제품 활용 범위의 측면에서는 공적 소비로, 또 인적 활동 투입 측면에서는 능동적 소비로 가는

것이 타당할 것이다. 군집 소비를 통해 사회관계망의 커뮤니케이션도 늘릴 수 있고 공적 소비로 사회적 비용을 줄이며 또 이러한 군집 소비와 공적 소비의 관리나 유지에 인적 자원을 투입하거나 제품 활용 측면에서 능동적 소비를 도입함으로써 일자리 창출에도 기여할 수 있을 것이다.

그러나 현재의 시장상황은 그보다는 많은 소비제품을 소비자가 개별적 소비를 하여 편리성을 높일 수 있다는 점만을 강조하는 마케팅 활동은 물론 공적 소비를 통해 많은 사람이 공공서비스를 즐길 수 있도록 하는 정책보다 사적으로 이용되는 사적 소비영역을 소비자가 선호하도록 소비자들의 마음을 귀족화하고 차별화하는 전략을 택하고 있으며, 어떠한 일을 하는 데 있어서 인간이 직접 활동을 하도록 하기보다는 기계에 의존하여 인적 활동의 투입을 최소화하려는 경향을 보인다.

예를 들면, 전화, TV시청, 가정 내 제품들을 가족원 각자가 소유하고 개별화시키다 보니 가족이 함께하면서 가족 내의 사회적 관계를 통한 커뮤니케이션 시간이 줄어들고, 부자들이 개별적으로 사적 소비를 함으로써 스스로 차별화되고 귀족화된 감정을 누리면서 만족을 추구하도록 하는 귀족 마케팅 등을 통해 사적 소비를 부추기고 있다. 최근 특별한 부자들만이 갈 수 있는 회원제 골프장이나 헬스클럽, 그리고 특정 부자들만이 참여할 수 있는 사설 미술관, 또는 회원제 클럽 등이 그것이다. 인적 활동 측면에서는 가정 내 음식물 쓰레기를 건조시켜 제거하는 음식물 쓰레기 건조기나 세탁기, 빨래 건조기 등 일상적 생활에서 모든 것들을 기계화하여 인간의 노동을 최소화하고자 하는 노력들이 극대화되고 이러한 기술개발들은 결국 에너지와 연결되어 가정에서 사용하는 에너지의 양이 최대로 늘어나고 있다.

(2) 함께하는 실천이 되고 있는가?

지속가능 녹색생활의 실천은 효율성을 높이는 기술의 개발 및 법과 제도를 통해 가치지향성을 변화시키면서 이를 실천하도록 해야 하는데 가장 중요한 것이 실천의지를 가진 사회구성원인 소비자의 시민성이 발휘되어야 한다는 것이다. 따라서 소비자 시민성에 대한 교육을 함께 하면서 이를 실천해 나가도록 하는 것이 매우 절실하게 필요한 부분이다.

우리 사회의 경우도 많은 시민단체가 존재하고 이 단체들이 정부와 협력하는 파트너십을 통해 실천운동을 하고 있는 경우도 많지만 각 단체들이 시민의식을 통한 지속가능

소비문화 더 들여다보기 10-5

미 뉴욕 센트럴 파크 보호협회의 사례: 자발적 시민 참여로 지역사회를 재건

미국의 대표적인 도심공원으로 1857년 조성된 센트럴 파크는 1970년대 이후 버려진 공원으로 전락하였다. 당시 시 정부의 재정난으로 관리가 소홀해져 낙서, 범죄, 쓰레기 투기 등 무질서가 난무하고 녹지가 훼손된 상태였다. 1975년 파산위기에 처한 뉴욕시는 시청 공무원을 절반으로 줄이고 공원예산의 2/3를 삭감하여 사실상 공원관리를 포기한 상태였다.

이 시기에 위기에 처한 공원을 구하려는 뉴욕 시민들이 1980년 '센트럴 파크 보호 협회(Central Park Conservancy)'를 결성하였다 이 협회는 비영리 민간단체로 자선모금으로 마련한 재원을 가지고 공원의 복구 및 유지관리 사업을 실시하기로 하고 연간 1,500만 달러를 모금하여 시 정부로부터 재정 지원을 받지 않고 독자적으로 사업을 전개하였다.

공원 생태계가 성공적으로 복원된 센트럴 파크는 매년 2,500만 명의 방문객이 찾을 정도로 뉴욕의 대표적 명소로 변모하였다.

이 사례는 시민단체가 선도적 역할을 수행하고 지역주민이 인적·물적 지원을 통해 적극적으로 참여하면 지방정부가 포기한 도심공원도 되살릴 수 있다는 교훈을 제공한 사례이다.

현재 센트럴 파크 관리소장직은 센트럴 파크 보호협회장이 겸임하고 있으며 시 정부가 관리할 때보다 질 높은 서비스를 제공하고 있다.

발전보다는 정치적 의견을 서로 달리하는 그룹들이 각각의 목적을 위해 활동을 하는 경우가 많아 순수한 시민의식을 가지고 실천하는 시민단체와 정부와의 협력 파트너십을 발휘하는 것이 필요하다. 또한 소비자 시민성 교육이 소비자정책의 중요한 파트로 자리매김하여 정책의 실현을 가시화할 수 있는 교육프로그램도 개발되어 이의 실천이 현실화되어야 할 것이다.

3 행복한 소비문화 실천 거버넌스 만들기

1) 효율적 실천을 위한 넛지[2]의 이용

실상 어떤 가치의 변화가 선행된다고 해도 바로 행동이 변화되기는 쉽지 않다. 인간의 속성은 계획한 대로 실천하기는 쉽지 않기 때문이다. 따라서 저탄소 녹색소비가 필요하다고 인식은 하지만 강력한 통제가 없는 한 실천은 귀찮은 일인 것이이다. 박희제(2009)는 녹색행동의 결정요인과 유인방안으로 행동은 법/정책, 규범/가치관 그리고 테크놀로지와 시장의 영향을 받게 된다고 하면서 녹색기술의 수용이나 녹색소비는 뛰어난 기술/제품의 제공에 의해서만 결정되기보다는 제품의 생산과 소비를 둘러싼 제도적, 경제적 요인들 그리고 다른 연관기술/제품들이 조화로운 시스템을 구축하는 데 달려 있다고 주장한다.

따라서 행동유도를 위해서는 법, 규범/가치관 그리고 기술을 포함한 선택설계의 개념을 도입한 강력한 정책을 실시하는 것도 행동변화를 위한 좋은 대안이 될 것이다. 예를 들면, 도박이나 음주, 흡연이 나쁘다는 것은 알고 있지만 개인은 이에 대한 정부의 강력한 규제가 없을 경우는 행동변화를 가져오려 하지 않는다. 어떤 면에서는 자율적인 인간이지만 어떤 경우에는 누군가가 타율적으로 규제해 주지 않으면 스스로 행동변화를 가져오기 어려운 것이 또한 인간이기 때문이다.

첫째, 사회적 영향력을 가하는 방식이다. 대부분의 사람들은 타인들로부터 배움을 얻는다. 따라서 개인과 사회는 타인으로부터 배우게 되므로 녹색소비와 저탄소생활 그리고 돈에 대한 가치, 직업과 교육에 대한 가치 등을 사회적 영향력에 의해 바꾸고 또 행동을 따라 하는 동조행동을 하게 된다. 수많은 사람들이 취하는 행동이나 사고를 보면서 자신에게 최선이 되는 행동이나 사고가 무엇인지에 대한 정보를 얻게 되고 무언의 동료집단의 압력에 의해 그들의 생각이나 행동을 따르게 된다는 점이다. 따라서 사회의 동조

2) 넛지(nudge)의 사전적 의미는 '옆구리를 팔꿈치로 슬쩍 찌르다'란 의미인데 넛지는 선택설계자가 사람들에게 어떤 선택을 금지하거나 그들의 경제적인 인센티브를 훼손하지 않고도 예상 가능한 방향으로 그들의 행동을 변화시키는 것을 말한다. 넛지란 똑똑한 선택을 이끄는 자연스러운 힘을 의미하며, 강요에 의하지 않고 자연스럽게 선택을 하도록 이끄는 힘으로 이 힘은 생각보다 아주 크기 때문에 정책을 실천할 경우 국민들에게 강요하지 않으면서 자연스럽게 실천이 가능하도록 설계하는 것을 말한다.

이렇게 해보세요 10-1

사회적 영향력을 가하는 녹색소비운동 사례의 제안

최근 우리 사회에서 대중적으로 감동을 주는 프로그램들의 사회적 영향력은 사람들의 행동을 바꾸는 데 많은 기여를 하고 있다.

예를 들면, 대중적인 영웅이 되고 있는 대중스타, 스포츠스타나 사회적 지도층 등이 새로운 사회적 규범과 유행을 만들어 가도록 하여 사회적 영향력을 의도적으로 가하는 것이다.

인기 스타들이 저탄소 녹색소비운동을 위한 자전거 타기 캠페인 실천이나 사회적 지도층이 솔선수범하여 저탄소 친환경차 또는 '작지만 튼튼하고 안전한 소형차 타기' 등을 실천한다면 '작은 것이 아름답다'라는 가치변화를 위해 사회적 영향력을 가할 수 있다.

를 일으킬 수 있는 오피니언 리더들의 가치나 행동을 따르게 되는 것이다. 그러므로 녹색생활의 영웅이 되는 오피니언 리더의 육성을 통해 그들의 가치와 행동을 변화시킬 수 있는 선택 설계, 즉 넛지를 시도할 수 있을 것이다.

둘째, 조명효과를 이용한다. 사람들이 사회규범이나 유행에 동조하기 위해 그토록 열심히 노력하는 이유는 다른 이들이 자신의 행동을 크게 주목한다고 생각하기 때문이다. 만약에 자신이나 가족이 중요한 사람들이라고 생각하는 사람들과의 모임을 갔을 때 모두들 큰 차, 또는 외제차를 타고 모이는 장소에 만약 녹색생활을 실천한다는 차원에서 소형차를 타고 갔을 경우 다른 사람들이 자신을 어떻게 볼 것인가를 은근히 신경 쓴다는 점이다. 이러한 이론을 조명효과라고 부른다. 실제의 실험에서 사람들은 자신이 생각하는 것만큼 남에게 관심을 갖지 않는다는 점이 드러났다. 그러나 사람들은 부분적으로는 모든 사람들이 자신을 주목한다고 생각하기 때문에 다른 사람들이 기대한다고 생각하는 바에 부합하려고 노력한다는 점이다. 이러한 조명효과를 이용해 많은 사람들이 당신의 녹색생활을 주목하고 있다는 점을 인식하게 하는 것도 녹색생활을 행동 실천에 옮기게 하는 넛지가 될 수 있다.

셋째, 사회적 넛지의 활용이다. 높은 금연율 뉴스는 더 많은 금연을 유발한다. 선택설계자의 경우 사람들에게 행동 실천을 하도록 넛지를 사용하고 싶을 경우 그저 다른 사람들이 행하고 있는 점을 알려주기만 하면 된다는 것이다. 때때로 타인들의 관행은 놀랍게 느껴지기 때문에 사람들은 그것을 알게 되는 것만으로도 큰 영향을 받을 수 있다는 것이다.

이렇게 해보세요 10-2

사회적 넛지를 활용한 녹색소비의 사례

사람들이 재활용에 참여하는 사람들이 많다는 사실을 알게 되었을 때 재활용을 실천할 가능성이 더 높아진다.

아름다운재단의 재활용 운동

'아름다운가게'는 재활용을 상징하는 재단이 되고 있다. 초기에 아름다운가게에 대한 홍보가 이루어지게 되면 사람들은 재활용에 대한 의식과 행동이 배가되어 일반화된다는 점이다.

초록천사의 전자 쓰레기 제로운동

녹색소비자연대가 하고 있는 청소년 초록천사 운동은 이들의 전자 쓰레기 수집행동이 주변 학생들에게 알려지면서 인지가 될 경우 지속적으로 운동이 사회적 영향력을 키울 수 있다.

넷째, 사람들의 의도를 묻는 것만으로도 행동을 유발할 수 있다. 설문조사에서 사람들은 종종 특정한 행동, 예를 들면 투표나 특정 제품의 구매 등을 행할 가능성이 있는지 여부에 대해 질문을 받는다. 대개의 질문은 사람들의 행동을 구분하기 위해서 질문하는 것이지만 의외로 사람들의 의도를 측정하는 동안에 사람들의 행동에 영향을 미치게 된다는 사실이다. 어떤 특정한 음식을 먹을 의향이 있는지, 다이어트를 할 의향이 있는지, 운동을 할 의향이 있는지에 대해 질문을 받고 그에 답했을 때 이 답변은 당사자의 행동에 영향을 미친다는 점이다. 이러한 현상을 '단순측정효과(mere measurement effect)'라고 하는데 이 단순측정효과를 민간부분이나 공공부분의 넛지 수행자들에 의해 이용할 수 있다고 본다.

영국 런던에 있는 공공 자전거 보관대. 카드를 이용해 누구나 자유롭게 사용하고 이동장소에 가져다놓는 공적 소비물품

이렇게 해보세요 10-3

사람들의 의도를 물어 상품구매나 에너지 절약을 유도

녹색상품을 구매할 의향이 있는지, 녹색상품을 판매하는 곳을 알고 있는지를 질문함으로써 녹색상품의 녹색상품 판매장소를 인지하고 녹색상품 구매율을 올릴 수 있을 것이다. 녹색상품 구매 홍보용 영상에 대한 단순측정효과는 민간부분이나 공공부분이 함께 실시하면 행동을 유발할 수 있다.

에너지 시민연대의 '불을 끄고 별을 켜다' 운동

에너지 시민연대의 '불을 끄고 별을 켜다' 운동은 환경단체, 여성단체, 소비자단체 등의 NGO와 환경부, 에너지관리공단 등이 함께 주관하는 에너지의 날 행사로서, 매년 8월 여름 전기에너지 사용이 피크가 되는 시기를 정하여 모든 공공기관, 시청 주변의 빌딩, 가정 등에서 일정 시간 동안 야간에 불을 끄고 에너지의 중요성을 소비자가 인지하는 문화행사이다. 불을 끄는 행사에 단순하게 참여함으로써 에너지 소비에 대해 인식하고 민간, 정부, 기업이 함께하는 대표적 거버넌스 활동의 하나이다.

2) 가치변화를 위한 노력

법과 제도를 함께 바꾸면서 가치를 변화시키는 법

소비자의 가치를 바꾸는 것은 앞에서 논의한 바와 같이 실상 쉬운 일은 아니다. 사회적 공감대가 형성되고 사회의 제도와 법이 변화되어야 하는 만큼 가치변화의 공감대를 형성하고 변화하는 소비자의 트렌드에 맞춰 법과 제도를 바꾸도록 해야 한다. 이러한 법과 제도 그리고 가치의 변화는 어떤 의미에서 선순환적 고리를 가지고 있으므로 사회의 가치가 변경되면 자연스럽게 법과 제도의 변경에 대한 요구가 발생하기도 하지만, 사회적으로 유익한 가치의 변화를 위해 법과 제도를 서둘러 마련하고 시민들의 가치변화와 실천을 유도하기도 하게 된다. 앞서 제시했던 쓰레기 종량제와 같은 제도는 가치관 변화를 유도하고 실천을 이끌어내기 위한 제도의 확립이 가치변화에 기여한 사례이기도 하다.

따라서 시민단체들과 정부가 어떠한 실천 전략을 마련할 것인가를 먼저 의논한 후 정부의 정책 실천을 위한 다양한 제도와 법을 마련하고 선제적으로 실행을 유도하는 노력도 매우 효과적인 방법이 될 것이다.

앞의 절들에서 행복한 소비문화의 실천을 위해 제시된 다양한 제안들을 정리해 보면 표 10-3과 같다.

표 10-3 행복한 소비문화 실천과제의 사례

	자원절약과 경제적 효율	만족을 추구하는 가치의 전환 (건강과 안전)	생태적 쾌적성 (자연과의 조화로운 생활)
의생활	▪ 의복의 사용 효율성 ▪ 의복비의 효율성 ▪ 의복의 재활용과 재사용 ▪ 의복의 효율적 관리(친환경 세탁, 정기적 정돈)	▪ 의복재료의 건강성, 안전성 ▪ 창의성을 활용한 의복의 리폼 ▪ DIY 의복 만들기 ▪ 유행, 명품 선호의식 재고 ▪ 실용성 추구, 나만의 개성 추구	▪ 자연친화적 디자인 개발 ▪ 환경친화적 소재 개발 ▪ 여름에 시원한, 겨울에 따뜻한 의생활 지향(여름에 넥타이 안 매기, 겨울에 내복 입기 등) ▪ 모피나 가죽 사용 자제 ▪ 안 입는 옷 기증, 오래 입기 ▪ 재활용 의류 구매 ▪ 슬로패션, 에코패션
식생활	▪ 음식물 쓰레기 줄이기(식단, 적정양 구매, 적당한 양 조리, 음식물 관리) ▪ 식재료 사용의 효율성 ▪ 식품의 효율적 구매방식	▪ 식품 위생과 안전 ▪ 슬로푸드 ▪ 식중독 방지 ▪ 편리함과 맛의 추구에서 건강으로 ▪ 식품 생산과정, 유통과정 인식 ▪ 함께하는 식사 ▪ 소박한 식단 만들어 먹기 ▪ 나눔의 문화	▪ 채식주의 ▪ 웰빙 식단 ▪ 지역에서 나는 식재료 활용 ▪ 생협 이용 ▪ 공정무역제품 이용 ▪ 농산물 직접 재배(텃밭 가꾸기)
주생활	▪ 물 사용, 전기 사용, 에너지 절약 등 ▪ 에너지 효율 높은 제품 사용 ▪ 주거공간의 효율적활용-가전, 가구 덜 구매 ▪ 친환경건축물 인증제도	▪ 친환경 자재 ▪ 정기적 청결유지 ▪ 유니버설 디자인 ▪ 생활안전 디자인 ▪ 공동체문화-코하우징, 담장 허물기 ▪ 개성 있는 주거공간 ▪ 주택소유에 대한 가치전환 - 팔 집보다 살 집	▪ 에너지 절감(태양열, 제로에너지 하우스, 지역난방) ▪ 생태마을 조성 ▪ 생태적 학교 조성 ▪ 생태적 사무실 조성

(계속)

	자원절약과 경제적 효율	만족을 추구하는 가치의 전환 (건강과 안전)	생태적 쾌적성 (자연과의 조화로운 생활)
가족생활	▪ 생활시간의 효율적 활용 ▪ 가족친화적 생활	▪ 가족위생 ▪ 가족의 가사노동 분담	▪ 생태적 코하우징 ▪ 코하우징의 공동생활 개발 ▪ 생활협동조합 ▪ 지역화폐운동 ▪ 공공프로그램의 자발적 참여 ▪ 지역공동체 참여
여가생활	▪ 에너지 절약형 여가 ▪ 공공시설의 활용 ▪ 자원 사용 줄이기	▪ 자전거 타기, 등산, 걷기운동 등 건강 추구 ▪ 일과 여가의 균형 ▪ 자신만의 여가, 건진한 여가방법 개발 ▪ 공동체 여가 ▪ 여가를 통한 나눔 실천(시간, 재능, 물질)	▪ 공공 교통수단 이용 ▪ 비행기여행 줄이기-CO_2 절감 ▪ 골프관광 자제 ▪ 윤리적 여행(공정여행, 그린투어리즘, 숲체험, 생태관광, 책임여행)

3) 더 조화로운 삶을 위해 함께하는 실천

조화로운 삶을 위해 함께하는 실천은 소비자가 시민으로서 자원 사용을 자연과 양립하도록 스스로 가치변화를 통해 구체적으로 실천하는 것이다. 기존의 낭비적이고 동조적인 소비패턴에 익숙해져 있는 상황에서 작은 것을 가지고 만족하면서 불편함을 참으며 조화로운 소비생활 패턴으로 생활하는 것은 하루아침에 이루어지거나 변화하기가 쉬운 것은 아니다. 그러므로 공동체가 함께 서로 격려하고 즐겁게 실천으로 변화시키는 것이 필요하다.

소비자가 더 조화로운 삶을 위해 실천해 나갈 영역을 개인적 소비영역과 공동체 소비영역 부분 그리고 각 영역에서도 공적 규제나 넛지를 통해 실천을 유도해야 하는 과제 등을 분류해 보면 표 10-4와 같다.

표 10-4 조화로운 삶을 위한 실천과제

	개인적 소비영역	공동체 소비영역	공적 규제 또는 넛지
의생활	지나친 의복 아이템의 보유	개인적 제작이나 소유보다는 사용 중심의 빌리는 문화 정착	■ 관혼상제의 사치성 의복소비 개선 ■ 과시성 꽃 소비
식생활	■ 과식, 폭식 ■ 다이어트 ■ 음식물 쓰레기 생성	■ 단체급식 문제 ■ 식당 메뉴 개선을 통한 음식물 쓰레기 줄이기	음식물 쓰레기 분리수거의 정확성
주생활	■ 지나친 주거용품의 보유 및 사용 ■ 주거용품의 개별소비	■ 공공건물의 에너지효율 ■ 군집소비의 정도(collective consumption)	에너지 과소비형 사치주거패턴에 대한 중과세
교통생활	교통수단의 사적 소비 줄이기	■ 교통수단의 군집소비(카풀) ■ 공적 소비(공용차, 공용자전거 등)	에너지 다소비형 자동차에 대한 탄소세의 중과세
여가생활	■ 개별적 여가 ■ 에너지 다소비형 ■ 수동적 소비형 여가	■ 공적 소비, 군집소비가 가능한 여가를 사회적으로 개발 ■ 군집소비가 가능한 공공여가시설의 설치	

더 조화로운 삶을 위해 꼭 필요한 것이 소비자, 시민들이 함께 참여하는 실천이다

소비자들은 행복을 위해 어떤 행동을 실천할까? 김난도 외(2010)는 「소비자는 무엇을 원하는가?」에서 최근 소비자는 행복하고 싶다는 강한 욕망을 가지고 있다고 전제하면서 행복을 위한 소비행동에서는 자신의 문제를 해결하기 위해 대화나 여가를 즐기는 소비와 사회적으로 선한 행동을 함으로써 자신의 존재감을 고양시키는 소비행동을 한다고 진단하고 있다.

소박한 삶과 소비에 대한 지속적인 실천과 습관화, 그리고 물질적 소비보다는 가족, 친구, 직장 동료 등과의 멋지고 즐거운 관계, 인정받는 느낌과 자신감을 얻고 싶다는 욕구, 자율성을 향한 노력 등과 같은 행동실천에서 행복감을 느끼도록 실천이 생활습관화가 되어야 할 것이다. 대학생은 물론 청소년 시절부터 자원봉사 활동을 통해 녹색소비 실천운동을 할 수 있는 사회적 조직 체계가 마련되는 것이 필요하다.

1960~80년대까지 우리 사회가 경제적으로 크게 발전하지 못한 시절에는 청소년의 클럽활동이 매우 활발했고 학교교육에서 특별활동이 상대적으로 활성화되어 청소년들의

가치관 확립과 실천 활동에 많은 영향을 미쳤다. 이 시기 청소년기의 특별활동을 경험한 학생들이 사회에 진출하여 지속적으로 시민단체 활동이나 사회의 리더로서의 역할을 하는 경우가 많았다. 그러나 경제적 여건이 성숙되고 입시 위주의 교육풍토가 보편화된 이후 이러한 청소년의 사회참여 활동이 미미하여 청소년의 가치 및 생활습관 형성에 긍정적 효과를 가져오지 못하였다. 최근 다양한 청소년 리더십 프로그램의 개발이 청소년들의 가치관 형성과 만족, 행복도를 높인다는 연구결과들을 보면 청소년을 중심으로 한 녹색생활 실천운동의 활성화가 시급하다. 정부의 가족, 아동, 청소년 정책과 녹색성장, 지속가능 소비문화의 정착을 위한 해결은 앞으로 30년을 바라보면서 청소년 녹색생활 실천운동부터 시작하여야 할 것이다.

실천해 보기

1. '가지고 싶은 물건' 목록을 적어 보자.
   1) '있어도, 없어도 좋은 물건 목록' 을 적어 보자.
   2) '없어도 조화로운 삶을 사는 데 지장이 없는 물건 목록' 을 적어 보자.

2. 내가 우리 지역의 초록천사라고 생각하고 우리 지역의 행복 추구를 위해 어떤 활동을 할 것인지 한번 기획해 보자.

행복한 소비문화 실천을 위한 초록천사 운동
(녹색소비자연대 제작 동영상)

초록천사 운동은 행복한 소비문화의 실천을 위해 어린이, 청소년을 대상으로 하는 클럽활동이다.

- 초록천사 클럽은 어린이, 청소년들이 스스로 만드는 소비문화 실천 클럽으로, 자원의 중요성을 알고 지속가능 소비활동을 위해 학교 또는 학교 외에서 스스로 결성하여 자원봉사활동을 목표로 한다.

- 각 클럽의 활동을 위해 어린이나 청소년들의 리더십을 키워주는 멘토는 대학생 자원봉사자로 구성되어 클럽 구성원들을 지도하고 협력하는 네트워크를 활성화시키며, 사회인 멘토는 기업의 직장인들이 어린이나 청소년들에게 멘토로서 리더십 교육을 제공하는 재능 기부 운동을 함께하도록 한다.

- 초록천사의 무지개 프로그램은 자연물 숲사랑 초록천사, 에너지 절약 초록천사, 건강한 학교 만들기 초록천사, 생태문화 체험 초록천사, 전자쓰레기 제로 운동 초록천사, 녹색생활 실천 초록천사, 녹색상품 이용 초록천사라는 7가지 운동을 균형 있게 실천하는 프로그램이다.

- 초록천사 프로그램은 어린이, 청소년뿐만 아니라 대학생 자원봉사, 성인들이 멘토를 맡음으로써 소비자 시민성 교육을 함께할 수 있는 실천 교육 프로그램이다.

국가에너지 절약 추진위원회(2008). 신 고유가 시대의 에너지 절약 대책.
김경자(2009). 녹색사회에서의 소비자 변화와 기술. 제2회 포럼 자료집.
김난도 · 최인수 · 윤덕환(2010). 소비자는 무엇을 원하는가?. 한국경제신문.
김선빈(2010). 시티즌십 위기극복의 필요조건. 삼성경제연구원.
김정은(2007). 소비자 시민성의 개념화 및 실증적 적용. 서울대학교 대학원 박사논문.
김익 · 임은정(2009). 탄소 성적 표시제도의 이해와 활용. 지속가능경영원.
노대명(2008). 서구 근로 빈곤문제의 현황과 과제. 연구보고서 2008년 18월 6일, 한국 보건사회 연구원.
노정구(1996). 환경의식적 소비행동과 라이프스타일과의 관련성에 관한 연구. 한국마케팅관리학회 2(1).
마마다 다카오(2007). 제3의 소비문화론. 미네르바 쇼텐.
박명호(2009). 발전측정의 새로운 패러다임-거시적 접근. 스티글리츠 위원회의 성과와 경제사회 발전지표. OECD 세계포럼의 이해 제2권. 통계청.
박명희(2003). 스칸디나비아 도시들과 한국 도시들과의 지속가능한 발전 실천사례 비교연구. 스칸디나비아 연구 제4호.
박명희 · 송인숙 · 손상희 · 이성림 · 박미혜 · 정주원(2005). 소비자 교육의 실효성을 위한 정책적 제안-학교 소비자 교육을 중심으로. 소비자 교육지원센터 심포지엄 자료집. 2005년 소비자 교육지원센터.
박명희 · 송인숙 · 손상희 · 이성림 · 박미혜 · 정주원(2006). 생각하는 소비문화. (주)교문사.
박명희 · 송인숙 · 손상희 · 이성림 · 박미혜 · 정주원(2006). 지속가능 소비문화의 정착을 위한 대안 탐구 연구. 소비문화연구, 9(4).
박희제(2009). 녹색사회에서의 소비자변화와 기술. 제3회 포럼 자료집.
산업자원부(2006). 에너지정책 성과분석 및 향후 전략.
손상희(2005). 집, 삶, 그리고 소비: 소비사회에서의 주거 소비문화 분석. 소비문화연구, 8(4).
송인숙(2005). 소비윤리의 내용과 차원 정립을 위한 연구. 소비자학연구, 16(2).
쓰지 신이치 저, 장석진 역(2009). 행복의 경제학.
안영환 · 이성근(2006). 에너지 절약정책의 경제성 분석 및 정책 구성. 기연구보고서. 에너지경제연구원.
에너지관리공단(2007). 에너지절약통계 핸드북.
엘런 테인더닝 저, 구자건 역(1994). 소비사회의 극복 "How much is enough?". 도서출판 따님.
오수길(2006). 민관협력의 거버넌스. 한국 학술정보(주).
윤순진(2008). 기후변화문제 해결을 위한 정부 · 기업 · 시민사회의 역할. 기후변화센터 창립총회 및 심포지움 자료집.
이기영 · 조영희 · 송혜림 · 이승미(1998). 생활설계론. (주)교문사.
이성근 · 안영환 외(2007). 국가 에너지 절약 및 효율향상 추진체계 개선 방안.
이성림(2006). 소비자학 분야의 소비문화 연구에 대한 소고. 소비문화연구, 9(2).
정대연(2004). 환경주의와 지속가능한 발전. 집문당.
한국소비자보호원(2005). 지속가능 소비문화 창출방안 연구. 한국소비자보호원 정책 연구실 연구보고서.
허경옥(2007). 생활양식에 따른 소비자의 웰빙제품 구매 행동, 만족도, 재구매의사 분석. 소비문화연구, 10(4).

황은애(2009). 지속가능한 에너지 소비생활 유인방안. 한국 소비자원.

Alison Haynes(2007). *Time Money Happiness*. Mordock Books: 정나리아 역(2008). 시간, 돈, 행복. 용오름.

Andrew fuller(2007). *Raising Real Peaple: Creating a Resilient Family*.

Firat, F.A. and N. Dholakia(1977). *Consumption Patterns and Macro Marketing: A radical Perspectives*. Europian Journal of Marketing.

Lord Richard Layard(2008). *National Accounts of Well-being*.

Peters, B. Guy(1996). *The Future of Governing: four Emerging Models*. Lowrence: University of Kansas Press: 정용덕 외 공역(1998). 미래의 국정관리. 법문사.

Rhodes, R.A.W.(1997). *Understanding Governance: Policy Networks, Governance, Reflexivity and Accounterbility.* Buckingham: Open University Press.

Tsunetoshi Horie, Atsushi Inuzuka and Yasuo Ikawa(2008). *Managing Individual Autonomy to Increase Intrinsic Motivation within a new product Development Organization in japan*. Proceedings of Portland International Center for Management and Technology(PICMET) 2008. CD-ROM. 2008.

Waddock, Sandra A.(1989). Understanding Social Partnerships: An Evolutionary Model of Partnership Organizations. *Administration & Society*, 78-100.

사진

뉴욕 센트럴 파크 http://www.congresstour.cl/int/destinos.php?hl=ko&id_pais=48&nom_continente=norte-america&nom_pais=estados-unidos

에너지의 날 행사 포스터 http://www.enet.or.kr/gallery/220558

찾아보기

ㅈ

ㅊ

ㅋ

ㅌ

ㅍ

저자 소개

박명희

고려대학교 대학원 소비자학 박사

현재 동국대학교 가정교육과 교수

송인숙

서울대학교 대학원 소비자학 박사

현재 가톨릭대학교 소비자주거학 전공 교수

손상희

University of Illinois at Urbana-Champaign 대학원 소비자학 박사

현재 서울대학교 소비자학과 부교수

이성림

The Ohio State University 대학원 소비자학 박사

현재 성균관대학교 소비자가족학 전공 부교수

박미혜

동국대학교 대학원 소비자학 박사

현재 인하대학교 교육대학원 전임교수

정주원

동국대학교 대학원 소비자학 박사

현재 동국대학교 가정교육과 강사

천경희

서울대학교 대학원 소비자학 박사

현재 가톨릭대학교 소비자주거학 전공 겸임교수

이경희

이화여자대학교 대학원 주거학 박사

현재 중앙대학교 주거환경학과 명예교수

누가 행복한 소비자인가?

2011년 2월 28일 초판 발행
2011년 7월 4일 2쇄 발행

지은이 박명희 외
펴낸이 류 제 동
펴낸곳 (주)교 문 사

책임편집 송은미
표지디자인 이수미
제작 김선형
영업 정용섭 · 이진석 · 송기윤

출력 현대미디어
인쇄 동화인쇄
제본 대영제본

우편번호 413-756
주소 경기도 파주시 교하읍 문발리 출판문화정보산업단지 536-2
전화 031-955-6111(代)
팩스 031-955-0955
등록 1960. 10. 28. 제406-2006-000035호

홈페이지 www.kyomunsa.co.kr
이메일 webmaster@kyomunsa.co.kr
ISBN 978-89-363-1106-3 (93590)

값 20,000원